ビル・ゲイツ I

マイクロソフト帝国の誕生

Bill Gates I

The Rise of the Microsoft Empire

脇 英世 著

Hideyo Waki

まえがき

ビル・ゲイツについては、私は色々な本を書いている。しかし、生まれたときから現在までの本は書いたことがない。すでに新たな資料もたくさん出ているので、従来と違った視点でビル・ゲイツについて考察を試みたいと思った。

第一章「ビル・ゲイツの少年時代」では、ビル・ゲイツを生んだシアトルという地を詳しく調べてみた。シアトルには何十回も行っているが、残念ながらその完全な地図は私の頭の中にはなかった。シアトルに行くと、いつも誰かがマイクロソフトに連れて行ってくれたからである。これではいけないと歴史や地勢を一から勉強した。その結果、やっと私の頭の中にシアトルの地図が出来上がった。またビル・ゲイツとポール・アレンの家系については、詳しく調べ直した。

第二章「ボストン、ハーバード、ハネウェル」では、新しい資料を使って、できる限り、正確な記述を心がけた。

第三章「アルバカーキとMITS」と第四章「新しいヘッド・クオーター」では、ニューメキシコ州のアルバカーキに自分がいるつもりになって地勢を詳しく研究してみた。地図が頭の中に出来上がってくると、記述も具体的になってきたと思う。

第五章「シアトル移転」については、オールド・ナショナル・バンクの所在がなかなか分からず苦労したが、分かると楽しくなった。西和彦氏については、ブログを拝見すると、今現在、自伝をまとめておられるようなので内容が抵触しないようにした。スティーブ・バルマーについては、新しい資料を盛り込んだ。

第六章「巨人ＩＢＭのパソコン業界参入」では、ポール・フリードルとＳＣＡＭＰ、ＩＢＭ５１００シリーズとＩＢＭシステム／23を盛り込んだ。

第七章「ＣＰ／ＭとＭＳ－ＤＯＳ」では、ゲアリー・キルドールについて徹底的に調べてみた。またＰＬ／ＭやＣＰ／Ｍについては昔より資料が楽に入手しやすくなっているので、その結果が反映できるように配慮した。ジョン・スタインベックの小説の舞台に近いところに本拠地があったのには驚いた。

第八章「ＭＳ－ＤＯＳの誕生」と第九章「新たな局面へ」では、新しい資料、特にＭＳ－ＤＯＳのソース・コードが開示され読めるようになったので、それも多少反映させたいと思い、またデジタルリサーチに関連してゴードン・ユーバンクスやアラン・クーパー、マイクロソフトの新しい社員たちについては、これまであまり知られていない人達のことに紙数を費やした。

第十章から第十二章は、チャールズ・シモニーの足跡をたどるという手法で、ゼロックス・パロアルト研究所（ＰＡＲＣ）の紹介をした。

第十章「チャールズ・シモニー」では、チャールズ・シモニーだけでなく、バトラー・ランプソン、ピーター・ドイッチ、チャック・サッカーらを紹介した。

第十一章「ゼロックスＰＡＲＣ」では、ロバート・テイラーとアラン・ケイとＡＬＴＯを中心にしたが、ジョン・エレンビーとＡＬＴＯⅡについても述べた。ＡＬＴＯとＡＬＴＯⅡの違いを押さえて頂ければ幸いである。

第十二章「スモールトーク」は、ウィンドウズとの関係から特に重要である。アデル・ゴールドバーグ、ダン・インガルス、ロバート・メトカルフェについて述べたが、システムズ開発部門SDDと先進システム部門ASDについても述べた。チャールズ・シモニーがPARCを離れて、SDDとASDにいたことをしっかり押さえて頂きたい。またノートテイカー、ドラド、ダンデリオン、STARの関係について理解して頂ければ、アップルのGUIやウィンドウズの理解が深まるだろう。

第十三章「マイクロソフトのアプリケーション分野への進出」では、チャールズ・シモニーの提唱によるマイクロソフトのアプリケーション分野への進出について叙述している。MS-DOS上やウィンドウズ上のアプリケーションではマイクロソフトは一九九〇年頃まではどうしても勝てなかったこと、意外なことに勝利をもたらしたのはアップル・コンピュータのマッキントッシュ用アプリケーションであったことを示している。

第十四章「ウィンドウズへの道」は、ウィンドウズがどのようにして生まれてきたかを追求している。ゼロックスのALTOのスモールトークの影響は大きいにしても、アップル・コンピュータのリサ（LISA）やマッキントッシュ（Macintosh）での開発努力は無視できない。マイクロソフトのウィンドウズ開発は、ゼロックスPARCのCSLから来たスコット・マクレガーの持ち込んだシーダー（Cedar）の影響は大きいものの、実際にはマイクロソフト・キッズのニール・コンゼンの努力も大きかったことも述べている。一九九〇年のウィンドウズ3・0までは、実はウィンドウズは苦難の道を歩んだことを述べた。

第十五章「マイクロソフト帝国の確立」では、マイクロソフトの上場について述べている。また吝嗇《りんしょく》と言われ、個人としてはお金には疎い感じを受けるビル・ゲイツの意外な一面を紹介している。

本書は一気に読まなくても、興味のある章から読んで頂いて結構である。各章は独立して読めるように配慮してある。気楽な気持ちでどこからでもお読み頂ければ幸いである。また、図の内容は無理に理解しなくとも結構である。文字だけだと単調になるので、気分転換くらいのつもりでもかまわない。本当に理解するには工学部の上級年次くらいの学力を必要とするかもしれない。

本書は続刊を予定しており、かなり完成しているが、もう少し資料をしっかり読み込みたいと考えているので、同時刊行は見送った。

本書の成立に御努力頂いた東京電機大学出版局の石沢岳彦課長、小田俊子氏ならびに出版局の方々には深く感謝する。

また、いつも励まし力づけてくれた家内と家族には厚く感謝する。

二〇一五年八月

脇　英世

もくじ

第一章　ビル・ゲイツの少年時代

ビル・ゲイツの父親の家系

ビル・ゲイツは、一九五五年十月二八日、ワシントン州シアトルに生まれた。本名はウィリアム・ヘンリー・ゲイツであり、ビルはウィリアムの愛称である。4代前から同じ名前なので、本来はウィリアム・H・ゲイツ四世だが、諸般の理由から、きわめて正式なビジネスの契約の場合にはウィリアム・H・ゲイツ三世を名乗っている。

まずその事情を調べてみよう。

ビル・ゲイツから数えて4代前のウィリアム・H・ゲイツは、一八六〇年東海岸のペンシルベニア州バックス郡ワーリントン・タウンシップに生まれている。この人から数えると、ビル・ゲイツ三世は本当はビル・ゲイツ四世である。

初代のウィリアム・H・ゲイツは一八八〇年代にシアトルにやってきた。若い頃は荷馬車で運送業を営んでいたという。妻のレベッカとは一八八八年に結婚している。レベッカはドイツ生まれであった。

一九〇〇年の人口統計調査では、初代ゲイツは、シアトル市ワード・ストリート9番地（9 Ward Street, Seattle, King County, WA）にいたが、一九九〇年以降に金鉱を求めてアラスカのノームに移った。

8歳の息子ウィリアム・H・ゲイツ・シニア（以下ゲイツ一世）は、家計を助けるため寒風吹きすさぶノームの路上で寒さに打ち震えながら、新聞売りをした。

●スティーヴン・メインズとポール・アンドルーズの『ゲイツ』
私は1993年8月にサンフランシスコで買って夢中で読んだ。邦訳は『帝王の誕生』

初代ゲイツは、家族を放り出して金鉱掘りに夢中になっていた。ゲイツ一世は、家族の生活を支えるため中学2年生の時に学業をあきらめた。

第一次世界大戦が始まる前には、初代ゲイツ一家は、海軍の造船所や軍港があるワシントン州キトサップ郡ブレマートンに移った。初代ゲイツは、一九一二年、ブレマートンの下町のフロント・ストリートの中古家具商の株を722ドルで買い、USファーニチャー・カンパニー（合衆国家具会社）という中古家具店を営むことになった。ゲイツ一世とその息子のゲイツ二世も店の仕事を手伝った。

一九二〇年と一九三〇年の人口統計調査で、ゲイツ一家はブレマートンにいたことが確認できる。初代ゲイツは一九二六年に他界した。

ゲイツ二世によれば、ゲイツ一世は、一切の楽しみに無縁であった。映画も見なければ、球技もせず、釣りや猟もせず、ハイキングもしなかった。一九四〇年に店を売却して引退するまで、休みも取らず、ただ毎日ひたすら働いた。また毎日、店から帰る途中の道で、石炭トラックが落として行った石炭を拾って帰った。きわめて貧しかったのである。ゲイツ一世は、引退後も他の家具店の仕事を手伝うなどしたが、一九六九年、ブレマートンで亡くなっている。

ゲイツ二世は、一九四三年に高校を卒業すると同時に陸軍に入隊することになった。出生証明書にはウィリアム・H・ゲイツ三世と書いてあったのだが、三世であると、軍隊では「エリートぶるな」とからかわれるかもしれないと、入隊準備中にウィリアム・H・ゲイツ・ジュニアを正式に名乗ることになったという。

ゲイツ二世は、第二次世界大戦終了時は少尉であったが、その後ジョージア州フォート・ベニングの軍学校に入り、一九四六年の除隊時は中尉であった。その後GIビル（復員兵援護法）でワシントン大学に入学して法律学を専攻した。一九五〇年、ゲイツ二世は一族で初めて大学を卒業した。

ワシントン大学とワシントン州立大学

ここで一言注意しておこう。混同しやすいが、ワシントン大学（University of Washington）とワシントン州立大学（Washington State University）は別の大学である。ワシントン州シアトルの中心部にあるのがワシントン大学で、同じワシントン州にあるが、シアトルの東方数百キロのプルマンにあるのがワシントン州立大学である。英語の場合は、ユニバーシティ・オブ・ワシントン（略称UW）とワシントン・ステート・ユニバーシティ（略称WSU）で、区別しやすいが、日本語の場合は間違いやすい。

ワシントン大学は、一八六一年とずいぶん早い創立である。シアトルの地に初めて入植したのは、一八五一年ルーサー・M・コリンズに率いられ、デュワーミッシュ川に沿って北上したグループである。当時、シアトルはデュワーミッシュ川にちなんでデュワンプスと呼ばれていた。

シアトルの先住民族（インディアン）の酋長の名前は、セルス（Sealth）だったが、発音しにくいのでシアトルとし、それが一八五三年に地域の名前になった。そのうち白人と先住民族の間で次第に抗争が生じ、殺人事件も起きて、一八五六年、セルス酋長一族は、ピュージェット湾の西岸のスカーミッシュの居留地に強制移住させられた。追放されたのである。

一八六〇年のシアトルの人口は188人であった。それを考えれば、ワシントン大学の創立はかなり早い。ただ無理な創立だったため、初めての卒業生が出たのは一八七六年になってからである。

ワシントン大学創立時の校舎は、アーサー・デニーという多少風変わりな有力者が寄付したダウンタウンの10エーカーの土地の中にあった。今はメトロポリタン・トラクトと呼ばれる一角の中にある。

シアトル市4番アベニュー1301番地から1309番地（1301-1309 4th Avenue, Seattle）にコップ・ビルディングという建物が残っている。これが元々のワシントン大学の所在地である。シアトルは、ダウンタウンから南北に発展したので、昔はダウンタウンが一等地であった。現在でもイェスラー・ウェイという通りより北の一定範囲は、高層ビルが立ち並ぶビジネス街である。ただし、米国のどの大都市でもそうであるように、一般にダウンタウンにエリート層は住まない。郊外に住む。

ワシントン大学は、後にポーテージ湾の北岸に移っても、ダウンタウンの土地と建物を手離さず、現在も毎年1000万ドル以上の高額の家賃収入を得ている。アーサー・デニーに感謝してワシントン大学は、一八九五年、デニー・ホールという記念館を建てた。

本書に登場する人物で、ワシントン州立大学に関係しているのはポール・アレンだけである。ポール・アレンの父親サミュエルが勤務していたのは、ワシントン大学の図書館である。何とも紛らわしい。

ゲイツ二世は、故郷のブレマートンで弁護士補になり、一九五一年ワシントン大学で知り合ったメアリー・マクスウェルと結婚した。その後ゲイツ二世はスキール・マッケルビィ・ヘンケ・イーブンソン&ウールマン法律事務所という長い名前の法律事務所のスタッフに加わる。合名会社の場合はパートナーの名前を全てつけることがあるので、長くなることがある。

ゲイツ二世は、一九六四年シドラー&キング法律事務所（後にプレストン・ゲイツ&エリス法律事務所）を経て、一九六六年シドラー・マクブルーム・ゲイツ&ルーカス法律事務所のパートナーになった。

ビル・ゲイツの父親ゲイツ二世が弁護士であったことは大変重要であって、マイクロソフトが経験した法律的な問題には、父親の力がいつも大きく影響した。

ちなみに初代のウィリアム・H・ゲイツ以前の血統はどうであったかというと、ウィリアム・H・ゲイツの前は一八〇六年生まれのジョセフ・スタントン・ゲイツ、一七六四年生まれのイスラエル・ゲイツ、一七二四年生まれのエンサイン・サイモン・ゲイツ、一六九三年生まれのカレブ・ゲイツ、一六四二年生まれのトーマス・ゲイツ、一六〇〇年生まれのステファン・ゲイツ、一五八〇年生まれのユースタス・ゲイツとつながっていく。調べていくと、意外なことに貴族を祖先に持っている。

さて次はビル・ゲイツの母親の家系について見ていこう。

ビル・ゲイツの母親の家系

一八三六年、マサチューセッツ州にトーマス・ジョージ・マクスウェルが生まれた。医者だったらしい。この人に関するデータは存在するのだが、ブロックされている。何か事情があるのだろう。

トーマス・ジョージ・マクスウェル一家は、アイオワ州から西にネブラスカ州リンカーンを目指したが、当時まだインディアンの脅威が強く、東のアイオワ州に戻った。一八六四年にアイオワ州でジェームズ・ウィラード・マクスウェル・シニア（以下マクスウェル一世）が生まれると、再び西に移動し、一八八〇年頃一家はネブラスカ州リンカーンに移った。

マクスウェル一世は、ネブラスカ州リンカーンで育ったが、15歳のとき、高校を1年で中退した。銀行の頭取に頼まれて地下室掘りをやった。納期は遅れたが、何とか無事に仕上げると、銀行の頭取は使い走りの小僧に使ってくれた。マクスウェル一世は、努力して銀行の出納係補佐になった。彼は次第に出世し、政治家のウィリアム・ジェニングス・ブライアンや後に第一次世界大戦で勇名を馳せて将軍になるジョン・P・パーシングのような高名な人物と知り合いになった。この頃のことをビル・ゲイツはよく聞かされていて、ハーバード大学の学生時代に友人達に語ったという。

一八八九年、マクスウェル一世は、ベル・オークレイと結婚し、一八九二年、夢を求めて妻と共にワシントン州サウスペンドに移った。

一八五一年には、シアトルの人口は、ほんの一握りで数十人を出なかったと思われる。しかし、一八六〇年には188人、一八七〇年に1151人、一八八〇年に3553人、一八九〇年に4万2837人と急増していた。

一八九二年のシアトルでは木材・小麦・魚などの原材料輸出業、鉄道業、道路業、電気業などの事業が多大の資本を必要としていた。シアトルに着いたマクスウェル一世は、アメリカン・エクスチェンジ銀行を設立し、パートナーを得て、マクスウェル・スミス&カンパニーという銀行にした。シアトルでは一八九三年の恐慌で、かなりの人が財産を失ったが、マクスウェル一世は無事だったようだ。マクスウェル一世は、世紀の変わり目までサウスベンドの市長を二期、州議会議員を一期務めた。

一九〇一年、マクスウェル一世は、子供時代の友人で、合衆国通貨監督官になっていたチャールズ・G・

ドーズの力添えで、ワシントン州からワイオミング州までの5州を受け持つ全米銀行検査官に任命された。6年間検査官を務めた後、一九〇六年シアトルに落ち着いた。

米国は州権が強く、州法銀行が通貨の発行権を持っていたが、南北戦争で資金難に陥った連邦政府は国法銀行の制度を作り、国法銀行だけが通貨の発行権を持てるようにした。その後一九一三年に連邦準備制度や連邦準備銀行ができた。実質はそうであっても、米国では国立銀行とか中央銀行とは呼ばない。米国の銀行制度は、とても複雑で分かりにくい。

マクスウェル一世は、ナショナル・バンク・オブ・コマースという銀行の支配人を務めた後、シアトル・ナショナル・バンクに移って、役員を務め、大株主にもなった。シアトルの銀行は変遷が激しく追跡が難しいが、このシアトル・ナショナル・バンクは、ロジャー・セールの著書『シアトル 過去から現在』の72頁に当時シアトルでもっとも強力な銀行と書いてある。シアトル付近のインフラ投資で大儲けしたようだ。

一九一一年、マクスウェル一世は、ナショナル・シティ・バンク・オブ・シアトルを設立した。18年後、ナショナル・シティ・バンク・オブ・シアトルは、ナショナル・バンク・オブ・コマースと合併した。カタカナが多くて申し訳ないが、翻訳すると本当の名前が分からなくなってしまうのである。

マクスウェル一世が、マクスウェル家の資産の本源的蓄積を達成した。マクスウェル一世の学歴は中卒で、そこまで成り上がったのだから大したものである。ただ調べてみてもロジャー・セールのシアトルの歴史をはじめとする歴史書にはマクスウェル一世の名前が出てこない。

マクスウェル一世の子供には、一八九六年サウスベンドに生まれたオークリー・マクスウェル（以下オークリー）と一九〇一年ネブラスカ州リンカーンに生まれたジェームズ・ウィラード・マクスウェル・ジュニア（以下マクスウェル二世）がいた。

オークリーとマクスウェル二世の兄弟は共に慈善団体ユナイテッド・グッド・ネイバーズで活躍した。この組織は後にユナイテッド・ウェイになる。ユナイテッド・ウェイの仕事は、マクスウェル二世の娘メアリー・マクスウェルが継承した。

オークリーは父親のナショナル・バンク・オブ・コマースで副頭取を務めた。一九五六年に亡くなっている。

マクスウェル二世は、ブロードウェイ高校を卒業すると、ワシントン大学に進んで卒業した。その後、父親のナショナル・シティ・バンク・オブ・シアトルに入行した。極東貿易に熱心だったと言われている。引退したときはパシフィック・ナショナル銀行の副社長だった。この銀行は後にファースト・インターステート銀行に発展する。

マクスウェル二世は、ワシントン州イーナムクローで一九〇三年生まれのアデーレ・トンプソンと一九二七年に結婚した。2人の間に生まれた娘がワシントン州シアトルで一九二九年に生まれたメアリー・マクスウェルであり、ビル・ゲイツの母親である。

スティーヴン・メインズらの『ゲイツ』によれば、マクスウェル一世が一九五一年に亡くなったときに残した財産は26万5千ドルで、5年前に他界した妻が残した財産は45万ドルであったと言われている。

一九六〇年に亡くなったマクスウェル二世は、ビル・ゲイツに１００万ドルの信託資産を残したという。

マクスウェル二世の家は、近くのシアトル市57番ストリート・ノースイースト６００１番地（6001 NE 57th St. Seattle）あたりにあったようだ。一九六〇年八月三〇日の死亡記録から、そう推定される。ローレルファースト地区の北側である。ストリート・ビューで見ると、このあたりには素敵な家が多い。

こうして冷静に事実を見てくると、ビル・ゲイツの家が、シアトルの名門中の名門のように書いている伝記が多いが、それほどでもないように思う。大体シアトルは東海岸のボストンなどと違って歴史が浅いのである。林業とカナダのクロンダイクに見つかった金鉱のおかげで発展した土地である。

マクスウェル二世は、一九二七年にワシントン州イーナムクローで一九〇三年に生まれたアデーレ・トンプソンと結婚した。一九二九年に２人の間に生まれた娘がワシントン州シアトルに生まれたメアリー・マクスウェルであり、ビル・ゲイツの母親である。

ビル・ゲイツの誕生

先にも述べたように、ビル・ゲイツの父親ゲイツ二世と母親メアリー・マクスウェルの２人は、ワシントン大学で知り合い、一九五一年に結婚した。２人は海軍の軍艦と荒くれ男の水兵の闊歩する港町ブレマートンを抜け出して、中流階級の住むシアトルのウェッジウッド地区に移り、さらにビューリッジ地区に移った。出世の階段を一段上がったのである。

ビル・ゲイツは、一九五五年十月二八日、ワシントン州シアトルに生まれた。星座はさそり座である。両親はビル・ゲイツにトレイという愛称をつけた。祖母がつけたという説もある。三世とトランプでいう「3」のカードを意味するトレイ（trey）を掛けた。そのせいかどうか分からないが、ビル・ゲイツはトランプが好きであった。

ビル・ゲイツは、赤ん坊のときに自分で揺りかごを揺らすのを覚えた。大人になっても椅子を揺らす癖は抜けなかった。いささか滑稽なことにマイクロソフトの幹部は椅子を揺らす癖を真似するようになった。

ビル・ゲイツは、シアトル市ノースイースト50番アベニュー７０４７番地（7047 50th Avenue Northeast. Seattle）にあったビューリッジ小学校（Viewridge Elementary School）に入学した。赤いレンガの壁を持つ背の低い建物である。

ビル・ゲイツは、子供の頃から負けん気の強い子供であった。競争好きで何でも一番でなければ気がすまなかった。一見ひ弱な感じを受ける子供であったが、水上スキーやテニスが好きだった。ローラースケートもうまかったが、団体競技には向いていなかった。ボーイスカウトには熱心に参加したようだが、イーグルスカウトにはなれなかった。メリンダ・フレンチとの結婚式でのダンスの映像を見ると、まるで運動神経なしのように見えるが、椅子を飛び越えたり、ごみ容器から飛び出したりするのは上手で不可解だ。敏捷なのかなと思うと、そうでないこともある。

ビル・ゲイツは本が好きで多読であった。ただ読書リストを見ると、あまり難しいものは読まなかったように思われる。『フォーブス』などのビジネス誌を読んでいたようだが、客観的に見て文学的才能には乏しい。また子供の頃から服装は常に無頓着でだらしなかった。これは大人になっても変わらなかった。

母親メアリー・ゲイツ

ビル・ゲイツの母親のメアリー・ゲイツは、女傑とでも言うべき人で、結婚後しばらく教師をしていたが、子供が生まれると教師を辞めた。メアリー・ゲイツは3人の子供を産み終えると、子供たちを母親のアデーレに任せて朝早くから対外的な活動で活躍し始める。したがってビル・ゲイツはおばあちゃん子であった。

シアトルを取り巻く一帯はキング郡というが、シアトル市およびキング郡において、メアリー・ゲイツはいくつもの慈善活動に参加した。この中でももっとも重要なのはキング郡のユナイテッド・ウェイに参加したことである。一九七五年には会長になった。

一九七五年メアリー・ゲイツは、州知事によってワシントン大学の理事に任命された。後に理事長になる。さらに、ファースト・インターステート銀行、ユニガード・セキュリティ・インシュアランス・グループ、パシフィック・ノースウェスト・ベル電話会社の取締役になる。一九八〇年にはユナイテッド・ウェイの全国委員会の理事に任命された。

このことは非常に重要であって、ＩＢＭとマイクロソフトが出会った頃に、マイクロソフトの信用を支えたのは、ビルの母親が、ユナイテッド・ウェイで共に理事を務めていたＩＢＭのジョン・オペルと知り合いだったことである。無名のマイクロソフトにＭＳ－ＤＯＳの開発を任せるかどうかがＩＢＭの問題になった頃、ＩＢＭの社長ジョン・オペルが次のように言ったことが大きかったと言われている。

「ビル・ゲイツとはメアリー・ゲイツの息子だろう」

ビル・ゲイツが小学校の4年生になった頃、ゲイツ家はシアトルのローレルファースト地区に広々としたモダンな家を建てた。ここはシアトルでも富裕層が住む有名な地域である。場所は、シアトル市サンド・ポイント・ウェイ・ノースイースト4800番地（4800 Sand Point Way NE. Seattle. WA）にある子供病院（Children's Hospital）の近くと、かなり絞れるものの、はっきりとは特定できない。

ここからワシントン湖を隔てて2マイルほど東に行ったメディナ・ノースイースト73番アベニュー1835番地（1835 73rd Avenue NE. Medina. WA）に現在のビル・ゲイツの邸宅がある。4万8160平方フィートの広大な、ザナドゥ2・0と呼ばれている6300万ドルの豪壮な邸宅である。

一九六六年、ビル・ゲイツは、聖書の中でも特に覚えにくいマタイ伝第5～7章のいわゆる「山上の垂訓」を暗記し、それを教会の牧師デール・ターナーの前で間違えることなく暗唱したという。

「イエスは、この群集を見て、山に登り、座につかれると、弟子達が御許によってきた。
そこで、イエスは口を開き、彼らに教えて言われた。
心の貧しい人達は幸いである、天国は彼らのものである……」

に始まる非常に有名な文章である。ビル・ゲイツが写真機のような記憶力を持っていることの引き合いに使われる。ただし関心の薄い日常のことについては、むしろ健忘症だったと言われる。

一九六七年、ビル・ゲイツが12歳の秋、シアトル市ノースイースト1番アベニュー１４０５０番地（14050 1st Avenue NE, Seattle, WA）にあった名門私立のレイクサイド・スクールの7年生に入学する。日本の学制で言えば中学1年生である。レイクサイド・スクールは授業料が非常に高い学校だった。

航空写真で見るとすぐ分かることだが、一九六七年、レイクサイド・スクールは、7年生と8年生（中学校）からなるロウアースクールと9年生から12年生（高校）までのアッパースクールに分かれた。両方のスクールは物理的に２００メートルほど離れている。アッパースクールは北側、ロウアースクールは南側である。ビル・ゲイツは南側のロウアースクールに入学した。現在はロウアースクールはミドルスクールになっている。

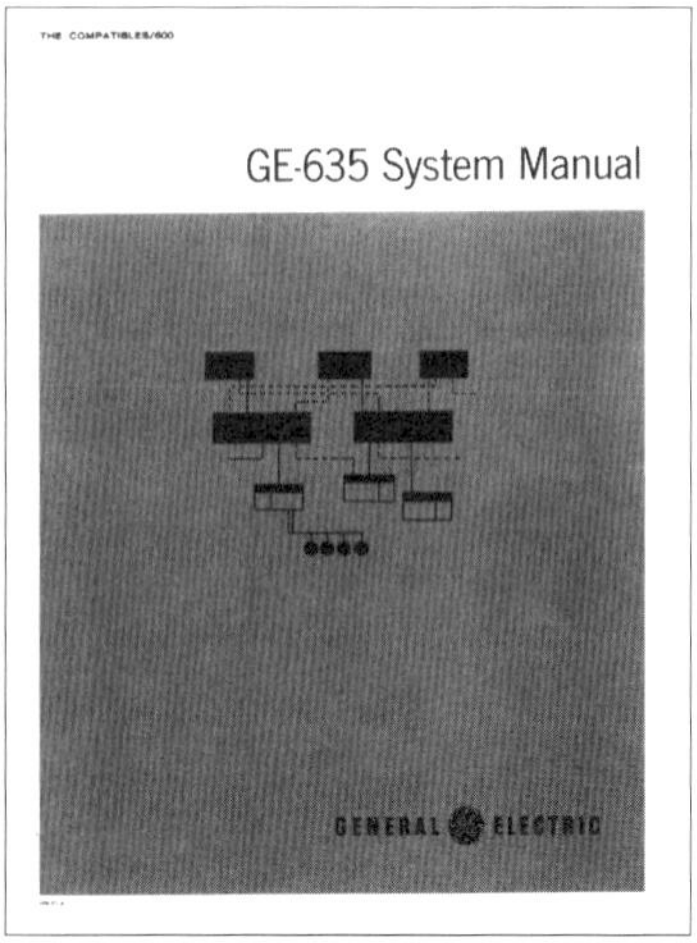

GE635のシステム・マニュアル

レイクサイド・スクールのビル・ドゥーガルという幾何学の教師は、生徒にコンピュータを使わせるべきだと考えた。そこでレイクサイド・スクール母の会に働きかけた。母の会はバザーの売上げ金を学校に寄付し、それをコンピュータに使うことを了承した。ビル・ドゥーガルは、テレタイプＡＳＲ－33をリースした。これを電話回線経由で、シアトルの中心部にあったゼネラル・エレクトリック（ＧＥ）の大型コンピュータＧＥ－６３５のタイム・シェアリング・システム（時分割システム）に接続した。

コンピュータ・システムの管理は、フレッド・ライトという若い数学教師が担当していた。自由な選択科目であって、生徒達の自由な運用に任されていたようだ。教師達は、あっと言う間に生徒達に追い抜かれ、教えることなどなかった。

テレタイプASR－33は、レイクサイド・スクールのアッパースクールのマカリスター・ホールに置かれた。マカリスター・ホールは、一九四八年に第二次世界大戦の太平洋戦線で戦死したチャールズ・ラリア・マカリスターを記念して建てられた。元々はマカリスター・ハウスと呼ばれたが、後にマカリスター・ホールと呼ばれるようになった。テレタイプASR－33はアッパースクールに設置されていたため、ビル・ゲイツは、いつもロウアースクールからアッパースクールに走って行った。

マカリスター・ホールは寄宿生のレクリエーション・ハウスとして構想されたが、生徒や職員の寄宿舎そのものに使われたりした。ビル・ゲイツのいた頃には数学科の管理下にあった。ここには少なからぬ数の生徒が集まって来たが、ビル・ゲイツはポール・アレンという2つ年上の生徒と知り合いになった。ビル・ゲイツはコンピュータに熱中した。

コンピュータに夢中になった生徒には、ビル・ゲイツ、ポール・アレンの他にマーク・マクドナルド、リチャード・ウェイランド（以下リック・ウェイランド）、クリス・ラーソンがいた。この3人は後にマイクロソフトに雇われた最初のプログラマーになった。早逝したケント・エバンスもいた。

レイクサイド・スクール母の会が集めた3千ドルは、コンピュータ・システムの使用料金だけでなんと1か月でなくなってしまった。

ポール・アレン

ポール・ガードナー・アレン（以下ポール・アレン）は、一九五三年一月二一日生まれで、ビル・ゲイツより2歳年長である。

ポール・アレンの両親はオクラホマ州アナダーコで生まれた。ポール・アレンの父親、ケネス・サミュエル・アレン（以下ケネス・アレン）は、一九二〇年オクラホマ州セミノール郡に生まれた。

ケネス・アレンの父親はジョージ・ルイス・アレンで一八九七年ミズリー州に生まれている。ミズリー州エルク・ホーンを経てオクラホマ州セミノール郡に来た。ケネス・アレンの母親はリンで、一九〇一年テキサス州に生まれている。一九三〇年の人口統計調査でオクラホマ州セミノール郡にいたことが確認できる。ケネス・アレンの両親は、オクラホマ州セミノール郡からオクラホマ州カドー郡アナダーコに移動したと思われる。

ポール・アレンの母親は、エドナ・フェイ・ガードナー（以下エドナ・フェイ）で、一九二二年、6人兄弟の5番目の子供であるが、不思議なことに生年月日の記録がない。エドナ・フェイの父親は、レスリー・ハーバート・ガードナーで一八八六年にカンザス州エルク郡に生まれ、オクラホマ州カドー郡に移り、ラスラムを経て一九三〇年の人口統計でアナダーコに住んでいたことが確認できる。

エドナ・フェイの母親は、ジョシー・E・ウィリアムズで、一八九四年オクラホマ州に生まれた。エドナ・フェイの両親は一九二〇年カンザス州カドー郡で結婚したようだ。米国の人口統計調査は10年に一度なので、ジョシー・ウィリアムズが一九二〇年にはカドー郡ラスラムにいて、一九三〇年にカドー郡アナダーコにいた以上のことは確認できない。エドナ・フェイの出生記録は見つけられないが、一九二二年に生まれたようだ。アナダーコ高校にいたことが分かっているので、アナダーコで成長したらしい。読書好きの少女で、生涯、読書好きは変わらなかった。廉価本だが生涯に一万五千冊の本を集めたという。

ケネス・アレンは、一九四〇年オクラホマ州カドー郡のアナダーコ高校を卒業している。20歳で高校卒業とは色々事情もあったようだ。ケネス・アレンは、一九四一年五月、米陸軍に入隊した。第二次世界大戦に従軍し、ブロンズ・スター勲章をもらっている。英雄的行為に対して与えられる上から4番目の勲章である。ただちょっと気の毒だが、士気高揚のため、全員に配られたという説もある。

米陸軍に入隊したケネス・アレンは英国に派遣されて、港で待機した後、一九四四年六月、ノルマンジー上陸作戦に参加した。第一波部隊上陸の翌日、第二波上陸部隊の一員として上陸した。ケネス・アレンは、第501兵站鉄道中隊（501st Quartermaster Railhead Company）にいた。名称だけだと兵站の後方部隊のようだが、記録を調べてみるとかなり、最前線で戦っているようだ。

一九四四年十二月のバルジの戦いでは、ケネス・アレンは、アルデンヌの森での戦闘にも参加した。米国陸軍省の一九四五年十二月七日付の膨大なアルデンヌの戦闘の参加部隊名簿に、第501兵站鉄道中隊の名前が残っているのを確認できる。

一九四五年三月の有名なレマーゲン鉄橋の戦いでは、ドイツ軍の88ミリ砲の攻撃を受けたという。私はこの作戦のフィルムを何度か見たことがあって、ポール・アレンのこの証言は本当だろうかと思う部分もある。

どちらでもよいといえば、むろんそのとおりだ。この橋を渡ってフランスからドイツ国内に攻め込んだ。

こうした戦争経験のせいか、後年ケネス・アレンは、バーバラ・W・タックマンの『八月の砲声』や、ウィリアム・L・シャイラーの『第三帝国の興亡』や第二次世界大戦史などをじっくり読んだという。

自分が巻き込まれたあの状況は一体、何だったのか、はっきり知りたかったのではないだろうか。

この影響か、ポール・アレンは第二次世界大戦関連の遺品を収集したり、探索したりしている。フライング・ヘリテージ・コレクションとしてシアトル北方のペイン飛行場に、巨大な博物館を作り、第二次世界大戦時の航空機を集めて、修復してピカピカに磨き上げ、飛べる状態に近くまで戻しているようだ。父親が攻撃を受けたドイツの88ミリ砲まで収集しているらしい。

最近では旧日本海軍の戦艦武蔵を無人潜航艇を使ってシブヤン海深くで見つけ出し、世間を驚かせた。

ケネス・アレンが命を懸けて従軍したのは、民主主義の大義のため、祖国のためということもあったろう。しかし、そうでもしないと米国では貧しい生まれの青年が上を目指すことはできなかったからである。

ホレーショ・アルジャーの立志伝小説にあるように、貧しい青年が刻苦精励の末、成り上がれるというのは、ある意味で米国の神話だ。が実際はそう簡単にはいかない。夢を潰すようで恐縮だが、現実には貧しい者はいつまでも貧しく、金持ちは大体は金持ちのままだ。そういう米国での具体的な調査結果を読んだことがある。

文字どおり、命を懸けることでもしなければ、米国の厳しい競争社会の底辺からは、そうやすやすと抜け出せない。米国の平等というのは機会の平等であって、結果の平等ではない。

私の『シリコンバレー　スティーブ・ジョブズの揺りかご』、『スティーブ・ジョブズ　青春の光と影』の中でも何人か登場するが、こうして命懸けで従軍した青年は、もし無事に除隊できれば、GIビル（復員兵援護法）の権利を得て、大学に行ったり、家を建てたり、事業を起こしたりした。

エドナ・フェイは高校時代、夜間、地元の図書館に勤めていた。ケネス・アレンは卒業式のダンスパーティにエドナ・フェイを誘おうとしたが小心でできなかった。エドナ・フェイはカリフォルニア州立大学ロサンゼルス校（UCLA）に入学した。ケネス・アレンとエドナ・フェイの婚約は3年後である。

ケネス・アレンは、復員後、エドナ・フェイと結婚した。結婚の日付は残念ながら私の検索に引っ掛からない。オクラホマ州カドー郡アナダーコで結婚したらしい。

ケネス・アレンは、GIビル（復員兵援護法）によってオクラホマ大学に入学し卒業した。また一九四八年、エドナ・フェイはUCLAの社会学科を卒業した。

経歴の空いている部分は掴《つか》めないが、一九四九年に2人はシアトルに向った。時代は、ずれるが、スタインベックの小説『怒りの葡萄』に出てくるようなオーキーズ（オクラホマ州やケンタッキー州からの移動民）のような感じだろう。ケネス・アレンはGIローンを使ってワシントン州ウェッジウッドに家を建てた。ワシントン大学のすぐ北側である。ケネス・アレンは、掴んだ幸運を絶対に危険にさらすことはなく、平凡で堅実な生活を選んだ。

さらに経歴には空白の時間があるが、一九六〇年、ケネス・アレンはワシントン大学図書館の図書館長補佐になった。図書館長に昇進という話もあったが、学歴の差で他の候補に敗れた。ケネス・アレンは一九八二年までワシントン大学図書館に勤務した。

息子のポール・アレンは早熟な子供であったらしい。また一貫して柔和で知的な雰囲気を持っていたという点では多くの人の評価が一致する。ビル・ゲイツが年より若く見えたのに対し、ポール・アレンは年よりずっと落ち着いて見えた。ひげを伸ばすと、10代のときでも、20歳以上に見えた。

昔の写真を見ると、ポール・アレンがビル・ゲイツより2つ年長だとは誰も思わないだろう。ビル・ゲイツは、まるで子供で、ポール・アレンは大人に見える。不思議な組み合わせである。

ポール・アレンは、科学少年で家の地下室で実験を繰り返した。化学から次第に電子工学の実験に変わって行く。またポール・アレンは、草のアレルギーがあったので、野外でのスポーツはあまりやらなかった。ただ父親の影響もあって、スポーツ観戦、特にバスケットボール観戦は好きだったようだ。映画も好きで『猿の惑星』や『エクソシスト』なども見ていた。ピアノには興味を示さなかったが、ギターには打ち込んだ。音楽ではときにジミ・ヘンドリックスに傾倒した。服装まで真似することになった。

ポール・アレンは、公立小学校に通っていたが、教室の後ろの席で授業も聞かず、好きな本ばかり読んでいるのを母親が見つけた。なんとかしなければと両親はポール・アレンを私立の名門のレイクサイド・スクールに入れることにした。入学試験は難しいので有名だったが、なんとか合格した。当時のレイクサイド・スクールの月謝はハーバード大学の月謝にも匹敵する1335ドルで両親は大変な負担を強いられることになった。しかし、ポール・アレンは、レイクサイド・スクールに入れたことが本当に幸福につながったと後に感謝することになる。

Cキューブド

一九六八年秋、シアトルのユニバーシティ・ディストリクト（ワシントン大学のある地区）のシアトル市ノースイースト・ルーズベルト・ウェイ４０４１番地（4041 Roosevelt Way N.E., Seattle, WA）に、コンピュータ・センター・コーポレーション（長すぎる社名なのでCの3乗すなわちCキューブドと略称されていた）というタイムシェアリング会社ができた。ワシントン大学のコンピュータ・センターの専門家４人が地元の資本家の支援を受けて設立した企業であった。跡地には現在ポール・アレンの所有する企業がアパートを建設している。

Cキューブドは、DECの大型コンピュータPDP-10の受け入れ試験のために、人手を求めていた。

◆Cキューブドの正確なアドレス等については、石井充氏のご指摘を頂いたことに感謝する。

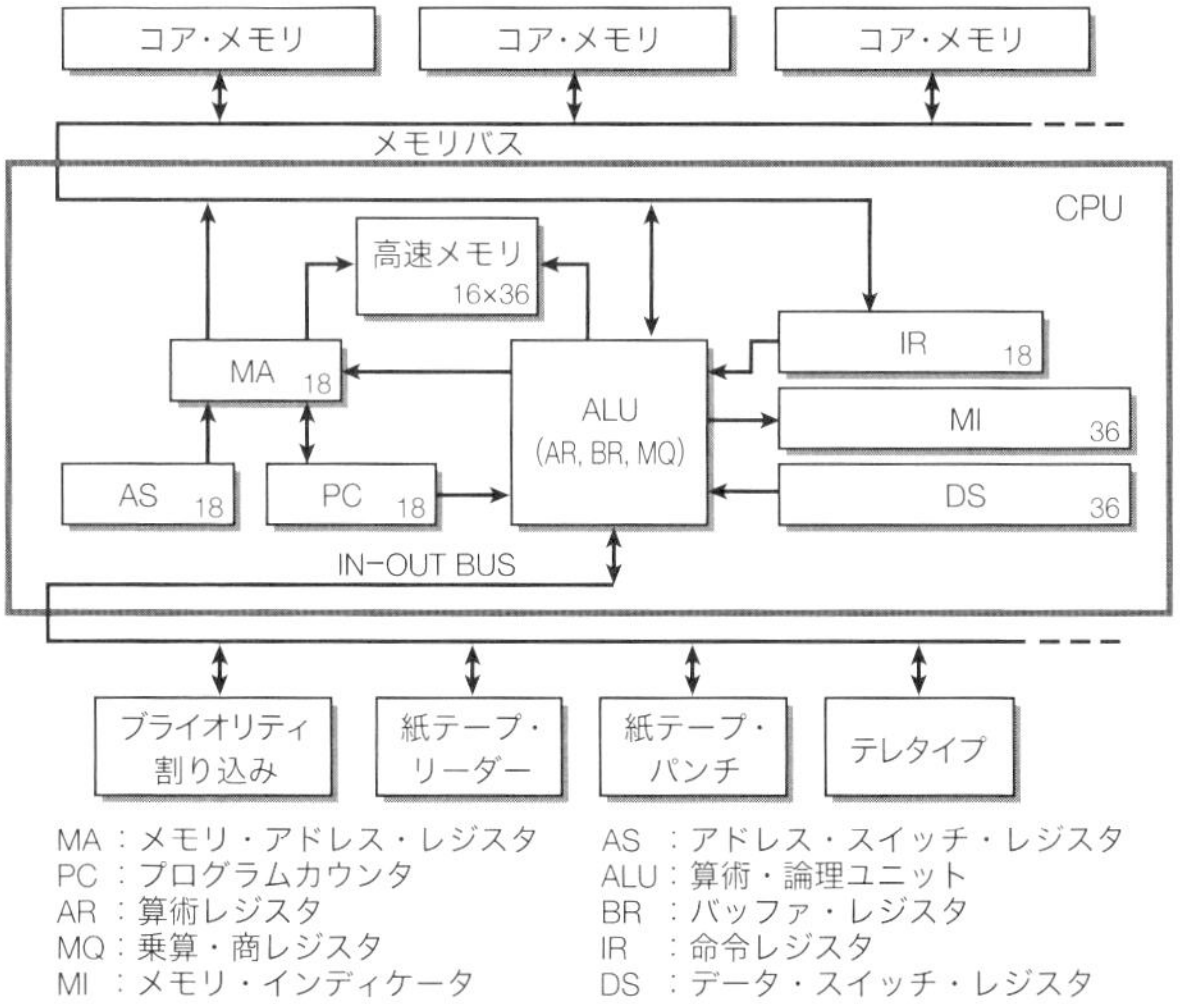

● DEC PDP-10のブロック・ダイアグラム

このＰＤＰ－10というコンピュータは、ＴＯＰＳ－10という最新型のオペレーティング・システム（ＯＳ）を使っていたが、バグ（プログラムに潜むエラー、虫という）が多く、デバッグ（虫取り）が必要だった。ＤＥＣとＣキューブドの契約では、試運転期間中はバグがなくならない限り、ＣキューブドはＤＥＣに利用料金を支払わなくてもよかった。しかし、いつまでもバグがあると、Ｃキューブドは営業がやりにくい。すみやかにバグを取り除かなくてはならない。

一九六八年、Ｃキューブドの出資者の１人でレイクサイド・スクールの生徒の母親であったモニク・ロナから、レイクサイド・スクールに優秀な生徒達がいることを聞きつけたＣキューブドは、彼らを採用した。現金での報酬は支払われなかった。利用者の少ない時間や営業時間外に好きなだけコンピュータを使ってよいという条件である。これに13歳のビル・ゲイツや15歳のポール・アレン達は喜んだ。Ｃキューブド側は、生徒達をレイクサイド・キッズとかテスターズと呼んでいた。

Ｃキューブドには優秀なプログラマーが何人かいた。特筆すべきはスティーブ・ラッセルである。

スティーブ・ラッセル

スティーブ・ラッセルは伝説的なプログラマーで、ダートマス大学数学科を中退し、ＭＩＴのコンピュータ・プログラマーとして働いた。ジョン・マッカーシーの研究室に出入りしていた。一九六一年ＰＤＰ－１上で「スペースウォー！」（宇宙戦争）というゲームのプログラムを書いた。この頃ドック・スミスのＳＦ『レンズマン・シリーズ』を読んでいたらしい。続いてスタンフォード大学に移り、PDP−6によるマルチユーザー・システムを開発していた。このとき「スペースウォー！」ゲームも一緒に移動したようだ。そしてスティーブ・ラッセルはCキューブドに引き抜かれた。

◆「スペースウォー！」については『スティーブ・ジョブズ　青春の光と影』204頁のノーラン・ブッシュネルの節を参照されたい。

ビル・ゲイツやポール・アレンのコンピュータに対する熱心さは群を抜いていた。ピザとソフト・ドリンクを持ち込んで、TOPS−10のデバッグ作業に励んだ。彼らのバグ報告帳は300頁にも及んだという。おかげで彼ら2人の成績は確実に下がった。

2人はTOPS−10の中身を知りたがった。今で言えばMS−DOSやウィンドウズやLINUXなどのOSの中身を知りたいというのと同じである。ビル・ゲイツはゴミ箱の中からTOPS−10のソース・コードの印字出力を見つけ出した。それはアセンブリ言語で書いてあった。

ポール・アレンがアセンブリ言語に興味を持っているのを知ると、スティーブ・ラッセルは、アセンブラのマニュアル（DECsystem-10 Macro Assembler Reference Manual）を渡して

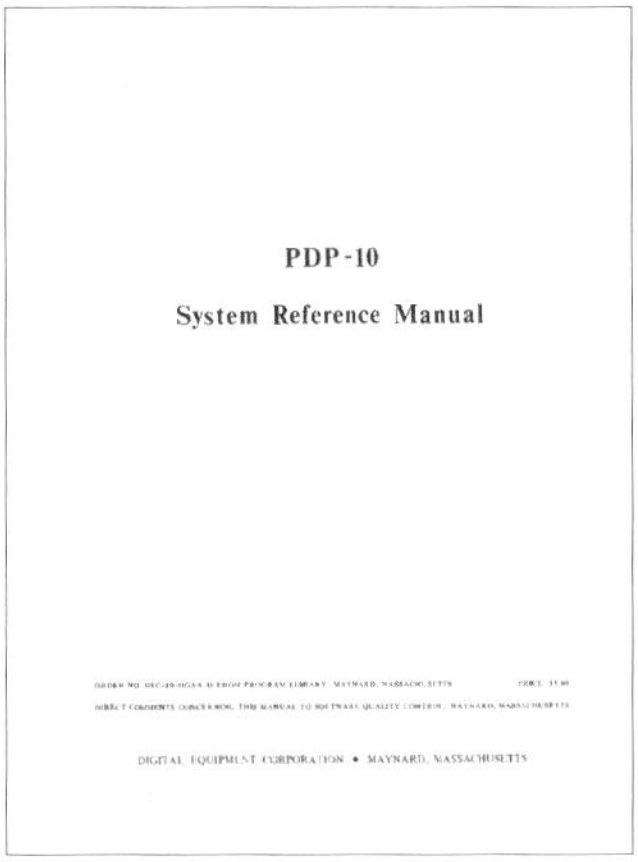

● PDP-10のシステム・リファレンス・マニュアル
ポール・アレンがスティーブ・ラッセルから読むように与えられた3冊のマニュアルの1冊

「これを読むといいよ」

と言ってくれたという。大喜びでポール・アレンは1週間かけて読んだが、行き詰まってしまった。

「読んだのですが、分かりません」

とポール・アレンが言うと、

「じゃあ、これを読むといいよ」

とスティーブ・ラッセルはシステム・リファレンス・マニュアル（PDP-10 System Reference Manual）を渡してくれた。また2週間かけて読んだが行き詰まってしまった。

「やっぱり、分かりません」

とポール・アレンが言うと、

「それならもう1冊マニュアルがあるよ」

とスティーブ・ラッセルはオペレーティング・システム・マニュアル（TOPS-10 Operating System Command Manual）を渡してくれたという。

よくできたジョークのような話である。そうこうして苦労しながらも数か月でポール・アレンはアセンブリ言語とアセンブラを身につけていったという。

◆括弧内の英文ドキュメント名はインターネットを検索して私が補った。今でもこれらのマニュアルはインターネットからダウンロードできる。

PDP－10のTOPS－10のバグ探しが終了する日が来た。もう無料では使えない。レイクサイド・スクールはタイムシェアリング・サービスの契約先をCキューブドに変えた。今度は有料である。料金の請求書は毎月両親に送られる。咎められることはなかったけれど恐怖であった。

一九六八年の春、ビル・ゲイツとポール・アレンはCキューブドの管理者パスワードを突き止めた。これを使って、2人はレイクサイド・スクールからログインしてアカウント管理ファイルを見つけ出した。暗号化されていたので読めなかったが、その中に課金アカウント・ファイルもあるはずである。解読を試みたが、無料のアカウントが見つからないので、とりあえずアカウント管理ファイルを自分達のディレクトリにコピーした。この件はすぐ発覚して、2人は少なくとも夏の終わりまではコンピュータの使用を禁止された。

そこでビル・ゲイツは、しばらく読書に没頭した。愛読書は『ライ麦畑でつかまえて』だったが、ああいう繊細な主人公とビル・ゲイツの雰囲気は、どうも合わないような気がする。

一方、ポール・アレンは、レイクサイド・スクールからCキューブドにアクセスできなくなったが、Cキューブドの無料アカウントを持っていたワシントン大学の教授のことを耳にした。春学期が終わるとポール・アレンはワシントン大学の電気工学科の建物に、夏の間毎日通った。そこにコンピュータ端末があった。ポール・アレンは不正規な手続きでコンピュータ端末からアクセスした。さらにマニュアルを熟読した。当時すでに身長が180センチあり、大人に見えたポール・アレンと違って、子供にしか見えないビル・ゲイツらをワシントン大学には連れては行けなかった。ビル・ゲイツは憤慨していたという。

秋になって、2人の罪は許された。スティーブ・ラッセルはポール・アレンにPDP－10のBASICコンパイラの品質向上を依頼してきた。ＢＡＳＩＣコンパイラのソース・コードを読み、問題箇所を修正する仕事である。ポール・アレンはライン・エディタという編集プログラムを作って効率的に仕事を進めた。

Ｃキューブドは一九七〇年三月に倒産した。Ｃキューブドはボーイング社に依存しすぎていた。ボーイングの経営が苦境に陥ると、コンピュータ関連の外注費が削減された。さらに悪いことにボーイングがプログラミングの請負いサービスを始めたのである。

このとき、ビル・ゲイツとケント・エバンスは、ポール・アレン、リック・ウェイランドに無断で、Ｃキューブドから DECテープ（DECtape）という磁気テープを破格の安値で買取り、大儲けしたと言われている。直径10センチほどの円筒形のリールに巻かれた80メートルほどの磁気テープで、ファイル構造をディレクトリに対応させた優れものと言われる。ガムテープのお化けのようなものを想像すればよい。

ワシントン大学のもぐり学生

ポール・アレンは、レイクサイド・スクールの最高学年になると、放課後、ワシントン大学大学院のコンピュータ・サイエンス科の研究室に紛れ込んだ。部屋に入るとマニュアルを手に取り、ＸＤＳ（ゼロックス・データ・システム）のシグマ５タイム・シェアリング・システムに接続されたテレタイプ端末の前に座り、ログインした。時折、大学院生が質問に来たりした。

ある日、研究室の准教授に見つかったが、大学院生の力になってくれればという条件でアクセスを許された。そこで天下御免となったポール・アレンは、バロースB5500、CDC6400、イムラックPDS−1などにも触れ、ALGOL言語も使ってみた。ポール・アレンはここで貪欲に知識を吸収した。

Cキューブドが倒産した後、レイクサイド・スクールは、再びゼネラル・エレクトリックのタイムシェアリング・サービスと契約し直した。ただあまり魅力がなかった。

その後レイクサイド・スクールは、まずDECのPDP−8Lを3か月借り入れた。その後データゼネラルのノバ（NOVA）を3か月借り入れた。ビル・ゲイツはどちらの機種についてもBASICインタープリタを作ろうとしたが、間に合わなかった。ただこの経験は後々役に立つことになる。

ビル・ゲイツ、ポール・アレンのグループは何とか良いコンピュータを自由に使える方策はないものかと暗中模索していた。彼らは大好きなPDP−10に何とかしてアクセスしたいと思った。

一九七〇年秋、PDP−10をタイムシェアリング・サービスで提供しているオレゴン州ポートランドのインフォーメーション・サービス・インコーポレイテッド（ISI）が仕事の募集をしていることがレイクサイド・スクールまで伝わってきた。ISIの社長トム・マクレインはレイクサイド・グループのことをCキューブドのディック・ウィルキンソンから聞いて知っていたのである。

ビル・ゲイツ、ポール・アレン、ケント・エバンス、リック・ウェイランドの4人は自分達のグループをレイクサイド・プログラマーズ・グループ（LPG）と呼ぶことにした。彼らはISIに手紙を出して、プログラミングのサービスを提供する代わりに、その間コンピュータを無料で使わせて欲しいと申し入れた。ところが全く相手にされないので、彼らはポートランドまで列車に乗って行き、腕前を見せた。

ＩＳＩは給与計算プログラムを書くという仕事をＬＰＧに与えた。期限は十一月十八日。プログラムは全てビジネス用のＣＯＢＯＬという言語で書くようにとの指定があった。ＣＯＢＯＬを知っているのはリック・ウェイランドだけで、あとの3人はＣＯＢＯＬを知らず、慌てて一夜漬けで勉強することになる。全くの素人がＣＯＢＯＬでプログラミングするのは大変だったろう。十一月十八日までにできるわけがない。

結局、開発は翌一九七一年一月から一九七二年六月までの1年半かかることになる。

オレゴン州ポートランドに出かけて開発することはできなかったので、開発にはワシントン大学大学院のコンピュータ・サイエンス研究室を使わせてもらった。ポール・アレンがビル・ゲイツを連れてくると、ビル・ゲイツがケント・エバンス、リック・ウェイランドを連れてきてしまった。

彼らの端末を使用する時間はあまりに長すぎ、しかも4人が一斉に使うことがあり、印刷を長々と続けたまま、端末を離れることがよくあり、騒音は凄まじかった。ある教授から研究の邪魔になるので出て行って欲しいとまで言われたという。端末を別の場所に移して開発は継続された。

一九七一年八月、ＩＳＩは、給与計算プログラムの進行状況が思わしくない、説明用のドキュメントの出来栄えが良くないとしてＬＰＧに対して約束を反古にすると通告してきた。16歳の子供が給与計算の実務を理解することはかなり難しかったと思われる。

ケント・エバンス、ビル・ゲイツは、うまく利用されたと怒って、弁護士をしているビル・ゲイツの父親を引っ張り出して、ＩＳＩとＬＰＧの間で厳密な契約を結ばせることにした。弁護士を使い厳密な契約を結ぶことが、その後のビル・ゲイツの仕事の特徴になる。ここではまだ法廷闘争になっていないが、必要な場合は法廷闘争も辞さないようになる。ビル・ゲイツの仕事のスタイルで特徴的なのは、厳密な契約を結んで相手には遵守することを求めるが、自分達は契約の遵守などまるで問題にしなかったことである。後年、これらの特徴が全て表面に出て、ますます磨きがかかることになる。

変わっているのは利益配分で、ビル・ゲイツが11分の4、ケント・エバンスが11分の4、リック・ウェイランドが11分の2、ポール・アレンが11分の1であった。利益を均等に配分せず、寄与に応じてというのが主張だが、ビル・ゲイツが自分の取り分を最大にするという特徴が見える。これは後年にも同じようなことがおこなわれる。

リック・ウェイランドはスタンフォード大学に、ポール・アレンはワシントン州立大学に入学することになったので一九七一年秋には開発の現場を離れている。

給与計算プログラムは遅延を重ねた末、一九七二年六月末に一応完成したようだ。

この間、一九七一年ビル・ゲイツは、赤のフォード・ムスタングを買った。時期については本によって多少の食い違いがある。

時間割作成プログラム

一九七一年、男子校のレイクサイド・スクールは、女子校のセント・ニコラス・スクールと合併した。セント・ニコラス・スクールの歴史を読んでみると、シアトルの歴史の一部が分かる。元々は別の場所にあったが、一九二六年シアトル市イースト10番アベニュー１５０１番地（1501 10th Avenue East, Seattle, WA）に移転して一九七一年まで同じ場所にあった。今も建物はそのままで残っている。

セント・ニコラス・スクールは、裕福な家庭の子女向けの厳格な女子校であったが、一九六〇年代に入ると、時代の風潮が変化し、喫煙やアクセサリの着用をめぐって生徒と学校側の対立が激しくなり、また一九六〇年代後半からはレイクサイド・スクールとセント・ニコラス・スクールの生徒同士が交流するようになった。一九七〇年には長く続いた制服も廃止された。志願者も減ったためにレイクサイド・スクールと合併することになった。

男子校と女子校の合併には直接の問題はなかったが、物理的に7・6マイル（12キロメートル）離れており、生徒の移動に時間がかかることが時間割作成を難しくした。また人数のバランスの問題や、選択条件の問題もあった。

時間割作成は手作業で作られていたが、非常に難しく手間のかかる問題で、コンピュータで自動的に作成できることが求められていた。ビル・ゲイツはこのプログラムを作成することを求められたが、いったんは断った。問題の難しさを知っていたからである。

ボブ・ヘイグという教師がワシントン大学のCDCのコンピュータを使って時間割作成をまとめようとしたが、非常な困難に遭遇した。なお悪いことに、ボブ・ヘイグは飛行機事故で死亡してしまった。

そこで一九七二年五月、レイクサイド・スクールは、ビル・ゲイツとケント・エバンスに助力を求めた。彼らはワシントン大学のCDCマシンを使い、3学期の時間割作成のつじつまを合わせた。ただ間に合わせのプログラムでなく、きちんと動作するプログラムを開発することが必要だった。

そこでビル・ゲイツとケント・エバンスは、学校側に報酬の支払いを要求し、またISIに持っていたアカウントを使ってプログラム開発をすることになった。プログラムは、科学技術計算用のFORTRAN言語を使って開発することになった。この開発も非常に難航した。ケント・エバンスはストレス解消のために登山に向かったが一九七二年五月二八日、転落事故で死亡した。ケント・エバンスが死亡し、ISIのタイムシェアリング使用期限が六月三十日に迫ったので、ビル・ゲイツはワシントン州立大学の第一学年を終えて帰省したポール・アレンに助けを求めた。2人は急いで時間割作成プログラムの仕上げをした。

時間割作成プログラムが完成すると、ビル・ゲイツは4200ドルを手にした。レイクサイド・スクールを卒業した後も、ビル・ゲイツはさらに2年間、時間割作成プログラムの保守をし、最終的に下級生のクリス・ラーソンに引き渡した。

ビル・ゲイツは、この時間割作成プログラムをワシントン大学のエクスペリメンタル・カレッジの自治会に売ったようだが、妹のクリスティ・ゲイツが自治会の役員をしていたので、縁故と非難された。

一九七二年七月、ビル・ゲイツは首都ワシントンで下院議員の使い走りの仕事をした。このとき、ジョージ・マクガバン上院議員とトーマス・イーグルトン上院議員のバッジを買い占めて大儲けをしたという伝説があるのだが、どうもこれは眉唾だったらしい。その後、ビル・ゲイツは大学を選ぶために東海岸のプリンストン大学、イェール大学、ハーバード大学、ＭＩＴの各大学を駆け足で回って見学した。

トラフ・オー・データ

ポール・アレンは、一九七一年ワシントン州立大学の1年生のときに、雑誌で4ビットのマイクロプロセッサのインテル４００４（ｉ４００４）を知って興奮した。翌一九七二年、ポール・アレンは、8ビットのマイクロプロセッサのインテル８００８（ｉ８００８）をエレクトロニクス誌を読んで知った。メモリ空間は14ビットすなわち16キロバイトであった（2を14乗すると、１６０００に近い値になる）。このｉ８００８で高級言語を動かせたらすごいと思った。

そこで、ポール・アレンはビル・ゲイツにｉ８００８用のＢＡＳＩＣを書こうと提案した。現実主義者のビル・ゲイツは、ｉ８００８は遅すぎるし、メモリが16キロバイトではＢＡＳＩＣにほとんどメモリを食われてしまい、アプリケーション・プログラムを置けないから、開発など時間の無駄だと言ったという。ただ2人ともｉ８００８に興味が全くなかったわけではない。ひょんなことからｉ８００８と関係を持つことになる。

ワシントン州やシアトル市は道路の交通量調査をして、信号機の設置や信号の間隔調整に役立てたいと考えていた。圧搾空気の入ったゴム管を使い、その上を自動車が通過すると、インパルス波が出て、それを検知器が検知し、16チャンネル（16個）の穴を空けられる紙テープにデータを穿孔する。普通のテレタイプで使うテープは8チャンネルだから2倍の幅を持つ紙テープである。

少し専門的な言い方をすれば、計測の分野で好まれた2進化10進数（BCD：バイナリー・コーデッド・デシマル）符号の4桁データである。10進数で0000から9999までのデータを2進化10進数に変換している。そう説明されると、私にはとても分かりやすいのだが、普通の方には分かりにくいかもしれない。

これをコンピュータが処理できるようにするには、昔のことであるから、いわゆる80桁のIBMカードにパンチしてやらなければならなかった。この16チャンネルの紙テープ上のデータの読み取りは、実は人間がやって紙の上にメモしなければならなかった。州政府や市の当局は、下請けの業者にこのデータの読み取りを委託していた。その業者からの仕事をさらにビル・ゲイツが下請けし、さらに下級生達に下請けさせていた。

何と馬鹿げたことかとビル・ゲイツは考えた。16チャンネルの紙テープを自動的に読み取って出力できる装置があればよいのである（本当はもっと簡単な解決法がある）。ビル・ゲイツとポール・アレンは、ここにi8008が使えないかと考えた。つまり分かりやすく言えば、i8008を使ったマイクロコンピュータを作り、その上で動くソフトウェアを開発しようということになった。

ただ問題は、ビル・ゲイツもポール・アレンもハードウェアには強くないということだった。そこでポール・アレンの友人のつてを頼ってワシントン大学の電気工学科のポール・ギルバートという学生に行き着いた。何度か顔合わせの後、3人で会社らしきものを作ることになった。会社名とこれから作る装置名は、ビル・ゲイツの提案でトラフ・オー・データとなった。ハロウィーンのときに使うカボチャをくり貫いた灯篭をジャック・オー・ランタンというが、これからヒントを得たという。あまり冴えた名前ではない。

ポール・ギルバートは、ワシントン大学にだけしか適用されない割引価格の360ドルでi8008を購入した。このお金はビル・ゲイツが出した。ポール・ギルバートはワシントン大学の研究室の設備や機器を利用して装置を作り始めた。難関は雑音信号に弱いメモリ素子を正しく動作させることにあり、この解決に1年以上もかかったという。一九七四年五月にやっと完成した。

ポール・アレンとシミュレータ

一方ビル・ゲイツとポール・アレンは、i8008を使った新しい装置用のソフトウェア開発に乗り出した。本来i8008を使った装置用のソフトウェア開発は、i8008を使った装置の上で開発されるべきだが、実は何もなかった。アセンブリ言語で書いたプログラムを機械語のプログラムに変換するアセンブラもなかった。それを開発しようとすれば、非常に大きなメモリを必要とするが、i8008のメモリ空間はわずか16キロバイトしかなかった。これでは軽快な開発などありえない。

もしどうしてもということなら、アップルのスティーブ・ウォズニアックがやったように人間がアセンブラになるしかない。左側にアセンブリ言語のプログラムを書き、命令表を見ながら右側に機械語のプログラムに翻訳していく。しかし、これはきわめて効率の悪い開発法である。

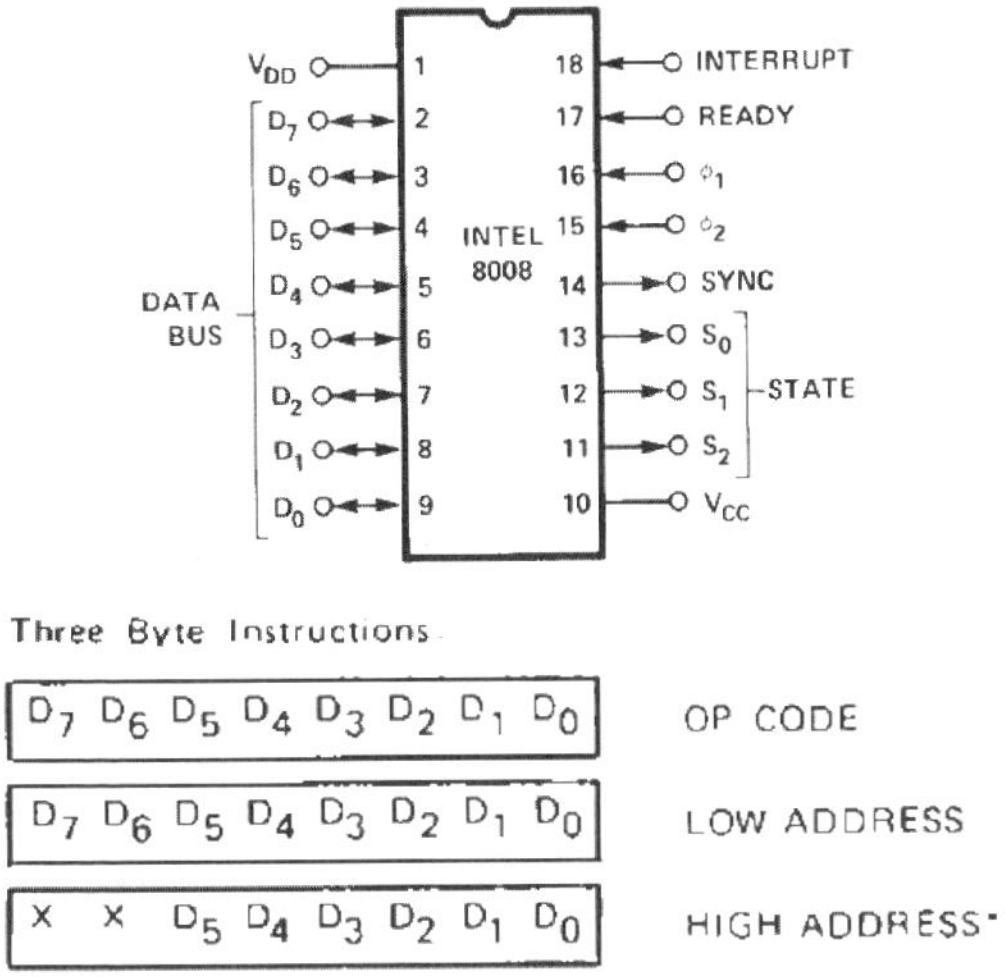

● i8008と3バイト命令
オペランドは上位6ビット、下位8ビットの計14ビットであるから16キロバイトしかメモリ空間がとれない

別の見地からみれば、そもそもi8008を使ったマイクロコンピュータなど存在しなかったのである。存在しないコンピュータを使ってソフトウェアの開発などできるだろうか？

ポール・アレンは、非常に明快な解決法を採用した。彼の独創ではないけれども、大型コンピュータの上でi8008の動作を模擬するプログラムを書いてしまうのである。これをシミュレータという。プログラムだけでなく、ハードウェアの支援を受けて模擬するプログラムのことをエミュレータという。ポール・アレンは、メモリが潤沢に使える大型コンピュータの上でi8008のシミュレータを作ることに決めた。

ワシントン州立大学に戻ったポール・アレンは、大型コンピュータIBMシステム/360上でi8008のシミュレータの開発を始めたが、PDP-10のようにタイムシェアリングでなく、バッチ処理のＩＢＭシステム／３６０上での開発は、なかなか進まなかった。

実はシミュレータの開発が進んだのは、オレゴン州ポートランドにあったＴＲＷでのことである。

ＴＲＷはトンプソン・ラモ・ウーリッジ（Thompson Ramo Woolridge）の人名の頭文字をつないだものだが、案外知られていないだろう。ＴＲＷは次第に軍需関係の仕事が多くなる企業である。

ビル・ゲイツとポール・アレンは、いくつかの仕事を並行して処理していた。それを時間的な順序で書くと混じって分かりにくくなるから、分離して記述することにしたい。

ＴＲＷではポール・アレンの好きなＰＤＰ－10が使えた。ポール・アレンは、最初に30ほどのマクロを定義した。次はシミュレータの製作である。まずプログラム開発には絶対に必要なデバッガというバグ取り用のプログラムを作った。ＰＤＰ－10用のデバッガを改造してｉ８００８用のデバッガを作った。こうしてソフトウェア開発環境が整備された。

このマイクロプロセッサのシミュレータを作るという発想はきわめてユニークである。シミュレータがあれば、ハードウェアが完成する前からプログラム開発ができる。極端にいえば、ハードウェアは存在しなくともよい。まずシミュレータを作ってから開発にかかるという手法はマイクロソフトの伝統として定着する。

この開発環境を使って、ビル・ゲイツは交通量解析プログラムを書いた。とは言っても単に16チャンネル幅の紙テープを読めて適切に処理できるかどうかというだけである。

ポール・ギルバートの作ったハードウェアのテストは一九七四年五月以降だった。ポール・アレンのいたワシントン州立大学の寮にテレタイプが運び込まれ、ポール・ギルバートの作ったハードウェアに接続された。

フロントパネルのスイッチを使って小規模なプログラムを動かしたところ、無事に動作した。問題はビル・ゲイツの作ったプログラムが動くかどうかである。そのためには16チャンネル幅の紙テープ読取機が必要であったが、とても高価で買えなかった。そこで地元の発明家に頼み、安く作ってもらったが、信頼性の低い代物だった。それが失敗だった。

散々な失敗

一九七四年初夏に、シアトル市とキング郡の技術局の職員に向けて、ビル・ゲイツは自宅のキッチンでデモをおこなった。結果は悲惨な失敗であった。ビル・ゲイツは母親に頼んだという。

「お母さん、この人に言ってやってよ、これは本当に動くんだって」

ビル・ゲイツの悲鳴が聞こえて来るようである。打ちのめされたビル・ゲイツは大枚をはたいて、ちゃんとしたテープ読取機を買った。エンバイロ・ラブス・インクのGS－311だった。3400ドルしたという。これを接続して、やっとまともに動くようになった。一九七四年八月頃である。

1日分のデータ解読料金を2ドルに設定したら、いくつかの自治体が顧客になったという。交通量のデータを記録した紙テープがポール・ギルバートの自宅に送られてくる。彼はそのデータを元に1時間ごとの交通量を示すグラフを作成した。

トラフ・オー・データの名刺にはビル・ゲイツ、ポール・アレン、ポール・ギルバートの名前があり、会社所在地としてワシントン州シアトル市ノースウェスト・リッチモンド・ドライブ19506番地（19506 Richmond Beach Dr. NW Seattle WA 98177）と書いてある。これはポール・ギルバートの自宅の住所である。また名刺にあるトラフ・オー・データのロゴはポール・ギルバートの兄弟のマイルズ・ギルバートが作った。

事業がうまくいきかけたかなと思ったときに、ワシントン州などの州政府が、同様の業務を自治体に無料で提供するサービスを始めてしまい、事業としては見込みがなくなった。

ポール・アレンによれば、トラフ・オー・データの一九七四年から一九八〇年までの6年間の総収入は66331ドルで、損失は3494ドルであった。利益は3137ドルである。3人で分けて1年当たりに直すと小遣い程度で、とても会社とは言えない。市場調査すらしていなかった甘さである。

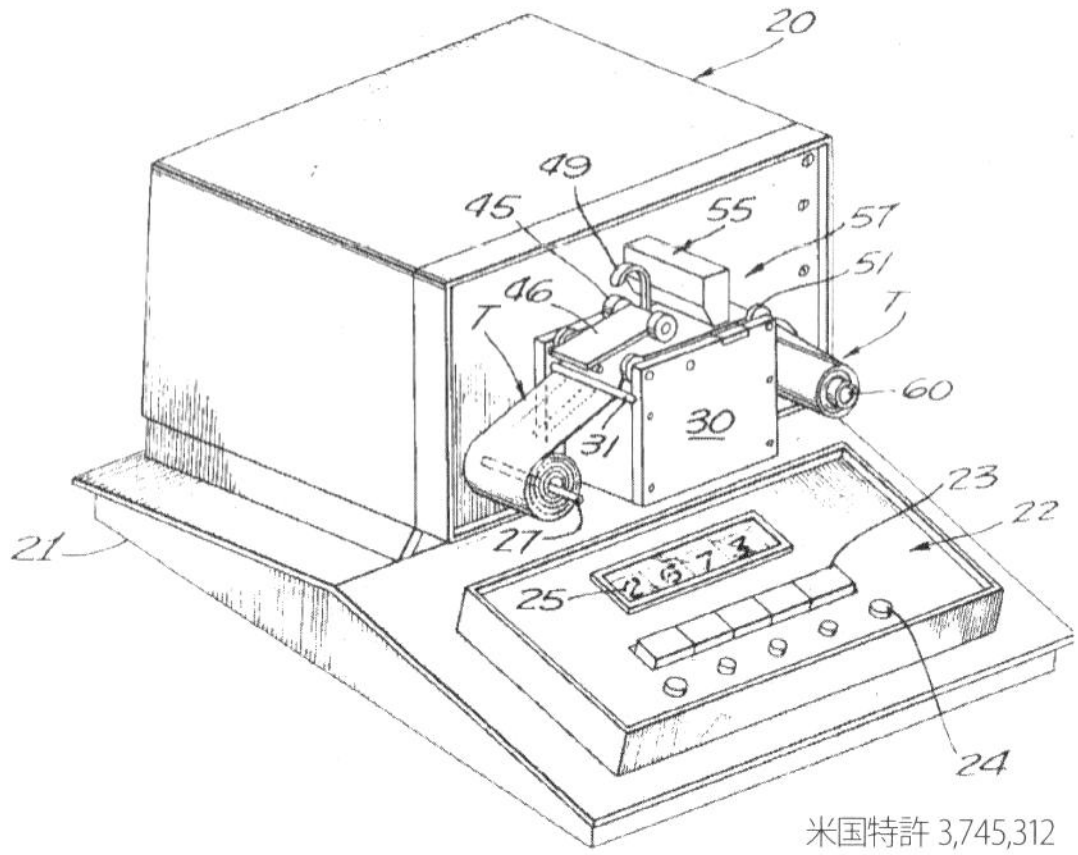

米国特許 3,745,312

●エンバイロ・ラブス・インクのテープ読取機

ただ、この事業経験はビル・ゲイツとポール・アレンにとっては貴重な教訓になったと言われている。

ボンヌビルの発電所

一九七二年の暮、ＴＲＷが、ワシントン州バンクーバーのボンヌビル電力事業団の配電網に使うリアルタイム・オペレーティング・アンド・デスパッチ・システム（ＲＯＤＳ）関係の技術者を急募していた。ＴＲＷは一九〇一年に自動車部品メーカーとして出発したが、ミサイルなどの宇宙航空防衛関連事業に積極的に進出した。二〇〇二年に宇宙航空防衛関連事業をノースロップ・グラマンに売却するまで、ＴＲＷといえば、軍需関係の仕事で有名だった。

またバンクーバーというと、ついカナダのバンクーバーを思い起こしがちだが、ワシントン州南西部のコロンビア川沿いにあり、オレゴン州との州境となっている。ボンヌビルはバンクーバーからコロンビア川を40マイル（64キロ）遡った地点にあり、発電用のダムがある。ここの発電所の発電機は西部の８つの州に電力を供給していた。

ＲＯＤＳは、米国内務省の委託によってＴＲＷが実現しようとしていたリアルタイム・オペレーティング・システム（リアルタイムＯＳ）である。ＲＯＤＳは各地の電力需要を1秒ごとに収集し、需要の多い地域により効率的に電力を供給できるようにするはずであった。ＴＲＷは、ＤＥＣのＰＤＰ−10用のＯＳであるＴＯＰＳ−10をリアルタイムＯＳに改造して実現しようとしたが、当初の楽観的な見積りに反して難航していた。そこでＴＲＷは必死になって優秀なプログラマーをかき集めようとした。そこでビル・ゲイツとポール・アレンも呼ばれたのである。

給料が支払われることと、大好きなPDP－10でプログラミングができることに2人は欣喜《きんき》雀躍《じゃくやく》した。ポール・アレンは喜んでワシントン州立大学を休学して参加した。ビル・ゲイツはレイクサイド・スクールの卒業単位を全て修得していたので、最終学年の12年生の間は学校に出ず、校外活動に専念してよいという許可をもらって参加した。2人はバンクーバーの安いアパートを借りて一九七三年一月から出勤した。

ポール・アレンによれば、ボンヌビル電力事業団の制御施設はコロンビア川を横切るように造られていて、その大部分は深い地下にあった。鉄筋コンクリート造り施設の中には、核戦争が起きた際に放射性物質を洗い流すためのシャワールームまであった。ダイヤル錠が付いたいくつかのドアを通り抜けて行くと制御室があった。そこはスタンリー・キューブリックのSF映画『博士の異常な愛情』に出てくるような部屋だったらしい。ただの電力制御室でなく、核戦争まで意識した戦略拠点として計画された施設だったという。2台の大型コンピュータのPDP－10があり、データ収集用のPDP－11がずらりと設置されていた。

どうして、このような地下要塞のような建物にしたかというと、シアトルにはボーイング社の戦略爆撃機工場があり、戦略爆撃機生産のためには、大量のアルミニウムが必要で、アルミニウム生産のためには電力が絶対不可欠であった。したがってコロンビア川のボンヌビル電力事業団の制御施設は、準軍事施設だったのだろう。ロジャー・セールの歴史書『シアトル 過去から現在へ』の原著182頁のボーイング社の歴史の部分を読んでいたときに気が付いた。

ビル・ゲイツは細々した仕事を割り当てられ、ポール・アレンはシステムに何か問題が起きたときに、自動的に復旧させるためのプログラム・モジュールの開発を割り当てられた。

プログラムを書いていないときの娯楽は、あまりなかったが、オレゴン州側のグレシャムでおこなわれたドッグレースや、オレゴン州側のポートランド郊外の競馬場にも行ったようだ。またポートランド北東部の映画劇場にもよく出かけた。ビル・ゲイツは愛車マスタングを猛スピードで飛ばしたり、近くのラマカス湖で水上スキーをして脚を骨折したりした。

ポール・アレンがビル・ゲイツとチェスをすると、やみくもな攻撃一本やりのビル・ゲイツを、やんわりかわして負かしてしまったと伝えられる。ビル・ゲイツはチェスに負けるとチェスの駒を全部床にぶちまけたこともあった。非常に戦闘的な性格であることが分かる。

ここで、ビル・ゲイツとポール・アレンは伝説的なプログラマーであるジョン・ノートンに出会い、色々教えてもらったという。「(ジョン・)ノートンという名のその男のことは、今でもぼくの頭から離れません。ぼくのできがあまりパッとしないときなどは、いつでも彼が教えてくれました。だから、自分がだらしないときや、たるんでいるときにはいつも想像するわけなんです。彼がこっちへ歩いてきて、プログラムを見ながら、「ほら、ここにもっとうまいやり方があるよ」と言ってくれるところをね」。このようなくだりが『プログラマーズ・アット・ワーク』にある。邦訳では『実録！天才プログラマー』(アスキー)76頁である。

同書にはビル・ゲイツのプログラミングに対する考え方や、ソース・コードの一部が94頁、372〜380頁に収録されている。関心のある方はご参考にされるとよい。

ビル・ゲイツのハーバード入学は一九七三年の春に決定していた。ビル・ゲイツは全米育英奨学金を受け取り、ハーバード大学、プリンストン大学、イェール大学に入学を許可された。プリンストン大学、イェール大学には入学辞退の手紙を出した。

ビル・ゲイツは、レイクサイド・スクールの12年生の最終学期には出席していたようである。微分積分学の講義には一度も出席しなかったが、試験そのもののできは1番だった。しかし聴講態度が良くないということで成績はBだったという。大学進学適性試験（SAT）の数学部門では800点満点を取った。

ビル・ゲイツは、レイクサイド・スクールを卒業すると、一九七三年秋にハーバード大学に行くまでの期間、バンクーバーのTRWに戻って仕事を続けた。ビル・ゲイツは、ポール・アレンとリック・ウェイランドと共同でRODS施設の近くのブランデーワイン・アパートメントに部屋を借りた。初めの頃にはいなかったリック・ウェイランドも途中から参加していたようだ。

ビル・ゲイツは、TRWで、RODSの開発だけでなく、深夜の空き時間に、時間割作成プログラムやトラフ・オー・データのプログラムも手がけていた。3つの仕事が同時並行的に進行していたのである。

一九七三年秋に、ポール・アレンは、ワシントン州立大学に戻り、リック・ウェイランドはスタンフォード大学に戻り、ビル・ゲイツはハーバード大学に向かっていた。

第二章　ボストン、ハーバード、ハネウェル

ハーバード大学法学部への進学

一九七三年秋に、ビル・ゲイツは、ハーバード大学法学部に入学した。弁護士の父親に倣《なら》ったのかもしれない。ビル・ゲイツは寮に入ることになり、サム・ズナイマーとジム・ジェンキンズと同室となった。ズナイマーはカナダから来たユダヤ人の息子で、テネシー州チャタヌーガ出身の黒人の息子だった。

ビル・ゲイツは、経済学、歴史学、文学、心理学の講義を選択したほかに、数学55（Math 55）という科目を選択した。これが失敗だったようだ。ハーバード大学の数学科1年生には数学21（Math 21）、数学23（Math 23）、数学25（Math 25）、数学55（Math 55）が用意されていた。多変数関数論や線形代数を扱っているのは同じなのだが、証明なし、少し証明する、普通に証明を与える、超エリート向けの4段階になっている。

ビル・ゲイツは、大学進学適性試験（SAT）の数学部門で800点満点を取ったというプライドから1番

難しい数学55を選択した。ところがこれについていけなかった。宿題をこなすのに週30時間もかかった。それでも成績はBだった。ビル・ゲイツのプライドは傷つき、そしてドロップアウトの道をたどる。

ＳＡＴの数学部門で８００点満点を取ったということは、素晴らしいことには違いないが、本書に後に登場するスティーブ・バルマーも、スコット・マクニーリもビル・ジョイも皆８００点満点を取っている。前からちょっと変だと思っていたので、少し調べてみた。

２つの可能性があって、１つは４人とも数学の天才であることである。でも彼らの後の経歴からみて、必ずしもそうは思えない。もう１つは、この大学進学適性試験（ＳＡＴ）の数学の問題は、それほど難しくはないのではないかということである。問題を集めた本を入手して調べてみると、落ち着いて慎重に向かえば解ける問題ばかりで難問は出ていない。常識的な問題ばかりである。数学に適性のない人を選別はできるが、数学科に向いているかどうかは判定できないと思う。またそんなことは試験の狙いに入っていないだろう。８００点満点を過大評価してはいけないのだ。

またハーバード大学の数学科に進学しようとする程の学生の多くは、きわめて早熟で、中学校や高校時代には学校の教科よりずっと先の勉強をしている。たとえば入学前に偏微分や多変数関数論のさわり程度は知っている学生が多いのである。大学に入って初めて偏微分を知ったのでは、追いつけないだろう。ビル・ゲイツもスティーブ・バルマーも数学科から落ちこぼれたのは、それもあったのではないかと思う。

だからビル・ゲイツは、ハーバード大学に進学が決まった時点で、コンピュータのアルバイトに精を出すより、本来は大学の初年度生程度の数学を勉強しておくべきだったと思う。

私の経験でも中学校の英語は、せいぜい語彙が500語程度の水準を設定しているのに、高校に入ると、突然、語彙が2万語程度の水準の副読本を与えられてずいぶん悩まされたことがある。高校の試験に合格したら油断せず春休みに勉強しておくべきであった。

その経験に懲りて、私は大学の理工学部に合格してから、春休みに岩切精二著『代数学・幾何学精説』という本の問題を全部解いた。高校より上の教養課程向けの本で、高校と大学の狭間にある数学を解説した分かりやすい本だった。こういうことを知っていたら受験に苦しむこともなかったのにと思った。続けて夏頃までかけて高木貞二著『解析概論』を読んだ。先の見通しを持っていたおかげで大学の講義は比較的楽だった。若い学生諸君には是非こうした方策を採ることをお勧めしたい。

もう1つ考えられることは、ハーバード大学のような古い大学は、奇妙な伝統があることだ。1年生向けの数学は、多変数の微積分や線形代数に特化しているようだが、どうしてかなと思う。そういう場合は、親なり先輩なり友人なりから情報を収集して、対処できるようにしておくべきである。何も知らずに突然教室に座ったのでは無理だと思う。

また大学の教官の中にはひどく個性的な人もいる。学生が分かろうと分かるまいと、自分の興味のあることだけを教えてしまう人もいる。巡り会わせとか運もあるかもしれない。それも事前の情報収集で多少は何とかなる。情報収集なしにハーバード大学で成功するのは闇夜にレーダーなしの飛行をするようなもので無謀である。ビル・ゲイツは結局、何をしてよいのか、分からなかったようである。ドロップアウトに近い状況にあったようだ。

結局、ビル・ゲイツは、ハーバード大学のエイケン・コンピュータ・センターでコンピュータ相手に時間を過ごすことが多くなった。ここにも大好きなPDP－10があったのである。国防総省の先進研究計画局（ARPA）が提供したもので、反戦派の妨害に引っ掛からないように、早朝にそっと運び込まれた。平和な研究目的のためならコソコソする必要はないが、あくまで軍事研究利用を前提としていた。

ポール・アレンをボストンに引っ張り出す

一九七四年に入ると、ビル・ゲイツは学業をあきらめ、ポール・アレンと2人でコンピュータ会社を始めようと思った。そのために、まずどこかの会社に就職しようと考え、色々な会社の面接に行った。その中にハネウェルもあった。

ビル・ゲイツは、ポール・アレンも推薦した。ハネウェルから電話をもらって、ポール・アレンはワシントン州立大学を休学してハネウェルに就職することにした。ガールフレンドのリタと一緒に中古のクライスラー・ニューヨーカーに乗って3日かかって大陸を横断し、ボストンに着いた。

ポール・アレンが当惑したのは、ハネウェルの部長が、「君に仕事は頼まなかったはずだが」と言ったことである。しばらく緊迫したやり取りがあったが、ポール・アレンは結局職にありついた。

こういう話はよくあることだ。私の『シリコンバレー』の400頁に書いてあるが、チャールズ・スポークも同じような経験をしている。若い学生諸君は就職内定をもらったら、内定通知書を必ずもらって、大事に保存しておくべきだ。仮にあっても採めたときは難しいが、ないよりはましだ。

ビル・ゲイツとポール・アレンは、その夏、ハネウェルで働いたが、ビル・ゲイツは家族の反対に揺らぎ、秋からハーバード大学の2年生に復帰することになり、ハーバード大学の寄宿舎のカリア・ハウスに落ち着いた。身勝手な裏切りとも言えるだろう。

それでもポール・アレンは、ボストンのハネウェルに留まることにし、ボストン北西のティングスボロ（Tyngsborough）に安いアパートを見つけた。ハネウェルでの仕事はミニ・コンピュータ同士を接続するための通信プロトコル（通信規約）の開発であった。一九七四年十一月にはケンブリッジのリンジ・ハウス（Rindge House）に引越した。あまり治安のよいところではなかったようだ。十一月の第四木曜日の感謝祭の頃、リタはワシントン大学の単位を取るためシアトルに戻った。リタはポール・アレンの前途に見込みなしと愛想を尽かしたのだろう。

この頃、ビル・ゲイツは、スティーブ・バルマーと知り合いになる。スティーブ・バルマーとはどんな人間だろうか。次に見ていくことにしよう。

スティーブ・バルマーの父親

スティーブン・アンソニー・バルマー（以下スティーブ・バルマー）は、一九五六年三月二四日、ミシガン州デトロイトに生まれた。ビル・ゲイツより一歳年下である。

フレデリック・アラン・マクスウェルの著書『バッド・ボーイ・バルマー』（邦訳『マイクロソフトCEOバルマー世界最強の経営者』）によれば、スティーブ・バルマーの父親フリッツ・ハンス・バルマー（後にフリッツをフレッドと改名）は、一九二三年スイスのツヒウィル近くの寒村に生まれた。ドイツ語圏である。フレッドは一九四四年にバーゼル大学に入学した後、ほどなく中退して観光ガイドのような仕事をしていた。第二次世界大戦終了後、フレッドは米軍のためにニュールンベルグ戦争裁判で語学の才能を活かして通訳として働いた。英語、フランス語、ドイツ語、オランダ語、イタリア語を話せたという。

フレッドは息子のスティーブ同様、195ポンド（88キログラム）と体格がよく、時折その素行は目に余るものがあった。語学の才能がなければ解雇されていただろう。フレッドは結婚経験があったが、ほどなく一九四六年離婚した。取り決められた生活費を払わなかったし、娘の認知もしなかった。フレッドは闇市の取引で逮捕されたりもした。裁判にかけられたこともあった。

一九四八年、フレッドは米国のニューヨークに到着した。移民できたのには米軍の後押しもあったらしい。以上の話は、邦訳では省略されている。

フレッドは、すぐにデトロイトに向かい、フォード・モータースの社員となった。友人の紹介で将来の妻ベアトリス・ドウォーキンに出会った。ベアトリスの祖父はベラルーシのピンスク生まれのユダヤ人サミュエル・ドウォーキンであった。サミュエルは一八九八年3歳のとき、一家と共に米国に移民して来た。一家はデトロイトで自動車の部品販売店デトロイト・オート・パーツ・ショップを始めたようだ。

フレッドとベアトリスは一九五一年に結婚した。フレッドは、翌年正式に米国市民権を申請し、フレデリック・ヘンリー・バルマーと名前を変えた。フレッドがフォード・モータースに勤めたことは、ベアトリスのユダヤ人の親戚の間で問題となった。ヘンリー・フォードはトーマス・ワトソン、チャールズ・リンドバーグと同様反ユダヤ主義者だったからである。フォードはもっとも過激で『国際的ユダヤ人―世界の緊要なる問題』という本まで書いた。

一九六三年スティーブ・バルマーが7歳のとき、フレッドはフォード・インターナショナルの仕事でベルギーのブリュッセルに転勤した。だからスティーブ・バルマーは流暢にフランス語を話せるという。一九六六年一家は米国に戻った。落着き先は、デトロイトの北西のミシガン州ファーミントン・ヒルズのリンフォード・ロードにあった。バルマー一家は民主党びいきだった。

スティーブ・バルマーは、イースト・ジュニア・ハイスクールに入学した。スティーブ・バルマーの学力は優れていたので、教師達はスティーブ・バルマーの家から10キロほど離れたミシガン州ビバリー・ヒルズ・13マイル・ロード・ウェスト22305番地（22305 West 13 Mile Road. Beverly Hills. MI）にある私立のデトロイト・カントリー・デイ・スクールの奨学生になることを勧めた。

めでたくデトロイト・カントリー・デイ・スクールに入学したスティーブ・バルマーは数学で抜群の成績を修めた。両親はスティーブ・バルマーの教育に非常に熱心だった。母親のベアトリスは数学の成績をさらに上げるためにローレンス技術大学に連れて行っただけでなく、全米のあらゆる数学コンテストに連れて行った。教育熱心な母親だったのである。

学費はバルマー家の経済水準よりも少し上だったので、スティーブ・バルマーはゴルフのキャディのアルバイトなどで学資を補ったようだ。いつも同じ洋服を着て、クラスの一番前の座席に座っていた。精神的にハングリーで、常に上を目指していた。勉強好きで、競争好きだった。

スティーブ・バルマーは、バスケットボールのファンであった。バスケットボール・クラブのマネージャャは立派に務めたが、体重過多と運動神経の問題で、意外と思えるが一流の運動選手には向かなかったという。むしろ応援の技術に優れていた。後年「ウィンドウズ！ウィンドウズ！ウィンドウズ！」など、何でも3回大声で巨体を震わせて叫ぶ癖で有名になる。

一九七三年、スティーブ・バルマーは、最優秀の成績でデトロイト・カントリー・デイ・スクールを卒業した。スティーブ・バルマーは大学進学適性試験（SAT）の数学分野で800点満点を取った。またGPAは4・0で完璧であった。

一九七四年スティーブ・バルマーは、ハーバード大学に入学する。応用数学と経済学を専攻した。しかし、やり始めると、数学科で教わる数学は難しくて合わないし、興味を持てないと、経済学に転向する。

ゲイツとバルマーの出会い

しばらくしてスティーブ・バルマーは、寄宿舎カリア・ハウスの417号室に移る。ビル・ゲイツはその近くの403号室にいた。

ビル・ゲイツは、非社交的で友人にも女性にも恵まれず、度々コンバット・ゾーンと呼ばれる売春地帯に足を運んだという。何をしていたのか分からない。ビル・ゲイツが言うにはピザの店で本を読んでいたという。この頃すでにお風呂に入らなくなっていたらしく臭かったという。これではプロの女性にも相手にされなかっただろう。

ビル・ゲイツはポーカーに明け暮れていた。強かったが、ひどく負けることもあったと言われている。勝負にむきになり、度を越してまで熱中していたのではないだろうか。伝説では一晩何百ドルを賭け、秋までは何千ドルも負けたという。虚実いずれか分からない。

ビル・ゲイツは、ポーカーへの熱中を断ち切ろうとしてポール・アレンに自分の小切手帳を預けたこともあったが、すぐ返してくれという始末だった。

スティーブ・バルマーは、意外なことに賭け事には絶対に手を出さなかった。

2人が親しくなったのは、映画『雨に唄えば』、『時計仕掛けのオレンジ』、の2本立てを一緒に見に行ったことだったという。これは『時計仕掛けのオレンジ』を見たことがある人ならば、すぐに分かる粋な組み合わせである。ほぼ正反対の性格の持ち主同士であったが、2人は意気投合した。

スティーブ・バルマーは、ハーバード大学では、ミスター・エクストラ・カリキュラー（ミスター課外活動）とあだ名された。スティーブ・バルマーはアメリカンフットボールチームのマネージャを務めるだけでなく、学内新聞のザ・ハーバード・クリムソンと文芸誌のザ・ハーバード・アドボケイトの広告部長を務めるという積極的な活躍ぶりを示した。人付き合いもきわめてよかった。スティーブ・バルマーはテッド・ルーズベルトやT・S・エリオットやノーマン・メイラーの関わった文芸誌クリムソンにも関わったが、文学的な才能は乏しかったようだ。

スティーブ・バルマーは、優秀な成績で数学と経済学の学士号を取ったと自称しているが、数学の学士号を取った形跡はないらしい。経済学の学士号は取ったことは確認されている。

オルテア８８００用ＢＡＳＩＣ

一九七四年、ポール・アレンはエレクトロニクス誌でインテル８０８０（ｉ８０８０）を知った。

早速、ポール・アレンはビル・ゲイツに「今度のｉ８０８０は強力だからＢＡＳＩＣを書こう」と言ったところ、「全く何もないところからＢＡＳＩＣを作るのは大変で、またＢＡＳＩＣを走らせるコンピュータもないのだから、ＢＡＳＩＣを作ったところで売れない」と言われた。さらに「ｉ８０８０を搭載したコンピュータが発売されたら教えて欲しい」とも言われた。

一九七四年十二月のある寒い日に、『ポピュラー・エレクトロニクス』誌の一九七五年一月号が出ると、表紙にＭＩＴＳ（マイクロ・インスツルメンテーション・アンド・テレメトリ・システムズ）社が作ったｉ８０８０を搭載したオルテア８８００の写真が載っていた。ＭＩＴＳの最初のＭは初期にはマイクロでなく、モデル（模型）だった。模型や科学技術教材を売る会社であった。マサチューセッツ工科大学の略称ＭＩＴに似せてＭＩＴＳとしたという。

表紙にはこんなことも書いてあった。

PROJECT BREAKTHROUGH!
World's First Minicomputer Kit
to Rival Commercial Models...
"ALTAIR 8800" SAVE OVER $1000

プロジェクト・ブレイクスルー！
世界最初のミニ・コンピュータ・キット
商用モデル（のコンピュータ）にも対抗できる
「オルテア８８００」で１０００ドル以上の節約に

33頁からエドワード・ロバーツ（以下エド・ロバーツ）とウィリアム・イェーツによる記事「オルテア８８００　これまで登場した中でもっとも強力なミニ・コンピュータのプロジェクトが４００ドル以下（３９７ドル）で組み立てられる」が載っていた。この記事は今でもインターネットでダウンロードできる。ｉ８０８０の通常の価格は1個３６０ドルであった。ところがニューメキシコ州アルバカーキに本拠を置くＭＩＴＳという会社は、大量購入でｉ８０８０の価格を1個75ドルに下げさせた。これによって、３９７ドルという低価格が可能になったのである。

『ポピュラー・エレクトロニクス』誌がオルテア８８００の記事を掲載したのは、一九七四年七月にライバル誌の『ラジオ・エレクトロニクス』誌が、ジョナサン・タイタスが開発したｉ８００８を搭載したマーク８の記事を掲載したからである。対抗上、『ポピュラー・エレクトロニクス』誌の編集長アーサー・サルスバーグが、新年号用に、レスリー・ソロモンにマーク８より進んだ製品を探すように言ったからである。

そこでレスリー・ソロモンは、エド・ロバーツに声をかけた。エド・ロバーツはウィリアム・イェーツと協力してオルテア８８００を開発した。エド・ロバーツはオルテア・バスを創案した。

ここで『ポピュラー・エレクトロニクス』誌に載ったオルテア８８００の写真は、箱だけのモックアップで中身がなかった。一九七四年十月にアルバカーキから鉄道輸送されたオルテア８８００は、鉄道のストライキとレールウェイ・エクスプレス・エージェンシー（ＲＥＡ）の倒産が重なったために途中で消えてしまった。そこで急遽、箱に発光ダイオードとスイッチだけを付けたモックアップが送り出され、新年号の表紙に間に合わせたという。この話は、色々なバリエーションがあって、どれが本当か確かめようがない。

ついでにオルテア８８００の名前は『ポピュラー・エレクトロニクス』誌の編集者の12歳の娘のローレンが『スタートレック』から思いついたという説が有力であったが、最近はそうではないという説も出ている。実際に出荷されたオルテア８８００の回路は、雑誌に載った回路図とは、大分変更があったという。

◆ＭＩＴＳ社やオルテア８８００に関して、もう少し詳しく知りたい方は、『スティーブ・ジョブズ 青春の光と影』244頁からご覧頂きたい。

これでビル・ゲイツの期待が満足されるぞと、ポール・アレンはビル・ゲイツのハーバード大学の寄宿舎カリア・ハウスに飛んで行った。オルテア８８００のメモリは標準では256バイトしかなかったが、メモリ・ボードを増設できた。ビル・ゲイツもオルテア８８００の397ドルという価格には感動した。オルテア８８００は大評判で、一九七五年二月には１０００セットの注文があり、八月には５０００セットの注文が殺到していた。ＭＩＴＳの製造能力をはるかに超えた量であったが、倒産寸前のＭＩＴＳは救われた。

問題となったのはオルテア8800を開発したMITS社がすでにオルテア8800用のBASICやFORTRANを用意しているのか分からないことだった。実はこのとき、MITS社では増設用のメモリ基板の開発が難航していたため、通常のやり方で用意できるわけがなかった。

2人は相談して、一九七五年一月二日ニューメキシコ州アルバカーキ市サウスイースト・コール・アベニュー5404番地（5404 Coal Ave. SE Albuquerque. N M）のMITS社宛にトラフ・オー・データ社の便箋と封筒を使って手紙を書いた。実際にはまだ何も作成していないBASICを売り込んだのである。手紙の内容は次頁のようである。括弧内は私が補った。この歴史的な手紙はポール・アレンの自伝『アイデアマン』の写真ページの中にあるが、邦訳の『ぼくとビル・ゲイツとマイクロソフト』では残念なことにカットされてしまった。惜しいと思う。

一九七五年一月二日

拝啓

我々の手許には（インテルの）MCS－8080マイクロコンピュータ上で走るBASIC言語インタープリタがあります。我々はこのソフトウェアのコピーを御社を通じてホビーストに販売することに関心を抱いております。御社のオルテア・シリーズ・マイクロコンピュータのユーザーにはカセットでもフロッピー・ディスクでも提供できます。我々は御社に1コピー当たり50ドルを課金し、御社は75ドルから100ドルの間のどこかで販売されるとよいでしょう。もしも御関心がおありでしたら、どうか御連絡ください。

敬具

（トラフ・オー・データ社）社長　ポール・アレン

これは全く嘘の手紙であって、インテルのMCS-8080マイクロコンピュータ上で走るBASIC言語インタープリタなどはなかった。大体ビル・ゲイツもポール・アレンもMCS-8080マイクロコンピュータなど持っていなかった。i8080すら持っていなかったのだ。

MITSから、なかなか返事が来なかったので、MITSに電話をすることになった。実際はMITSのエド・ロバーツはトラフ・オー・データに電話したのだが、それはポール・ギルバーツの自宅の電話番号で、全く話しが通じなかったのだという。互いに押し付けあったが、結局ビル・ゲイツがポール・アレンの名前で電話した。もし話がうまく進んでMITSのエド・ロバーツに会えることになったら、子供にしか見えないビル・ゲイツでなく、大人に見えるポール・アレンがアルバカーキに行くことにした。

諸説あるのだが、ポール・アレンによれば、電話に出たエド・ロバーツに対して、ビル・ゲイツはポール・アレンを装って次のように話した。

「ボストンのポール・アレンですが、ほぼ完成したオルテア８８００用のＢＡＳＩＣを持っています。そちらに行って、お見せしたいのですが」

エド・ロバーツは興味は持ったが、そういう電話は毎日10本もかかって来ていたので、いつものとおりに言った。

「一番最初にオルテア８８００用のＢＡＳＩＣを持って、アルバカーキのオフィスのドアを通って来た人間と契約しょう。今すぐに来てもらっても増設用メモリ・ボードのデバッグ中なのでオルテア８８００上でＢＡＳＩＣは動かせない。１か月以内には準備できるだろう」

電話は5分で終わったという。

こんな大胆な嘘をついてまで売り込んでおいてから、ビル・ゲイツとポール・アレンはハーバード大学のコンピュータ・センターのＰＤＰ－10を使ってマイクロソフトＢＡＳＩＣの開発を始めた。ＢＡＳＩＣコンパイラはメモリを使いすぎるので、比較的メモリを控えめに使うＢＡＳＩＣインタープリタを開発することにした。

ポール・アレンは、バンクーバーのＴＲＷでｉ８００８用のシミュレータを書いた経験をｉ８０８０にも適用しようとした。

まずマクロを書くことだ。ｉ８０８０にはｉ８００８の倍以上の数の命令がある。したがってマクロの数も倍以上になった。また、マクロ・アセンブラを書き、次にｉ８０８０のシミュレータを書いた。さらに前と同様ＰＤＰ－10のデバッガを改造しｉ８０８０用のデバッガを作った。完成した開発システムを使って、ビル・ゲイツは、ＢＡＳＩＣを書いた。完全に独創でＢＡＳＩＣを書いたわけではない。ＤＥＣのＰＤＰ－10用のＢＡＳＩＣなどから多くのアイデアを借りている。それでもｉ８０８０用のＢＡＳＩＣインタープリタなど書いた人がなかったのだから、大したものだといえば大したものだ。アイデアがあるのと製品を完成させるのは違う。

ただ1つ問題があった。科学技術計算に必須の浮動小数点数演算ルーチンの作り方が分からなかったのだ。これは思わぬ偶然で解決した。カリア・ハウスのカフェテリアで2人の話を聞いていたモンテ・ダビドフという1年生の学生が急に割り込んで来て、「ＰＤＰ－８でならやったことがあるよ」と言った。交渉の結果、モンテ・ダビドフが４００ドルで浮動小数点数演算ルーチンを担当することになった。

やはり、正規のコンピュータ・アーキテクチャの講義を取っていないのは弱い。以後マイクロソフトＢＡＳＩＣは、浮動小数点数演算ユニットがｉ８０８７などの超ＬＳＩで提供されることになっても、決してサポートすることがなかった。マイクロソフトの弱点の1つである。

また本来はビル・ゲイツの業績よりもモンテ・ダビドフの業績のほうが高く評価されるべき一面がある。後にアップル・コンピュータが、自前の整数型ＢＡＳＩＣをあきらめてマイクロソフトＢＡＳＩＣを買ったのは、スティーブ・ウォズニアックが浮動小数点数演算ルーチン部分をうまく組み込めなかったからである。

こうしてビル・ゲイツとポール・アレンは、オルテア８８００を見たことも触ったこともないのに、

ＢＡＳＩＣを開発するという魔法をやってのけた。これがシミュレータの威力である。

マイクロソフトＢＡＳＩＣの開発は、ハーバード大学のエイケン・コンピュータ・センターでおこなわれた。学外者であるアレンがハーバード大学のＰＤＰ－10を使用したことと、ビル・ゲイツとポール・アレンがハーバード大学の多額のコンピュータ時間を使用して営利目的の製品を開発したことは、当時からかなりの問題となった。一九七五年夏にはビル・ゲイツはハーバード大学の理事会に呼び出されて軽い叱責を受けた。

マイクロソフトは海賊版やコピーなどの不法行為に対してやかましいが、ビル・ゲイツ自身は不法行為に近いことを繰り返してマイクロソフト帝国の基礎を作った。身勝手といえば身勝手である。

ＢＡＳＩＣの開発は昼夜兼行でおこなわれた。この開発中、ポール・アレンはオルテア８８００の入出力サブルーチンについて、ＭＩＴＳのウィリアム・イェーツに質問した。ビル・ゲイツによく似た名前の人である。ウィリアム・イェーツは「そんなことは今まで誰も聞いてこなかった」と言ったという。ビル・ゲイツ、ポール・アレン、モンテ・ダビドフのチームは誰より進んでいたのだ。

ついでにいえば、ウィリアム・イェーツは元米空軍の兵器研究所に勤めており、ＭＩＴＳでは、電卓のＭＩＴＳモデル８１６キットを設計した。

二月の末、ＢＡＳＩＣインタープリタは完成した。３２００バイト、２０００行のコードだったという。この一九七五年二月十七日付けのＢＡＳＩＣインタープリタのコメントの一部は、『プログラマーズ・アット・ワーク』邦訳の94頁と３７６頁に収録されている。克明なコメントが付いている。美しいスタイルである。プログラム・コードの45％はビル・ゲイツ、30％はモンテ・ダビドフ、25％をポール・アレンが書いたという。

完成したＢＡＳＩＣをパンチした紙テープを携えて、ポール・アレンが、ボストンのローガン国際空港からアルバカーキへ飛行機で飛んだ。前日ビル・ゲイツは非常にナーバスで、徹夜でｉ８０８０のマニュアルとマクロを再点検した。

ポール・アレンは飛行機がもう少しでアルバカーキに着く頃に、とんでもないことに気が付いた。その紙テープを読み込むブートストラップ・ローダというプログラムを忘れていたのである。ブートストラップとは靴紐である。編上靴の靴紐を引っ張って足を持ち上げるような感じである。

そこでポール・アレンは飛行機の中で命令表の記憶をたどって21バイト（46バイトという説もある）のプログラムを書いた。後の七月にビル・ゲイツは22バイトのブートストラップ・ローダを発表している。これは『プログラマーズ・アット・ワーク』の邦訳３８０頁に収録されている。

第三章　アルバカーキとMITS

『裸のランチ』という小説は難解である。筋がない。そもそも筋を拒否している。場所も時間も、ほとんど関係のない設定で、ある意味でSF的な感じもする。途方もなく猥雑な小説である。

この小説を書いたウィリアム・スーアード・バロウズ二世（以下ウィリアム・バロウズ）は、一九一四年二月五日、ミズリー州セントルイスのパーシング・アベニュー4664番地に生まれた。

一九二九年、ウィリアム・バロウズは、ニューメキシコ州にあったロスアラモス・ランチ・スクールという寄宿制の学校に入学する。ランチとは牧場である。外部から遠く離れた土地だ。後に原爆の実験場にするために立ち退かされたくらいだから、どれほど辺鄙《ぴ》な場所か分かるだろう。たくましい男を育てる軍隊的な学校で、彼にとっては地獄であった。

一九三二年、ウィリアム・バロウズは、ハーバード大学の英文学科に入学した。ここで彼はミルトンやチョーサーやワーズワースを熱心に読んだ。シェイクスピアを勉強し、T・S・エリオットの講義も選択した。

T・S・エリオットは、英国人のような気がするが、実はバロウズと同じミズリー州セントルイス出身である。

ウィリアム・バロウズはビル・ゲイツには何の関係もないが、ハーバード大学にいたことと、辺鄙《ぴ》なニューメキシコにいたことが共通していて、私には奇妙な連想で浮かんでくる。

原爆の実験場として有名なロスアラモスから南に道路を160キロメートル下ったところにアルバカーキがある。砂漠の中の辺鄙なところだ。ポール・アレンは飛行機でアルバカーキを目指した。

エド・ロバーツとの出会い

ポール・アレンがアルバカーキの空港に着くと、MITSの社長エド・ロバーツの到着を待った。ほどなくピックアップ・トラックが止まり、ジーンズに半袖のラフな格好をしたエド・ロバーツが現れた。身長は1メートル93センチ、体重は136キロの巨漢だった。豪華なリムジンでもなくおんぼろのトラックに乗って登場し、紺の3つ揃えに身を固めるでもなく、重役タイプの切れ者のエリート風でもなかった。

◆エド・ロバーツについてもう少し詳しく知りたい場合は『スティーブ・ジョブズ 青春の光と影』244頁を参照されたい。

ともかくまずMITSの本社に行って、オルテア8800を見てもらおうということで、空港から北東方向のフェアグラウンドという競馬場とカジノのある地域のカルリンという建物の前で止まった。

カルリンは、アルバカーキのフェアグラウンズ・アディションのカリフォルニア・ストリートとリン・アベニューの交差する角（109-115 California St. NE & Linn Ave. NE, Fairgrounds Addition, Albuquerque, Bernallio County, NM）にあった。セントラル・アベニュー（ルート66）という通りに面しているともいえる。ここに1階建ての平屋を7つ、少しずつずらして結合した建物がある。建物はレンガ作りで窓が大きい。平屋について8つの窓が付いている。採光を考えたものだろう。

昔の写真では、壁にカルリン・ビルディング（CAL-LIN BLDG）という文字が書かれていたのが確認できるが、最近の画像ではなくなっている。代わって建物の角に小さな碑文が見える。グーグルのストリート・ビューでは拡大しても読めないが、地図上に、元のマイクロソフトのヘッドクオーター（本社）と注釈が入っているので、マイクロソフト発祥の地という碑文だろう。アルバカーキ市は史跡としているのかもしれない。

ＭＩＴＳ本社の中へ入ってポール・アレンは、オルテア８８００を初めて見た。すでにテレタイプＡＳＲ−33が接続されていた。メモリは7キロバイト搭載されていた。1キロバイトのメモリ基板が7枚挿されていたのである。ここでポール・アレンは、エド・ロバーツの片腕のウィリアム・イェーツに会った。

時間も遅かったのでエド・ロバーツは、ポール・アレンをパンチョスというメキシコ料理の店に連れて行った。その後、シェラトン・ホテルに案内された。街で一番高いホテルだった。アルバカーキには2軒シェラトン・ホテルがある。単に料金が高いということでは、空港のそばのシェラトン・ホテルだが、アップ・タウンのシェラトン・ホテルだったのかもしれない。

ポール・アレンは安いモーテルに泊まるつもりだったので慌てた。現金の持ち合わせも少なく、クレジットカードも持っていなかったからだ。ポール・アレンが、お金がありませんというと、エド・ロバーツはびっくりしてポール・アレンの値踏みをし直したようだが、料金は払ってくれた。

BASICが動いた

翌朝、再びMITSを訪れたポール・アレンは、早速オルテア8800の前に座り、前面パネルのトグル・スイッチを操作して21バイトのプログラム・ローダというプログラムを入力した。入力には5分ほどかかったようだ。

プログラムの入力を終えると、プログラムの実行開始アドレス（番地）を入力し、実行（RUN）スイッチを押した。LEDが点滅を始めた。テレタイプの紙テープ読み込み装置のスイッチを入れ、BASICのプログラムをかけると、テレタイプはゆっくりと紙テープを読み込んで行った。BASICプログラムの読み込みに7分ほどかかった。

その後、停止（STOP）スイッチを押し、実行開始アドレスを0にセットした。RUNスイッチを押すと、テレタイプが大文字で、「メモリ・サイズは（MEMORY SIZE?）」と印字してきた。そこで7168と入力した。するとオルテア8800は動き出した。

試しに次のように入力してみた。

PRINT 2+2　（2＋2を印刷せよ）

すると直ちに4という答えが印刷された。BASICは動いたのである。

ここでの記述はポール・アレンの記述に従ったが、1度目は何らかの理由で動作しなかったが、2度目には動作し、BASICプログラムを読み込み、READYと印刷したという説もある。多少の誇張もあるだろうが、一度も見たことも触ったこともない機械を動かせたとは実に驚くべきことである。

続いて、もっと本格的にBASICプログラムを動かそうということになった。そこでウィリアム・イェーツが一九七三年にDECが出したBASICプログラムの本『101 BASIC Computer Games』を持ち出してきた。これは10頁の謝辞にあるようにボブ・アルブレヒトも協力した本だ。

◆ボブ・アルブレヒトについては『スティーブ・ジョブズ　青春の光と影』284頁付近を参照されたい。

ポール・アレンによれば、この本から月面着陸船（Lunar Lander）という35行のBASICプログラムを選んで入力した。月面着陸船は見事に月面に着陸した。ジム・ストーラーという高校生の書いたプログラムである。

このプログラムの名前は、ルナー・ランダー（Lunar Lander）

● DECが出したBASICプログラムの本

ではない。一九七五年版のＢＡＳＩＣ プログラムの本をダウンロードしてみると、そういう名前のプログラムはない。よく調べるとロケット（ＲＯＣＫＥＴ）（１８２頁）になっている。プログラムの行数も35行だから間違いない。また少し考えてみれば当然だが、私が昔コモドールのＣＢＭ３０３２で試したルナー・ランダーのようにセミ・グラフィックスは使われていない。ただ文字データが出力されるだけだ。

ポール・アレンは運が良かった。マイクロソフトＢＡＳＩＣは、ＤＥＣのＢＡＳＩＣの文法構造を完全にコピーして作られている。だからＤＥＣのＢＡＳＩＣプログラムの本に載っていたプログラムが動いたのだ。もしＤＥＣの本以外のＢＡＳＩＣプログラムだったら動かなかっただろう。

スティーブ・ウォズニアックの『アップルを創った怪物』の２５１頁にあるが、ＨＰのＢＡＳＩＣを模倣して整数型ＢＡＳＩＣを書き上げたスティーブ・ウォズニアックは、勇んでＤＥＣのＢＡＳＩＣプログラムの本のプログラムを動かしてみたが、手直しなしには動かなかったという。それは当然である。ＢＡＳＩＣには色々な方言があるのだ。

この話で分かることは、マイクロソフトＢＡＳＩＣは、ＤＥＣのＢＡＳＩＣの模倣であって全く独創的なものではない。またポール・アレンは運にも恵まれていた。しかし運も実力である。

ＤＥＣはこれほどまでにパソコンに接近していたが、ＤＥＣの社長のケネス・オルセンが、「誰もがホーム・コンピュータを必要とする理由は見当たらない」と断言し、パソコン業界進出を否定して決定的に出遅れてしまった。

ポール・アレン、MITSに就職

この結果を見て、エド・ロバーツは、ポール・アレンとライセンス契約をしたいと言った。ポール・アレンは意気揚々とボストンに凱旋した。ビル・ゲイツも大喜びだった。

ポール・アレンは、ボストンのハネウェルから、度々エド・ロバーツに連絡した。そのうちにポール・アレンにＭＩＴＳに来ないかという話になった。年俸１万６０００ドル、ハネウェルの年俸１万２５００ドルよりも良い。どちらにしてもずいぶん安いとは思うが、高卒の学歴だから仕方がないのだろう。ポール・アレンは一九七五年四月、アルバカーキのＭＩＴＳに旅立った。ＭＩＴＳのソフトウェア開発担当ディレクターに就任した。

ポール・アレンは、自伝に書いてあるのとは少し違って、当初、アルバカーキ市セントラル・アベニュー・ノース・イースト６１０１番地（6101 Central Avenue Northeast, Albuquerque）にあったサンダウナー・モーテルに逗留したらしい。ここは昔はずいぶんいかがわしい地域であったそうだが、ＭＩＴＳまで１００メートルほどしかない。すぐ隣である。車を持っていないポール・アレンにとっては大変便利であった。

サンダウナー・モーテルは、最近まで朽ち果てるままになっていたが、ポール・アレン、ビル・ゲイツのマイクロソフトの発祥の地の1つとして再開発され、二〇一四年にサンダウナー・アパートメントになった。周りは全くきれいになってしまったので、セントラル・アベニュー（歌にも出てくるルート66）を通過するすさんだ旅人相手の娼婦のたむろする怪しい地域の面影は全くない。もっとも私は『ブラックホーク・ダウン』

のようにグーグルの航空写真やストリート・ビューで見ているので、本当はどうかは分からない。

その後、ポール・アレンは、セントラル・アベニュー沿いのサンド&セージ・モーテルに引越した。このモーテルはセントラル・アベニューをはさんで、斜め向かい側のアルバカーキ市セントラル・アベニュー・サウスイースト6522番地（6522 Central Avenue SE. Albuquerque）にあった。MITSから歩いて数百メートルである。サンダウナー・モーテルよりは少しまともなモーテルだったようだ。今はこのモーテルはない。

MITSには注文が殺到して大忙しであった。ボストンではビル・ゲイツが8キロバイト版のBASIC（8K BASIC）、12キロバイト版のBASIC（12K BASIC）の開発を進めていた。

一九七五年夏、ハーバード大学が夏休みになると、ビル・ゲイツもモンテ・ダビドフもアルバカーキにやってきた。3人は共同でMITSから、2.5キロメートル、車で5分くらいのところにある4階建てのポータルズ・アパートメントの一室を借りた。このアパートはアルバカーキ市アルバラド・ドライブ・サウスイースト1180番地（1180 Alvarado Drive SE Albuquerque）に現在もある。

ポータルズ・アパートメントは、サンド&セージ・モーテルよりもまともなアパートである。だんだんよい住環境に移っていったようだ。後にレイクサイド・スクールの後輩クリストファー・ラーソン（以下クリス・ラーソン）も加わった。

ここで車がどうしても必要になったので、ポール・アレンはマニュアル車のシボレー・モンザを買った。

ポール・アレンは、MITSでフルタイムで働き、ビル・ゲイツ、モンテ・ダビドフ、クリス・ラーソンはBASIC開発関連の仕事をした。近所の学校に事情を話し、タイムシェアリング・サービスを共用できるようにした。午後遅くならPDP－10をテレタイプASR－33を経由で使えるようになった。

彼らは日の出までエアロスミスやジミ・ヘンドリックスのロック音楽をガンガンかけながらプログラム開発した。相当やかましかったことだろう。よく周囲から文句が出なかったたと感心する。薄汚れた異臭を放つ長髪のヒッピー達がドラッグでもやっていると思われたのかもしれない。

一九七五年七月には4キロバイト版のBASIC（4K BASIC）と8キロバイト版のBASIC（8K BASIC）が完成して出荷を待つだけになった。

MITSとの正式な契約書

一九七五年七月、ビル・ゲイツは父親と地元の弁護士に頼んで、MITSとの正式な契約書を作ってもらった。次のような概要である。

（1）MITSは、向う10年間、オルテアBASICを世界中で独占的に販売する許可と権限を与えられる代わりに、前金で3000ドルを支払い、加えて1コピー当たり30ドルから60ドルを支払う。

（2）ハードウェアなしにオルテアBASICのライセンスだけが売れた場合は、それによる総収益を折半する。

（3）ＭＩＴＳと契約してオルテア８８００と同等のコンピュータを製造する他社にオルテアＢＡＳＩＣのサブライセンスを供与した場合も、その総収益を折半する。
（4）ビル・ゲイツとポール・アレンはオルテアＢＡＳＩＣの所有権を持ち続けることができ、ＭＩＴＳを通す限り、そのソフトウェアに関係する契約を誰とも自由に結ぶことができる。
（5）ＭＩＴＳは、オルテアＢＡＳＩＣによる収益の増加のため最大限の努力をしなければならない。他社へのライセンス供与なども含め、あらゆる方策を講じることで、収益が大きくなるように努力しなければならない。ＭＩＴＳがその努力を怠った場合、ビル・ゲイツとポール・アレンは、それを根拠に契約を打ち切れる。

第5項は、特にビル・ゲイツとポール・アレンに有利になる条項である。

ビル・ゲイツはエド・ロバーツに別の弁護士に見て頂く必要はないですかと念を押したが、エド・ロバーツは契約書の中身を深く考えることなしにサインしてしまった。契約は著しく2人に有利であった。後にエド・ロバーツは後悔することになる。

マイクロソフトBASICと書かずに、オルテアBASICと書いた理由は、まだマイクロソフトが設立されていなかったからである。ビル・ゲイツとポール・アレンの2人の会社という漠然としたものであった。

この契約締結後、ビル・ゲイツとポール・アレンはMITSから3000ドルを受け取った。4キロ

ＢＡＳＩＣ1本に付き35ドル、８キロＢＡＳＩＣ1本に付き35ドル、拡張版に付き60ドルを受け取ることになった。

ビル・ゲイツとポール・アレンは、まだＭＩＴＳを通してでなければＢＡＳＩＣをライセンスできる力を持っていなかった。その意味ではＭＩＴＳに寄生していたといえる。

一九七五年七月、この契約締結の際に、２人の間で取り決められた持株比率は、ビル・ゲイツ60％に対してポール・アレン40％であった。普通、会社を共同で設立する場合、持株比率は50％対50％が常識的な数字だが、ビル・ゲイツは自分はＭＩＴＳから給料をもらっていないし、ＢＡＳＩＣへの貢献度も高いのだから、それで当然と主張した。これもずいぶん身勝手な主張である。ポール・アレンはどこか納得しがたいものを感じたが、一応同意した。

ＭＩＴＳモービル・キャラバン

一九七五年、マイク・ハンターという学生がＭＩＴＳモービルと名付けられたダッジのキャンピング・カーに乗り、６か月かけて全米の60都市を回るというキャンペーンを実行した。質疑応答の後、４キロＢＡＳＩＣを搭載したオルテア８８００をテレタイプＡＳＲ－33で動かせた。たとえば月面着陸船ゲームを楽しめるのである。誰もが大変興奮し、オルテア８８００に夢中になった。

一九七五年六月、パロアルトのリッキーズ・ハイアット・ハウスにＭＩＴＳのキャラバンが到着した。このとき、ホームブリュー・コンピュータ・クラブのメンバーが殺到した。MITSのオルテア8800のキットが届かないとか、届いて組み立てたけれど動かないとか、MITSのDRAM基板が動作しないとか、オルテアBASICの料金を払い込んだのに届いていないとか、不満は色々あった。

そんな中、MITSのキャラバン・グループがテレタイプから、オルテア8800用のマイクロソフトBASICを紙テープから読み込ませ、4キロBASICインタープリタを動かしていた。何度もデモをするうちに、床に紙テープが散乱することになったのだろう。そのとき、誰かがオルテア8800用BASICの紙テープを拾った。多分、スティーブ・ドンピエーだろうと言われている。

スティーブ・ドンピエーは、この紙テープをホームブリュー・コンピュータ・クラブに持って行き、コピーを頼んだ。コピーの依頼はAMIのダン・ソコルが引き受けた。会社に自由に使えるPDP-11に接続されたテレタイプがあったからである。ダン・ソコルは、70本のオルテア8800用テープを作った。

ダン・ソコルは、これをホームブリュー・コンピュータ・クラブに持って行き、無料で配った。条件は1本コピーをもらったら、次の集会に2本のテープを持ってきて無料で配ることだった。

スティーブ・ドンピエーもダン・ソコルも別にやましいと感じなかったのは、ビル・ゲイツやポール・アレンがBASICインタープリタを開発していたのが、ハーバード大学に学生のピケット・ラインを潜り抜けて、国防総省がそっと搬入したDECの大型コンピュータPDP-10上であったからである。反戦・反体制の活動家の集まりのようなホームブリュー・コンピュータ・クラブにとっては、許しがたい行為だったからだろう。

◆スティーブ・ドンピエー、ダン・ソコルについて、もう少し詳しく知りたい場合は『スティーブ・ジョブズ　青春の光と影』91頁以下、289頁以下を参照されたい。

ポール・アレンは頻繁にボストンのビル・ゲイツに電話をかけ、ハーバード大学を休学して、MITSに来るように説得した。マイクロソフトBASICをさらにレベルアップするには、ビル・ゲイツの助力が必要になる。MITSからマイクロソフトBASICのロイヤリティが入れば、ビル・ゲイツも十分アルバカーキで暮らしていけるはずだった。

ビル・ゲイツも一九七五年十一月には両親を説得してハーバード大学の休学を認めてもらった。ところが送られてきた一九七五年のロイヤリティの額を見て2人は愕然とした。あまりに少なかったのだ。なぜそんなに少ないのかは、しばらくして分かった。正規にオルテアBASICを買う人が非常に少なかったからだ。

オルテアBASICはメモリ・ボードと抱き合わせ販売の場合は150ドルと安かったが、単品でオルテアBASICだけ買うと500ドルと途方もなく高かった。そこで海賊行為が続発する。一番激しかったのは、前述のようなシリコンバレーにあったホームブリュー・コンピュータ・クラブの組織的なコピーである。ここでデイビッド・バネルが登場する。

デイビッド・バネル

デイビッド・バネルは、コンピュータ業界の訳知りの人の間では有名人だが、経歴が分かりにくい1人だ。散々苦労して調べてみて、その理由がおぼろげながら分かった。『PCマガジン』や『PCワールド』や『MACワールド』などの雑誌で大成功して大金持ちになったからだ。今さら新左翼であった過去の経歴には触れたくないのだろう。

デイビッド・バネルは、一九四八年ネブラスカ州アライアンスに生まれた。父親はアライアンス・デイリー・ヘラルド・ニュースペーパー紙の編集長をやっていたという。デイビッド・バネルは子供の頃から父親の手伝いをし、高校生の時にはスポーツ欄の編集を任されていたという。

デイビッド・バネルは、一九六五年にネブラスカ大学歴史学科に入学した。学生時代はベトナム反戦運動に積極的に参加し、民主主義社会のための学生連合（SDS）の議長に選ばれた。新左翼運動の大物であったということだ。一九六九年に大学卒業後、シカゴの小学校の教師になった。引続き反戦運動に従事し、シカゴ8（Chicago 8）の裁判を傍聴し、一九六九年秋にベトナム反戦のためのワシントン大行進にも参加した。一九七一年、シカゴで2年暮らした後、サウスダコタ州のインディアン居留地で教師となった。

一九七三年、デイビッド・バネルは、アルバカーキのMITSのテクニカル・ライターとなった。一九七五年、MITSがオルテア8800を発表したときにはMITSのマーケッティング担当副社長になっていた。デイビッド・バネルは一九七五年四月から、オルテア8800のファン向けの「コンピュータ・ノーツ」というパンフレットを発行し始めた。ビル・ゲイツは「ソフトウェア・ノート」、ポール・アレンも「一般ソフトウェア更新情報」などという技術的な記事をコンピュータ・ノーツに寄せている。

ホビーストへの公開状

ビル・ゲイツは、ホビーストへの公開状を作って、諸君達のやっていることは泥棒だと非難した。この文書は『スティーブ・ジョブズ 青春の光と影』に載せているが、歴史的に重要な文書なので再録する。

一九七六年二月三日

ホビーストへの公開状

私にとって、現在、ホビー市場においてもっとも重大な問題は、良質なソフトウェア・コースや書籍やソフトウェア自体が欠けていることだ。良質なソフトウェアや、プログラミングを理解できる所有者なしでは、ホビー用コンピュータは無駄になってしまう。良質なソフトウェアがホビー市場に向けて書かれているだろうか？

ほぼ1年ほど前、ポール・アレンと私は、ホビー市場が拡大することを期待して、モンテ・ダビドフを雇って（浮動小数点数演算ルーチンを書かせ）オルテア用BASICを開発した。初期段階の仕事は2か月ほどしかかからなかったが、我々3人は昨年のほとんどを、BASICの文書作成、機能の改良や機能追加に費やした。現在、我々は4キロ、8キロ、拡張、ディスクBASICを持っている。我々が使用したコンピュータ使用時間の価格は4万ドルを超えている。

BASICを使っている何百人という人々から得られたフィードバックは、全て肯定的であった。しかしながら、2つの驚くべき事実が明らかになった。

1　これらの「ユーザー」のほとんどは、BASICを購入していない（全てのオルテア・ユーザーの10％以下の人々だけがBASICを購入した）

2　ホビーストへの販売から得られたロイヤリティの総量は、オルテアBASIC（の開発）に使った時間で割ると、1時間当たり2ドル以下にしか値しなかった。

どうして、このようなことがありえるのか？　ホビーストの大多数は、諸君のほとんどがソフトウェアを盗んでいるということに気付かねばならない。ハードウェアについては対価を支払わねばならないが、ソフトウェアは共有すべきというのか。ソフトウェアを開発する人に対価が支払われないとは、どういうことか？

これは公正と言えるだろうか？　諸君がソフトウェアを盗んでも、ＭＩＴＳには何らの問題も生じない。ＭＩＴＳはソフトウェアを販売して収入を得ているわけではないからだ。我々に対しては、マニュアル、テープ、その他諸般の費用に対してロイヤリティが払われて、やっと収支がトントンになる。

諸君がおこなっていることは、良質なソフトウェアが書かれないよう妨害していることだ。無料でプロフェッショナルな仕事をするような人間がいるだろうか？　プログラミング、あらゆるバグ取り、製品の文書作成、流通に3人／年の労力をつぎ込んで、無料にしろと言うのだろうか。

実際、我々ほどホビー・ソフトウェアに大金をつぎ込んでいる者はいない。我々は、(ＭＣ)6800用ＢＡＳＩＣを書き上げ、(ｉ)8080用ＡＰＬや(ＭＣ)6800用ＡＰＬを書きつつあるが、これらのソフトウェアをホビーストに利用できるようにすることには、何のインセンティブも見出せない。もっとも直接的にいえば、諸君のやっていることは泥棒だ。

オルテアＢＡＳＩＣを再販している人達はどうだろうか。彼らはホビー・ソフトウェアで金儲けをしているではないか？　そうだろう。我々に報告されてきている連中はいつか滅びる。彼らはホビーストに汚名を与えており、クラブの集会からたたき出されるべきだ。

(オルテアＢＡＳＩＣの代金の)支払いをしてくれる人、サジェスチョンやコメントをくれる人からの手紙は歓迎する。宛先は、ニューメキシコ州アルバカーキ市サウス・イースト・アルバラド・ドライブ1180番地(1180 Alvarado SE. #114. Albuquerque. N M. 87108)とだけで結構である。

私にとっては、10人のプログラマーを雇うことができ、ホビー市場を良質のソフトウェアで満たせることほど、うれしいことはない。

ビル・ゲイツ
ゼネラル・パートナー、マイクロ－ソフト（Micro-Soft）

この文書に出てくるビル・ゲイツの宛先アドレスは，アルバカーキ市サウス・イースト・アルバラド・ドライブ１１８０番地となっている。つまりアパートのほうを選んだのであって、ＭＩＴＳを選んでいない。この手紙の中でマイクロソフトという社名が初めて使われた。当時のスペルはMicro-Softであって、現在のMicrosoftではなかった。

また当時ビル・ゲイツがＡＰＬ言語に熱中していたことが分かる。もちろん全然売れなかった。デイビッド・バネルは、この公開状を色々な雑誌媒体や定期刊行物に送り付けた。

特に反響が大きかったのは、ホームブリュー・コンピュータ・クラブのニュース・レターの一九七六年一月号に掲載されたものである。ニュース・レターの発行日が一九七六年一月三一日になっているのに、二月三日付けのビル・ゲイツの公開状が掲載されているのは、どちらかに日付の嘘があったのだと思う。

事情を知っていると、盗人がさらに盗人を非難する奇妙な手紙のような気がする。ビル・ゲイツもスティーブ・ジョブズと同様、厚かましく身勝手な一面がある。こういうパターンは、シリコンバレーでは何度も繰り返される。後にゼロックスALTOのGUIをスティーブ・ジョブズのアップルのマッキントッシュが盗み、それをまたビル・ゲイツのマイクロソフトのウィンドウズが盗んだ。

一九七六年三月二六日から二八日にかけて、MITSはワールド・オルテアー・コンピュータ・コンベンションという会議を開いた。講演者は、ビル・ゲイツ、ポール・アレン、エド・ロバーツ、そして後に伝説的な存在となるテッド・ネルソンであった。テッド・ネルソンは、二〇〇八年にビル・ゲイツがスピード違反で捕まって警察に撮られた写真を表紙にした『Geeks Bearing Gifts』という本を書いている。初めは私の知っているテッド・ネルソン以外に別のテッド・ネルソンがいるのかと思った。彼らしくないからである。テッド・ネルソンは、有名人の中ではもっとも早くビル・ゲイツに出会った人だったのである。取り寄せて読んでみたが、本の中身は、表紙とはあまり関係がない。

●テッド・ネルソンの著書の表紙
ビル・ゲイツがスピード違反で捕まったときの写真を表紙にした

一九七六年四月にビル・ゲイツは、MITSのコンピュータ・ノーツに「第2の最後の手紙」を書いている。エド・ロバーツは、MITSがホビーストを非難していると受け取られることに怒り、MITSの社員でなく、マイクロソフトの社員のビル・ゲイツがホビーストを非難したと声明させたのである。エド・ロバーツはMITSは無関係だと言いたかったのだろう。このことが、ビル・ゲイツがMITSの社員ではなかったことの証明になる。その点が重要である。

一九七六年後半、マイクロソフトはナショナル・キャッシュ・レジスター（NCR）とゼネラル・エレクトリック（GE）にBASICを売りつけることに成功した。NCRはデジタル・カセット版のBASICを要求した。この仕事はマーク・マクドナルドに割り当てられた。

ディスクBASIC

一九七五年、MITSは、フロッピー・ディスク・ドライブを販売することを決定した。紙テープやカセットテープ・レコーダーに比べて高速大容量の記憶装置が付けば、オルテア８８００は一段と強力なマシンに変貌するはずだった。

ただ、この装置を使うには、ビル・ゲイツがフロッピー・ディスク対応版のディスクBASICを書かねばならなかった。ポール・アレンは一九七六年二月、ビル・ゲイツにディスクBASICの開発を依頼した。ビル・ゲイツは、イェロー・パッドという黄色のメモ帳を3冊と鉛筆を10本持ってホテルにチェックインした。5日後、出てきたときにはディスクBASICが出来上がっていた。これもよくできた伝説と思う。

これは厳密にいうと、オルテア８８００対応のディスクBASICであり、いわゆるマイクロソフトのディスクBASICは、後にマーク・マクドナルドが開発した。

この頃からビル・ゲイツとエド・ロバーツの対立が激化する。ビル・ゲイツはMITSからお金をもらったことはあったが、MITSの社員ではなかった。少なくともMITSの従業員名簿に名前を連ねたことはなかった。

オルテア8800が売れたおかげで、MITSは、1キロメートルほど南西のアルバカーキ市サウスイースト・コール・アベニュー5404番地（5404 Coal Ave. SE. Albuquerque）の建物に移転する。、あまりぱっとした建物ではない。移転と同時にポール・アレンはMITS社のソフトウェア担当副社長になった。

この頃、MITSには色々なライバル社が出現していた。クロメムコ、IMSAI、プロセッサ・テクノロジーなどである。このうちプロセッサ・テクノロジーのSOL-20はきわめて強力であった。

◆クロメムコ、IMSAI、プロセッサ・テクノロジーについて詳しく知りたい方は『スティーブ・ジョブズ　青春の光と影』、251頁、255頁、301頁を参照されたい。

マイクロソフト・キッズ

■マーク・マクドナルド

一九七六年四月、マイクロソフトは、初めての社員となるマーク・マクドナルドを雇った。社員番号1である。マーク・マクドナルドは、レイクサイド・スクールでビル・ゲイツより2つ年下の生徒であった。彼もアルバカーキに来て、ポータルズ・アパートメントに住んだ。マーク・マクドナルドは、ビル・ゲイツよりもポール・アレンに近かったようだ。

マーク・マクドナルドは、モトローラ６８００（ＭＣ６８００）用のシミュレータを書き、ＭＣ６８００用のＢＡＳＩＣを開発した。ＭＩＴＳがＣＰＵにＭＣ６８００を採用したオルテア６８０を発売していたから、対応するＢＡＳＩＣが必要だったからだろう。

ＭＯＳテクノロジーの６５０２が出ると、マーク・マクドナルドは早速対応するシミュレータを書き、ＢＡＳＩＣを開発した。あまりできのよくないＢＡＳＩＣだったらしいが、浮動小数点数演算ルーチンを備えていたのがセールス・ポイントだった。一九七六年十月にはコモドールのＰＥＴ２００１、一九七七年八月にはアップルⅡ用に売ることができた。安く買い叩かれた。

マーク・マクドナルドの仕事でもっとも有名なものは、スタンド・アローンのディスクＢＡＳＩＣ－80だろう。これはＮＣＲ８２００向けに開発されたもので、ファイル・アロケーション・テーブル（ＦＡＴ）と呼ばれるファイル管理方式を用いた。

ＦＡＴシステムでは、ディスクをクラスタと呼ばれる論理単位に分割し、ファイルのサイズに応じて、このクラスタを１つないし複数個割り当てることで、ファイルを実現する。ＦＡＴとはクラスタの場所や使用状態を示す表である。この表にはファイルのクラスタがどこにあるかを示すリンクがある。ポインターといってもよい。リンクをつないで、次にどこのクラスタにあるかを示した。

後継のＮＴファイル・システム（ＮＴＦＳ）が登場するまで長く使われたファイル・システムである。

■リック・ウェイランド

一九五三年生まれで、レイクサイド・スクールを卒業して、スタンフォード大学を卒業したリック・ウェイランドも一九七五年にマイクロソフトに雇われた。彼はこれまでにもビル・ゲイツとポール・アレンの仕事を手伝ってきた。リック・ウェイランドはBASICとCOBOLを担当した。特にCOBOLができたことはマイクロソフトの陣容を豊かに見せた。

リック・ウェイランドは、ハーバード・ビジネス・スクールに行くため、しばしマイクロソフトを離れるが、一九八二年に復帰する。そして一九八八年にはマイクロソフトを退社する。その後、主に慈善事業に関係した。二〇〇六年ピストル自殺をした。リック・ウェイランドは1億6000万ドルの遺産を残した。6500万ドルを同性愛者の権利を守る運動のために、6000万ドルをスタンフォード大学に寄贈したという。

■スティーブ・ウッド

一九七六年八月、マイクロソフトはi8080対応の科学技術計算用FORTRANコンパイラ開発のため、スティーブ・ウッドを雇った。社員番号6である。

スティーブ・ウッドは一九五二年シアトル生まれで、公立学校に通った。ケース・ウェスタン・リザーブ大学を卒業後、スタンフォード大学大学院電気工学科を修了し、引続きスタンフォード大学のスタンフォード線形加速器センター（ＳＬＡＣ）に補助職員として勤務していた。ここはホームブリュー・コンピュータ・クラブの定期的な会合によく使われていた。ここの就職指導部で、スティーブ・ウッドはマイクロソフトの求人広告を眼にした。就職面接を終えるとウッド夫妻はアルバカーキを目指した。スティーブ・ウッドはマーラ・ウッドと結婚していた。スティーブ・ウッドの最初の仕事はＦＯＲＴＲＡＮコンパイラであった。

一九八〇年に夫婦揃って退社する。その理由は第五章の「スティーブ・バルマー」の節で説明する。

第四章　新しいヘッド・クオーター

こうして人が増え、ポータルズ・アパートメントでは手狭となったので、一九七六年十月にアルバカーキ市サン・マテオ・ブールバード・ノースイースト３００番地（300 San Mateo Blvd. NE. Albuquerque）にあったツー・タワー・セントラル・タワー・ビルディングのスイート８１９にオフィスを借りた。２つの高層ビルが少しの距離を置いて立っている。その一方の８階の四部屋続きを借りたということだろう。グーグルの航空写真で確かめられる。

一九七六年十一月、ポール・アレンは、ＭＩＴＳを辞めてマイクロソフトの仕事に専念することになった。吝嗇なビル・ゲイツはポール・アレンの給料を払えるかどうか心配したそうだ。倹約は美徳だが行き過ぎると病的になる。

先述のように一九七六年、マイクロソフトはそれまでで最大で、もっとも利益の上がる取引先を獲得した。ナショナル・キャッシュ・レジスター（ＮＣＲ）とゼネラル・エレクトリック（ＧＥ）であった。

マイクロソフトの正式なパートナーシップ契約

一九七七年二月、ビル・ゲイツは、ハーバード大学の秋学期から戻ってきて、ハーバード大学を最終的に中退する決意を固めた。それでもハーバード大学に未練はあったようだ。

一九七七年二月三日にマイクロソフトの正式なパートナーシップ（日本式にいえば合名会社）契約書が交わされた。このとき、ビル・ゲイツは、持株比率をビル・ゲイツ64％に対してポール・アレン36％にしようと提案した。ずいぶんな提案であったが、ポール・アレンは合意した。ポール・アレンは少しおめでたいというか、お人好しのところがある。

この契約書には2つ変わった特記条項があった。

第8条は、パートナーがフルタイムの学生になったときには、業務上の義務を免除されるとしていた。これはビル・ゲイツがハーバード大学に復学した場合のことを想定しているが、ポール・アレンについてもワシントン州立大学に復学した場合にも適用できるので、ポール・アレンは反対しなかったのだろう。

第12条は、両者の間に妥協不可能な相違が生じた場合は、ビル・ゲイツはポール・アレンにパートナーシップから手を引くように要求できるとしたものである。ポール・アレンは2人の間に妥協不可能な相違など生じるだろうかと考えて呑んでしまったのだろう。この条項はビル・ゲイツがポール・アレンから株式の買上げができることを意味していたと思われる。

この頃、マイクロソフト内部には変化の兆しが現れた。個性の強い全員がポータルズ・アパートメントに一緒に住むのは耐えがたくなってきたのである。

ポール・アレン、リック・ウェイランド、マーク・マクドナルドは郊外に一緒に住んだ。

ビル・ゲイツとクリス・ラーソンは、アルバカーキ国際空港により近いアルバカーキ市ギブソン・ブールバード・サウスイースト4801番地（4801 Gibson Blvd. SE. Albuquerque）のランチョ・デル・シエロというアパートを借りて一緒に住むようになった。

■クリス・ラーソン

クリス・ラーソンは、一九五七年生まれで、レイクサイド・スクールを卒業した後、プリンストン大学に入学し、経済学とコンピュータ・サイエンスを勉強した。学位がどちらだったかは、はっきり分からない。一九八一年にプリンストン大学を卒業すると、マイクロソフトに正式に入社した。

入社の条件は株式のオプションだった。クリス・ラーソンはマイクロソフトの株式の0・5％を要求した。クリス・ラーソンは、56・6ドルを支払い、56600株を取得したという。株式の分割によって持株は増加し続け、クリス・ラーソンは、巨額の資産を手にした。

その一部の570万ドルでクリス・ラーソンは、後年ワシントン州ショアライン郡オリンピック・ドライブ97番地（97 Olympic Dr. Shoreline. WA）に土地を買った。ハイランドと呼ばれる地域で、シアトルでも有数の金持ちが集まる地域である。ここに家を建て、飾り立てるために1億6千万ドルのお金が使われた。チューダー朝様式の豪邸で、グーグルの航空写真で見るとビル・ゲイツの家よりも立派に見える。ウォーター・フォードのクリスタル・グラスに、ティファニー製の窓、金で装飾されたシャンデリアや由緒ある絵画など内部も途方もなく贅沢だという。自動車も140万ドルの一九一一年製ロールスロイスのシルバー・ゴーストなど贅沢の限りを尽くした。慈善事業にはむろん1億5千万ドルを寄付した。

クリス・ラーソンは、シアトル・マリナーズという野球のチームに出資したことでも有名である。野球ファンの方ならよくご存知だろう。むしろ最近はこちらの方が有名で、マイクロソフトにいたことなどは知らない人が多い。

クリス・ラーソンは、一九八六年にカルフーンという女性と結婚したが、二〇〇九年に離婚した。この結果、財産分割が必要になり、裁判になった。裁判関係の書類を読むと、ラーソンは3億5700万ドルを取り、妻のジュリア・カルフーンは1億8100万ドルをもらったらしい。ともかく途方もない金額である。あまり目立たないクリス・ラーソンでも、この程度なのだ。

■ゴードン・レトウィン

ジェームズ・ゴードン・レトウィン（以下ゴードン・レトウィン）は一九五二年七月に生まれた。ビル・ゲイツより3歳ほど年上である。経歴は伏せられていることが多く分かりにくいが、パーデュー大学を卒業したらしい。その後パーデュー大学の教授が設立したウィンテックという会社に入った。ここでゴードン・レトウィンは、i8080用にPL／Mクロス・コンパイラを開発した。インテルの法務部門から苦情が出たので

ＰＬ／ＭでなくＰＬ／Ｗと改称した。また i８０８０用の開発システム用のプログラムを多数開発した。プログラムの名手である。

その後、ゴードン・レトウィンはヒースキットで有名なヒースに入社した。

ゴードン・レトウィンの『インサイドＯＳ／２』という書物の序文にビル・ゲイツが書いているが、ビル・ゲイツがゴードン・レトウィンに初めて会ったのはヒースのパソコン・グループを訪ねたときである。当時ゴードン・レトウィンは、ヒース・システム用のＯＳであるＨＤＯＳと独自のベントン・ハーバーＢＡＳＩＣを開発していた。彼はヒースの経営陣がマイクロソフトＢＡＳＩＣを購入しようとしていることに不満を抱いていた。

ゴードン・レトウィンは、ビル・ゲイツに向かって自分のＢＡＳＩＣの方がマイクロソフトＢＡＳＩＣに比べて優れていると批判した。ビル・ゲイツはゴードン・レトウィンを気に入り、破格の条件でマイクロソフトに引き抜いた。

ゴードン・レトウィンのマイクロソフトでの最初の仕事はＢＡＳＩＣコンパイラであった。もっとも有名な仕事は、後に出て来るＯＳ／２である。それらについては次の巻で述べよう。

ゴードン・レトウィンは一九九三年にマイクロソフトを退社している。慈善事業に熱心で、一九九九年から二〇一〇年までに、妻のロザンナと共に夫婦でマイクロソフトの株式で６０００万ドル、現金で３３００万ドルを寄付している。二〇一〇年頃に手元に残していたのは２０００万ドル程度らしい。持株比率が１・３％になったことがあるので、うまく運用すれば何億ドルかそれ以上の資産を残せたはずだが、そういうことに興味はなかったらしい。

納税記録から見ると、ゴードン・レトウィンは、シアトル市フリーモント・アベニュー３６０１番地（3601 Fremont Ave. N.Suite 304. Seattle）あたりに住んでいるらしい。

パソコン御三家の登場

■コモドール　ＰＥＴ２００１

一九七七年四月、コモドールは、ＷＣＣフェアにＰＥＴ２００１というパソコンを出した。ＰＥＴ２００１はチャック・ペドルが設計した。

ＰＥＴ２００１は、ＣＰＵがクロック速度1メガヘルツの６５０２、ＲＯＭは14キロバイト、ＲＡＭが４キロバイトであった。一体型であることが特徴で、内蔵型のグリーン・モニタを持ちテキストを40字×25行表示できた。外部記憶装置も内蔵型のカセット・テープ装置で、キーボードは内蔵型だったが安物だった。何でも付いているという格安の面白いパソコンだった。拡張性については、ＩＥＥＥ４８８バスを搭載しシステム構築を可能にしていた。安くて面白いパソコンであった。

■アップルⅡ

一九七七年四月十六日からジム・ウォーレンが主催した第1回ウェスト・コースト・コンピュータ・フェアが

開催された。アップル・コンピュータは、アップルⅡを発表した

アップルⅡは、CPUがクロック速度1メガヘルツの6502、ROMは12キロバイト、RAMが4キロバイトであった。洗練されたケースで身を飾り、カラー表示、フロッピー・ディスク・ドライブのディスクⅡが用意され注目を浴びた。

それまで、アップル・コンピュータは、1年間かかって、何とかアップルⅠを200台売っただけであったが、アップルⅡは数週間のうちに300台の注文が来た。一夜にして何万台何十万台の注文が来たように描かれることが多いが、実際はそうでない。オーウェン・W・リンツメイヤーの『アップル・コンフィデンシャル2・0』によれば、一九七七年九月までのアップルⅡの出荷台数は570台であった。

■ラジオシャック TRS－80

続いて一九七七年八月、ラジオシャックは、TRS－80を発表する。CPUはZ－80、ROMは4キロバイト、RAMは4キロバイトであった。キーボードと本体が一体という奇妙な設計であり、グリーン・モニタが付いていた。発売後1か月で1万台を売り切り、3千台という予測を大きく上回った。モデルⅠはそれほど強力ではなかったが、モデルⅡはかなり強力であった。どちらもプラモデルのようなパソコンだった。

当初、外部記憶装置はカセット・テープ装置であったが、その後フロッピー・ディスク・ドライブとなった。TRS－80は比較的ソフトウェアを重視した。IBM PCが出て来るまでは一番本格的なパソコンではなかったかと思う。BASICはもちろんのことFORTRANやCOBOLなど各種のコンパイラが動くのには驚い

たものである。

ラジオシャックは、その名のとおり、全国展開のアマチュア無線チェーンであり、強力な販売網とサービス網を持っていた。それだけに巨大な展開を見せたが、次第に本格化していく中で、悩みはパソコン・チェーンとして存続するか、それとも町の家電チェーンとして存続するかの選択だった。

デザインと外観で圧倒的な差をつけたアップルⅡが完全な市場支配をできなかったのは、価格が高めだったこともあったと思う。単純な比較はできないが、最安値の機種比較では、コモドールのPET２００１が７９５ドル、タンディ・ラジオシャックのTRS－80が５９９・95ドル、アップルⅡは１２９８ドルだった。実際にはこれらの価格の機種では使い物にならない。最低でも倍の予算が必要だった。

スティーブン・ベイリッチの著書『ソフィスティケーション＆シンプリシティ』によれば、一九七七年十二月、アップルⅡとコモドールのPET２００１の売上げ比は１対６、アップルⅡとタンディ・ラジオシャックのTRS－80の売上げ比は１対１６６で、アップルⅡは数の上では圧倒的に劣勢であった。

MITSとの訴訟

MITSは競合各社との争いに劣勢で、次第に焦りを感じ始めた。そこで競合会社へのソフトウェアのライセンスを打ち切り始めた。たとえば一九七六年にはインテリジェント・システムズ・コーポレーション、ザイログ、リダコムとの取引交渉を意図的に決裂させた。

一九七七年に入ると、ビル・ゲイツの精力的な交渉によってアプライド・デジタル・システム、デルタ・クーリエ、コントロール・データ、レクサル、アストロ、ランド、ローレンス・リバモア、イシックス、マグナボックスとの話が進んでいた。ところがエド・ロバーツは契約書への署名を拒否した。

さらにエド・ロバーツはＭＩＴＳの身売りに乗り出し、一九七六年後半には、ＭＩＴＳのパーテック社への売却交渉を進めていた。パーテックはＭＩＴＳだけでなく、マイクロソフトＢＡＳＩＣの権利も買えると解釈した。一九七六年十二月三日、パーテックは６００万ドル分の株式でＭＩＴＳを買収する意向を表明した。買収が完了するのは一九七七年五月である。

一九七七年四月、ビル・ゲイツとポール・アレンは、ＭＩＴＳとの契約を打ち切ると文書で通告した。これに対してＭＩＴＳとパーテック社は、アルバカーキのベルナリリョ郡の地方裁判所に差し止め命令を申請した。裁判官はこれを認め、裁判修了まで、マイクロソフトはマイクロソフトＢＡＳＩＣをライセンスできなくなった。またＭＩＴＳとパーテック社はマイクロソフトの製品を一切販売できなくなったが、マイクロソフトも収入源を断たれた形になった。

裁判にはお金がかかる。しかも収入は途絶えてマイクロソフトは窮地に陥った。ビル・ゲイツには弁護士の父親がついていたが、そこでビル・ゲイツは、ハーバード大学時代の友人でマイクロソフトの社員となっていたボブ・グリーンバーグから７０００ドルの借金をした。

一九七七年十一月に裁定が出て、マイクロソフトの全面勝利になった。契約書の中の「ＭＩＴＳは、オルテアＢＡＳＩＣによる収益の増加のため最大限の努力をしなければならない」という条項が効いたのである。ＭＩＴＳとの契約は打ち切りとなり、未払いの使用料金についてはパーテック社に支払い義務があるとされた。

訴訟に勝利したビル・ゲイツは、ボブ・グリーンバーグに利子をつけて借金を返した。また自由を獲得したマイクロソフトは、晴れてコモドールとタンディとの契約をまとめた。

続マイクロソフト・キッズ

■ボブ・グリーンバーグ

ボブ・グリーンバーグは、一九五四年生まれで、父親は玩具会社コレコ・インダストリーズの社長だった。ボブ・グリーンバーグは高校時代ＤＥＣ用の機械語のプログラミングを独習した。ビル・ゲイツは元々テキサス・インスツルメンツのマイクロプロセッサＴＭＳ９９００用のＢＡＳＩＣを開発するために雇った人間に借金をしたのである。

ボブ・グリーンバーグは、一九八一年マイクロソフトを退社したが、故郷で家業のコレコという玩具製造業に従事し、キャベッジ・パッチ・キッズという人形で大儲けした。不思議なお金儲けのやり方もあるものである。総資産２０００万ドルと言われている。

■エド・ロバーツの退場

エド・ロバーツは一九七七年後半にパーテックを去った。３００万ドル分の株式を手にしていた。しばらくパーテック社に留まったが、製品開発の意見が相違してジョージア州ウィーラーに帰り、大農場を買った。

一九八二年、エド・ロバーツはジョージア州メイコンのマーサー大学の医学部に入学し、一九八六年45歳で卒業した。一九八八年にインターンを修了、ジョージア州コクランで開業し、ドクター・ヘンリー・エバート・ロバーツと名乗った。

エド・ロバーツは幸せな境遇のうちにいながら、マイクロコンピュータ革命の中での自分の役割を評価されないと絶えず不平を漏らし続け、二〇一〇年四月一日肺炎で亡くなった。享年68歳であった。

■ボブ・ウォーレス

ボブ・ウォーレスは、マイクロソフトの第9番目の社員である。一九四九年バージニア州アーリントンに生まれている。父親は経済学者でケネディ大統領の時代に財務次官補になった。

ボブ・ウォーレスは、ブラウン大学を卒業後、ワシントン大学大学院のコンピュータ・サイエンス学科の修士課程を修了した。その後シアトルのリテール・コンピュータ・ストアで働いていたが、マイクロソフトで働きたくて仕方がなかった。ここに後で登場し重要な役割を果たすティム・パターソンがいた。

そこで一九七八年春から、アルバカーキのマイクロソフトで働き始めた。

最初の仕事はコンピュータにIBMセレクトリック・タイプライターを接続することであったという。

この人は、よくビル・ゲイツ物の映画に登場するアルバカーキ東方のサンディア山の南麓でビル・ゲイツとブルドーザーでレースをした逸話に登場することで有名である。ブルドーザーを後進させたところ、あわやビル・ゲイツのポルシェをひき潰すところであったという。

ボブ・ウォーレスは、ドラッグとサイケデリック文化に傾倒していたと言われる。一九八三年三月官僚化したマイクロソフトに幻滅して退社した。二〇〇二年に急性肺炎で亡くなった。享年53歳であった。500万ドルの資産を残した。

■ボブ・オリア

ボブ・オリアは、名前から分かるようにアイルランド系の人である。一九四二年テキサス州ウェリントンに生まれ、テキサス州ペリートンで育った。家はきわめて貧しかったという。体操教師を目指していたが、途中で転向し、テキサス大学数学科卒業後、大学院に進み、数学と天文学を修めた。

一九六六年、ボブ・オリアは、レドンド・ビーチのTRWに就職し、空軍の偵察衛星の写真の分析に当たった。またミニットマン・ミサイルの軌道を最適化するプログラムを書いた。その後、NASAに移り、アポロ宇宙船の大気圏突入軌道の計算をした。その後友人とテクサメトリクスという会社を起こした。

ボブ・オリアは、一九七八年一月にマイクロソフトに入社し、社員番号7の社員になった。最初の仕事は、TRS－80用のBASICの浮動小数点数演算ルーチンの問題点の解決だった。

ビル・ゲイツもポール・アレンも、数学や浮動小数点数演算をきちんと理解していなかった。そこでボブ・オリアは数学担当という奇妙なポジションにいた。彼の最大の仕事は、MS-DOSの開発だったと言われている。ボブ・オリアは、一九九三年にマイクロソフトを退社した。現在の総資産は1億ドル程度と言われている。

■ミリアム・ルボウ

ミリアム・ミレラ・ルボウ（ミリアム・ルボウ）は、1935年イタリアのミラノに生まれた。旧姓はベルンシュタインである。一九四〇年ホロコーストをまぬがれ、米国に移民したユダヤ系である。頭脳明晰だったようで通訳学校で5か国語を学んだという。一九六〇年にニューヨークでミルトン・ジョセフ・ルボウと出会って結婚した。ドイツ系だが、ルボウというのが正式にはルボウスキーなのでユダヤ系のように思われるが、先祖を確認すると確かにユダヤ系である。2人は、その後ニューヨークからアルバカーキに移った。

一九七七年、42歳のミリアム・ルボウは、新聞でマイクロソフトの募集広告を読み、応募した。ビル・ゲイツの不在の間にゼネラル・マネージャ的な仕事をしていたスティーブ・ウッドによって、受付兼雑用係に採用された。本人は社員番号6と言っている。7という説もある。

ミリアム・ルボウは、むろんソフトウェアのことは何も知らなかったし、最初、彼女はビル・ゲイツを社長ではなく子供と勘違いしたという笑い話がある。明るい性格からすぐにミリアム・ルボウは、ママと呼ばれ、みんなから親しまれた。彼女はビル・ゲイツの食事の世話から、身だしなみまでの面倒をみて母親代わりの

●ポール・アレンの自伝『アイデア・マン』
邦訳は『ぼくとビル・ゲイツとマイクロソフト』。この本の第 14 章以降を読むと、億万長者というものに多少の疑問を感ずる。

役目を果たした。

マイクロソフトのシアトル移転の際、ビル・ゲイツはルボウ一家にも声をかけた。ルボウ一家は、一九八〇年の終わり頃にシアトルのカークランドに引越し、ルボウも以後10年間マイクロソフトに出たり入ったりして働いた。

ルボウ一家もマイクロソフトの株式はもらったようだが、夫のミルトンがコンピュータの将来を信じず、すぐに売却してしまった。それを子供達の学資にしたという。したがって億万長者にはなりそこねたが、有意義なお金の使い方だったろう。ポール・アレンを見ていると、億万長者の派手なお金の使い方には多少あきれる。

一九九〇年、ミリアム・ルボウはマイクロソフトを辞めて、ポール・アレンの会社で働くことになる。

二〇〇八年、肝臓癌になったミリアム・ルボウが、みんなに呼びかけ、後述の一九七八年十二月七日の写真を全員で撮り直した。もちろん今度は真中にミリアム・ルボウが写っている。同年、72歳で肝臓癌で死去した。

スピード狂

余裕ができると、ビル・ゲイツは中古の緑のポルシェ９１１を買った。ビル・ゲイツはポルシェ９１１で思い切りスピードを出して走りまくった。街中の制限時速60キロのところを１３０キロ出して走った。かなりの頻度で捕まったようだ。警察に捕まって撮られた写真が残っている。前述のテッド・ネルソンの本の表紙に出てくる写真である。

一九七七年の夏などは、真夜中の午前3時にクリス・ラーソンとインターステート・ハイウェイ40号線を東に向かい、山の中で、南に2車線の道路に乗り換え、リオ・グランデ・ポートランド・セメントという工場の方に蛇行しながら猛スピードで驀進して行ったようだ。この道筋は航空写真で確認できる。昼間なら問題は少ないかもしれないが、真夜中で視界は利かず、蛇行した道を時速１００キロの高速で飛ばしていくのだからスリル満点だったろう。土手に突っ込む程度の軽い事故はあったようだ。

一番有名で、映画などによく使われるのは、先にも述べたように一九七八年に同じくアルバカーキ東方のサンディア山南麓のサンディア・クレスト・トラムウェイ付近での工事現場での悪戯である。サンディア山は３２５５メートルあり、西側から車ではとても頂上には上っていけない。そこに工事現場があって、ブルドーザーがキーを挿したままで置いてあった。ここにビル・ゲイツとボブ・ウォーレスが忍び込み、ブルドーザーの操縦を覚えて乗り回した。ある晩などはブルドーザーでレースをした。もちろん警察に捕まって留置場に入れられたようだ。

アルバカーキとの別れ

マイクロソフトは急成長を遂げ、サン・マテオ・ブールバード３００番地のオフィスはすぐ手狭になってしまった。一九七九年の年間売上げは約４００万ドルであった、売上げの大部分はマイクロソフトＢＡＳＩＣによるものであった。

ＭＩＴＳから離れた以上、アルバカーキのオフィスに残るか、よそに引越すかを決める必要があったが、もはやアルバカーキに留まる必然性はなかった。といってシリコンバレーでは人の移動が激しく人材の定着が望めなかった。となれば故郷のワシントン州シアトルしかなかった。

マイクロソフトのスタッフは、一九七八年十二月七日（米国日付）の真珠湾攻撃の記念日にショッピング・モールに集まった。集合写真を撮るためである。この写真はボブ・グリーンバーグがラジオ番組で「暗殺された大統領の名前は？」というクイズに電話で正解を出して、賞品として無料で撮ってもらったものだという。

天候が悪かったたが、当時のマイクロソフトの社員13人中11人がロイヤル・フロンティア・スタジオに集まった。リック・ウェイランドは、シアトルに家探しに行っており、不在であった。ミリアム・ルボウは夫にこんな天気の悪い日に外出するなんてと止められ、かの有名な写真に写らなかった。

この写真は、アルバカーキ・イレブンとしてきわめて有名なものだが、マイクロソフトが版権を持っているものではないらしい。インターネットですぐに探すことができる。まるでヒッピーの集団である。１人、ビル・ゲイツだけが子供のような姿で写っており、場違いな印象を与える。二〇一五年現在で、どのくらいの資産を残したかも記してみた。むろん完全なものでなく資料によって資産総額は異なる。

アルバカーキ・イレブン　マイクロソフトの最初の11人の社員

- スティーブ・ウッド　プログラマー。ゼネラル・マネージャ的な仕事もした。一九八〇年退社。総資産１５００万ドル（マーラ・ウッドと合算）。
- マーラ・ウッド　帳簿係。スティーブ・ウッドと結婚。性差別でマイクロソフトを訴える。一九八〇年退社。
- ボブ・グリーンバーグ　プログラマー。ＴＭＳ９９００用のＢＡＳＩＣ開発担当。一九八一年退社。総資産２０００万ドル。
- アンドリュー・ルイス　テクニカル・ライター。ドキュメント担当。唯一のアルバカーキ出身者。一九八三年退社。総資産２００万ドル。
- ボブ・ウォーレス　製造マネージャ兼デザイナー。サイケデリック・ドラッグ唱道者。二〇〇二年に死亡。一九八三年退社。総資産５００万ドル。
- マーク・マクドナルド　プログラマー。社員番号1。ポール・アレンの会社の最初の社員となる。一九八四年退社。総資産１００万ドル。

・ジム・レイン　プロジェクト・マネージャ。初期のインテルと交流があった。一九八五年退社。総資産2000万ドル。
・ゴードン・レトウィン　プログラマー、もっとも長くマイクロソフトに留まった。一九九三年退社。総資産2000万ドル。
・ボブ・オリア　米航空宇宙局（NASA）にいた。数学担当。コードの見直し担当。一九九三年退社。総資産1億ドル。
・ポール・アレン　一九八三年退社、復帰後二〇〇〇年退社。総資産224億ドル。
・ビル・ゲイツ　総資産816億ドル。
金銭だけが人生の目的ではないが、上手に渡り歩いていくのは難しいことである。

第五章　シアトル移転

一九七九年十二月、社員16人のマイクロソフトは、拠点をアルバカーキからビル・ゲイツとポール・アレンらの故郷のシアトルに移す。移動は車でおこなわれ、ポール・アレンらが２週間先に出発し、新たなオフィスに設置するＤＥＣ２０２０の調整に当たった。

ビル・ゲイツは、ポルシェでアルバカーキからシアトルまでの移動の途中で、３枚のスピード違反の切符を切られたという。アルバカーキからシアトルまでは、ほぼ北西に一直線でインターステート・ハイウェイ84号線で１４３４マイル、通常のスピードではグーグルで見ると21時間34分かかると出てくる。これをビル・ゲイツは一挙に10時間ほどで走り抜けた。ビル・ゲイツのスピード狂ぶりは常軌を逸していた。またビル・ゲイツは自動車を壊したり、失くしてしまうことが度々あった。

オールド・ナショナル・バンク8階

マイクロソフトの移転先は、どの本を見ても、シアトルのダウンタウンにあるオールド・ナショナル・バンクという建物だという。検索の腕はかなり上げたつもりだが、遺憾なことに、どうやっても見つからなかった。

あるとき、ユーチューブに『マイクロソフトの歴史』というのがあるのを思い出した。一九七五年、一九七六年、一九七七年、一九七八年と再生し、一九七九年に入ると、ビル・ゲイツの名刺が映った。画像を静止させてみると住所が印刷されていた。ワシントン州ベルビュー市8番ストリート10800番地スイート819（10800 NE 8th Street. Suite 819. Bellevue. WA）であった。

そこに何があるのかを調べると、USバンク・プラザ（US BANK PLAZA）であった。色々な記述から見て間違いない。様々な文献を見ると、シアトルの銀行の名前はしばしば変わっている。それが調べる方としてはつらい。

●元のオールド・ナショナル・バンクの建物。現在は US バンク・プラザとなっている
ここの8階で MS-DOS が開発された。

それだけシアトルの金融業界はドラスティックに変化しているのだろう。

ロバート・クリンジリーの『トライアンフ・オブ・ザ・ナード』というビデオの第2巻を見ると、USバンク・プラザが遠景で写っているシーンがある。知っていれば、なぜこの場所を選んだのかが分かるが、あらかじめ地図で場所を確かめ、グーグルのストリート・ビューで見ておかないと、遠景の中から旧マイクロソフトの本社のあったビルを見つけるのは難しいだろう。

さて8ビットのパソコンは、全盛だったが、時代は16ビットに移り変わりつつあった。インテルは一九七八年六月に16ビットCPUのインテル8086（i8086）を発表している。他にもザイログのZ8000、モトローラのMC68000があった。i8086が一番見劣りがしたが、マイクロソフトは、インテル系のCPUに長けていたので、自然とi8086を選ぶことになる。

ポール・アレンは、ボブ・オリアと2人でスタンド・アローンのマイクロソフトBASIC-86の開発に取り掛かった。また例のごとく、DEC2020の上でi8086用のシミュレータを作ることから始めた。一九七九年の春にはDEC2020の上でマイクロソフトBASIC-86が動き始めた。ただし実機の上で動いたのではない。

一九七九年五月、シアトル・コンピュータ・プロダクツ（SCP）のティム・パターソンから電話がかかってきた。彼はi8086を搭載したシステム・ボードを製作し、そのテストのためのソフトウェアを探しているという。

ティム・パターソン

ティム・パターソンは、一九五六年シアトルに生まれた。シアトル・パブリック・スクールを卒業後、公立高校のイングラハム高校を一九七四年に卒業した。高校在学中にFORTRAN言語を学び、TTLの7400シリーズに熱中した。高校卒業後、ワシントン大学コンピュータ・サイエンス学科に進学した。OSやコンパイラやハードウェアに関心を持った。

またティム・パターソンは、グリーンレイク地域のコンピュータの小売店でアルバイトをした。この店を定期的に訪れるシアトル・コンピュータ・プロダクツ（SCP）の社長ロッド・ブロックと親しくなった。ロッド・ブロックは、SCPのボードを小売店に販売してもらっていたのである。

一九七八年六月、ティム・パターソンは、ワシントン大学を卒業した。当時、SCPの16キロバイトのRAMボードには欠陥があった。そこでロッド・ブロックは一九七八年六月に日給50ドルでティム・パターソンをコンサルタントに雇った。数週間すると、ティム・パターソンはSCPの正式な社員になった。SCPでの最初の仕事はS-100バス用のメモリ・ボードの設計だった。

SCPは、シアトル市トゥクウィラ郡インダストリー・ドライブ1114番地（1114 Industry Drive, Tukwila,Seattle）という産業団地の中にあった。ここは、グリーン川のほとりで、この川の北に行くと、デュワーミッシュ水道となってエリオット湾に注ぐ。デュワーミッシュ水道は、シアトルの歴史にとってもっとも有名な川である。シアトルは、発見当時、デュワーミッシュ水道にちなんでデュワンプと呼ばれたこともある。また真西にはシアトル・タコマ国際空港がある。産業団地を航空写真で見ると、整然と建物が並んでいる。SCPはマイクロソフトの本社からは南に15マイル、車で20分程度の距離にあった。

一九七八年七月、ティム・パターソンは、インテル8086（i8086）チップのセミナーを受講した。ロッド・ブロックにi8086を使った製品を作ってみたいと相談するとOKが出た。

一九七九年一月、i8086カードの設計が出来上がった。SCPはi8086ボードと言わずi8086カードと呼んだ。このカードはIMSAI－80などS－100バスからインテル8080やZ－80のCPUカードを外して挿し換えられる設計である。SCPでの正式名称はSCP－200であるが、この名称はあまり普及しなかったようだ。

一九七九年五月にはi8086カードのプロトタイプができた。i8086カードが動き出すと、デジタルリサーチも興味を示した。貸し出してくれと言われたが、貸せるほど枚数がなかったようだ。

すぐさま、ティム・パターソンは、マイクロソフトに自作のi8086搭載カードシステムを持ち込み、ボブ・オリアとポール・アレンが開発したマイクロソフトBASIC－86をロードして動かそうとした。しかし、そう劇的には動かなかった。しかし、いくつかバグを取り除くと、動くようになった。SCPは、一九七九年十一月からi8086カードとマイクロソフトBASIC－86を抱き合わせて販売を始めた。マイクロソフトは他社に先んじてi8086上で動くマイクロソフトBASIC－86を手にしたのである。

このシステムは一九七九年六月ニューヨークで開かれたナショナル・コンピュータ・コンファレンス（NCC）に出品された。このとき、マイクロソフトを招待したのはライフボート・アソシエイツであった。

マイクロソフトはSCPのティム・パターソンを招待した。NCCではティム・パターソンのi8086カード上で、マイクロソフトBASIC－86が動作したのである。

Z－80ソフトカード

マイクロソフトにとって1つ悩みがあった。一九七九年に登場したビジカルク（Visicalc）という表計算ソフトは、アップルⅡの販売台数を圧倒的に押し上げた。ところがマイクロソフトとアップルの契約は買い切りであったので、アップルⅡの販売台数が増えても、マイクロソフトには全く収入が入って来ないのである。

アップルⅡの販売台数の増加という現象を利用するには、アップル・コンピュータにBASIC以外の言語を売りつける必要があった。ところがマイクロソフトのBASIC以外の言語は全てデジタルリサーチのCP／M上で動くようになっていた。CP／Mは、インテルのi8080ないしザイログのZ－80上をCPUに採用したコンピュータ上で動くのであった。

アップル・コンピュータに言語を売りつけるためには、アップルⅡのCPUとして採用されている6502用にプログラムを書き直す必要があった。それには膨大な手間と人数と資金を必要とする。何とかならないものかと考えているうちに、ポール・アレンが奇策を考えついた。

アップルⅡには拡張スロットが用意されている。この拡張スロットには外部基板が差し込めるようになっている。そこでZ－80を搭載した基板を用意して挿しこんでしまったらどうだろう。アップルⅡを乗っ取ってしまうような奇策である。ポール・アレンはアイデアマンで、ハードウェアは得意ではなかったから、ティム・パターソンに電話で相談した。ティム・パターソンは多分できるのではないかと答えた。

数週間後、ティム・パターソンはZ－80を搭載した基板を持って現れた。一応動作した。そこでこれをZ－80ソフトカードと名付けることにした。ただ問題は、しばらく動かすとハングアップしてしまうのである。Z－80と6502という2つの頭脳を持ったのだから無理もない。それでも展示場で故障する不安を乗り越えて、一九八〇年三月のウェスト・コースト・コンピュータ・フェア（WCCF）に出品した。

マイクロソフトは、Z－80ソフトカードの不具合を直すために、ドン・パーティスという技術者に8000ドル払って再設計してもらった。今度はうまく動作するようになった。これでアップルⅡの上でCP／Mを動かすことができ、マイクロソフトの既存の言語ソフトウェアがそのまま動くようになった。

Z－80ソフトカードのソフトウェア開発に多大の貢献をしたのはニール・コンゼンというベル・ビューに住んでいた若者である。アップル狂のこの若者は高校生時代にアップルソフトBASICを強化したいと望んでいて、マイクロソフトにアップルソフトBASICのソース・コードを見せてくれと頼んだ。するとマイク・コートニー、ポール・アレン、リック・ウェイランド、ビル・ゲイツと次々に引き会わされた。ビル・ゲイツはニール・コンゼンと意気投合した。以後、ニール・コンゼンはマイクロソフトに入り浸りになる。

ニール・コンゼンは、ほとんど自分ひとりで開発したZ－80ソフトカードのソフトウェアに、自分の名前の頭文字を埋め込んだ。これが後に、アドバンスト・ロジック・システムズがZ－80の模倣品を作った際に争われた、裁判で大きくものを言った。

ニール・コンゼンはビル・ゲイツと相性がよく、2人はドンキーというプログラムを作って、IBM PCに添付した。このプログラムはろくでもないプログラムとしてアンディ・ハーツフェルドの嘲笑を買ったが、それでもプログラム開発者として2人の名前が残った。

Z-80ソフトカードは一九八一年だけで2万5000セット売れた。最終的には10万セットも売れたという。大ヒットであった。

ただしビル・ゲイツの反応は複雑であった。ビル・ゲイツはもう8ビットCPUの時代でなく、16ビットCPUの時代であるという認識を持ち、8ビットCPUを捨てて16ビットCPUに注力すべきと考えていたからだ。8ビットCPU搭載のZ-80ソフトカードが売れてしまうと、いつまでも8ビットCPUから抜け出せない。また Z-80ソフトカードは、マイクロソフトに相当の財政的貢献をしたので、ポール・アレンは64対36の株式の保有比率を変えて自分の持分を増やして欲しいと訴えた。しかし、ビル・ゲイツは全く取り合わなかった。これで友情に亀裂が入らないわけがない。この亀裂は時間の経過と共に次第に大きくなる。

Z-80ソフトカードという名称は、Z-80を作っていたザイログからの抗議でソフトカードと呼ぶこともあるが、それでは何のことか分からなくなるのでZ-80ソフトカードと記した。

西和彦

マイクロソフトは米国内でビル・ゲイツの努力により大成功を収めた。この大成功に圧倒的な勢いを付けたのは西和彦による日本進出である。日本人については敬称を省くと、きつい表現になることがあるが、本書全体のバランスを考えて以下敬称を省く。ご了解頂きたい。

西和彦は、一九五六年兵庫県神戸市に生まれた。ビル・ゲイツと1つ違いで歳が近い。西和彦は須磨学園創立者の西田のぶの孫である。須磨学園は、一九二二年に須磨裁縫女学校として創立された。西和彦の両親とも須磨学園に勤めた。妹も現在須磨学園の理事長を務めている。西和彦も学園長である。

西和彦は、一九六一年神戸市の私立育英幼稚園に入園し、翌一九六二年神戸市立板宿小学校に入学する。一九六五年、わずか9歳で電話級アマチュア無線技士の試験に合格する。一九六七年アマチュア無線局を開局し、トリオTR５０００と6素子の八木アンテナでブラジルと交信に成功する。またゲルマニウムラジオに始まり、数々の無線受信機を自作し、海外からの衛星中継を見て、地球の裏側を見ることができるテレビ中継に興味を持ったという。

一九六八年神戸市立飛松中学校に入学。一九七〇年技術家庭の教諭の指導で真空管式オシロスコープを自作した。指導があったとはいえ大したものである。一九七一年西宮市の甲陽学院高等学校に入学した。高校時代にコンピュータのプログラミングに深く惹かれ、これを一生の仕事としたいと考えるようになったという。

一九七四年、東京大学理科I類を受験するが失敗。御茶の水の駿台予備校で浪人生活を送る。そして一九七五年に早稲田大学理工学部機械工学科へ入学、8年間在学するが一九八三年に退学する。1年生の頃から機械工学科ロボット工学の加藤一郎研究室、電気工学科・電力工学の成田誠之助研究室に出入りしていたという。一九七六年ロボット研究室でロボット制御のためのコンピュータに取り組むようにと指導され、パナファコムのミニコンとハードディスクの接続に取り組んだ。翌一九七七年には電力研究室で電力系統表示板を開発し、日立のミニコンＨＩＴＡＣ 10に接続した。

一九七七年にアスキー出版が創業され、コンピュータ総合月刊誌アスキーが創刊された。西和彦は企画部長を経て副社長になる。当時、私は早稲田大学理工学部大学院の電気通信学科の博士課程にいた。窓から右手に見える機械工学科にすごい学生がいるらしいという噂を聞いたのを覚えている。

西和彦は、アルバカーキにいたビル・ゲイツに直接電話して会いたいと言った。ビル・ゲイツも忙しかったので、一九七七年六月テキサス州ダラスで開かれた全米コンピュータ会議（ＮＣＣ）の会場で1時間だけ会おうということになった。会うと話は延々と続き8時間に及んだという。よほど馬が合ったのだろう。

西和彦は、マイクロソフトからＢＡＳＩＣインタープリタのカスタム化に応ずるという返事をもらった。これが後々の成功につながる。

西和彦は一九七八年十一月にマイクロソフトの極東代理店アスキーマイクロソフトを設立し、社長に就任する。当時、外から見ていると、マイクロソフトの子会社なのか代理店なのかよく分からなかった。マイクロソフトの副社長という肩書きもあったが、正式な組織図には載っていなかったように記憶している。

一九七九年、西和彦は、マイクロソフト米国本社極東担当副社長となり、ＮＥＣのＰＣ－８００１、ＰＣ－８８０１、日立のＢＡＳＩＣマスター・レベルⅢ、沖電気のＩＦ８００などの企画・開発に参画した。この企画・開発とは、要するにマイクロソフトＢＡＳＩＣの売り込みに成功したということである。日本市場は西和彦の独壇場であった。

一九七九年八月ビル・ゲイツとポール・アレンは日本を訪れた。最初に神戸の須磨学園を訪れたという。それから東京に向かった。ビル・ゲイツは西和彦を、ビジョナリーで物事の将来に対して大変な楽天家であったと評している。

一九八〇年、西和彦は、翌一九八一年八月に発売されるIBM PC（IBM 5150）についても、MS－DOSへの参入決定に大きな働きをし、西式英語によるマニュアルの執筆、キャラクタ・セット、スピーカー用の回路についても貢献をした。これらについてはビル・ゲイツも高く評価している。

続いて西和彦は、EPSONのハンドヘルド・コンピュータHC－20を企画・開発した。一九八二年にはTRS－80モデル100、NEC PC－8201、オリベッティM10のハンドヘルド・コンピュータを企画・開発した。これらは全てほぼ同じものであり、生産は京セラに委託した。これらは20文字×4行の液晶と思っていたので、ビル・ゲイツは当初反対したが、40文字×8行が使えると西和彦が説明したのでビル・ゲイツも賛成した。

音響カプラーを備えたTRS－80モデル100は液晶が小さく日本語の表現に難点があったので、日本ではさほど人気が出なかったが、米国ではマスコミ関係に人気があり、意外なベストセラーになった。ビル・ゲイツが実際にキーボードを叩いてBASIC ROMのプログラミングをし、開発の実際に関わったのは、この機種が最後である。ビル・ゲイツは、TRS－80モデル100のキーボードの音がやかましかったと感想を述べている。思い入れがあるのだろう。これを西和彦はタンディの副社長ジョン・シャーリーに売り込む。

一九八〇年三月、タンディはTRS－80モデル100を出荷する。

一九八二年十二月アスキー出版は、アスキーと社名変更をする。一九八三年六月には西和彦は8ビット機の統一規格MSXを提唱した。MSX陣営は家電メーカーや周辺機器メーカーまで巻き込み、400社弱まで膨れ上がるが、NECに完敗する。このあたりが西和彦の絶頂期であったと思われる。

MSXの宣伝のために、西和彦はビル・ゲイツから1億円ともあるいはそれ以上とも言われる借金までして実物大のコンクリート製のブロントザウルスを作り、ビル・ゲイツを無駄な金遣いと激怒させた。

一九八四年に西和彦はIBM互換ノートパソコンを企画、設計し、パソコンは鳥取三洋電機で製造し、米国ゼニス・データー・システム社に輸出した。

一九八六年三月、マイクロソフトとアスキーマイクロソフトとの代理店契約は突然解消された。1つには半導体開発事業に対する考え方が衝突したためだという。西和彦は半導体開発事業に参入したいと考え、ビル・ゲイツはインテルと競合する事業には参入すべきではないと考えた。別の説はマイクロソフトはアスキーを完全子会社化したかったが、出版事業のような余分な物を抱えているのが障害となっていたというものである。ほかにも西和彦の豪快な金遣いの荒さにビル・ゲイツが閉口したためとも言われている。

代理店契約解消によってマイクロソフトの100％子会社のマイクロソフト株式会社（MSKK）が設立された。古川享、成毛眞らのグループがMSKKに移動する。客観的に見てマイクロソフトの看板を失ったことは西和彦にとって痛烈な打撃であった。

スティーブ・バルマー

スティーブ・バルマーは、ハーバード大学を卒業すると、オハイオ州シンシナティのプロクター＆ギャンブル（P&G）にアシスタント・プロダクト・マネージャとして就職した。プロクター＆ギャンブルには2年勤めたが、「長くいるところではない」と見切りをつけ、一九七九年に辞めた。

プロクター＆ギャンブルには、この時期、将来ゼネラル・エレクトリックの最高経営責任者となるジェフ・インメルト、インチュイットの創立者となるスコット・クックや、アメリカ・オンラインやAOL／タイム・ワーナーの最高経営責任者となるスティーブ・ケースもいた。

プロクター＆ギャンブルを辞めたスティーブ・バルマーは、愛車ムスタングに乗って西海岸のハリウッドを目指した。学生時代の愛車はフォードのビュイックだったが、この時期もフォードのムスタングだった。スティーブ・バルマーは妙に律儀なところもあって、父親が勤めていたフォードの自動車しか運転しなかった。自己の中で米国に忠誠を尽くす中西部の米国人を強く意識していた部分もあるようだ。スティーブ・バルマーは、ハリウッドに寄ってから、七月にシアトルに向かい、ビル・ゲイツに再会した。これがスティーブ・バルマーのマイクロソフト入社の伏線となっていく。

一九八〇年、スティーブ・バルマーは、スタンフォード大学大学院のビジネス・スクールに入ったが、すぐ中退してしまう。ここでは、やがてサン・マイクロシステムズを創立するビノッド・コースラらと同級生であった。

一九八〇年、スティーブ・バルマーは、ビル・ゲイツから電話をもらった。ビル・ゲイツは自分を補佐して、社員を管理してくれる信頼できる人材が欲しかったのである。別の理由としてスティーブ・ウッドがマイクロソフトを辞めてしまうこともあったかもしれない。スティーブ・バルマーは、年収5万ドル、マイクロソフトの株式をストック・オプション（株式の特別な権利）で5％から最高10％まで購入できるという条件で、マイクロソフトに入社することになった。このとき、スティーブ・バルマーは、フォードの試験も受けていたようだが、マイクロソフトに入社した。

スティーブ・バルマーの社員番号は30番で、職名はオペレーションズ・マネージャであった。この社員番号について、スティーブ・バルマーは時間の経過と共に、自分の社員番号を28、24、15と上げていく。

このスカウトについては、古参の社員から文句が出たようである。マイクロソフトでストック・オプションの権利をもらったのは、スティーブ・バルマーが初めてである。ところが自分ではマイクロソフトに相当貢献したと考えている人々でもストック・オプションの権利をもらっていなかった。そういう意味ではスティーブ・バルマーは初めからマイクロソフトに経営幹部として採用された人なのである。

しかしスティーブ・バルマーが入社して気が付いたのは、マイクロソフトには人が少なすぎることだった。アルバカーキ時代の16人よりは増えていたが、26人しかいなかった。プログラマーは昼も夜も長時間働かされていた。ビル・ゲイツは州の労働産業局から注意を受けるほど、安い時間当たりの賃金しか払っていなかった。社員の給料を安く抑えるためにビル・ゲイツは、一九七八年など年俸1万6０００ドルしか取っていなかった。ポール・アレンも同じで、そのため銀行にクレジット・カードの発行を申請すると、ビル・ゲイツさえ最初は断られ、ポール・アレンは数年持てなかった。

労働条件の劣悪さと女性差別に対して帳簿係のマーラ・ウッドと彼女の夫でもあるゼネラル・マネージャのスティーブ・ウッドが訴えた。やむを得ずビル・ゲイツが財布の紐を緩めても、それでも残業時間は多く、途方もない金額になった。スティーブ・バルマーがもう30人（50人という説もある）人員を増やすと言うと、ビル・ゲイツは会社を潰すつもりかと泣き叫んだという。

スティーブ・バルマーは、呆れ果ててビル・ゲイツのもとを去ろうとしたが、ビル・ゲイツの父親が慰留した。スティーブ・バルマーは、残業の支払いをやめて、一定の給料とし、後は年末のボーナスで埋め合わせる方針を採用した。新しい方針に不服で辞めた人もいたが、これによってマイクロソフトは人員を増やすこともできるようになり、給料支払い問題は解決した。つまり、ビル・ゲイツは経営者向きではなかったのである。

スティーブ・バルマーは、優秀な人材獲得のために、面接では珍問奇問を出して応募者を悩ませた。

「どうしてマンホールの蓋は丸いのか？」

「米国にはいくつガソリン・スタンドがあるか？」

マイクロソフトの給料は依然として、業界の水準よりは低かったが、ＩＢＭとの提携が有利に働き、一九八〇年末の40人から、一九八一年には１２８人、一九八二年には２２０人と増加していった。

第六章　巨人ＩＢＭのパソコン業界参入

ポール・フリードルとＳＣＡＭＰ

　ポール・フリードルは、一九六〇年にケース工科大学化学工学科大学院の博士課程で博士号を取得した。在学中のある日、ＩＢＭ６５０というコンピュータに出会って感激した。そこでコンピュータのクラスを選択した。友人達には、ポール・フリードルがどうしてそんなにコンピュータに時間を使うのかが理解できなかった。ポール・フリードルは、コンピュータは化学工学のプロセス制御に使えると考えていたのだった。

　ポール・フリードルは、大学院修了後、ＩＢＭの先進システム開発部門（ＡＳＤＤ）に勤めた。いくつかプロジェクトをこなした後、パロアルト市ハノーバー・ストリート２６７０番地（2670 Hanover Street. Palo Alto）にあったＩＢＭパロアルト・サイエンティフィック・センターに異動する。スタンフォード・リサーチ・センターの中でヒューレット・パッカードの本社と道路１本隔てた反対側である。ここはＡＰＬ（A Programming

●IBMのAPLのマニュアル例

Language）の研究をよくやっていた。

ＡＰＬは、ケネス・Ｅ・アイバーソンが開発した言語で、ＩＢＭのお気に入りの言語であった。ただＩＢＭの大型コンピュータでしか動かないという欠点があった。

ポール・フリードルは、高エネルギー物理学のためのリアルタイム・コンピュータのプロジェクト・リーダーになった。研究所は、スタンフォード大学の近くにあったから、スタンフォード大学線形加速器センター（ＳＬＡＣ）を顧客としていたのかもしれない。

一九七二年十二月に、ジョージア州アトランタのＩＢＭゼネラル・システムズ部門（ＧＳＤ）から電話があって、ＡＰＬを動かす小型コンピュータについて構想を持っている人間がいないかと聞いてきた。

◆ＩＢＭのＡＰＬのソース・コードは二〇一二年公開され、米国のコンピュータ歴史博物館のホームページからダウンロードできるようになった。ただ、これは相当の力量がない限り、見ても理解するのが難しいだろう。

翌日、アトランタのＧＳＤから２人の幹部がパロアルト・サイエンティフィック・センターに飛んできた。２人共、ＡＰＬについてはよく知らなかったらしい。ともかく、ＡＰＬを動かせる小型コンピュータが欲しいと言った。ポール・フリードルは、そのプロジェクトをやってみたいと言った。すると、さらにその提案はいつまでにできるかと尋ねられた。ポール・フリードルは1か月でやってみせますと答えた。すると出来次第、連絡して欲しいと言われたという。いかにもＩＢＭらしい話である。

ポール・フリードルの構想になる小型コンピュータには、ＣＰＵ、表示装置、電源、キーボード、プリンター、磁気記録装置などが必要であった。ＣＰＵの候補には、ＩＢＭボカラトンが製造したプット・オール・ロジック・イン・マイクロコード（ＰＡＬＭ）という16ビットのマイクロ・コントローラ基板が選ばれた。ＰＡＬＭは大規模集積回路（ＶＬＳＩ）として1チップとなったマイクロプロセッサではなく、単なる基板であった。

表示装置にはボール・ブラザース社製の5インチの小型のＣＲＴが選ばれた。64文字×16行が表示できた。キーボードは、ＩＢＭラーレイのキーボードにし、メモリは16キロバイトのスヌーピー・カードという基板を4枚採用し64キロバイトとした。

最新式のスイッチング・レギュレータ型電源は間に合わず、こなれた通常の電源とした。

磁気記録装置にもフロッピー・ディスク・ドライブ（ＦＤＤ）は無理で、ノレルコ社のカセットテープ・レコーダーが選ばれた。

これらの部品は既製品ばかりだが、部品を1から作ると、当時のＩＢＭでは、製品開発に数年かかることはざらで、平均5年程度はかかっていたと言われる。それでも製品が出ればよいほうで、出ないままになってしまうものも多かった。だからポール・フリードルは、実績のある既製品を採用して早くできる方法を選んだ。

一九七三年一月二二日、ポール・フリードルは提案書をまとめて、アトランタのＧＳＤに飛んだ。

ここでポール・フリードルは、提案書の実現可能性を証明する方法は実際に作ることだと言った。

どのくらいでできるかと聞かれて、6か月と答えた。当時のIBMの平均開発期間の5年を考えると非常に短い。しかし、こういう答え方は、昔のIBMのもっとも好むところで、不可能に挑戦する姿勢が非常に高く評価された。私も何度かIBMとSNA、OS／2、AIX、オープンシステムの解説書を作る仕事をして、度々この不可能と思われる目標設定に遭遇した。幸い全て奇跡的に乗り切れた。周囲の人が献身的に協力してサポートしてくれたし、私も若くて恐いもの知らずだったからだろう。

ポール・フリードルのプロジェクトは、「スペシャル・コンピュータAPLマシン・ポータブル」の頭文字をつなぎ合わせてスキャンプ（SCAMP）と命名され、開発が実行に移されることになった。SCAMPは、形式的にはIBM GSDの社長ジャック・ロジャースの依頼ということになったという。

SCAMPの開発には、IBMサイエンティフィック・センターのプログラミング・チームだけでなく、近くにあるロスガトスのIBMアドバンスド・システム開発研究所のハードウェア・チームが協力してくれた。

またAPLマシンができるのを待って、APLを開発するのでは間に合わないので、IBM1130コンピュータ上でPALMのマイクロコードを使ってエミュレータを作った。これによって開発期間が短縮された。

当時のコンピュータ用の言語開発は、実機の上で開発するよりもシミュレータやエミュレータを使って開発するやり方が多かった。ゲアリー・キルドール、ポール・アレン、ポール・フリードルのやり方を見ると、現在でもコンピュータの授業科目で、新しいCPUに対してシミュレータやエミュレータを開発する経験を学生達に積ませることは重要だと思う。

6か月後の一九七三年八月、ポール・フリードルは、完成したSCAMPをアトランタのGSDに持って行った。当時のIBMとしては奇跡的に短い開発期間であった。スキャンプという名前は意外に業界に人気があり、SCAMPのほかにSC／MPというマイクロプロセッサもあった。だが、どうでもよいことではあるが、スキャンプ（はぐれ者）などという名前は選ぶべきではなかったように思う。

IBM5100シリーズとIBMシステム／23

SCAMPは、一九七五年九月、IBM5100として登場した。IBM5100の価格は16キロモデルが1万1000ドル、64キロモデルが2万ドルであった。とてもパーソナル・コンピュータとしての価格ではなかった。移動できないことはなかったが、必ずしも本格的なポータブル・コンピュータとは言えなかった。

続いて2年後の一九七八年二月、IBM5110が登場した。モデル1がカセットテープ・ドライブ内蔵、モデル2がカセットテープ・ドライブなし、モデル3が8インチ・フロッピー・ディスク・ドライブ内蔵であった。

IBM5100、IBM5110は、どことなくヒューレット・パッカードのHP－85やHP－83に似ているような気がする。HP－80シリーズの新品を2台、鉄屑として払い下げを受けた数台を持っていた私はそう感じた。偶然の一致かもしれない。

一九八〇年二月に登場したIBM5120は、2台の8インチ・フロッピー・ディスク・ドライブを備えたマシンである。このマシンは90日間で完成したという驚くべき記録を持っている。開発指揮を執ったのは、ビル・シドネスであった。本来はIBMシステム／23の系列に入るべきマシンだったが、ビル・シドネスが独立させたのである。実はIBMシステム／23は、一九七八年以来、すでに2年近く開発が続いていたが、一向に完成していなかった。

IBM5100、IBM5110、IBM5120は、いずれもPALMをCPUに採用していた。マイクロプロセッサを使わないので、原理的にスピードは出なかった。外部記憶装置としてカセットテープ・レコーダーを採用したことで入出力速度で劣っていた。言語としてAPLを採用したことは、一般の人には取り付きにくかった。キーボードにω（オメガ）、ε（イプシロン）、ρ（ロー）などのギリシャ文字や、▽や△などの記号が並んでいると当惑せざるを得なかったろう。

これを改善するため、IBMシステム／23では、8ビットマイクロプロセッサi8085を採用し、8インチ・フロッピー・ディスク・ドライブを採用、BASIC言語を採用した。ただ不幸なことにIBMシステム／23の登場は、IBM PCの登場1か月前の一九八一年七月で、もう出番がなかった。

IBMシステム／23データマスターの開発を担当していたのはジャック・サムズであった。

ビル・ロウ

ウィリアム・クラレンド・ロウ（以下ビル・ロウ）は一九四一年ペンシルベニア州イーストンに生まれた。ビル・ロウは、ペンシルベニア州のラファイエット・カレッジの物理学科を一九六二年に卒業した。すると、すぐ一九六二年IBMに入社し、ノースカロライナ州ラーレイの製品試験技術者となった。

一九七五年にビル・ロウは、ジョージア州アトランタのIBMゼネラル・システムズ部門（GSD）の開発・製造ディレクターに任命された。GSDは、ワングやDECやデータ・ゼネラルなどのミニ・コンピュータに対抗するために作られた部門である。

そのわずか2年後の一九七七年一月に、GSDの戦略開発担当ディレクターに昇進し、その年遅くにGPDの社長の管理アシスタントになった。

一九七八年一月、ビル・ロウは、フロリダ州ボカラトンにあるIBMエントリー・レベル・システム（ELS）のマネージャになった。ELSは小型コンピュータを開発するグループである。

さらに一九七八年十一月、ビル・ロウは、フロリダ地区にある全研究所のディレクターになった。IBMは会社の文化と、いくぶんかは機密保持のため、何でも略語で呼ぶので分かりにくいかもしれない。しかし、ビル・ロウが、とんとん拍子に出世していたことだけは分かると思う。

ＩＢＭのトーマス・ジョン・ワトソン（以下ワトソン一世）は、一八七四年ニューヨーク州キャンベルにスコットランド系とアイルランド系の両親のもとで生まれた。ワトソン一世は、一九一四年にコンピューティング・タビュレーティング・レコーディング・コーポレーション（ＣＴＲ）のゼネラル・マネージャ（総支配人）に就任する。社長として雇われなかったのは、一九一五年に控訴審でうやむやになってしまうまでは、ＮＣＲ時代に独占禁止法違反で実刑判決を受けた身であったからである。ワトソン一世がＣＴＲの社長となったのは一九一五年三月十五日のことである。

ワトソン一世の若い時代の失敗や独占禁止法違反に絡むＮＣＲ時代の話は、とても面白いのだが、残念ながら相当長くなるので割愛する。

この節で前提とする時期のＩＢＭについて関心のおありの方は、たとえばロバート・ソーベルの『ＩＢＭ情報巨人の素顔』、デラマーターの『ビッグブルー ＩＢＭはいかに市場を制したか』、ワトソン二世の『ＩＢＭの息子』、ケビン・メイニーの『トーマス・ワトソン・シニア』などを参照されたい。抄訳の場合もあるので、翻訳を読んだ後、可能なら原著を読んだほうがよい。原著を読んでいて、「あっ、こんなところが抜けている」と驚いたことがある。ケビン・メイニーの本は新しいだけに辛辣で面白い。

昔はＩＢＭ公認の伝記ベルデン夫妻の『長い影（邦訳アメリカ経営者の巨像　ＩＢＭ創立者ワトソンの伝記）』や、ウィリアム・ロジャースの『ＩＢＭ 考えよ』などは、いくら古本屋めぐりをしても入手しにくいものだった

●ウィリアム・ロジャースの著書『IBM 考えよ』
インターネットのおかげでこういう本も手に入るようになった

●ワトソン二世が書いた『父と息子と会社』
邦訳『IBM の息子』

が、今はアマゾンで簡単に入手できる。また米国アマゾンから原著の古書を入手できるようになった。便利な時代になったものである。

私自身も『ＩＢＭ 20世紀最後の戦略』（講談社文庫）を書いた。執筆当時、私の関心は人間にというより、ＩＢＭのハードウェアやＯＳのほうにあり、ＭＩＴプレスから出ていた大冊の『ＩＢＭの初期のコンピュータ』、『ＩＢＭ３６０、初期の３７０システムズ』（いずれも邦訳なし）などに強い影響を受けた。

一九二四年二月、ワトソン一世は、ＣＴＲの社名をインターナショナル・ビジネス・マシンズ（ＩＢＭ）に改称した。ワトソン一世のもとでＩＢＭは巨大な会社に成長していく。ワトソン一世のもとでのＩＢＭはパンチカードを使用する作表機、会計機を中心とした事務機器の会社であったが、使いやすい機械で広く普及した。物理学者のリチャード・ファインマンがアルバカーキで原爆の設計に当たったときにも、本来は事務用のＩＢＭの会計機が使われたくらいである。

ＩＢＭはワトソン一世の会社のような錯覚に陥りやすいが、ワトソン一世は、実際にはそれほどＩＢＭの株式を持っていたわけではない。入社当初は１％であった。一九三〇年代でも１％未満であった。ワトソン一世は、いつも借金をしながらＩＢＭの株式を買い増していた。

ワトソン一世のＩＢＭの持株がＩＢＭの全株式の５％を超えたことはない。ルイス・ガースナーの『巨象も踊る』の１３６頁では、「ワトソン父子ともにＩＢＭの株式を一定の限度までしか保有しない強い信念があったからのようだ」と書いてある。

だがワトソン一世の伝記を何冊も読んで分かったのは、彼は多少見栄っ張りで助けを求める親族や知人も多く支出が多かったことである。ワトソン一世には、他の支出も多く、株式を大量に買い増せなかったと思う。それに持株の多少などで自分の権力が揺らぐとは考えていなかったのではないだろうか。

ＩＢＭの前身CＴＲは、一九一一年ジョージ・ウィンスロップ・フェアチャイルドによって創立され、彼は社長、会長を務めた。ジョージ・フェアチャイルドは、一九〇〇年にインターナショナル・タイム・レコーディング・カンパニーを設立している。ジョージ・フェアチャイルドを継いだ2代目社長はフランク・コンドルフであった。

一九二四年二月、CＴＲがＩＢＭと改称されても、ジョージ・フェアチャイルドは、十二月に死去するまでＩＢＭの会長であった。ＩＢＭの会長職はその息子のシャーマン・ミルズ・フェアチャイルドが継いだ。彼はＩＢＭの経営にはどちらかというと無関心だった。しかし、一九七一年に死去するまで、ＩＢＭの最大の個人株主であった。

◆シャーマン・フェアチャイルドについては『シリコンバレー』332頁以下を参照されたい。

またウィリアム・ロジャースの『ＩＢＭ 考えよ』２９０頁によれば、一九六八年頃のＩＢＭの個人株主の持株は次のようになる。

- シャーマン・ミルズ・フェアチャイルド　50万９１３４株
- トーマス・ジョン・ワトソン・ジュニア　36万６０００株
- ウォルターー・G・バックナー　36万株
- アーサー・K・ワトソン　19万３０００株
- トーマス・ビンセント・リアソン　1万８０００株

ワトソン二世は一九五二年にＩＢＭの社長になっていたが、一九五六年、ワトソン一世は、ＩＢＭの経営をワトソン二世に引き継がせた。ワトソン二世は周囲の反対を押し切ってコンピュータの市場に進出する。ＩＢＭは、ＩＢＭシステム／３６０、ＩＢＭシステム／３７０の大成功によってコンピュータ業界の巨人となる。

ＩＢＭの競争相手は、白雪姫ならぬＩＢＭを取り巻く7人の小人と呼ばれたりした。7人の小人とされたのはユニバック、サイエンティフィック・データ・システムズ（ＳＤＳ）、ゼネラル・エレクトリック（ＧＥ）、バロース、ナショナル・キャッシュ・レジスター（ＮＣＲ）、コントロール・データ（ＣＤＣ）、ハネウェルの各社であり、いずれも大会社だったのだが、ＩＢＭの前に立つと、その存在が霞《かす》んでしまうのだった。

ワトソン二世の後を継いだのが、トーマス・ビンセント・リアソンである。彼の治世は一九七一年から2年間で終わってしまい、その後を一九七三年一月一日からフランク・テイラー・ケアリーが継いだ。

ＩＢＭの歴代最高経営責任者

一九一四年〜一九五六年	トーマス・ジョン・ワトソン（Thomas J. Watson）
一九五六年〜一九七一年	トーマス・ジョン・ワトソン・ジュニア（Thomas J. Watson, Jr.）
一九七一年〜一九七三年	トーマス・ビンセント・リアソン（T. Vincent Learson）
一九七三年〜一九八一年	フランク・テイラー・ケアリー（Frank T. Cary）
一九八一年〜一九八五年	ジョン・オペル（John Opel）
一九八五年〜一九九三年	ジョン・フェローズ・エイカーズ（John F. Akers）
一九九三年〜二〇〇二年	ルイス・ビンセント・ガースナー・Jr.（Louis V. Gerstner, Jr.）
二〇〇二年〜二〇一一年	サミュエル・J・パルミサーノ（Samuel J. Palmisano）

二〇一二年〜　バージニア・マリー・ロメッティ（Virginia M. Rometty）

◆厳密に言えばトーマス・ジョン・ワトソン（ワトソン一世）は一九一四年から最高経営責任者であったわけではないが、ここでは慣例に従った。IBMでは、会長はともかくとして、社長はそれほどの権力はなかったようで、誰が権力を持っていたか、表だけでは理解しにくい歴史になっている。

別に社長、会長の表を作ってみると面白いが、煩雑になるので省略する。

私のアップルはどこにあるのかね？

任期末期の一九八〇年七月四日、IBMのフランク・ケアリー会長は、IBMの経営委員会の席で、いつものように

「私のアップルはどこにあるのかね？」

という苦言を蒸し返し、苛立ちを隠さなかった。

先に述べたように、IBMの小型コンピュータ開発はIBM5100シリーズや、IBMシステム／23データマスターが、いずれも失敗か難航していた。

この頃、IBMの小型コンピュータ開発の担当はビル・ロウだった。ビル・ロウは重層的な階層構造にがんじがらめとなり、自由度のないIBMの文化の中では、小型コンピュータの迅速な開発は不可能であるとした。

数百人がかかりで最低3、4年の開発期間がかかるのである。

そこでビル・ロウは、ビデオゲーム会社のアタリのホーム・コンピュータであるアタリ８００を買取り、これに手を加えて、ＩＢＭのロゴを貼り付けて売るという案を出した。これはさすがに荒唐無稽で、ＩＢＭのプライドを傷つけるものであり、フランク・ケアリーによって、たちまち却下となった。

フランク・ケアリーは、会長の自分のもとに、新しく直轄の独立事業単位（ＩＢＵ）を作って1か月で小型コンピュータの開発案を作れと命令した。ＩＢＵは「象（ＩＢＭ）にタップダンスを仕込んでくれるかもしれない」と冗談を言った。また小型コンピュータ開発に必要な資金の問題は自分が何とかすると言った。これによってＩＢＭのパソコン計画は始動する。

本節以後のＩＢＭについては、ジェイムズ・クポスキー、テッド・レオンシス著『ブルーマジック』、ポール・キャロル著『ビッグブルース』などが参考になる。記述はどれも少しずつずれていて整合性を取るのが難しい。

ダーティ・ダズン

フロリダのボカラトンのＥＬＳに帰ったビル・ロウは、大急ぎで人集めにかかった。主にＩＢＭシステム／23の開発グループから人選した。最初に選ばれたのが、ウィリアム・シドネス（以下ビル・シドネス）だった。

ビル・シドネスは、高校卒業後、海軍に3年入隊し、除隊後一九六五年にＩＢＭに入社した。ビル・ロウとビル・シドネスが知り合ったのは一九七五年で、ビル・ロウはアトランタのＩＢＭ ＧＳＤの開発・製造ディレクターに任命されていた。この頃、ビル・シドネスは、ＩＢＭ ＧＳＤの技術開発補佐であった。

一九七八年、ビル・ロウが、ボカラトンのＩＢＭ ＥＬＳグループのシステム・マネージャになったとき、ＩＢＭシステム／23の開発を実行するためビル・シドネスを連れてきて、上級技術者兼システム設計・開発部長に任命した。ビル・シドネスは元々ＩＢＭシステム／23の一部だったＩＢＭ５１２０を独立させ、90日で完成するという偉業を成し遂げた。ビル・ロウはビル・シドネスがいてこそ1か月で開発案がまとめられると思ったのだ。

次にビル・ロウとビル・シドネスが選び出したのは、ＩＢＭ５１００シリーズやＩＢＭシステム／23の製造責任者だったジョー・バウマンであった。またルイス・エッゲブレヒトをシステムズ・エンジニアリングの責任者に選んだ。さらにソフトウェア開発担当に、ＩＢＭシステム／23のＢＡＳＩＣ開発を指揮していた51歳のジャック・サムズを選んだ。ジャック・サムズはマイクロソフトのＢＡＳＩＣをよく知っていた。受け入れられなかったが、マイクロソフトＢＡＳＩＣを採用したらどうかと提案したこともあったという。ＩＢＭでのＢＡＳＩＣ開発は悲惨な道を歩んでいた。

ビル・ロウは、またたく間に12人を選び出した。この12人はダーティ・ダズンと呼ばれた。ビル・ロウを入れると13人であった。量目をごまかすという意味で寄せ集めという意味もあったろう。あまり誇れる名前ではない。全員の名前を次に示しておこう。

ダーティ・ダズンの顔ぶれ

- ウィリアム・シドネス　技術者グループ責任者　IBM5120を経験
- ルイス・エッゲブレヒト　システムズ・エンジニアリング責任者
- ジョー・バウマン　製造責任者　IBMシステム／23を経験
- ジェリー・ベネディクト　財務分析担当
- ディック・クイーン　マーケテッティング担当
- ラリー・ダフィー　消費者サービス責任担当
- エド・メリル　製品計画担当
- ラリー・ロジャース　業務財務担当
- ジャック・サムズ　ソフトウェア開発担当　IBMシステム／23を経験
- トム・フィーラー　企業実施計画担当
- ホブ・ウルフソン　製品化計画担当
- ジャン・ウィンストン　製品化計画および戦略責任者

ビル・ロウとビル・シドネスを中心とするグループは、直ちに次のような方針を打ち出し、細部の詰めに入った。一刻も早く製品化が急がれているので非常措置である。従来のIBMの方針とことごとく相違する。

・オープン・アーキテクチャとしてIBM以外のメーカーから既成の部品を調達する

CPU	i8088	インテル
5・25インチFDD	TM100－1	タンドン
プリンター	MX－80	エプソン
CRTコントローラ	MC6845	モトローラ
電源		アステック、ゼニス
部品のサブアセンブリ		SCIシステムズ

・DOSをIBM以外から調達する

・販売をIBMの販売網でなく、シアーズやコンピュータ・ランドなど外部の販売店に依頼する

これらは全て新しい小型コンピュータを短期間で製作販売するための方策であった。

筐体を金属の箱で作ることについては、IBMの産業デザイン部からクレームがついた。しかしプラスチックの箱では、期間内に電磁遮蔽を完璧にして連邦通信委員会（FCC）の基準をパスすることが難しかった。デザインに優れたアップルⅡはFCCの基準をパスすることが難しく、テレビに接続するためのRFジェネレータを外部業者に製造販売させるという奇策をとった。

ただし、全部を外注できたわけではない。IBM内部の社内政治関係から、次の2つはIBM内部から調達することになった。

CPU基板　　IBMシャーロット工場
キーボード　　IBMレキシントン工場

ジャック・サムズの最初の訪問

フランク・ケアリーの決定直後の一九八〇年七月二一日、ジャック・サムズは、マイクロソフトのビル・ゲイツに電話をかけた。お会いしたいと言われて、ビル・ゲイツは「もちろんです。喜んでお会いしたいです。再来週ではいかががしょう」と言ったが、ジャック・サムズは「明日ではだめでしょうか」と言って、ワシントン州ベル・ビューのマイクロソフト本社に飛んで来ることになった。これにはビル・ゲイツも驚いたようだが、翌日のアタリの社長レイ・カサーとのBASICの商談の約束を延期して対応した。

一九八〇年七月二二日午後二時頃、マイクロソフト本社を訪れて来たジャック・サムズとIBMの契約管理者パット・ハリントンは、いきなり機密保持誓約書（NDA）へのサインを求めた。他人には約束の遵守を厳しく求めるが、自分では約束など守るつもりのないビル・ゲイツはさっさとサインした。

面談の席には、ポール・アレンとスティーブ・バルマーも同席した。3時間にも及ぶ、とりとめもない雑談の中で、具体的な話は何も出なかった。IBMがマイクロソフトBASICに関心を持っていることは、うすうす想像できたが、ジャック・サムズは人のよさそうな顔をしながら何も約束はしなかった。ジャック・サムズにしてみれば偵察だったのだろう。

帰り際にジャック・サムズは奇妙なことを言った。

「私は長いことＩＢＭにいます。これまで提案書をいくつも提出してきました。しかし採用されたものは多くはありません。ですから、あまり期待しないように」

ずいぶん思わせぶりなセリフだが、その後、ＩＢＭからは数週間、ビル・ゲイツには連絡がなかった。

この間、ビル・ロウのグループは必死で提案書をまとめ、一九八〇年八月十二日、アーモンクにあるＩＢＭの本社で開かれた経営委員会に持って行った。伝説では新型機のプロトタイプを持って行ったことになっているが、開発中のｉ８０８５搭載のＩＢＭシステム／23のプロトタイプでも持って行ったのだろう。１か月ではハードウェアはできない。画面に現れたのは雌狐とロケットであったという。最終製品は全く違うものになるだろうということは分かっていた。

ＣＰＵは、システムズ・エンジニアリング責任者のルイス・エッゲブレヒトによって、８ビットのｉ８０８５ではなく、16ビットのｉ８０８８に決定していた。普通ならｉ８０８６にするはずだが、あえて８ビットもどきのｉ８０８８にした。ｉ８０８８が８ビットもどきなので、ｉ８０８６より先に出たように勘違いしやすいが、それは逆である。ｉ８０８６を８ビットの周辺チップに対応しやすいように改造したｉ８０８８を後から出したのである。これはインテルがその後繰り返すマーケッティング重視の戦術である。

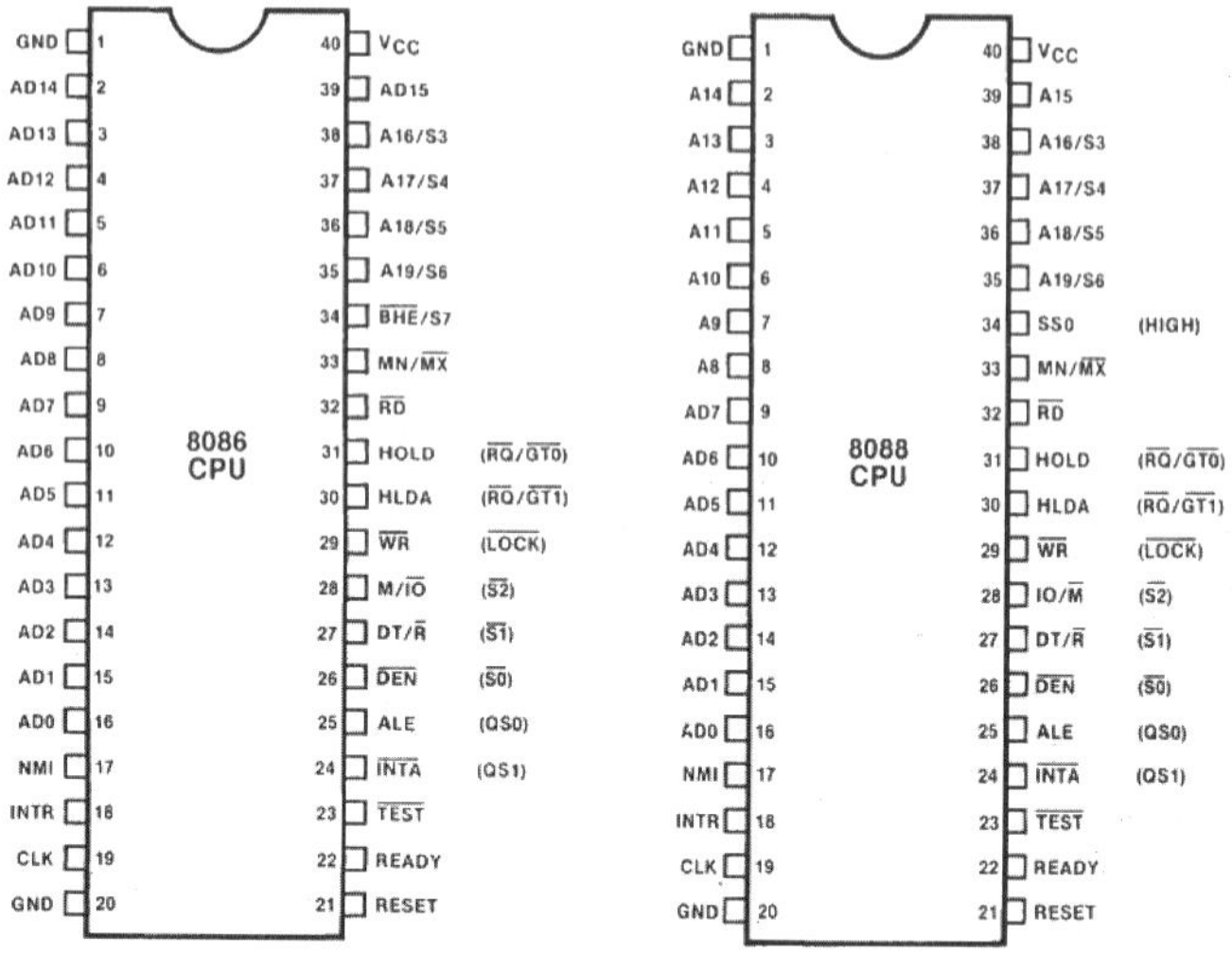

● i8086とi8088
8ビットもどきのi8088は、マーケッティング戦術上i8086より後にできた。i8086ではアドレス・データ・バスAD0～AD15の16本あるが、i8088ではAD0～AD7までの8本しかない。

ｉ８０８８のピンの配置はｉ８０８６と同じで形状は変わらない。違うのはアドレスとデータのバスへの出力の仕方で、データは16ビットを一度にではなく、８ビットずつ２回に分けて送り出すのである。その分遅くなるが、８ビットＣＰＵ用の周辺チップとの相性を考えると、このほうが都合がよいこともある。８ビットＣＰＵのｉ８０８５を採用したＩＢＭシステム／23用の周辺チップが、だぶついていたことも関係していたのではないかと思う。

ジャック・サムズ一行の再びの訪問

こうして無事、経営委員会への御披露目もすんだ。１年以内にＩＢＭのパソコンを作れという厳命が下った。とりあえずプロジェクトには、プロジェクト・チェスという暗号名が付いた。新型の小型コンピュータにはエイコーン（どんぐり）という暗号名も付いた。

ジャック・サムズは、一九八〇年八月二一日再びマイクロソフトのビル・ゲイツを訪問することになった。

ＩＢＭ側の出席者は、ソフトウェア担当のジャック・サムズ、契約管理者のパット・ハリントン、商取引専門家のフィル・ベリー、弁護士のトム・カルバンであった。

マイクロソフト側の出席者は、ビル・ゲイツ、スティーブ・バルマー、ＯＥＭ担当のマーク・ウルシノ、社外顧問ディル・ラウンディーであった。

マイクロソフトは、ＩＢＭの差し出した機密保持誓約書に直ちにサインし、商談に入った。ＩＢＭの依頼は、新型コンピュータ用のＲＯＭ－ＢＡＳＩＣを供給して欲しいというものだったらしい。

マイクロソフトは、すぐにＯＫし、新型コンピュータについても助言した。とりわけ新型コンピュータには8ビットＣＰＵでなく、16ビットＣＰＵを採用するように薦めた。マイクロソフトが薦めたのは、当然、自社の得意なインテルの16ビットＣＰＵである:ｉ８０８６であった。ＢＡＳＩＣ－86を持っていたからである。

ただマイクロソフトが薦めたからインテルの16ビットＣＰＵになったというわけでもなかったようだ。八月十二日に経営委員会に提出した提案書でルイス・エッゲブレヒトは:ｉ８０８８を採用することを明記していた。

ジャック・サムズは、もしＩＢＭが16ビットＣＰＵを採用した場合には、ＢＡＳＩＣだけでなく、ＦＯＲＴＲＡＮ、ＣＯＢＯＬ、パスカル（ＰＡＳＣＡＬ）などの言語にも対応して欲しいと言った。マイクロソフトにとっては濡れ手に粟のような話である。マイクロソフトは準備は全くなかったが即座にＯＫした。何とかなるという若さの強みである。

ただビル・ゲイツは、それだけの言語をサポートするならフロッピー・ディスク・ドライブ（ＦＤＤ）がなければ無理だし、ＤＯＳも必要だと言った。マイクロソフトのＢＡＳＩＣ以外の言語はＣＰ／Ｍの上で動いていたからである。

どうやらこの時点では、ＩＢＭのルイス・エッゲブレヒトは、アタリ８００のような18キロバイトのＲＡＭ（最大48キロバイト）とＲＯＭとカセットテープ・レコーダーだけの安っぽいマシンを考えていたらしい。ビル・ゲイツの「オラル・ヒストリー（口述歴史）」28頁にある証言である。この証言がもっとも整合性がとれる。

すると、さらにジャック・サムズは、奇妙なことを尋ねた。ＤＯＳが必要なら、マイクロソフトがデジタルリサーチからライセンスを受けているＣＰ／Ｍ‐80をさらにＩＢＭがサブライセンスすることは可能かと聞いたのである。これは奇妙な問いであって、ＩＢＭのジャック・サムズが全く知識がなかったことを意味している。悲惨にも思える。

ｉ８０８８は、たしかに8ビットもどきのところもあるが、完全な16ビットCPUであって、ＣＰ／Ｍ‐80を動かせない。ｉ８０８８を動かすにはデジタルリサーチが開発していると言われていたＣＰ／Ｍ‐86が必要である。そういう名前は付いていなかったが、ＣＰ／Ｍ‐80の類推から、そうなるだろうと推測されていた。またそうなる。ビル・ゲイツはそれらの事情を説明し、デジタルリサーチを紹介しようと言った。

そして、デジタルリサーチのゲアリー・キルドールに電話して、ビッグなクライアントの一行が御社を訪ねて行くが、丁重に遇して欲しいと伝えた。そこでＩＢＭのジャック・サムズの一行は、シアトルから南に下ってカリフォルニア州パシフィック・グローブ郡ライトハウス・アベニュー８０１番地（801 Lighthouse Ave.

Pacific Grove, CA）のデジタルリサーチを訪ねて行くことになった。

2日後、起きた出来事は、マイクロソフトとデジタルリサーチの運命を変えた歴史的大事件である。

これについては第七章の最後で述べるが、その前に、ゲアリー・キルドールとはどんな人物であり、彼の作ったCP／Mとはどんなものだったろうか。次章では、それを考えてみよう。

第七章　CP／MとMS-DOS

ゲアリー・キルドール

ゲアリー・アーレン・キルドール（以下ゲアリー・キルドール）は、一九四二年ワシントン州シアトルで生まれた。不思議な因縁でビル・ゲイツと同じシアトルの出身である。ただ、度々出し抜かれたのと、性格は全く違うので、あまり親しくはならなかったようだ。

ゲアリー・キルドールの祖父のハロルド・キルドールは一八九四年、ワシントン州の生まれで、一九二〇年の人口統計調査では、なんとアラスカ州のシトカというところにいる。ノルウェイ系で26歳であった。妻はグウェンドリン・キルドールで25歳である。どうしてアラスカにいたのだろうか。不思議である。

ハロルド・キルドールは、一九二四年にキルドール・カレッジ・オブ・ノーティカル・ナレッジという小さな航海術の学校を開いた。キルドール・カレッジ・オブ・ノーティカル・ナレッジが実在したことは二〇〇五年十月のシーパック・ニュースレターという会員向けの新聞の記事で確かめられる。しかし、どこにあったのかは、かなり徹底的に検索したが、分からなかった。

ゲアリー・キルドールの父親のジョセフ・M・キルドールは、一九一六年ワシントン州キング郡シアトルの生まれでノルウェイ系の血を引いている。母親のヘレン・D・キルドールは、スウェーデン系の血を引いていた。そこで両親はスカンジナビア系と表現することがある。それでゲアリー・キルドールのバイキング的な容貌の説明がつく。

ゲアリー・キルドールの生まれた場所は、どの文献を見てもシアトルとしか記述されていない。シアトルのどこなのか、もう少し知りたいものだと思ってこれも徹底的に調べたが、データが出て来ない。シアトルのバラード（Ballard）という地区がスカンジナビア人の多い地区なのだが、そこかどうかは詰め切れなかった。ゲアリー・キルドールの周りには謎が多すぎる。

実はゲアリー・キルドールは、死の前年の一九九三年のクリスマスに『コンピュータ・コネクションズ（Computer Connections' People, Places, and Events in the Evolution of the Personal Computer Industry）』という自伝を書いていた。製本もされていて、親しい人にだけ50部が配られた。通し番号が付いている。本書執筆時点では公開されていない。序文の1ページだけインターネットで読めるが、むろん出版されていない。しかし明らかにその内容を読んでいる人もいて、小出しに出してくるのが困る。

この自伝は競売にかかると、予想落札価格は３０００ドルから５０００ドル程度だろうという。実際に競売となると、どのくらいの値がつくのか分からない。こういう歴史的文献は、しかるべき公的機関が買い取って公開すべきと思う。

さてゲアリー・キルドールは、少年時代から機械いじりが好きだった。特に中古車の修理やテープ・レコーダーの修理が好きだった。ゲアリー・キルドールは、生涯、自動車や飛行機を好んだ。

航海術学校はキルドール家の家業となっていた。ゲアリー・キルドールの父親も教えていたし、ゲアリー・キルドールもシアトルのゲイラー・ストリート２０１番地（201 Galer Street, Seattle, WA）にあったクイーン・アン高校を卒業すると、教えていた。その程度の知識で何を教えられたのか不思議に思う。

ワシントン大学入学

ゲアリー・キルドールのクイーン・アン高校での成績は、それほど良くはなかった。1年落第している。一九六三年、3年遅れの21歳でワシントン大学に入れたのは、高校の成績が優秀だったからではなく、高校卒業後の実家の航海術学校での教育経験が評価されてのことだったという。

大学入学の年、ゲアリー・キルドールは、高校時代の恋人ドロシー・マクイーワンと結婚した。姓から分かるようにアイルランド系である。彼女は一九四三年、ワシントン州シアトルに生まれた。

ドロシー・マクイーワンは、ゲアリー・キルドールのワシントン大学での勉学費用を支えるために、電話会社のカスタマー・サービス部門で働いたようである。結果としてドロシーはワシントン大学を卒業できなかったようだ。美談ではあるが、何とも気の毒である。

Burroughs
B 5500
ELECTRONIC INFORMATION
PROCESSING SYSTEM
DISK SYSTEM OPERATION MANUAL

Equipment and Systems Marketing Division
Sales Technical Services
Systems Documentation

Burroughs Corporation

●ゲアリー・キルドールが精通したバロースB5500のマニュアル

当初、ゲアリー・キルドールは、数学の教員を志望しており、数学を専攻していたが、一九六六年にワシントン大学が導入したバロースＢ５５００でＡＬＧＯＬ（アルゴル）言語に触れたりするうちに、コンピュータに強い関心を抱くようになっていた。ゲアリー・キルドールは、Ｂ５５００のアーキテクチャに精通した。特にディスク・ドライブを組織化するためのデータ構造について学んだ。

数学科を卒業すると、ゲアリー・キルドールは、一九六七年ワシントン大学大学院に新設されたコンピュータ・サイエンス科修士課程に最初の20人の学生の1人として入学した。ゲアリー・キルドールは修士課程在学中にＣＤＣ６４００コンピュータにも触れた。

ゲアリー・キルドールは、修士課程在学中の一九六八年頃、シアトルのダウンタウンにあったＣキューブドに何度か寄ったことがある。実はＣキューブドにはワシントン大学でゲアリー・キルドールと一緒にＢ５５００などに親しんだ友人のディック・ハムレットがいた。

ディック・ハムレットの履歴書を読んでみると、一九五九年にワシントン大学卒業後、コーネル大学大学院修士課程を経て、一九六六年から一九六八年ワシントン大学のコンピュータ・センターのシステムズ・スーパーバイザーとなっている。ゲアリー・キルドールと知り合いになったのはこのあたりだろう。そして一九六八年から一九六九年、Cキューブドのプログラミング・ディレクターになっている。だからCキューブドに寄ることもあったのだろう。

ここではビル・ゲイツやポール・アレンが必死にPDP－10のデバッグをやっていた。ほんの近くまで接近していたが、言葉を交わすこともなかったようだ。

海軍大学院の講師

ゲアリー・キルドールが修士課程に入学した一九六七年頃は、ベトナム戦争が泥沼化し、陸軍から徴兵通知が来た。ゲアリー・キルドールにベトナムの戦場に送られる危険が近寄ったのである。陸軍の歩兵として派遣されたのでは無事で帰国できるかどうかは分からない。

そこでゲアリー・キルドールは、父親の海軍時代の同僚の力を借りて、海軍に入ることにし、修士課程在学中は徴兵を延期してもらった。予備役扱いになったようだ。ゲアリー・キルドールは、一九六七年、六八年夏期に、ロード・アイランドのニューポートにある海軍士官予備学校に通った。またシアトルで海軍将兵にコンピュータを教えた。

ゲアリー・キルドールは、一九六九年には駆逐艦に乗り込んでベトナムに行くことになっていた。このとき、ワシントン大学の学長がゲアリー・キルドールの才能を惜しみ、海軍に話をつけた。

海軍は、ゲアリー・キルドールに、駆逐艦に乗ってベトナムの戦場に行くか、モントレーの海軍大学院で講師として教鞭を執るかの選択を与えた。ゲアリー・キルドールは、もちろん海軍大学院で3年間コンピュータ・サイエンスを教えるほうを選んだ。海軍大学院は、カリフォルニア州モントレー郡ユニバーシティ・サークル1番地（1 University Circle, Monterery, CA）にあった。現在もある。

モントレー郡の海軍大学院は、ホテル・デル・モンテと呼ばれることもある。実際、一八八〇年から一九四二年の間はホテル・デル・モンテという豪華なホテルであった。第二次世界大戦が勃発すると、海軍に接収され、施設として使われた。その後、幾多の変遷を経て海軍大学院になった。

カリフォルニア州のモントレー郡は、ジョン・スタインベックの小説『キャナリー・ロウ』や『たのしい木曜日』、スタインベックとエド・リケッツと共著の『コルテスの海』でご存知の方も多いだろう。どれもちょっとコミカルで、とても面白い小説だ。まさか引用できる日が来るとは思ってもみなかった。

これらの小説の舞台となったモントレー半島の北側のキャナリー・ロウは、昔はイワシの缶詰工場が並ぶ零細な漁村であった。現在、魚の臭気の立ち込める缶詰工場はない。スタインベックの小説を読んだ読者が観光に訪れたりするらしい。現在のモントレー半島は、素晴らしいゴルフ場がいくつもある観光リゾート地になっている。海軍大学院は、スタインベックの小説の舞台のキャナリー・ロウから3マイルほど東にあって、車で数分程度の近くにある。

一九六九年、ゲアリー・キルドールとドロシーは、カリフォルニア州パシフィック・グローブ郡ベービュー・アベニューに引越した。海軍大学院からキャナリー・ロウを通過して、さらに西に数マイル行ったところである。モントレー半島にあるが、行政的にはモントレー郡ではなくパシフィック・グローブ郡である。

ここで2人の間には一九六九年にスコットが、一九七一年にクリスティンが生まれた。

ゲアリー・キルドールは海軍大学院で教えることを好んだ。軍服の写真も残っているが、ふだんのゲアリー・キルドールはスポーツシャツとジーンズというラフな服装だった。

博士課程を修了するためにゲアリー・キルドールは、海軍大学院に籍を置いたまま、一時ワシントン大学に戻り、一九七二年に博士課程を修了し、「グローバル・フロー・オプティマイゼーションの研究」で博士号を取得した。すでに3年間の軍役義務期間は終了していたが、ゲアリー・キルドールは、海軍大学院に准教授として戻った。

インテル４００４との出会い

一九七二年の春頃と思われるが、ゲアリー・キルドールは、海軍大学院の近くのシュワッブというドラッグ・ストアの掲示板に小さな張り紙を見つけた。それはエレクトロニクス・ニュース誌の一九七一年十一月十五日号の広告だった。

「集積回路の新時代をアナウンスします。1チップで実現されたマイクロプログラム可能なコンピュータです」

これは大袈裟で1チップでコンピュータが実現できたわけではない。できたのはi４００４というマイクロプロセッサを中心とする集積回路のチップ・セットであった。しかも少なくとも4つの集積回路がなくてはコンピュータらしいものはできなかった。大胆な誇張である。インテルが採用した広告会社レジス・マッケンナのアイデアである。

◆レジス・マッケンナについてもう少し詳しく知りたい場合は『シリコンバレー』413頁以降を参照されたい。

しかし、当惑するのは、このときゲアリー・キルドールが見たのは、エレクトロニック・エンジニアリング・タイムズの宣伝記事で「インテルは25ドルで4ビットのコンピュータを提供します」というものだったという説があることである。こちらのほうが有力な気がする。

ｉ４００４が何とか入手できるようになったのは一九七一年四月頃とも言われているが、確実な記録が残っていない。ｉ４００４の正式発表は一九七一年十一月であり、入手が楽になったのは一九七二年になってからだと言われている。

ゲアリー・キルドールは、25ドルを送ってｉ４００４を1個購入したという説もあるのだが、これは怪しい。1個25ドルで買えたのは、大量一括購入の場合で、普通に買ったのでは1個45ドルから65ドルした。それにゲアリー・キルドールは、機械いじりは好きだったが、コンピュータのハードウェアは、あまり得意でなかったから、ｉ４００４を購入してコンピュータを作ろうとは思わなかったと思う。

むしろゲアリー・キルドールが買い求めたのはｉ４０００シリーズのチップ・セットの仕様書だったと思われる。これを読んでゲアリー・キルドールは、ｉ４００４の仕様書か、ｉ４００４の何であるかを理解した。

この頃、ゲアリー・キルドールの父親は、依然として航海術学校で教えていたが、航海術に必要な三角測量用の機械を欲しがっていた。そこでゲアリー・キルドールは、この課題に挑戦してみた。そしてi4004用に実験的なプログラムを書くことにした。

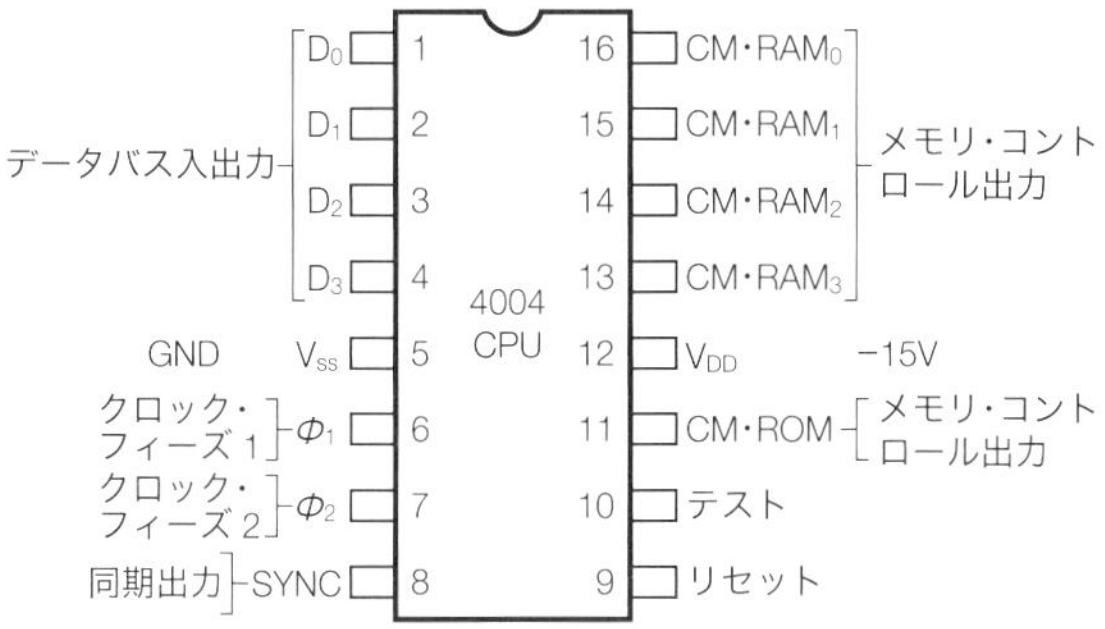

●インテル4004（i4004）のピン配置

ゲアリー・キルドールの手法は、海軍大学院の大型コンピュータのIBMシステム／370を使い、i4004のシミュレータのプログラムを書くことであった。FORTRAN Ⅳ言語で書いたらしい。このIBMシステム／370はバッチ処理型でなく、タイムシェアリングの対話型だったようだ。ポール・アレンが挫折したIBMシステム／360よりはずっと恵まれていた。シミュレータができると、i4004のハードウェア的な制約やメモリの制約を気にせずにプログラム開発ができる。そこで、このシミュレータを使って航海術用の三角測量のプログラムを書いた。

インテルのコンサルタントになる

この成果を持って、ゲアリー・キルドールは、サンタクララ市バウワーズ・アベニュー3065番地（3065 Bowers Ave., Santa Clara, CA）にあったインテルのマイクロコンピュータ・システム・グループを訪ねてみた。インテルの外部コンサルタント募集という広告に応募したという説もある。

　インテルを実際に訪ねて、ゲアリー・キルドールは、マイクロコンピュータ・システム・グループの規模が小さいのにはびっくりしたという。普通の家庭の台所程度の広さで、専従は2人だけだったという。そこで色々質問を交わしたり議論したりして気に入られたようである。

　インテルに評価されたのは、ゲアリー・キルドールが開発したシミュレータよりも、シミュレータを使って開発した三角測量のためのサインやコサインやタンジェントなどの三角関数のプログラムであったという。三角関数を計算するためには、整数の加減乗除算では足りず、実数の加減乗除算が必要である。そのためには浮動小数点数演算ルーチンが必要である。おそらくこの部分が評価されたのだろう。

　インテルは、浮動小数点数演算ルーチンへの見返りとして、ゲアリー・キルドールにi４００４用の開発システムであるインテルSIM－4を与えた。i４００４をCPUとする1枚基板のマイクロ・コンピュータである。これをゲアリー・キルドールはポータブル型にしたという説があるが、どうも完全に信じる気にはなれない。電源もテレタイプも必要で全部を鞄に入れられるかどうか疑問だ。ゲアリー・キルドールはコンピュータのハードウェアは得意でないのだ。せいぜいEPROMにデータを書き込む程度であったのではないだろうか。

　ゲアリー・キルドールは、海軍大学院の仕事のない日には、インテルのコンサルタントとしてプログラム開発をすることになった。このコンサルタントという言葉は常勤でない場合にも使うようだ。ゲアリー・キルドールはこのコンサルタント業をマイクロコンピュータ・アプリケーション・アソシエイツ（MAA）という会社名でおこなっていたようだ。

ハンク・スミス

一九七一年の夏にインテルのマーケッティング部門では大変動が起きていた。インテルは、テキサス・インスツルメンツからエド・ゲルバッハをスカウトして、マーケッティング担当副社長に任命したのである。エド・ゲルバッハは、一九七一年十一月に正式にi４００４を発表し、ハンク・スミスをマイクロコンピュータ・システム・グループのマネージャに任命した。

ハンク・スミスは、元々フェアチャイルド・セミコンダクターで、マイク・マークラの部下であった。マイク・マークラは、一九七〇年インテルのプロダクション・マネージャとして転職すると、翌年の一九七一年、ハンク・スミスをインテルに引き抜いたのである。

◆マイク・マークラについて詳しく知りたい場合は『スティーブ・ジョブズ 青春の光と影』390頁からを参照されたい。アップルの救世主となったマイク・マークラは元々インテルにいたのである。

インテルは、日本の電卓会社ビジコムとの間でi４００４に関して契約を結んでいたが、ビジコムは、資本を提供した見返りとして当然i４００４に対して独占販売権を持っていた。インテルがi４００４を制御用のコントローラとして販売したくても、ビジコムがi４００４は電卓用だと言えば、逆らえないのであった。もっとも後に、ビジコムは資金不足に陥り、一九七三年四月インテルにi４００４の独占販売権を売却してしまっただけでなく、一九七四年には倒産してしまった。そこでインテルはi４００４を自由に使えるようになった。

◆i４００４についてもっと詳しいことを知りたい場合は『シリコンバレー』490頁の前後を参照されたい。

ビジコムの制約を受けずにすむ抜け道としては、新しく8ビットのマイクロプロセッサi８００８を開発する手があった。i８００８は、元々コンピュータ・ターミナル・コーポレーション（CTC）の依頼でインテルが開発したものである。CTCは後のデータ・ポイント社である。開発途中で放っておかれたようだが、フェデリコ・ファジンは一九七二年三月、i８００８を完成させた。しかし、CTCは途中でi８００８に関心を失っていた。

インテルはi４００４、i８００８への投資を回収しなければならなかった。

マーケッティング主導のインテル

この危機をインテルは、ハンク・スミスを中心とするマーケッティング・グループの主導で乗り切った。ハンク・スミスは、初めはハル・フィーニーのもとでメモリのマーケッティングを担当していたが、一九七二年四月、マイクロコンピュータ・グループを率いることになった。

インテルは、まずｉ４００４、ｉ８００８のチップ・セットの名前を、マイクロ・コントロール・システム－４（ＭＣＳ－４）、マイクロ・コントロール・システム－８（ＭＣＳ－８）とシリーズ化した名前に変えた。単発製品ではなく、将来につながるシリーズ製品という見かけを作りたかったからだろう。マイクロ・コントロール・システム（ＭＣＳ）と名付けたのは、プロセス制御系への応用のほうに力点を置いていたからである。ただ実際にはｉ４００４、ｉ８００８という名称のほうが広く受け入れられた。

インテルは、ＭＣＳ－４やＭＣＳ－８のドキュメントやマニュアルの整備に特に力を入れ、これをマーケッティングの最大の武器とした。これはインテルの伝統にもなった。ｉ８００８のマニュアル製作には外部のコンサルタントのアダム・オズボーンが採用された。彼は難しいことを実に分かりやすく説明する才能があった。いくつか紛失したものもあるが、私は彼の本は大体全部持っていると思う。

インテルはｉ４００４やｉ８００８のチップ・セットを提供するだけでなく、開発用のボードも提供することにした。ある程度出来上がっているものがあれば開発の手間が省けるのである。

さらに重要なものにインテレック－４（intellec-4）やインテレック－８（intellec-8）という開発支援システム（ＭＤＳ）がある。これはインテルのＭＣＳ－４やＭＣＳ－８を使ったシステムの開発を支援するための機械なのだが、実際は、それ自体がマイクロコンピュータである。これには充実したマニュアルが付いていた。

またインテルは、アセンブラやデバッガや高級言語の充実を計った。高級言語というと難しそうだが、実際はそうではない。もっとも難しいのは０と１だけで書く機械語で、次に難しいのは機械語を人間に分かりやすい形で記述したアセンブリ言語である。高級言語は、高級という形容詞が付きながらもっともやさしい。大型計算機の普及はFORTRANやCOBOLのような高級言語で手軽にプログラミングができたからである。ハンク・スミスはマイクロコンピュータにも高級言語のプログラムが必要と考えた。それができそうなのは、迷い込んできたゲアリー・キルドールであった。

これほどのものを持ちながら、どうしてインテルはマイクロコンピュータ市場に進出しなかったのだろうかと思うほどだが、プロセス制御のコントローラから抜け出してコンピュータを主張するのは、きわめて大胆で危険と考えたのだろう。インテルはすでに当初の社是のメモリ開発から抜け出してマイクロプロセッサ開発に乗り出していた。これ以上の越境進撃はためらわれた。それができたのはもはや失うものなど何もないMITSのような会社であった。

しかし、インテルはその割には傑作な失敗をする。ゲアリー・キルドールやインテルのスタン・メーザーがゲームを作って楽しんでいると、インテルの社長のロバート・ノイスが「インテルの将来はゲームでなくて腕時計にある」と言った。ロバート・ノイスやゴードン・ムーアのような聡明な男達でもこの程度の認識であった。マイクロマ（Microma）社を買収して腕時計事業に進出したインテルは、当然、日本メーカーの猛襲に遭遇して完敗する。ゴードン・ムーアは、この失敗を忘れまいとして、いつまでもこの腕時計をしていたという。臥薪嘗胆《がしんしょうたん》そのものだ。

二〇一五年三月にアップルがアップル・ウォッチを出したが、果たして今度はどうなるだろうか。楽しみである。

PL／Mコンパイラ開発の依頼

ハンク・スミスは、ゲアリー・キルドールが持ち込んだPL／Mという高級言語のi８００８版の開発を依頼した。ゲアリー・キルドールは、海軍大学院の仕事のない日には、インテルのコンサルタントとしてPL／Mのプログラム開発をすることになった件についてはすでに述べた。

インテルは、PL／Mのプログラム開発の見返りとして、ゲアリー・キルドールにi４００４用の開発システムであるインテレック－４と、i８００８用の開発システムであるインテレック－８を貸与したようだ。このインテレック－４とインテレック－８のマニュアルは、インターネットから簡単にダウンロードできる。読んでみると、きわめて優れたものである。

ゲアリー・キルドールは、インテレック－４とインテレック－８を海軍大学院の教室に設置した。これを使いやすいものにするために、ゲアリー・キルドールは再び海軍大学院のIBMシステム／３７０のFORTRAN Ⅳを使ってi８００８用のシミュレータとデバッガを書いた。このシミュレータをインタープ／８（Interp/8）と呼んだらしい。

インテルは、i８０８０を一九七四年に出すことになるが、その前年一九七三年のある日、ゲアリー・キルドールは、インテルのオフィスにいた。そこへ嶋正利が興奮して飛び込んできて、新しいインテル８０８０のプロトタイプを見てくれと言って研究室に連れて行った。この様子をゲアリー・キルドールは、ドクター・ドッブス・ジャーナルの一九八〇年一月号の６頁に活き活きと描いている。この号はCP／Mの特集号である。

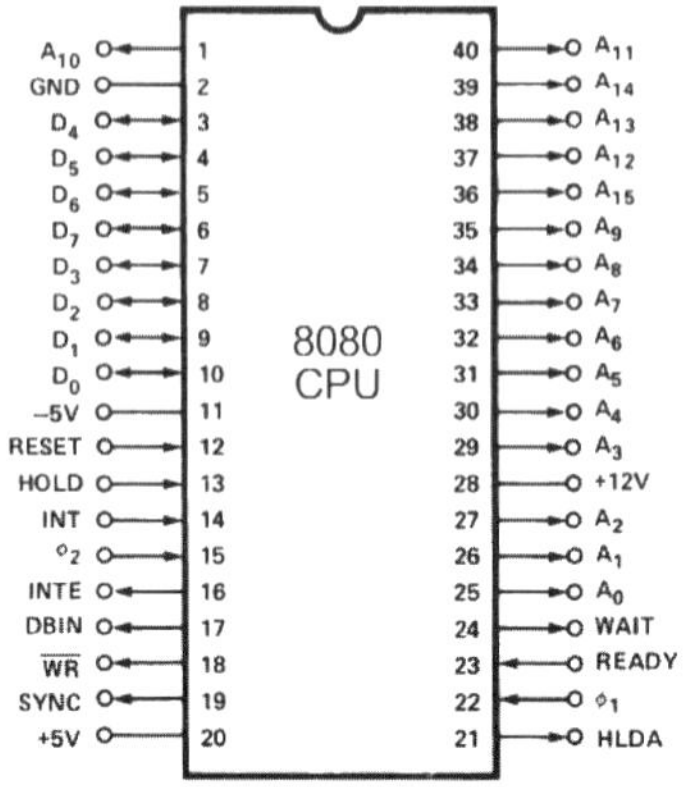

●インテル 8080（i8080）のピン配置

インテルがゲアリー・キルドールに要請したのは2つである。

1つはi8080用のシミュレータであるインタープ/80(Interp/80)を書くことである。

もう1つはi8008用にPL/M言語を定義し、そのPL/M言語でPL/Mコンパイラを開発することである。PL/MはIBMが好んだPL/I言語のサブセットである。

PL/Mコンパイラは、高級言語のプログラムをi8008用の機械語プログラムに変換するので、クロス・コンパイラという言い方をすることもある。PL/Mコンパイラも、大型コンピュータIBMシステム/370のFORTRAN Ⅳで開発された。PL/Mコンパイラの完成は、一九七三年のようである。MCS-8用のPL/Mプログラミングへのガイドというマニュアルの発行日付は一九七三年九月になっていることで分かる。まだ課題は半分残っている。このPL/Mコンパイラをインテレック-8に移して、インテレック-8からブートさせ、PL/Mコンパイラをインテレック-8上の常駐コンパイラとすることである。言うは簡単だが、実行は大変であった。

PL/Mコンパイラのプログラムをインテレック-8に読み込ませるには、当時は紙テープ読取機しかなかった。すると大変な時間がかかる。そうであるなら大型計算機のＩＢＭシステム／３７０を使った方が速くて、わざわざ、そんなことをする意味がない。となればインテレック－8はいつまでも大型コンピュータの隷属物になってしまい、独立できない。これが問題であった。要するに高速大容量の外部記憶装置が必要であった。

後はｉ８００８のメモリ空間は16キロバイトと少なく、ＰＬ／Ｍコンパイラが入るかどうか、仮に入ってもアプリケーション・プログラムを入れる空間が残っているかどうかが問題である。この問題はなんとかクリアできたようだ。

しばらく後になって、インテルはゲアリー・キルドールにｉ８０８０用の開発システムであるインテレック－80を貸与した。これにはディスプレイ・モニタや高速の紙テープリーダまで付いていた。これも海軍大学院の教室に置いて学生達にも使わせた。これはオルテア８８００よりずっと先行し優れていた。ドキュメントも充実していた。どうしてインテルはマイクロコンピュータを売り出さなかったのか理解に苦しむところである。

アラン・シュガート

一九七三年、ＩＢＭのサンノゼ研究所出身のアラン・シュガートは、シュガート・アソシエイツを設立し、8インチ・フロッピー・ディスク・ドライブのＳＡ８００、しばらくして5・25インチ・フロッピー・ディスク・ドライブのＳＡ４００を発表した。

ゲアリー・キルドールの言うところによれば、8インチ・フロッピー・ディスク・ドライブの入出力速度はテレタイプASR－33の紙テープ装置の3千倍速く、1枚の8インチ・フロッピー・ディスクの容量は2000フィートの紙テープに相当した。ゲアリー・キルドールはこれを是非とも使いたいと思った。

アラン・シュガート・アソシエイツのマーケッティング・マネージャのデイブ・スコットは、裸の8インチ・フロッピー・ディスク・ドライブを1台寄贈してくれた。電源もケースもケーブルもインターフェイスもなかった。そこでゲアリー・キルドールは、これをインテレック－8につないで動かすべく、インターフェイス回路を設計し、製作した。ところがこれが何としても動作しないのだった。

代わりにカセットテープ・レコーダーをインテレック－8につなごうとしたが、全く不安定で動作が信頼できなかった。ゲアリー・キルドールは、コンピュータのハードウェアにはあまり才能がなかったようだ。この8インチ・フロッピー・ディスク・ドライブとの睨めっこは、1年近くも続いたという。

CP／M

仕方なくゲアリー・キルドールは、ソフトウェア開発に切り替え、i8080用（Z－80用にもなる）のディスク・オペレーティング・システム（DOS）であるコントロール・プログラム／モニタ（CP／M）を書いた。当初CP／Mはインテルもそう考えたように、プロセスの制御と監視用のプログラムであった。それが次第に変化し、コントロール・プログラム／マイクロコンピュータへと変化していく。

ゲアリー・キルドールは、まず常駐ＰＬ／Ｍコンパイラをサポートするように CＰ／Ｍファイル・システムを構成した。ＰＬ／Ｍとインタープ・シミュレータの対話型タイムシェアリング版によって、原始的なディスク入出力のレベルで多様なファイル操作を開発したりチェックできた。しかし所詮はシミュレーションに過ぎなかった。

現在ＣＰ／Ｍのソース・コードをインターネットからダウンロードして見ることができる。ＰＬ／Ｍで書いてあって分かりやすい。アセンブラで書いてあるものを見るより楽である。ＣやＪａｖａのプログラムが読めれば、ＰＬ／Ｍのマニュアルを少し勉強すれば読めるだろう。ＰＬ／Ｍの各種のマニュアルもインターネットからダウンロードできる。

ジョン・トローデ

ＣＰ／Ｍができても、８インチ・フロッピー・ディスク・ドライブが動かなくては意味がない。憔悴したゲアリー・キルドールは、ワシントン大学の旧友ジョン・トローデに相談した。ジョン・トローデの記憶では一九七四年六月二二日から秋までのいつかである。ゲアリー・キルドールの記憶では一九七四年の秋である。どちらも曖昧だ。

ジョン・トローデは、ｉ８０８０を使ったインターフェイスを設計し、数か月でプロトタイプを完成させた。ねずみの巣のような配線だった。その後ゲアリー・キルドールといろいろなやり取りのあった後、ついに完成し動き始めた。

CP/Mの機械語プログラムをテレタイプASR-33の紙テープ読取機からインテレック-8のメモリに読み込ませ、インテレック-8に接続された8インチ・フロッピー・ディスク・ドライブにロードし、さらにフロッピー・ディスク・ドライブからブート（立ち上げ）させた。するとテレタイプがプロンプト（入力促進記号）の＊を印字した。CP/Mが動いたのである。そして全てがうまく動作した。その晩、あまり美味しくないワインで2人は祝杯を上げた。少し脚色もあるように思うが、そのようにゲアリー・キルドールは回想している。

◆ソフトウェアの天才ゲアリー・キルドールと違って、ハードウェアの天才スティーブ・ウォズニアックは、アップルII用に、いとも簡単に優れたフロッピー・ディスク駆動装置を設計製作した。この話をもう少し詳しく知りたい方は『スティーブ・ジョブズ　青春の光と影』434頁からを参照されたい。

ゲアリー・キルドールは、インテルにCP/MとPL/Mコンパイラを売り込んだが、インテルはCP/Mには関心を示さず、PL/Mコンパイラだけを買った。

後にインテルはインテル・システムズ・インプリメンテーション・スーパーバイザー（ISIS）というOSを開発して、PL/M-80コンパイラを動かせるようにした。

アーケード・アストロロジー・マシン

その後、ジョン・トローデは、フロッピー・ディスク・ドライブのインターフェイスを改良し、さらに自分でコンピュータ・システムを作った。そしてデジタルシステム（後にデジタル・マイクロシステムという名称に変更）という会社を設立して販売しようとした。

ベン・クーパーという人物がアーケード・アストロロジー・マシン（アーケード・ゲーム・センター用の占星術マシン）を作ろうとした。25セントを入れて誕生日をダイヤルで選択すると、占星術による運命が表示されるというものである。この占星術マシンにCP／Mマシンが使われ、ゲアリー・キルドールが、開発用言語としてBASICインタープリタを書いたという。出来上がった占星術マシンはサンフランシスコのフィッシャーマンズ・ワーフ（漁師の埠頭）のアーケードに据え付けられたという伝説がある。本当かなと思う。

CP／Mマシンの最初の成功は一九七五年にオムロン・アメリカに新聞のディスプレイ端末用に採用されたことである。2万5千ドルで売れ、ゲアリー・キルドールとジョン・トローデで折半したという。さらにCP／Mは、ローレンス・リバモア研究所のオクトパス・ネットワークのモニタ・プログラムに採用された。CP／Mは1年ほどは人気が出なかった。

その間ゲアリー・キルドールは、エディタ（ED）、アセンブラ（ASM）、デバッガ（DDT）などを書いてCP／Mに追加した。またCP／Mを4つの異なるコントローラに対応させた。

デジタルリサーチの創業

一九七六年、ゲアリー・キルドールは、妻のドロシーの勧めで、CP／Mを売るためにインターギャラクティック・デジタルリサーチという会社を共同で創業した。インターギャラクティック・デジタルリサーチの創業と共にMAAは解散した。この会社名は長すぎるので、後にデジタルリサーチと短縮した。

ゲアリー・キルドールがプログラム開発を担当し、ドロシーがマーケッティングを担当した。この頃、会社兼自宅はパシフィック・グローブ郡のベイビュー・アベニューにあったようだ。

CP／Mの最初の客は、トム・ラフルールのGNATコンピュータだったともいう。ドロシーはCP／Mのライセンスを一括で90ドルで売った。信じられないほど安い。この当時はドロシーもナイーブであった。当時ゲアリー・キルドールは、VISAカードやMASTERカードの発行資格をクリアできるほどの収入がなかった。貧乏であったということである。

ゲアリー・キルドールは、CP／Mをアルバカーキのにも売り込みたかったが、ビル・ゲイツが一九七五年に最初のディスクBASICを書き、一九七六年にマーク・マクドナルドがFATを使ったディスクBASICを書いていたので無理だった。

そこで浮上したのが、オルテア８８００の互換機IMSAI８０８０を製造・販売していたIMSアソシエイツ、俗にいうIMSAIである。IMSAIは、サン・レアンドロ市ウィックス・ブールバード１４８６０番地（14860 Wicks Blvd.. San Leandro）にあった。ベイ・ブリッジを渡って、オークランドに渡り南下する。サンフランシスコ市内から22マイル、自動車で30分である。

IMSAIのコンサルタントをしていたのがゲアリー・キルドールの海軍大学院の生徒のグレン・イーウィングである。IMSAIは後からDOSを提供するからという約束で多数の８インチ・フロッピー・ディスク・ドライブを顧客に売りつけていた。もちろんＩＭＳＡＩはそんなＤＯＳを持っていなかったので、顧客との約束違反にならないようにＣＰ／Ｍが必要になったのである。そこでグレン・イーウィングは、ゲアリー・キルドールに助けを求めてきた。

ゲアリー・キルドールは、ＩＭＳＡＩ用にフロッピー・ディスクのコントローラとＣＲＴ用の入出力インターフェイスを書き換えた。メーカーによって入出力インターフェイスを書き換えることがしばしば起きたので、ゲアリー・キルドールは、ハードウェアへの依存性を最小限にするため基本入出力インターフェイス（ＢＩＯＳ）の概念に到達する。

DR. DOBB'S JOURNAL of COMPUTER Calisthenics & Orthodontia

Running Light Without Overbyte

Number 41　January 1980　Volume 5, Issue 1

A REFERENCE JOURNAL FOR USERS OF SMALL COMPUTERS

All-CP/M Issue!

The Evolution of an Industry: One Person's Viewpoint — 6
Gary A Kildall

Overview of CP/M Compatible Software — 8
Steve Newberry

Implementing a Tiny Interpreter with a CP/M-Flavored C — 20
Les Hancock

CP/M-Pen, Pen-CP/M — 39
Rod Hallen

GO: A Utility Command Under CP/M — 16
Anthony Skjellum

CP/M and CDOS Program Compatibility — 34
Jim Warner

... and, as always, even more

●ドクター・ドッブス・ジャーナル 1980 年 1 月号
編集長のジム・ウォーレンは、この号を全冊 CP/M 特集とした。

ジム・ウォーレンは、ゲアリー・キルドールとたまたまシグネティックスのコンサルタントをして知り合った。ジム・ウォーレンがドクター・ドッブス・ジャーナルの編集者になると、一九八〇年一月号にはＣＰ／Ｍ特集を組んで、彼が強力にＣＰ／Ｍを推奨してくれた。それもあってＣＰ／Ｍは次第に人気が高まった。

最初のＣＰ／Ｍ1・3（1・0から始まったのではない）は、ドロシーの主張によって1コピー70ドルであった。ゲアリー・キルドールは、29・5ドルという浮世離れした安い価格を主張していた。

創業当時の一九七六年、ドロシーは毎日、本社から300メートル程離れたところにあるパシフィック・グローブ郵便局に送られてくる小切手を引き取りに行った。当時まだデジタルリサーチは零細そのものだった。

一九七七年、IMSAIのマーケッティング・ディレクターのシーモア・ルービンスタインは、デジタルリサーチと交渉し、これまでのように1コピー25ドル（当初は50ドル）ではなく、ライセンスの一括買取を希望した。シーモア・ルービンスタインは2万5000ドルで一括買取に成功した。ゲアリー・キルドールもドロシーも2万5千ドルにハッピーだったようだが、一括売切り方式だと、その後の収入は望めない。シーモア・ルービンスタインは1000本売ればよいのである。ロイヤリティ方式だとCP／Mが売れている限り、収入の増加が見込める。この点で2人はまだまだナイーブであった。もっとも、この点ではビル・ゲイツも同じであった。

◆IMSAIについてもう少し詳しく知りたい方は『スティーブ・ジョブズ 青春の光と影』255頁からを参照されたい。

IMSAIに続いてデジタル・マイクロシステムズ、ヒューレット・パッカード、ゼロックスなどの他のメーカーも続いた。

一九七八年になると、CP／Mの人気は俄然高まった。CP／M1・4から価格は1コピー100ドルに引き上げられた。デジタルリサーチの売上げは毎月10万ドルを超えるようになった。

一九七七年、デジタルリサーチの本社は、ライトハウス・アベニュー801番地（801 Lighthouse Ave., Pacific Grove）

のビクトリア朝建築様式の家に移った。ゲアリー・キルドールは2階に陣取り、ドロシーは1階に陣取った。

米国の特許商標局のデータベースで、商標の登録申請を頼りにデジタルリサーチの本社の住所について調べて整理してみると次のようになる。分からないところもある。そこは無理に埋めなかった。

一九七七年～一九八〇年　パシフィック・グローブ郡ライトハウス・アベニュー８０１番地
(801 Lighthouse Ave., Pacific Grove)

一九八一年～一九八五年　パシフィック・グローブ郡セントラル・アベニュー１６０番地
(160 Central Ave., Pacific Grove)　モントレー湾水族館の真裏

一九八七年～一九八九年　モントレー郡ガーデンコート60番地
(60 Garden Court, Monteley)　空港の直近、三棟の一棟

一九九二年　モントレー郡ガーデンコート60番地
(70 Garden Court, Monteley)　空港の直近、三棟の別棟

この頃から、妻のドロシーはドロシー・キルドールではなく、旧姓を使ってドロシー・マクイーワンと名乗った。家族経営の小さな会社と思われたのでは、対外的信用に欠けると思ったからである。このことが、昔の本にドロシー・マクイーワンがゲアリー・キルドールと離婚していたと書かれた原因であったかもしれない。また実際にはそういう状況であったのかもしれない。

仕事は順調であった。毎週金曜日にはビール・パーティがあり、みんながヒッピー・スタイルに裸足で仕事に励んでいた。マイクロコンピュータ用のOSがほかに存在しなかったので、デジタルリサーチのCP／Mは、そこそこに売れた。前述のようにマイクロソフトもZ-80ソフトカードを作ってアップルII用にCP／Mが動作するようにし、CP／M用対応に書いていた言語ソフトを売った。

ゲアリー・キルドールは、CP／Mで儲けたお金で自動車と飛行機の操縦にのめり込み始めた。

CP／Mの変遷

- CP／M　1・1　一九七五年
- CP／M　1・3　一九七六年
- CP／M　1・4　一九七八年
- CP／M　2・0　一九七九年
- CP／M　2・2　一九八〇年
- CP／M　3・0　一九八三年

CP／Mのソース・コードはコンピュータ歴史博物館（Computer History Museum）のホームページからダウンロードできる。圧縮形で147・72メガバイトである。展開形で186メガバイト程度である。

米国特許商標局（United States Patent and Trademark Office）のデータベースを見ると、CP／Mの商標登録申請は一九七七年十一月二五日、申請者はインターギャラクティック・デジタルリサーチである。商標のシリアルナンバーは７３１４９５５５、登録番号は１１１２６４６である。登録日が一九七九年二月六日である。ＣＰ／Ｍの商標登録申請は、かなり遅かったようだ。

社長は飛行機を操縦しています

これからの話はいくつもの伝説があって、どれが本当か分からない。そこで標準的な話を紹介しよう。

先にも述べたように、ＩＢＭのジャック・サムズのグループは、シアトルから南に下ってカリフォルニア州パシフィック・グローブ郡ライトハウス・アベニュー８０１番地（801 Lighthouse Ave. Pacific Grove, CA）のデジタルリサーチを訪ねて行った。木造２階建ての薄緑色に塗られたビクトリア朝建築である。ベッドルーム４つ、バスルーム２つの瀟洒な家だ。当時のデジタルリサーチには20人ほどの社員がいた。マイクロソフトの社員は当時32人だった。どちらもまだ小さな会社であった。

午前十時、黒塗りのシボレー・セダンから降りたジャック・サムズの一行４人がデジタルリサーチの本社を訪ねた。ソフトウェア担当のジャック・サムズ、契約管理者のパット・ハリントン、商取引専門家のフィル・ベリー、弁護士のトム・カルバンであった。

ジャック・サムズ一行がゲアリー・キルドールに面会を求めると、なんとゲアリー・キルドールは飛行機に乗っていて不在であった。そこで妻のドロシー・マクイーワンと社員のフィル・ネルソンが応対した。

ＩＢＭの弁護士は、ドロシーに、話し合いの前に機密保持誓約書（ＮＤＡ）にサインを求めた。機密保持誓約書は大雑把に言って次のような趣旨のものだった。

「全ての情報、発明、またその他の情報はＩＢＭの資産となる」

ＩＢＭにとっては一種の儀礼のようなものだったが、驚いたことにドロシーはサインを拒否した。そんな広範で曖昧な条件は、危険で呑めないというのである。

ＩＢＭ側は何とかドロシーにサインさせようとした。困ったドロシーはデジタルリサーチの役員で顧問弁護士のジャーベイズ・デイビスを呼んだ。ジャーベイズ・デイビスは妥協案を出したが、今度はＩＢＭ側が拒否した。

スティーヴン・メインズとポール・アンドルーズの『帝王の誕生』によれば、いつまでも押し問答が続いたが、最後にＩＢＭは妥協案を出した。デジタルリサーチは今後3年間ＩＢＭが訪問したことを外部に漏らさないという誓約書にサインするだけで良いというものだ。ここで妥協が成立し、ドロシー以下ＩＢＭの人間と顔を合わせた全員がサインした。

午後3時頃、デジタルリサーチを離れたジャック・サムズは、ビル・ゲイツに電話して、何とかして欲しいと頼んだ。ビル・ゲイツとゲアリー・キルドールの間で電話は通じた。再びジャック・サムズの一行はデジタルリサーチを訪ねて、ゲアリー・キルドールと交渉したが、CP／M-86について何の話し合いもできなかったという。

ハロルド・エバンスの著書『彼らが米国を作った』によると、全然別の話となる。

元々ＩＢＭの訪問の約束は午後で、それにもかかわらず、ジャック・サムズの一行は午前10時に来てしまったという。ゲアリー・キルドールはCP／Mの大事な流通業者ビル・ゴッドバウトと会談しており、約束の時間には、トム・ローランダーと共にライトハウス・アベニューのデジタルリサーチの本社に戻って来たというのである。

調べてみると、ゴッドバウトの会社のあったオークランドまではパシフィック・グローブから陸路160キロくらいで、自動車で片道2時間位である。軽飛行機で行って飛行場で商談してまた戻って来るとすれば時間短縮にはなるが相当きつかったと思う。

保存してあったNHKの『新・電子立国』のビデオでは、サンノゼに自分のジェット機で行ったとゲアリー・キルドールが言っている。これは完全な嘘だ。20億円以上もするガルフストリーム機を買えるほどの収入はまだなかった。それにサンノゼのような近いところにジェット機で行く必然性がない。本人の証言といえど、絶対的信頼性があるというものではないようだ。おそらくゲアリー・キルドールは軽飛行機か複葉機に乗って遊んでいたというのが本当のように思う。ゲアリー・キルドールはIBMとの取引の重要性が全く分かっていなかった。

ともかく本社に戻ってきたゲアリー・キルドールは、IBMの機密保持誓約書にサインし、商談に入った。IBMの提示した条件は、とてもデジタル・リサーチとして呑めるものではなかったという。結局、話は良い方向にはまとまらなかった。気が合わなかったのだろう。ハロルド・エバンスの本はデジタルリサーチについてはもっとも詳しいが、IBMやマイクロソフトについての記述には間違いもあるので全部を肯定はできない。

他にもいくつもそれらしい話がある。このあたりの話は藪の中で全く分からない。

当時ＩＢＭは無敵の存在で、ＩＢＭが来たといえば、全員で出迎えて最高の礼で待遇し、ＩＢＭが機密保持誓約書にサインしろといえば、即座にサインするのが普通だったのだ。それをしなかった。さらにゲアリー・キルドールは、その日、家族を連れて1週間フロリダに旅行に行ってしまった。帰って来てから、ゲアリー・キルドールがＩＢＭに電話しても一向に通じなかったという。呑気の限りだ。かわいそうにデジタルリサーチは、やはり世間知らずの田舎の小さな新興企業に過ぎなかったのである。

ともかくＩＢＭのジャック・サムズの一行は失望して帰るしかなかった。それだけは事実である。これほどまでに無礼な扱いを受けたことはないというのがジャック・サムズの印象だったろう。ジャック・サムズはマイクロソフトに完全に傾斜した。デジタルリサーチは世紀のチャンスを失ったのだ。

これが先に述べた、マイクロソフトとデジタルリサーチの運命を変えた歴史的大事件である。

第八章　MS―DOSの誕生

絶対にやるべきだ

翌週の八月二八日、ワシントン州ベルビューのマイクロソフトの本社で会議が開かれた。マイクロソフトからはビル・ゲイツ、ポール・アレン、スティーブ・バルマー、西和彦にゲイツの父親の法律事務所からの弁護士1人が出席した。IBM側からは、ジャック・サムズ、ルイス・エッゲブレヒト以下5人が出席した。

この会議で、BASIC、FORTRAN、COBOL、PASCALなどの言語だけでなく、マイクロソフトは、九月末までの1か月間で、IBMに対して新OSの仕様を明確に定めるコンサルタント契約が成立した。

この時点で、マイクロソフトがIBMからOSの開発の依頼を受けたかどうかは明らかでない。マイクロソフトによれば、依頼のあったのは九月後半であるし、ポール・アレンの自伝『アイデアマン』（邦訳『ぼくとビル・ゲイツとマイクロソフト』）によると、九月の末頃だという。どの記述も矛盾しており、一番合理的と思われるのは、八月二八日からIBMとマイクロソフトの間で、言語仕様の細部を詰めるために、まず基盤となるOSの検討が進められ、最後にOSの開発をマイクロソフトにやらせるかどうかをIBMが決断したということである。

IBMからの依頼を受けたビル・ゲイツは混乱した。マイクロソフトは言語メーカーではあったが、ゼニックス（XENIX）を除いてOS開発には経験がなかった。

一九八〇年九月二一日夜、ビル・ゲイツはポール・アレン、西和彦を集めて緊急のミーティングを開いた。しばらく3人とも黙っていたが、ポール・アレンがSCPが開発しているQDOSの話をした。どの本にも書いてあることだが、ここで西和彦が部屋中飛び回って「ぜひそうしよう、ぜひそうしよう」と叫んだという。これをどういう英語で言ったのか定かではない。本によって何通りもあって、判断に苦しむ。『MS-DOSエンサイクロペディア』の原本では、〝Got to do it, got to do it〟である。邦訳では「絶対にやるべきだ」となっている。ともかく積極的にやろうと言ったのが西和彦であったのは間違いない。

IBMは、しかし、破天荒で型にはまらない西和彦に不審の念を持ったようである。私などは面白い人だと思うが、IBMの気に入るようなタイプではなかったのかもしれない。

ビル・ゲイツは、SCPのQDOSにあまり乗り気ではなかった。大体ビル・ゲイツは、開発者のティム・パターソンを知らなかった。IBMとの契約はマイクロソフトにとって非常に重要なものだった。その重要な契約に見知らぬ他人が作った得体の知れないQDOS（急ごしらえで汚いOS）などと名の付いた製品は使いたくないというわけである。しかし、他に手段がない。そこでビル・ゲイツもしぶしぶ同意した。

ＱＤＯＳ

一九八〇年春、ＳＣＰのティム・パターソンはｉ８０８６用のＤＯＳの開発を始めた。ｉ８０８６カードができている以上、ＤＯＳが欲しかったのである。デジタルリサーチが一向にｉ８０８６用のＣＰ／Ｍ－86を出荷しないので、しびれを切らしたティム・パターソンが開発に踏み切った。

この当時、ゲアリー・キルドールはデータ・ゼネラルから依頼されたＰＬ／Ｉ（ピー・エル・ワン）言語の開発に夢中になっていた。先に開発したＰＬ／ＭはＩＢＭのＰＬ／Ｉのサブセットであったが、今度はもっと本格的にＰＬ／Ｉを開発しようと思ったのである。９か月でできると思っていたが、２年もかかった。この遅れは致命的であった。

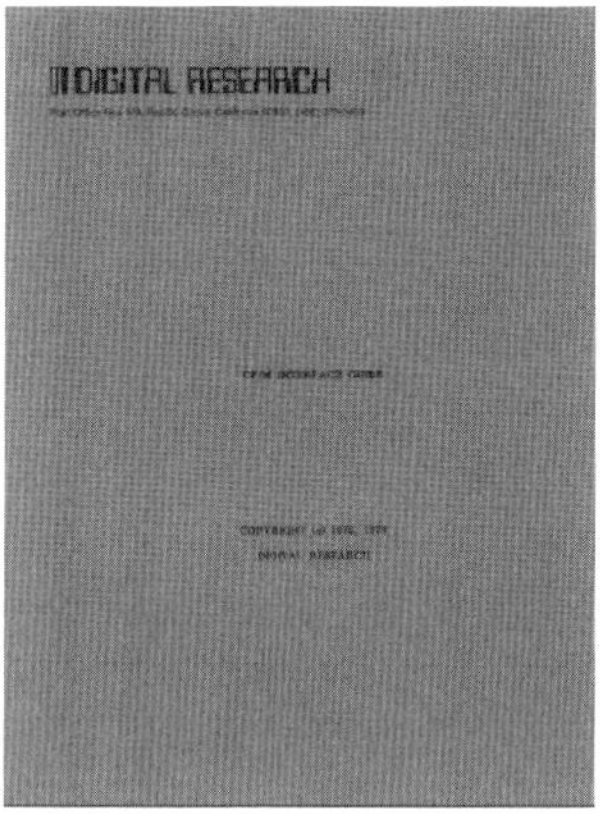

CP/M インターフェイス・ガイド
分かりやすいマニュアルである。

ティム・パターソンは、デジタルリサーチが一九七六年に発行した『ＣＰ／Ｍインターフェイス・ガイド』というマニュアルを入手して読んだだけで、ＣＰ／Ｍのソース・コードは見ていないという。もっとも見たと言ったら問題になるだろう。

これは現在、インターネットでダウンロードできるので私も読んでみた。40頁ほどの実に分かりやすいマニュアルで、ＰＬ／Ｍのプログラムを少しずつ積み上げていき、多少の心

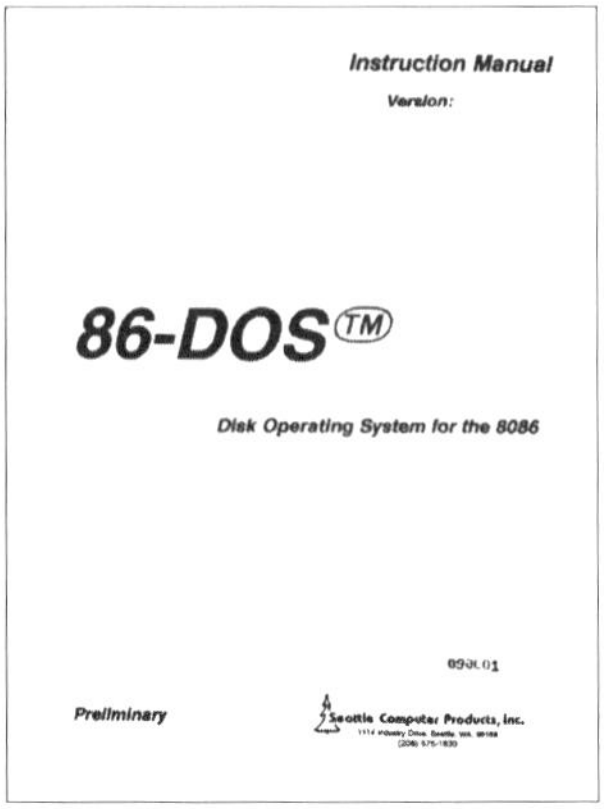

● SCP 86-DOSのマニュアルの表紙

得のある人には分かるように書いてある。これだけの内容を公開しながらCP/M-86をさっさと作らなかったのはデジタルリサーチの失敗だったろう。

ティム・パターソンの基本的なアイデアは、8ビットのCP/M対応のアプリケーションを16ビット対応にもできるようにすることであった。これをトランスレーション・コンパティビリティ（翻訳互換性）と呼んだ。

デジタルリサーチのCP/Mとの翻訳互換性を保証するためには、CP/Mの機能に割り振られた番号をできる限り、そのままにしておかねばならない。本書はデータブックではないので煩雑にならないようにCP/Mの基本機能（BDOS Function）の最初のいくつかを見てみよう。名前は時間と共に変化している。

機能番号	CP/M	QDOS	説明
0	SYSTEM RESET	TERMINATE	リセット
1	READ CONSOLE	KEYBOARD INPUT	キーボードから入力
2	WRITE CONSOLE	DISPLAY OUTPUT	出力を（コンソールに）表示

3	READ READER	SERIAL INPUT	シリアル（紙テープ）入力
4	WRITE PUNCH	SERIAL OUTPUT	シリアル（紙テープ）出力
5	WRITE LIST	PRINTER OUTPUT	プリンター出力

これらが同じ機能だということに気付くには多少の知識を必要とするが、同じである。そしてデータを引き渡すレジスタの指定、必要な情報を引き渡すためのデータ構造も同じに作られている。

最初の26個の機能は全く同じだとゲアリー・キルドールは怒った。それは真似をしたのだから当然である。またCP／Mではファイル・コントロール・ブロック（FCB）を使っていた。これに対してはメモリの005C番地から33バイトずつが確保されていた。後にこれはファイル・ハンドルに置き換えられる。

ティム・パターソンは、Z-80上で動くCP／Mのアプリケーションを、CP／M上で動くi8086上で動かせるようにするトランスレータのプログラムを開発していた。だからCP／Mに触ったことがないわけではない。CP／Mのソース・コードは見なかったと言っているだけである。ソース・コードは見なかったにしても逆アセンブルくらいはできたのではないだろうか。それほど難しいことではない。そこまでしなくともデバッガDDTを使ってCP／Mの動作を研究するくらいのことはしたと思う。

またこのティム・パターソンは、トランスレータ作成にあたってはインテルの「ISIS-IIユーザーのためのMCS-86アセンブリ言語コンバータ・オペレーティング・インストラクションズ」というマニュアルを見ていたようだ。デジタルリサーチも「XLT86　8080から8086アセンブリ言語トランスレータ・ユーザーズ・ガイド」を出していた。

一九八〇年七月、DOSは50%程度完成し、前述のようにティム・パターソンは、これをQDOS 0・10と呼んだ。QDOSはクイック・アンド・ダーティDOSの略である。QDOSはCP／M-80の機能の多くを模倣していたが、ファイル管理だけはマイクロソフトのマーク・マクドナルドの作ったファイル・アロケーション・テーブル（FAT）を採用した。

一九八〇年八月末には、バージョン・アップしたQDOS 0・11が完成し、SCPからSCP-DOS1・1として出荷され始めた。これにさらにアセンブラやエディタが付け加えられた。QDOSはSCP 86-DOSと呼ばれるようになった。

◆SCP 86-DOSのソース・コードは公開されている。これも米国のコンピュータ博物館のホームページからダウンロードできる。SCP 86-DOS1・1と2・0のソース・コードである。

多少ややこしいのは、SCP 86-DOS1・1は、マイクロソフトのMS-DOS1・25であり、IBMのPC-DOS1・1である。

MS-DOSへ

さて相談がまとまった翌日の九月二一日、ポール・アレンは、SCPのロッド・ブロックに電話をかけた。実は八月頃からSCPがSCPのQDOSとマイクロソフトのBASIC-86をクロスライセンスしたいと申し出ていた。そこでポール・アレンはＱＤＯＳのライセンス契約を結ぶことに成功した。

マイクロソフトは、まずライセンスの供給を受け、1万ドルを払う。そしてマイクロソフトが、それを他の会社にライセンス（サブライセンス）するごとに1万5千ドルを支払うことになった。さしあたり、ＩＢＭにライセンスするだけなので、合計2万5千ドルを支払うことで話がついた。ものすごくうまい取引だった。

マイクロソフトは、西和彦が西式英語で書いた提案書を元に必死で提案書をまとめた。時間的に十分手が入れられなかったという説もある。

一九八〇年九月三十日、ビル・ゲイツ、スティーブ・バルマー、ボブ・オリアの３人がフロリダのマイアミ国際空港から、インターステート・ハイウェイ95を北上して、ボカラトン市コングレス・アベニュー８０５１番地（8051 Congress Avenue, Boca Raton, FL）のＩＢＭのエントリー・レベル・システムズ（ＥＬＳ）に向うことになった。

このとき、ポール・アレンがいなかった理由についてはボブ・オリアですら分からないと言っている。

マイアミ国際空港のトイレで３人は背広に着替えたが、ビル・ゲイツがネクタイを忘れて来たことに気が付いた。いくら何でもＩＢＭに行くのにネクタイなしではということで、遅刻を覚悟でバーダインズというデパートが10時に開くまで待ち、ネクタイを買った。バーダインズは現在メイシーズになっている。

ここから46マイル離れたボカラトンに30分以内で到着するのは大変だったろう。制限速度を完全にオーバーしていただろう。

ＩＢＭでは、ビル・ロウがドン・エストリッジに交代していた。一九八〇年秋、ＩＢＭロチェスター工場のゼネラル・マネージャのハル・マーティンがメキシコシティでの短い休暇の中で心臓麻痺で急死した。そこでこの職を継ぐべく選ばれたのがビル・ロウである。空席となったビル・ロウの跡を継いでプロジェクト・チェスの指揮を執ったのが、当時43歳のドン・エストリッジである。

フィリップ・ドン・エストリッジ

フィリップ・ドン・エストリッジ（以下ドン・エストリッジ）は、一九三七年フロリダ州ジャクソンビルに生まれた。彼の父親はプロの写真家だった。一九五五年にビショップ・ケニー高校を卒業し、フロリダ大学電気工学科を一九五九年に卒業した。その後IBMに入社し、フェデラル・システム部門に入り、北米防空のための半自動防空システム（SAGE）の構築に参加する設計に従事した。一九六三年米宇宙航空局（NASA）のゴダード宇宙飛行センターに異動する。一九六九年にフロリダのボカラトンに異動し、IBMシリーズ／1（IBM S／1）コンピュータの開発のマネージャを務めた。

ドン・エストリッジは、一九六九年にフロリダのボカラトンのゼネラル・システム部門に移動した。一九七五年から一九七九年IBMシリーズ／1（以下IBM S／1）コンピュータのOS開発のマネージャを務めた。当時のIBMの流儀で、ドン・エストリッジはIBM S／1のOS開発に1000人ものプログラマーを集めた。これだけの人間を管理して正しい方向に導くことは大変である。当然、混乱が起き、開発は難航し、大幅な予算超過とスケジュール遅延に陥った。開発の修了までに数年もかかってしまった。期限絶対の

ＩＢＭにおいて18か月も遅れてしまった。

もしステート・ファーム・インシュアランスという自動車保険会社が数千台のＩＢＭ Ｓ／１を購入してくれなかったら、ドン・エストリッジの運命は、それきりだったろうと言われている。

ポール・キャロルの『ビッグ・ブルース』はＩＢＭ Ｓ／１をミニ・コンピュータのはみ出し者と片付けている。それが私にはよく分からない。私は一九九三年八月二七日に、サンフランシスコで発売されたばかりのポール・キャロルの『ビッグ・ブルース』の原著を購入し、九月三日に読了している。比較的速く読めたのは、ＩＢＭ Ｓ／１の評価などが興味深かったからである。

実は私は一九八六年に日本ＩＢＭの依頼で『ＩＢＭのネットワーク戦略』という本を書いた。これが好評だったので続編の『ＩＢＭのビジネスネットワーク戦略』という本を書くために、一九八七年、全米のＩＢＭの主要通信拠点を視察した。アーモンク、ホワイトプレーンズ、タンパ、ラーレイ、シカゴ、サンノゼなどである。

その中でトラベラーズ・カンパニーズという全米第二位の保険会社を訪ねた。元々の目的はトラベラーズ・カンパニーズのＩＢＭトークン・リングＬＡＮの構築の構想を取材することだった。取材の終わり頃、情報通信ネットワーク担当重役のトラバース・ウォルトリップが、ついでにと言って数百台のＩＢＭ Ｓ／１を使っているのを見せてくれて、びっくりした。日本ではほとんど普及しなかった機械で、そんなに並んでいるのを見たことがなかった。トラベラーズ・カンパニーズ全体では数千台のＩＢＭ Ｓ／１が採用されていたという。このとき、彼が次のように言ったのが強く印象に残っている。

「IBM S／1はよい機械だよ。羊の皮をかぶった狼だ」

今回もこの部分を書くについては、IBM S／1の評価についての疑問が解決していなかった。昔と違ってIBM S／1のマニュアルはインターネットから簡単にダウンロードできる。主要なものを10冊程ダウンロードして眼を通して考えてみた。

私の暫定的な結論は、IBM S／1は、当時のIBMのコンピュータと違って、初めから通信機能を組み込んだミニ・コンピュータであって、それがOS開発を難しくしたのではないかと思う。IBM S／1については米海兵隊などは比較的高く評価したようだ。

ただドン・エストリッジは、OS開発は大変だという刷り込みを受けてしまったのではないかと思う。だからOSの開発は外部に委託してかまわないと思ったのだろう。それに原理的に実機引渡しから3か月でOSなどできるわけがないのである。

ドン・エストリッジは変人だった。社内の他の部門の上役から電話をもらっても、折り返しの返事の電話を絶対にしなかったし、出席しなければならない会議にも出席しないことが多かった。トカゲの皮のカウボーイ・ブーツを履いて歩き回るという伝説があった。酒も飲まず煙草も吸わず、アップルⅡに夢中になっていたというから、やはり普通の人ではなかったのだろう。だからカリスマに成り得たのかもしれない。

ドン・エストリッジが、ビル・ゲイツとの会議の後の雑談で披露したと言われている逸話がある。

IBMのプロジェクト・チェスのグループが、マイクロソフトから、OSや言語のソフトウェアを購入すると、ドン・エストリッジが、当時IBM社長だったジョン・オペルに説明すると、ジョン・オペルが次のように言ったという。

「その会社はメアリー・ゲイツの息子が経営している会社だろう」

ジョン・オペルはユナイテッド・ウェイの全国委員会でビル・ゲイツの母親のメアリー・ゲイツを知っていた。これがマイクロソフトにプラスに働いたことは間違いない。

いよいよマイクロソフトは、IBMと正式に契約の相談に入ることができた。IBMは、マイクロソフトに合計で43万ドルを払うことになった。内訳については諸説あるが、次のようであったと思われる。公判資料に数字が出たと言われるが、開示されたものからは数字が消されていて分からない。新OSはマイクロソフトが売るものはMS-DOS、IBMが売るものはPC-DOSと呼ばれることになる。煩雑さを避けてMS-DOSと呼ぶことにする。

- MS-DOSに4万5千ドル
- BASICインタープリタ、COBOL、FORTRAN、PASCALコンパイラに31万ドル
- ソフトウェアをIBMのマシンに適合させる作業、テスト、コンサルティングに7万5千ドル

またMS-DOSの陰に隠れて、その存在が忘れ去られがちであるが、以後IBMのパソコンには必ず、ROMの形でマイクロソフトBASICが搭載されることになる。これはマイクロソフトBASIC-86である。これはフロッピー・ディスク・ドライブのない場合、カセットBASICとして使用できるものであった。もしフロッピー・ディスク・ドライブがあれば、PC-DOS（MS-DOS）のディスクにディスクBASIC、アドバンスドBASICが利用できた。マイクロソフトは3種類のBASICを提供することになる。

言語プログラムは、総計で400キロバイト、MS-DOSは、20キロバイトの大きさであった。

IBMは十二月一日までにIBM PCのプロトタイプを引き渡すことになった。マイクロソフトが、SCP/86-DOSをIBM PC用に手直しできる期間は一月十二日までの96日間、約3か月であった。コンパイラの引渡し期間はPASCALの145日、FORTRANの257日間と幅があった。

一九八〇年十一月六日、IBMとマイクロソフトは、ワシントン州ベルビュー市8番ストリート10800番地スイート819のマイクロソフト本社で正式に契約を交わした。

MS-DOSの開発

一九八〇年十一月三十日、マイクロソフト本社にIBM PC（暗号名チェス、エイコーン）のプロトタイプが予定より1日早く、IBMのデイブ・ブラッドレーによって持ち込まれた。入手できるUSバンクプラザのフロアー・プランは、各階ごとに異なっているが、ビルの床自体は長方形をしている。IBM PCのプロトタイプは8階の長い廊下の隅の窓のない狭い部屋に格納された。奥行き3メートル、

● MS-DOS エンサイクロペディアの訳本

MSDOS.ASM

```
; 86-DOS  High-performance operating system for the 8086  version 1.25
;       by Tim Paterson


; ****************** Revision History *************************
;          >> EVERY change must noted below!! <<
;
; 0.34 12/29/80 General release, updating all past customers
; 0.42 02/25/81 32-byte directory entries added
; 0.56 03/23/81 Variable record and sector sizes
; 0.60 03/27/81 Ctrl-C exit changes, including register save on user stack
; 0.74 04/15/81 Recognize I/O devices with file names
; 0.75 04/17/81 Improve and correct buffer handling
; 0.76 04/23/81 Correct directory size when not 2^N entries
; 0.80 04/27/81 Add console input without echo, Functions 7 & 8
; 1.00 04/28/81 Renumber for general release
; 1.01 05/12/81 Fix bug in `STORE'
; 1.10 07/21/81 Fatal error trapping, NUL device, hidden files, date & time,
;               RENAME fix, general cleanup
; 1.11 09/03/81 Don't set CURRENT BLOCK to 0 on open; fix SET FILE SIZE
; 1.12 10/09/81 Zero high half of CURRENT BLOCK after all (CP/M programs don't)
; 1.13 10/29/81 Fix classic "no write-through" error in buffer handling
; 1.20 12/31/81 Add time to FCB; separate FAT from DPT; Kill SMALLDIR;
;               Add FLUSH and MAPDEV calls; allow disk mapping in DSKCHG;
;               Lots of smaller improvements
; 1.21 01/06/82 HIGHMEM switch to run DOS in high memory
; 1.22 01/12/82 Add VERIFY system call to enable/disable verify after write
; 1.23 02/11/82 Add defaulting to parser; use variable escape character
;               Don't zero extent field in IBM version (back to 1.01!)
; 1.24 03/01/82 Restore fcn. 27 to 1.0 level; add fcn. 28
; 1.25 03/03/82 Put marker (00) at end of directory to speed searches
;
; *************************************************************

```

● SCP 86-DOSの先頭部分
コメントでプログラムでない。マイクロソフトのビジュアル・スタジオで展開したもの。

間口1・8メートルである。機密保持上この部屋には人がいようといまいと、四六時中、鍵をかけておくことになっていた。コンピュータと人間の発熱で蒸し風呂状態になっていたという。

この部屋をめぐって、IBMの天井に金網を張れという要請や、IBMの査察があったときのスティーブ・バルマーの機転などについての冗談のような逸話は、面白いが省略する。要するにIBMの機密保持はきわめて神経質で厳格だったが、マイクロソフトの機密保持体制は、きわめていい加減だった。

以下読みやすいようにフロッピー・ディスクをFDと表記することがある。またコードというのはプログラム・コードのことで、プログラムと考えて差し支えない。微妙なニュアンスの違いはあるが、コードとはプログラムと考えて結構である。

SCPのティム・パターソンの86-DOSは、8インチFDに入ったアセンブリ言語のプログラムの集合体であった。マイクロソフトは、これをIBM PC用の5・25インチFDに移し変えなければならなかった。この仕事はボブ・オリアが担当した。

それには、まず5・25インチFDのMS-DOSフォーマットを決定しなければならなかった。これは何とかやり遂げたが、当初はFDの物理レコードの大きさに依存しないで論理レコードを扱えるだけだった。可変長レコードと可変長セクタ・サイズを扱えるようにして、論理的なデバイス独立性が達成されたのは一九八一年三月二三日になってからのことである。ティム・パターソンのソース・コードのコメントに書いてある。

ボブ・オリアは次のように作業した。

- ティム・パターソンのSCPの86-DOSのソース・コードは、86-DOSフォーマットの8インチFDに収められていた。これはアセンブリ言語のプログラムであった。
- ボブ・オリアは、IBMの要求に合うようにSCPの86-DOSのソース・コードに修正と追加を加えた。
- 次にこのアセンブリ言語のソース・コードを86-DOS開発マシンに読み込ませた。これはSCPの8086カードを使ったS-100バス・タイプの機械である。
- このソース・コードを、開発マシン上のアブソリュート・アセンブラに通し、2進数のオブジェクト・コード（目的の機械語プログラム）にコンパイルした。
- それから、このオブジェクト・コードを86-DOSフォーマットの8インチFDに書き出した。

・次にこのオブジェクト・コードを、再び86－DOS開発マシンに読み込んで、BASIC－86で書いたプログラムで、ASCII形式のインテル16進オブジェクト・ファイル・フォーマットに変換し、86－DOSフォーマットの8インチFDに書き出した。

・さらにまた、これを86－DOS開発マシンに読み込んで、RS－232－C経由でDEC－2020に送り込んだ。これはどうもBASIC－86で書かれたプログラムで実行されたらしい。

・さらにDEC－2020からインテルのインテル・システムズ・インプリメンテーション・スーパーバイザー（ISIS）を動かしているインテルの開発システム用のハードディスクに送り込んだ。

・これをISISの8インチFDに書き出した。これはASCII形式のインテル16進オブジェクト・ファイル・フォーマットでISISのフォーマットに従っていた。

・この仕事に使われたDEC－2020は、BIOSの開発にも使われていた。そのためBIOSもインテルのISISに読み込み、ASCII形式のインテル16進オブジェクト・フォーマットに変換し、一緒にISISの8インチFDに書き出した。

・次にこの8インチFDを廊下の端のIBMルームに持って行った。

・ここでこの8インチFDをインサーキット・エミュレータ88（ICE88）を動かしていたインテルのISISに読み込ませた。

・これをRS－232－C経由でIBMのIBM PCの試作機に読み込ませた。

・最終的にMS－DOSフォーマットの5・25インチFDに落とした。

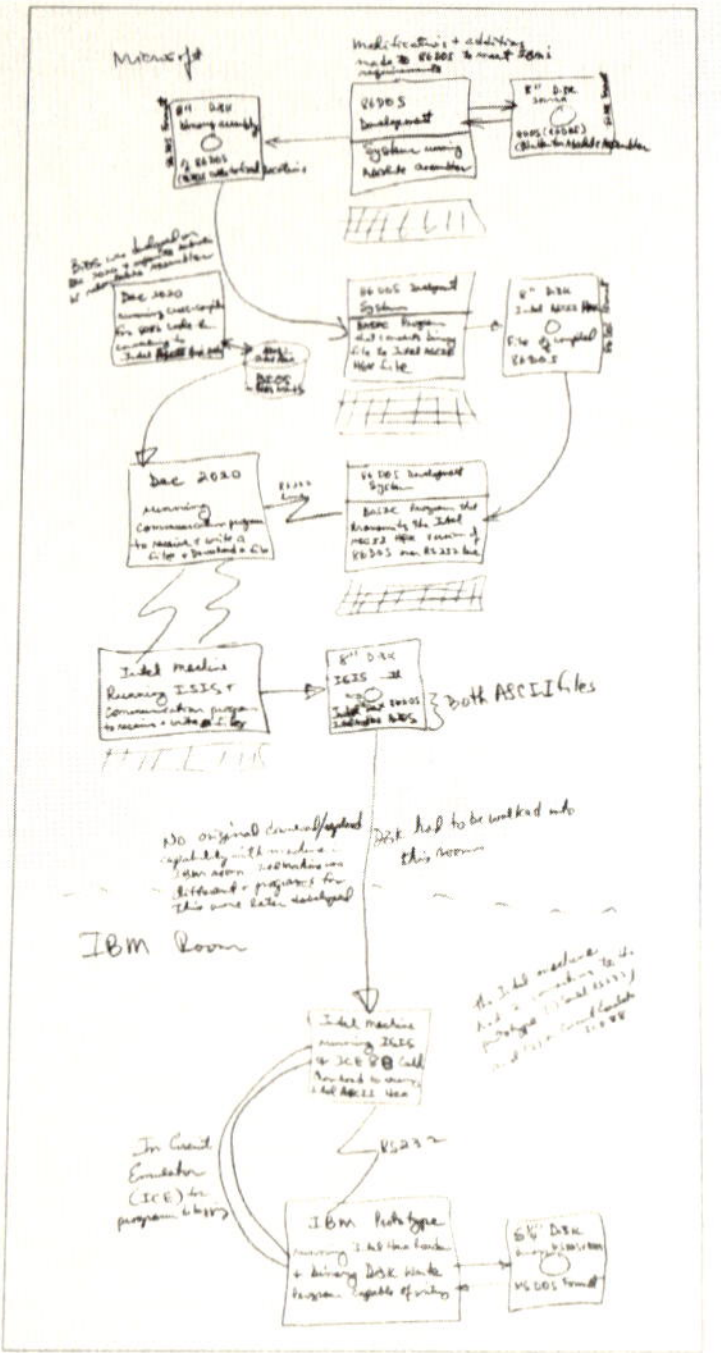

● SCP 86-DOSからMS-DOSへの変換
『MS-DOSエンサイクロペディア』20頁（原著17頁）に図版がある。同書をお求めになり、A3サイズに拡大して手書きの文字を解読されるとよい。それでも相当解読は難しいだろう。前頁からの記述が解読結果である。

5台のコンピュータを使う実に込み入った作業であるということだけ、お分かり頂ければよい。これを何度も繰り返すのだから大変な作業である。

ボブ・オリアがMS-DOSとBASIC-86を何とかIBM PCのプロトタイプで動かすことができたのは一九八一年一月末のことだったという。約束の三月一日になってもMS-DOSは完成していなかったが、もうIBMはうるさいことは言わなくなっていた。

SCP 86-DOS1・1すなわちMS-DOS1・0に限れば、公開されているソース・コードは7つある。

MS-DOSの基本的な構成部分は次のアセンブリ言語で書かれたプログラムである。

- IO・ASM　BIOSとのインターフェイスのソース・コード　1933行
- MSDOS・ASM　OSのカーネル（核）のソース・コード　4030行

・COMMAND・ASM　シェルのソース・コード　2165行
この外にユーティリティが付いている。
・ASM・ASM　アセンブラのソース・コード　4005行
・TRANS・ASM　トランスレータのソース・コード　1212行
・HEX2BIN　16進形式を2進形式に変換するソース・コード　213行
・STDDOS・ASM　IBM版とMS版のスイッチのソース・コード　21行

マイクロソフトの『MS−DOSエンサイクロペディア』の23頁にはMS−DOSの最初のバージョンは4000行のアセンブリ言語のプログラムと書いてあるが、公開されたものを見ると、これはMS−DOSのカーネル（核）となるMSDOS・ASMのことで4030行であった。IO・ASMが1933行、COMMAND・ASMが2165行であった。

これらがコンパイルされると、MSDOS・SYS、IO・SYS、COMMAND・COMというプログラムになる。このうちIO・SYSとMSDOS・SYSは通常は見えない。見えるのはCOMMAND・COMだけである。

IO・SYSはBIOSの上に位置し、入出力システムを扱う。

MS−DOS・SYSがいわゆるMS−DOSであってカーネル（核）という呼び方をしたりする。資源の管理をするプログラムである。もっともMS−DOS1・0は資源の管理と言いながらファイル管理しかしなかったと、後にマイクロソフトのOS／2の開発部隊は悪口を言った。

COMMAND・COMは、ユーザーが文字入力したコマンドを解釈して実行するようにカーネルと相互作用する部分である。外から見れば、COMMAND・COMがMS-DOSとのインターフェイスになっているように見える。COMMAND・COMの存在イコールMS-DOSという印象さえ与える。もしCOMMAND・COMがなくなれば、MS-DOSがなくなったという印象を受ける。

ティム・パターソンが、どのようなコードを書いていたのかを見られるようになったことは本当に喜ぶべきである。また過去において有名だったソフトウェア、たとえばアップルⅡのDOS、アドビのフォトショップ、アップルのマックペイント、クイックドロー、マイクロソフトWORDなどのソース・コードも公開されるようになったことは歓迎すべきことである。

IBMのマイク・コートニーがマイクロソフトのBASIC-86をIBM PCに適応させ、またIBMのデイブ・ブラッドレーが基本入出力システム（BIOS）を完成したので、IBMは三月末、ROMを焼付け、IBM PCに組み込んだ。IBMは、一九八〇年、基本入出力システムとしてのBIOSを書いた。BIOSは表向きには入出力ハードウェアの特殊性を吸収するためにあった。実際にはIBMの著作権防御のためであり、後に何度か著作権違反訴訟で有効に使われた。BIOSについては、一九八一年に概ね公開されたが、しばらく前まで非公開だった部分もある。

その後、しばらくしてIBMはマイクロソフトにIBM PCの製品モデルを送り出してきた。

マイクロソフトは、最後の瞬間まで、IBMにソフトウェア製品を売りつけた。ビル・ゲイツとニール・コンゼンによるドンキー・ゲームや、マイクロソフトの外部の会社の製品であるタイピング・チューターⅡ、タイム・マネージャ、オリンピック10種競技、ゴードン・レトウィンのアドベンチャー、エレクトロニック・ペーパーなど、ありとあらゆるものを貪欲なまでに売りつけた。営利企業というものはそうでなければならないのかもしれない。IBMは鷹揚に全てを買い上げた。

一九八一年五月、SCPのロッド・ブロックと衝突したティム・パターソンがマイクロソフトに入社した。彼をリテール・コンピュータ・ストア時代の旧友でもある、ボブ・ウォーレスが出迎えた。機密保持誓約書にサインして、ティム・パターソンは開発の対象がIBM PCであることを初めて知った。薄々とは分かっていたのだろう。

SCPのロッド・ブロックとマイクロソフトの間では、九月にSCPの86-DOSのライセンスについての話はあったが、契約にサインするところまでは進まず、十一月七日に話し合いがおこなわれたが、放置されたままで、正式にライセンス契約が結ばれたのは一九八一年一月初旬になってからである。このあたりマイクロソフトは、きわめていい加減である。

この間、MS-DOSの情報が次第に漏れ始め、日本のコンピュータ・メーカーがMS-DOSのライセンスを希望した。

六月にはCP/MとCP/Mアプリケーションの販売で第1位のライフボート・アソシエイツのエディ・カリーがSCPに対し、86-DOSをライセンスしたいとし、手付金25万ドルという条件を提示した。

エディ・カリーは、アルバカーキにあったMITSの元社員で、一九七七年にMITSがパーテック社に買収されると、ストック・オプションが行使できるまで4年間辛抱してパーテックに留まっていた。無事ス

● CP/M-86のオペレーティング・システム・ガイド

トック・オプションを行使すると、一九八一年六月、エディ・カリーはライフボート・アソシエイツに入社した。最初の仕事はデータポイントのためにＣＰ／Ｍ－86を入手することであった。

エディ・カリーはデジタルリサーチに出かけて行ったが、交渉を成立させることができなかった。

そこでシアトル・コンピュータ・プロダクツに行って、ＳＣＰ 86－ＤＯＳを使用する権利として25万ドルを提示した。その帰途、エディ・カリーは、同じシアトルにあるマイクロソフトにビル・ゲイツを訪ね、シアトル・コンピュータ・プロダクツを訪ねた理由を話した。これにはビル・ゲイツも少し慌てた。

そこで一九八一年六月二五日、ポール・アレンがＳＣＰに対し、３万ドルに加えてマイクロソフトの８０８６マクロ・アセンブラとリンカをクロス・ライセンスする条件で、86－ＤＯＳに対する全ての権利を買い取りたいと申し入れた。そしてスティーブ・バルマーがＳＣＰに出かけて行き、さらに５万ドルを積むことを提案した。

七月二七日、契約は成立した。総額７万５千ドルで、マイクロソフトは86－ＤＯＳを我がものにした。

一九八一年八月十二日、ＩＢＭはＩＢＭ ＰＣ（ＩＢＭ５１５０）を発表した。モニタなしで、フロッピー・ディスク・ドライブ1基、16キロバイトのRAMを積んで1565ドルであった。

ＩＢＭ ＰＣは爆発的大成功であった。ＩＢＭは、チャーリー・チャップリンの浮浪者のTVコマーシャルを巧みに使って広告戦略でも大成功した。

マイクロソフトが世界最大のコンピュータ・メーカーＩＢＭのパソコンのＯＳを押さえてしまったことは何よりも強みとなった。ただ当時そのことはあまり気付かれていなかった。

ＩＢＭのジャック・サムズによれば、ＯＳをＩＢＭが作った場合、他の会社から著作権違反、知的所有権違反で訴えられることが恐ろしく、マイクロソフトが作ったのであれば責任転嫁ができるという論理であったが、これは安直な考え方で失敗だった。

ビル・ゲイツの戦術

ここまでをまとめてみると、ビル・ゲイツの戦術が明らかになってくる。

- まず、手元にできていない製品（ベイパー・ウェア）を売り込む
  マイクロソフトＢＡＳＩＣ、ＭＳ－ＤＯＳの場合がそうであった。
- 既存の製品の真似をして大急ぎで作る

マイクロソフトBASICの場合、DECのBASICの真似をした。
MS-DOSの場合、CP/Mの真似をした。

- 出来上がった製品に独自性を組み込む
マイクロソフトBASICの場合、プログラム修飾の多いi8080プログラムを作った。

MS-DOSの場合、ファイル・アロケーション・テーブル（FAT）を採用した。

- 市場のシェアの大半を確保しライバルを淘汰する

以後一九八一年から二〇〇〇年まで、ほとんど全ては、この戦術に基づいている。これに引き伸ばし戦術と対決姿勢と巧みなFUD（恐怖、不安、疑念）による威嚇・脅迫戦術が加わる。今から思うと、どうしてこんな単純な戦術に誰もが引っ掛かったのかと思うほどだが、当時はマイクロソフトの手の内が分かっていなかった。またビル・ゲイツは狡猾なまでに巧みであった。

ゲアリー・キルドールのその後と悲劇

IBMのドン・エストリッジは、ゲアリー・キルドールの抗議を受けてマイクロソフトがシアトル・コンピュータ・プロダクツ経由でデジタルリサーチのCP/Mの著作権を侵していることに気付いたような気付かぬような態度で、結局、CP／M－86も採用することにした。これによってゲアリー・キルドールは不満を封じられてしまった。3か月でDOSが開発できるわけがないことはIBMシリーズ／1（IBM S／1）での経験からドン・エストリッジはよく知っていた。

売り出された価格はMS－DOSが40ドルで、CP／M－86は240ドルであった。同じような機能で6倍の差がついたのでは、デジタルリサーチのCP／M－86に勝ち目はなかった。

デジタルリサーチは何度もマイクロソフトを告訴しようとしたが、ゲアリー・キルドールは、ついに踏み切れなかった。

この時期、ゲアリー・キルドールは仕事に飽きていたようで、キース・パーソンズとアラン・クーパーにデジタルリサーチをわずか7万ドルで売り渡そうと提案したらしい。もちろんドロシー・キルドールの強硬な反対にあって、この話はなくなった。

デジタルリサーチのCP／M－86やマルチタスク機能を備えたMP／M－86は、欧州では善戦したが、それだけだった。マイクロソフトは米国と日本の市場をしっかりと押さえていた。

また案外知られていないことだが、一九八〇年九月から一九八六年八月までデジタルリサーチの社長兼最高経営責任者はジョン・ローリーだった。ジョン・ローリーは、一九六五年にウェスタン・ワシントン大学に入学し、一九六九年に卒業、続いて一九七〇年ワシントン州立大学大学院のコンピュータ・サイエンス科に入学、一九七一年に卒業している。その後、経歴が不明な部分があるが、一九七八年から一九八〇年、インテルの16ビット・シングルボード・コンピュータのディレクターをしていた。ジョン・ローリーは社長には向いていなかったようだ。一九八六年に解雇された。

一九八六年、ゲアリー・キルドールはマイクロソフトのビル・ゲイツにデジタルリサーチの売却を持ちかけた。ゲアリー・キルドールの売値は2600万ドルであったが、ビル・ゲイツの買値は1000万ドルであった。結局売却は成立しなかった。

一九八三年ゲアリー・キルドールとドロシーは離婚した。ドロシーは二〇〇五年に脳腫瘍で死亡する。61歳であった。ゲアリー・キルドールは、一九八六年にカレン（旧姓は不詳）と再婚したが、一九九四年四月二五日に離婚している。

ゲアリー・キルドールはビデオディスクに触手を伸ばした。この上に百科事典を載せようというのである。この頃デジタルリサーチには新社長が来ており、ビデオディスクに興味がなかった。そこでゲアリー・キルドールとトム・ローランダーは、一九八四年アクティベンチャー（後のナレッジセット）という新会社を設立した。

一九八五年ゲアリー・キルドールは、CD-ROMに手を伸ばし、百科事典を載せた。

ビル・ゲイツはCD-ROMに熱心なナレッジセットを買収しようとして、実は後ろにゲアリー・キルドールがいるのに気付いて驚いた。

一九八五年春、ゲアリー・キルドールはシアトルにビル・ゲイツを訪ね、歓談した。ここでゲアリー・キルドールはモントレー郡のアシロマー・コンファレンス・センターでCD-ROMセミナーを開催する予定であると話した。ビル・ゲイツは直ちにマイクロソフト本社に帰り、マイクロソフトCD-ROMセミナーの開催を計画させ、ゲアリー・キルドールを基調講演者として招待させた。むろんビル・ゲイツのことだから、講演料はただだった。

基調講演をして、ゲアリー・キルドールはビル・ゲイツに騙されたことを知った。裏切りなど歯牙にもかけないビル・ゲイツのやり方にゲアリー・キルドールは激怒した。

マイクロソフト・プレスは『CD-ROM』という619頁もある大冊の本を一九八六年に出版している。ビル・ゲイツが簡単な序文を書いている。結局、この方面ではマイクロソフトは大したことはできなかった。

たしかにマイクロソフトは、ミン・イエー（Min Yee）、ロン・ハーディングなどを使って、エンカルタ（マルチメディア百科事典）、ブックシェルフ（参考書）、シネマニア（映画索引）などのCD-ROMタイトルを出して頑張った時期もある。懐かしく思ってCD-ROMを探し出して再生してみようと思ったら、ウィンドウズのバージョンが違うと出てきた。古いウィンドウズXPでないと読めない。ウィンドウズのバージョンが違ってもデータだけは読めるように設計しておくべきだったと思う。本の場合、30年程度前のもので読めないということはない。

米国では二〇〇九年にインターネットでのグーグルやウィキペディアとの戦いに敗れ、エンカルタはその

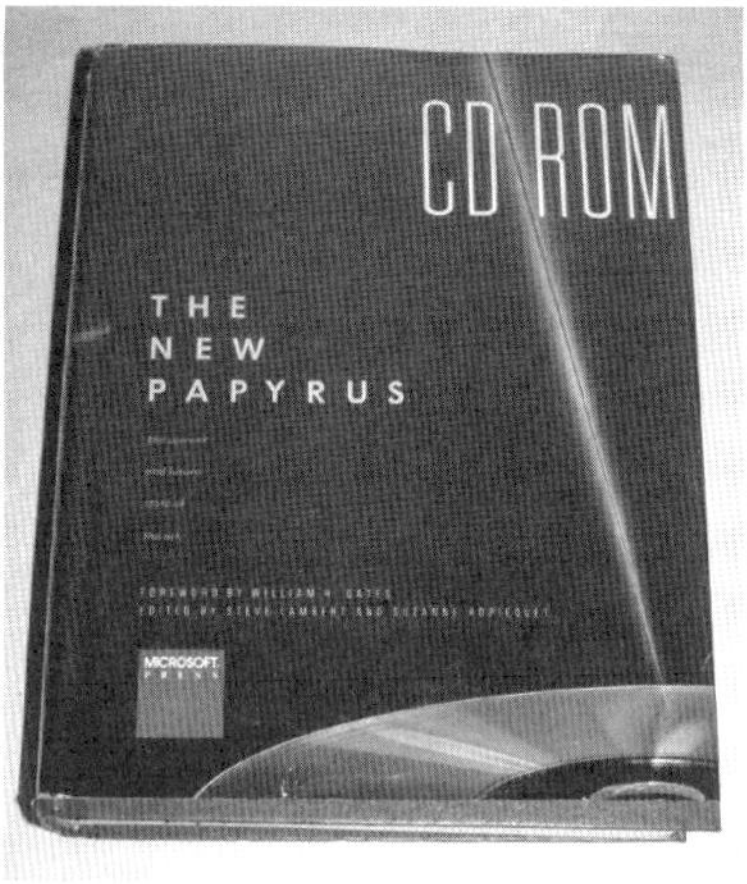

●マイクロソフトの『CD-ROM』
新しいパピルスという副題が付いている。この方面ではマイクロソフトはあまり成功しなかった。

生涯を閉じた。結局アイデアの表面的な剽窃《ひょうせつ》だけで、しっかりした哲学の裏打ちがなかったからだろう。精神の集中の邪魔になるという理由でテレビも持たず車のラジオの接続さえ切っていたというビル・ゲイツにはマルチメディアは向いていない分野だったと思う。

デジタルリサーチは、様々な変遷を経て、一九九一年ノベルに1億2千万ドルで買収された。この結果、ゲアリー・キルドールは多額の資産を手中にする。ゲアリー・キルドールはテキサス州オースチン郊外のウェストレイク・ヒルズの家に移った。スポーツカーを14台保有し、地下には豪華なビデオ・スタジオを備えていた。ここでプロメテウス・ライト・アンド・サウンドというシステムを開発していた。

またゲアリー・キルドールは、大好きなモントレー郡のペブルビーチ17マイル・ドライブ3313番地（3313 17 Mile Dr.. Pebble Beach. Monterey. CA）に素晴らしい家を持っていた。ペブルビーチは、モントレー半島の南側にあり、風光明媚で素晴らしいゴルフ場がある。ゲアリー・キルドールの家は、このゴルフ場にほぼ隣接していた。ゴルフも楽しんでいたようだ。この家にもレーシング・カーを多数保有していた。

ゲアリー・キルドールは、ほかにジェット・スキー、飛行機、オートバイ、ランボルギーニ・カウンタックなど何でも持っていた。

◆ゲアリー・キルドールのCD-ROM百科事典に関するスケッチは『プログラマーズ・アット・ワーク』邦訳69頁、394頁に収録されている。

一九九四年七月六日夜、カリフォルニア州モントレーの下町のフランクリン・ストリート・バー・アンド・グリルで、ハーレー・ダビッドソンのバッチを付けた革ジャンパーの男が頭部に内出血を起こして倒れていた。

暴走族のたまり場で、バーでの喧嘩を原因とする説がもっとも有力視されているが、真相は謎に包まれたままである。誰も名乗り出なかった。

結局、七月十一日に男は息を引き取った。ゲアリー・キルドール、享年52歳。最初のマイコン用ＤＯＳであるＣＰ／Ｍを開発した男の最期は、実に実にあっけないものだった。

ゲアリー・キルドールは、アルコール中毒とドラッグ中毒だったらしい。自分の失敗に悩んでいたのだろう。ただしドラッグについては、一九七八年当時からやっていたらしい。「トライアンフ・オブ・ナーズ」というビデオ映像の中でジム・ウォーレンが語っている。

ゲアリー・キルドールの墓は、シアトル市ノース・オーロラ・アベニュー11111番地（11111 Aurora Ave. North Seattle, WA）のエバーグリーン・ワシェリ墓地にある。祖父キャプテン・ハロルド・キルドール、本人ゲアリー・キルドール、父キャプテン・ジョセフ・M・キルドールと石の墓碑が並んでいる。全ての墓碑に左側に錨の絵が同じデザインで刻まれている。ゲアリー・キルドールの墓碑だけに右側にフロッピー・ディスクが刻まれている。

お墓の正確な場所は次のとおりである。

Plot : Section 7, Lot 0056, Placement F, Grave 3

ゴードン・ユーバンクス

ゴードン・ユーバンクスは、一九四六年十一月七日、マサチューセッツ州アーリントンに生まれた。4人兄弟の長男である。父親はアイオワの高校卒業後、第二次世界大戦に従軍し、除隊後、アマチュア無線で有名なコリンズ・ラジオ社に入社した。父親がコリンズのマーケッティング担当になると、引越しが激しく、ゴードン・ユーバンクスは、オクラホマ州のタルサの高校卒業までに13回も引越したという。母方の祖父は軍人で、第一次世界大戦、第二次世界大戦、朝鮮戦争に従軍した。

ゴードン・ユーバンクスは、一九六八年オクラホマ州立大学の電気工学科を卒業した。在学中はFORTRAN言語のプログラミングのアルバイトをしたという。

ゴードン・ユーバンクスは、ベトナム戦争が激化していく中で徴兵される危険があった。そこで徴兵委員会に出かけて行き、大学院に行きたいと希望を述べると、1年間の徴兵猶予が与えられた。そこでゴードン・ユーバンクスは、大学院に入学し、コンピュータ・サイエンスの科目をできる限り多く選択した。1年目が終わると、やはり徴兵された。ゴードン・ユーバンクスは海軍を志望して受け入れられ、ロード・アイランド州ニューポートの海軍士官候補生学校に行くことになった。6か月の猶予があったので、タルサのIBMの支店で9か月間、IBMシステム/360のプログラミングのアルバイトをした。この体験は彼にとっては人生においてもっとも重要な体験だったらしい。

ゴードン・ユーバンクスは、一九七〇年二月に海軍士官候補生学校に入学し、六月に修了となった。戦時によくある速成士官である。士官養成コースの修了後、原子力潜水艦の訓練コースを受けさせられた。その後、攻撃型原子力潜水艦に配属された。ゴードン・ユーバンクスのオラル・ヒストリー7～8頁に記述されているグレナード（Grenard）という艦名は検索にかからないので、何か間違いがあると思って調べてみた。見つけるのは少し難しかったが、スタージョン級の攻撃型原子力潜水艦ガーナード（Gurnard）であった。艦名はSSN－662である。任務と生活は、原子力潜水艦小説の『レッド・オクトーバーを追え』のようなもので面白かったという。昔、ある編集者に薦められて読んだときは、これが面白いのかなと思っていたが、実際に原子力潜水艦に乗っていた人が面白いというから面白いのだろう。

一九七四年にゴードン・ユーバンクスは海軍の除隊を希望したが、何としても海軍に留まれといわれ、海軍大学院に行けるならと希望したところ、許可が出た。

こうして一九七五年、ゴードン・ユーバンクスは、カリフォルニア州モンタレーのホテル・デル・モンテすなわち海軍大学院に進むことになった。ゴードン・ユーバンクスは、修士論文の指導教官にゲアリー・キルドールを選んだ。海軍大学院には一九七六年にハミング符号で有名なリチャード・ウェスリー・ハミングがベル電話研究所から移ってきた。時間的に1年ずれたこともあったが、ゴードン・ユーバンクスは、もっと実践的なゲアリー・キルドールを選んだのである。

ゲアリー・キルドールは、ワード・プロセッシングの研究を薦めたが、ゴードン・ユーバンクスは、コンパイラの研究を主張した。そこでゲアリー・キルドールがすでに開発したBASICインタープリタを参考にし、PL／Iを使って擬似BASICコンパイラであるBASIC－Eを書くことになった。これはCP／M上で動いた。ゴードン・ユーバンクスは一九七六年に修士課程を修了する。ここでIMSAIのシーモア・ルービンシュタインから就職の誘いが来たが断った。

CBASICとコンパイラ・システムズ社

海軍はゴードン・ユーバンクスにカリフォルニア州ソラノ郡のバレーホ（Vallejo）への転勤を命じた。サンフランシスコから北に進み、サンパブロ湾に面したところである。サンフランシスコから距離にして約30マイル。自動車で40分である。ここは弾道ミサイル原子力潜水艦ジョージ・ワシントンの母港である。ジョージ・ワシントンの艦名はSSBN－598、水中発射型弾道ミサイルのポラリス・ミサイルを多数装備していた。ゴードン・ユーバンクスはジョージ・ワシントンに乗り組むことになった。

バレーホには1年半いた。バレーホ滞在中の一九七七年の早い時期に、ゴードン・ユーバンクスは、IMSAIにBASIC－Eを提供し、ゴードン・ユーバンクスはIMSAIのシーモア・ルービンスタインからマシンとプリンターなどの開発に必要な機器をもらった。この結果IMSAIは、BASIC－Eを無制限に配布するライセンス権を得た。

この間、ゴードン・ユーバンクスは海軍にいながら、コンパイラ・システムズ社を創業した。軍隊にいて営利会社を作れるのが不思議である。CBASICコンパイラを開発・販売する会社である。CBASICコンパイラは、BCD算法（2進化10進数）を採用していた。

ここで一番傑作なことは、原子力潜水艦ジョージ・ワシントンがハワイに配備されることになり、ゴードン・ユーバンクスは、バレーホのコンパイラ・システムズ社を離れることになり、バレーホには誰もいなくなってしまったことである。するとゴードン・ユーバンクスの母親がシエラ・マドレからバレーホに出てきて、技術サポートに必要な技術者を採用して、コンパイラ・システムズ社の切り盛りを始めた。すごく勇ましい母親もあったものだ。ゴードン・ユーバンクスが海軍をやっと除隊できたのは一九七九年である。

デジタルリサーチは一九七九年CP／MとCBASICをパッケージ化した。これによって、デジタルリサーチはOS分野、マイクロソフトはプログラミング言語という暗黙の協定にひびが入り始めた。

これに対する報復の意味もあったのだろうが、マイクロソフトは、一九八〇年二月、米国電話電信会社AT&Tからユニックス（UNIX）というOSのライセンスを取得し、手を加えてゼニックス（XENIX）として売り出した。XENIXは人手もかかった上に、マイクロソフトの文化には合わなかった。UNIXの世界にはマイクロソフトのエンジニアよりもっと力量的に上の技術者が大勢いたのである。

結局、マイクロソフトは、XENIXの開発をサンタ・クルズ・オペレーション（SCO）という会社に任せて撤退することになる。しかし、不思議なことに手を離したはずのXENIXに、マイクロソフトはいつまでもこだわるのである。サンタ・クルズのSCOには私も行ったことがある。夜になると、本当に真っ暗になるので都会育ちの私は非常に驚いた。

シマンテック

一九八三年九月、デジタルリサーチの経営方針に飽き足らなくなったゴードン・ユーバンクスは、デジタルリサーチを辞めてC&Eソフトウェアを創業した。この会社はゴードン・ユーバンクスとスタンフォード・ビジネス・スクールの教授デニス・コールマンが共同で創業した。C&Eはコールマンとユーバンクスの頭文字をつないだものである。

一九八四年ゴードン・ユーバンクスは、シマンテックを買収すると、C&Eの社名をシマンテックに変えてしまった。シマンテックは、元々一九八二年、ゲアリー・ヘンドリックスによって創業された。ゴードン・ユーバンクス率いるシマンテックには、プレデターというあだ名があった。『プレデター』という題名の映画があったが、プレデターとは捕食動物という意味で、シマンテックが次々に他の会社を買収しては呑み込んでいくためにこのあだ名が付いた。シマンテックは20社にも上る猛烈な買収戦略を展開したが、従業員数は2千数百人程度にとどまった。不良採算部門の不要な人員の切り捨てを断行したからである。

買収した会社の中で、もっとも重要であったのは、一九九〇年のピーター・ノートン・コンピューティングである。これによって、シマンテックといえば、黄色い箱のノートン・セキュリティ製品というイメージが確立した。

ゴードン・ユーバンクスは、ウィンドウズの勢力伸長に伴い、マイクロソフトへの傾斜を強めていく。もっとも有名なエピソードは、一九九五年八月のウィンドウズ95の出荷の際、ウィンドウズ95の出荷遅延はパソコン産業に破壊的な影響を及ぼすと司法省を批判したことである。ゴードン・ユーバンクスはしたたかであり、マイクロソフトを支援するのは、マイクロソフトのウィンドウズのほうが「獅子の分け前」が大きいという現実的契機に基づいていた。一九九九年、シマンテックの最高経営責任者を退き、オブリックスという会社を起こした。その後も次々に会社を起こしている。

アラン・クーパー

アラン・クーパーは、一九五二年カリフォルニア州のマリン郡に生まれた。サンフランシスコのゴールデン・ゲート・ブリッジを渡った北方である。北サンフランシスコという俗称もあるようだ。アラン・クーパーはカレッジ・オブ・マリンで建築学を勉強した。プログラミングを勉強して、カレッジの契約を取った。若い頃、どこで何をしていたかは追跡が難しいが、「デザインの参考文献」というエッセイ風の文章の中で、アラン・クーパーは次のように書いている。

「一九七四年に、初めての仕事でコンピュータ・プログラマーとして、サンフランシスコのダウンタウンで働いていた頃、私はしばしば昼休みの時間を、ステイシーの本屋で過ごしたものである」

これはアラン・クーパーが22歳の頃のことである。ステイシーの本屋はサンフランシスコ市マーケット・ストリート581番地（581 Market Street. San Francisco）にあり、85年間続いた本屋だったが、アマゾン・コムなどの勢力に押され、二〇〇九年に廃業に追い込まれた。今はCVSファーマシーという薬局になっている。

アラン・クーパーは、キース・パーソンズという高校時代の友人と組んで仕事をしていた。コンピュータの仕事をやりたがっていたアラン・クーパーに対して、キース・パーソンズは大学を中退して、コンピュータの仕事をするように強く勧めた。そこでアラン・クーパーは大学を中退して、キース・パーソンズと共にニルバーナという会社を創立した。ニルバーナとは仏教の涅槃《ねはん》という意味である。2人共ヒッピーそのもので、アラン・クーパーは長髪で、キース・パーソンズはシャツを着ていなかったという。

一九七五年、オルテア８８００が出現すると、2人はオルテア８８００用のソフトウェアを開発することを決定した。彼らはプログラマーを雇って、ターンキーシステムという製品の開発に乗り出した。そのためにはOSが不可欠で、2人がこれを探していると、ゲアリー・キルドールのCP／Mやゴードン・ユーバンクスのことが耳に入ってきた。

2人がゴードン・ユーバンクスを訪ねて、BASIC－Eを欲しいというと、ゴードン・ユーバンクスはソース・コードのコピーを1部くれた。ゴードン・ユーバンクスは全く欲がなかった。

一九七七年四月、ゴードン・ユーバンクスがウェスト・コースト・コンピュータ・フェア（WCCF）でBASIC－Eを展示していると、アラン・クーパーがキース・パーソンズとやってきた。彼らは、ゴードン・ユーバンクスのBASIC－Eを少し改造してビジネス・アプリケーションを書こうとしていると告げた。3人は意気投合し、一緒に仕事をすることになった。ゴードン・ユーバンクスは、CBASICの開発を開始した。

アラン・クーパーとキース・パーソンズは、一九七七年、カリフォルニア州立大学バークレー校から3キロ程のオークランド市クレアモント５２０４番地（5204 Claremont Oakland）に、ストラクチャード・システム・グループ（ＳＳＧ）インコーポレイテッドという会社を作った。

ＳＳＧは、ゼネラル・レッジャー（日本語で言えば総勘定元帳）などのビジネス・アプリケーションを開発することになった。２人はバレーホのゴードン・ユーバンクスを訪ねて行き、３人で深夜まで議論を重ねた。

ＣＢＡＳＩＣが完成すると、ＳＳＧが最初のディストリビュータ（流通業者）となった。価格は１００ドルであった。彼らは一九八〇年にインフォワールド紙のＣＢＡＳＩＣの広告を出したという。また「ゼネラル・レッジャー９９５ドル」と広告の下の方に小さく印刷しただけという。

実際、調べてみると、一九八〇年のインフォワールド紙にはＣＢＡＳＩＣやゼネラル・レッジャーの広告や批評記事が沢山あって、どれとは特定できない。ＳＳＧの広告の下の方にゼネラル・レッジャーを価格なしに本当に小さく印字したものは一九八〇年四月一四日号にある。また広告には一九七五年創立と書いてあるが、論理的に矛盾する。２年ほど、鯖《さば》を読んでいるのだろう。これはグーグルで検索すると見れる。ゼネラル・レッジャーは次第に売上げを伸ばし、ビジネスは軌道に乗っていった。

ここで少し先のことを述べておくと、ゲアリー・キルドールは、ＣＢＡＳＩＣを高く評価し、ゴードン・ユーバンクスのコンパイラ・システムズ社を一九八一年夏に買収した。そして、デジタルリサーチのコマーシャル・システム部門担当副社長に就任したゴードン・ユーバンクスは、同社のシステム・ソフトウェア製品の開発とマーケッティングを担当した。一九八二年五月になると、アラン・クーパーもデジタルリサーチへ入社している。

しかし、ゲアリー・キルドールは、そこそこ成功しており、現状以上に事業を拡張することにあまり興味がなかった。ゲアリー・キルドール率いるデジタルリサーチの事業展開は生ぬるかった。そのため生ぬるい経営方針に飽き足らなくなったゴードン・ユーバンクスは、一九八三年にデジタルリサーチを辞め、C&Eソフトウェアを創業した。そして、アラン・クーパーもデジタルリサーチから独立して、クーパー・インタラクション・デザインという会社を設立している。

一九八六年、アラン・クーパーは、ウィンドウズを採用した。アラン・クーパーにとって、マイクロソフトの採用したオリジナルのシェルは恐るべき代物であった。そこで、自分でもっと優れたシェルを書こうとしてトライポッドというシェルを書いた。

いろいろなIT部門のクライアントにトライポッドを見てもらった結果、シェル設計の解答とは、シェルの構築用のツールだと思い当たる。こうしたビジョンが構築されれば、残された仕事は比較的簡単であった。パレット、フォーム、リストボタン、プッシュボタンのような標準的なコントロール（これは部品と思えばよい）を作った。ビジュアルBASICをご存知の方には分かりやすいだろう。

アラン・クーパーは、C言語を使ってトライポッドの新しいバージョンを書いたが、興味を示す人は少なかった。しかし一九八八年にビル・ゲイツに見せると、「クール」といい、「この製品は、マイクロソフトの全製品ラインに重大なインパクトを与えるだろう」と続けた。

トライポッドの買取交渉は数か月続いた後、まとまった。トライポッドは、暗号名ルビーへと変更された。アラン・クーパーは数名のプログラマーを集め、本格的なルビーの開発に入る。アラン・クーパーの書いたプログラム・コードは廃棄され、新たなプログラムが書き起こされた。18か月後にルビーは完成し、C言語で2万5千行になった。一九九〇年、ルビーはマイクロソフトに納品された。

ルビーを受け取ったマイクロソフトは、早速、改造に入った。ルビーには簡単なシェル言語が付加されていた。マイクロソフトは、この言語をクイックBASICに変えた。ルビーのインターフェイスの発展形がVBXになる。

アラン・クーパーは、ルビーがウィンドウズ3・0とともに出荷されることを期待したが、マイクロソフトはウィンドウズ3・0のシェルには、OS/2のシェルとそっくりなものをリリースし、ルビーの出番はなかった。また、元々ルビーは、ウィンドウズのシェルの構築セットであったが、マイクロソフトは、ルビーとクイックBASICを組み合わせ、ビジュアルなプログラミング言語に変更する決定をした。これがビジュアルBASICである。アラン・クーパーは、マイクロソフトと機密保持契約（NDA）を結んでいたため、ビジュアルBASICについては、一九九二年まで何も話せなかった。

一九九二年のある日、ビジュアルBASICの解説書を書いていたミッチェル・ウェイトはアラン・クーパーに電話した。2人で会ってビジュアルBASICについて話し合う中でミッチェル・ウェイトがアラン・クーパーにこう言った。

「それでは、あなたがビジュアルBASICの父なのではないですか」

こうして、アラン・クーパーは、ビジュアルBASICの父と呼ばれるようになった。

一九九四年五月、ジョージア州アトランタで開催されたウィンドウズ・ワールドにおいて、ビル・ゲイツは、アラン・クーパーにウィンドウズ・パイオニア賞を授与した。これにより、アラン・クーパーがビジュアルBASICの父であることが公的に認知された。

ただ、ルビーが一九九〇年にマイクロソフトの手に渡り、ビジュアルBASICとして生まれ変わってからというもの、アラン・クーパーは一切ビジュアルBASICに触れていない。開発はマイクロソフト内でおこなわれ、全く関与できなくなった。そうした意味で、ビジュアルBASICとアラン・クーパーをあまり強く結び付けるのは危険だろう。

第九章　新たな局面へ

ゴールデン・ハンドカフス

MS-DOSを完成させたもののマイクロソフトはIBMからはまるで相手にされていなかった。一九八一年八月の発表会にも招待されなかったし、IBM PCを割引きで売って欲しいという要求も拒否された。発表会から1週間して、「親愛なるベンダー殿」という書き出しの簡単な礼状が1通届いただけである。

この意味ではアップル・コンピュータのスティーブ・ジョブズのほうが目立った。

一九八一年八月、IBMがパソコン市場に参入した時、アップル・コンピュータは「ウェルカムIBM」という有名な広告を出した。余裕たっぷりな騎士道的な文章である。しかしコンピュータ・ビジネスにおけるIBMの参入の意味をアップル・コンピュータが本当に理解していたかどうかは疑わしい。一九八一年を境にしてパソコン業界はホビー産業からビジネスへと移行していった。当然、組織論の重視とマーケット志向が要求されたが、当時のユートピア志向のスティーブ・ジョブズはそれらを一切理解していなかった。

この時点でMS－DOSに関係した人で表舞台から退場した人もいる。フランク・ケアリーは一九八一年一月一日にIBM会長を退任し、ジョン・オペルが継いだ。ビル・ロウは異動し、ジャック・サムズもサンディ・ミードに交代していた。マイクロソフトのポール・アレンも影が薄くなり始めた。局面が変わり始めていた。

一九八〇年六月、マイクロソフトの社員は、年初の倍の70人に増えていた。

また一九八〇年七月、合名会社であるマイクロソフトの社員の持株比率は次のようであった。

ビル・ゲイツ	53・0％
ポール・アレン	31・0％
スティーブ・バルマー	8・0％
チャールズ・シモニー	1・5％
ゴードン・レトウィン	1・5％
クリス・ラーソン	0・5％
その他	4・5％

ただし100人を超えていたマイクロソフトの社員のほとんどは株式を取得できなかった。給料は安いし、株式は分けてもらえないし、社員の中に不満がたまった。そこでこの不満を解消させるため、スティー

ブ・バルマーは、社員に1株95セントで2500株まで買うことを認めた。ただしストック・オプションの権利を使用するには少なくとも五年間はマイクロソフトに留まらなくてはならなかった。この制度を皮肉ってゴールデン・ハンドカフス（金の手錠）と呼んだ。

一九八一年六月、MS－DOS発表2か月前のマイクロソフトの社員の持株比率は次のようであった。

ビル・ゲイツ	51・0%
ポール・アレン	30・0%
スティーブ・バルマー	7・8%
ゴードン・レトウィン	1・3%
バーン・ラバーン	3・5%
チャールズ・シモニー	1・3%

このほかにデイビッド・マーカートのテクノロジーベンチャー・インベスターズ（TVI）が5・1%であった。デイビッド・マーカートは、一九八〇年十月にビル・ゲイツに接近した。マイクロソフトの合名会社から株式会社への転換、株式の上場などの話を持ちかけた。ビル・ゲイツはこういう「うまい話」に強く心を揺さぶられる一面を持っていたようだ。

この時点でポール・アレンの年俸は基本給10万ドルに役職手当6万ドルで都合16万ドルになった。ビル・ゲイツが18万5千ドルであった。社員の給料を安く抑えるためとはいえ、米国の会社にしては、ずいぶん安い給料である。

ノーサップ・ウェイ10700番地への移転

一九八一年十一月、マイクロソフトは、1マイルほど北のベルビューのノーサップ・ウェイ10700番地（10700 Northup Way Belleview. WA）に新しくできた2階建てのビルに引越した。本社の隣にあるバーガーマスターのチーズバーガーとマックシェイクがビル・ゲイツの昼食の定番になった。

一九八四年七月には6倍の大きさになり、ワシントン州ベルビュー市サウスイーストイーストゲート・ウェイ13920番地（13920 SE Eastgate Way Bellevue. WA 98005）にあった東方のサンセット・コーポレート・キャンパスという企業団地の2号棟、3号棟、4号棟を占めるまでになった。

マイクロソフトは、BASICとMS-DOSからの収入で大いに潤っていた。MS-DOSは次のように順調に発展していく。

MS-DOSの発展

MS-DOS　1.0　一九八一年　八月、ティム・パターソンのQDOSをIBM PCに移植

MS-DOS　1・1　一九八一年　五月、320キロバイトのFDDを装備するIBM PC用。
MS-DOS　1・25　同じものをIBM以外のメーカーに提供。
MS-DOS　2・0　一九八三年　三月、10メガバイトのHDD搭載のIBM PC用。
ポール・アレンの主張で階層的ディレクトリなどUNIXの多くの機能を模倣。
マーク・ズビコフスキーとアーロン・レイノルズ、クリス・ピーターズがコーディングを担当した。
MS-DOS　2・11　一九八四年　三月、国際化、ローカライズ機能を進める。
MS-DOS　3・0　一九八四年　八月、IBM PC/AT用。
MS-DOS　3・1　一九八四年　十一月、MS-ネットワークスの簡単なLAN機能。
MS-DOS　3・2　一九八六年　三月、3・5インチFDDをサポート。
MS-DOS　3・3　一九八七年　四月、32メガバイトHDDをサポート。
MS-DOS　4・0　一九八八年　六月、GUIをサポートする。
MS-DOS　5・0　一九九一年

部分的な改良は繰り返されているが、IBM側の見方でいえば、次の3つが重要である
MS-DOS　1・0　IBM PCにOSを導入。
MS-DOS　2・0　IBM PC/XTにHDDを導入。データベースの利用を可能に。

MS－DOS　3・1　IBM PC／ATをLANで接続。

IBMが次に考えていたのは、IBMの大型コンピュータとIBM PCのLANを接続することであった。これによって全てのコンピュータをIBMの世界に取り込んでしまうことを考えていた。

IBM互換機とロッド・キャニオン

コンパックという会社は、一九八二年二月十六日にゲートウェイ・テクノロジーという名前で、ジョセフ・ロッド・キャニオン、ジム・ハリス、ビル・マートという3人の若い技術者によって設立された。一九八一年秋にテキサス・インスツルメンツ（TI）を飛び出した、たった3人の元気のいい若者たちによって創られた会社である。3人は新会社に対して各々1000ドルずつを出資した。むろんそんなわずかな金額で会社ができるわけがなく、ベンチャーキャピタルのセビジーローゼン・パートナーズのベン・ローゼンが支援していた。

伝説では、ヒューストンのパイレストランでロッド・キャニオンの語る製品コンセプトを元に工業デザイナーのテッド・パパジョンがテーブルマットを裏返して、携帯型パソコンのプロトタイプをスケッチした。この製品のコンセプトがベンチャーキャピタリストのベン・ローゼンに提示され、これがコンパックの最初の製品である携帯型パソコンになったということになっている。

この話を読むと、コンパックの設立はきわめて簡単にスムーズに進行したかのような印象を受ける。しかしロッド・キャニオンたちの最初の提案はＩＢＭ ＰＣ用のメモリカードや、ウィンチェスター型のハードディスクであったらしい。ベン・ローゼンはそういう平凡な提案には簡単にお金を出そうとせず、「もっと独創的な提案を」と何度も要求したらしい。そうして次第にＩＢＭ ＰＣ互換のポータブル・コンピュータというアイデアに誘導していったという。ロッド・キャニオンがこのアイデアに到達したのは一九八二年一月九日であるという。

一九八一年、ベン・ローゼンは、アダム・オズボーンのポータブル・コンピュータに魅せられ、当初10万ドル、翌年30万ドルを投資し、一九八三年オズボーン・コンピュータの倒産で投資額の全てを失った。ロッド・キャニオンにポータブル・コンピュータを作らせたのは、ポータブル・コンピュータでの復讐戦の意味合いもあったものと考えられる。

当時のＩＢＭは〝無敵艦隊〟だった。それまでＩＢＭとまともに戦って勝ったコンピュータ会社はない。著作権の問題も全く未知数であり、ＩＢＭと対決するとなれば、天文学的な資金が必要で、数百人で構成される最精鋭のＩＢＭの弁護士軍団と長期戦を戦う覚悟を固めなければならない。法廷闘争は途方もない時間とお金がかかる。それでもやろうというのは、とても常識では考えられない。ベン・ローゼンは、コンパックをはじめとして数十の会社に投資しているが必ずしも役員になっているわけではない。しかし、ベン・ローゼンは最高経営責任者（ＣＥＯ）にはならなかったものの、コンパックの会長となった。初期投資の１５０万ドルを出すだけで、留まっていられなかったらしい。

ゲートウェイ・テクノロジーは、一九八二年十月にコンパック・コーポレーションと名前を変え、一九八三年一月にIBMのパソコン互換のポータブル・コンピュータを出した。最初の出荷は200台であったという。互換性の問題は、ロッド・キャニオンが著作権に触れないIBM互換BIOSを設計することで解決した。コンパックの方が勝手にそう思っていただけかもしれない。IBMが訴えてこなかっただけだ。当時IBMはまだ、独占禁止法違反訴訟が最後の段階で動きにくいところにいた。

ロッド・キャニオンはIBMの互換機を作りながら、IBMのパソコンよりも品質の高い機械「ポータブルI」を出すという変わった戦術を採用した。「ポータブルI」の本体は頑丈そのもので、床に落としても容易には壊れない設計になっていた。当時のポータブル・コンピュータというのは、持ってやっと移動できる程度の重さだった。重量挙げの練習用と皮肉を言われたほどの代物だったが、机の上の場所を取らないコンピュータとして使われていた。

IBMの互換機を作ったということで、当然コンパックはIBMから集中砲火を浴びた。しかし、コンパックは一向に屈服しなかった。IBMの戦術は拙劣で、コンパックつぶしとして、コンパックの「ポータブルI」を真似たポータブル・コンピュータを作って対抗した。ジョークにしては危険なジョークだった。IBMは、コンパックの「ポータブルI」とほとんど同じ大きさ、ほとんど同じ仕様でポータブル・コンピュータを作ったのだ。結果は、後から真似したIBMの完敗だった。このため無敵のIBM神話が揺らぐことになり、高品質のコンパックという定評ができる。コンパック製品は高価だがIBMより品質、性能ともに優れた製品として認知された。

コンパックは一九八四年、インテル８０８６（i８０８６）を搭載したデスクプロというマシンを出して、ポータブル・コンピュータからデスクトップコンピュータへと進出した。これは相当の冒険だったが成功した。

一九八六年には、IBMより先にインテル３８６（i３８６）を搭載したデスクプロ３８６を出した。この裏にはマイクロソフトの側面からの援助もあった。マイクロソフトはウィンドウズおよびi３８６が走るマシンが必要であった。当時パソコンのアーキテクチャはIBMが定義し、他のメーカーはその後追いをするだけであったが、コンパックはこの筋書きをひっくり返してしまった。コンパックがパソコンを定義したのである。

IBMは一九八四年に発売したIBM PC／AT用のi２８６を重視していた。IBMがi２８６を正式に見切るのは、一九九二年のOS／２　２・０からである。８年間の長きにわたって、IBMはi２８６に執着する。この間、コンパックは、i２８６の高速版としてi３８６を使用することができた。

一九八七年のIBM PS／２のマイクロチャネル採用もコンパックをつぶせなかった。IBM自体がまだIBM PC／ATとISAバスを捨て切れなかったためである。むしろIBMはコンパックらによるエクステンデッド・インダストリー・スタンダード・アーキテクチャ（EISA）バスの逆襲を受けて、マイクロチャネルの機能強化を発表せざるを得なくなる。さらにコンパックはサーバーにまで分野を広げ、高価で高級なサーバーであるシステムプロに代表される製品を次々に作り出した。

コンパックの売上げは一九八三年の1億1100万ドル、一九八四年の3億2900万ドル、一九八五年の5億4000万ドル、一九八六年の6億2500万ドルを経て、一九八七年には12億2400万ドルと10億ドルを突破した。破竹の勢いである。

少し先の話をすると、その後も一九八八年には20億6600万ドル、一九八九年には28億7600万ドル、一九九〇年には35億9900万ドルと一直線に進んだが、一九九一年には32億7100万ドルとダウンする。赤字が出て初めての首切りもおこなわれた。理由は簡単である。コンパックのパソコンは高くなりすぎた。優秀だが、高価すぎて一般の人には手が届かなくなった。

一方、パソコンの低価格化は進み、凝ったアーキテクチャを望まなければ、きわめて安く買えるようになった。つまり普通の人は誰も買わなくなったのだから、売上げが落ちるのは当然である。しかし、ロッド・キャニオンはあくまで高品質、高価格のプロ向けパソコンを開発していくつもりだった。

ここでベン・ローゼンが再び表に登場してくる。ロッド・キャニオンは成功のあまり、コンパックの本当のオーナーの存在を忘れていたようだ。ロッド・キャニオンは役員会でMIPSのRISCチップの採用と、ACEアーキテクチャに準拠した高品質・高価格路線の継承を訴えた。この提案はあっさり否決された。劣勢となったロッド・キャニオンはいろいろ妥協案を出すが、ベン・ローゼンを中心とする役員会はそうした提案を一切認めなかった。そしてついに刀折れ矢尽きたロッド・キャニオンは、辞任に追い込まれた。一九九一年一〇月二五日のことであった。

ロッド・キャニオンの代わりにベン・ローゼンが社長に据えたのが、マーケット畑のエッカード・ファイファーである。ファイファーは低価格路線を推進し、コンパックの軌道修正に成功する。技術畑のロッド・キャニオンから、マーケット畑のエッカード・ファイファーに交代したことによって、技術のコンパックがマーケッティングのコンパックへと華麗な転身を遂げることになる。

フェニックス・ソフトウェア・アソシエイツ

別の顕著な動きもあった。

一九七九年ザイタンという会社のニール・コルビンという人が、フェニックス・ソフトウェア・アソシエイツ（以下長いのでフェニックスと略）を創立した。ザイタンという会社がなくなったからである。ニール・コルビンは、ザイタンの元従業員であったデイブ・ヒルシュマンを雇った。事務所をマサチューセッツ州ボストン市フランクリン・ストリート151番地（151 Franklin Street, Boston Massachusetts）に置いた。フェニックスはシアトル・コンピュータ・プロダクツのSCP−86 DOSのライセンスを買って、これをカスタマイズして売ったりしていた。

一九八一年、IBM PCが成功すると、IBM PC互換機を作ろうという動きが広まった。コンパックのようにROM BIOSを自分で開発できた会社もあったが、多くはIBM PCのBIOSをデッド・コピーして著作権違反で訴えられた。IBM PC互換機メーカーはクリーンな互換BIOSを必要としていた。これにフェニックスはクリーン・ルーム・テクニックという方法を使って挑戦した。

このやり方は成功し、フェニックスはＢＩＯＳをＩＢＭ ＰＣ互換機メーカーに29万ドルでライセンスした。

これによってＩＢＭ ＰＣ互換機の裾野は広がり、マイクロソフトは効率よくＭＳ－ＤＯＳを売ることが可能になった。ＩＢＭは次第に苦しい立場に追いつめられた。

新しい社員たち

マイクロソフトは組織が大きくなるにつれて、プログラマーだけでなく、新しい人材を必要とするようになった。

少し時間がさかのぼるが、一九七七年七月、34歳のスティーブ・スミスがマイクロソフトの最初のマーケッティング部長に雇われた。オリジナル・イクイップメント・マニュファクチャラーズ（ＯＥＭ）担当であった。スティーブ・スミスは、マーケッティング理論で学士号、金融論で経営学修士号を取った。軍務に就きながらコロラド大学で電子工学を教えていた。一九七七年にオレゴン州のポートランド郊外のテクトロニクスに就職した。

テクトロニクスはオレゴン州ポートランド市サウスウェスト・カール・ブラウン・ドライブ・１４２００番地（14200 Southwest Karl Braun Drive, Portland, OR）にあった。テクトロニクスは、かつてオシロスコープでナンバー1の会社として名を馳せた。テクトロニクスにコンピュータ言語が必要になったとき、スティーブ・スミスは、アダム・オズボーンに相談して、マイクロソフトに眼をつけた。スティーブ・スミスは、スティーブ・ウッドが開発していたFORTRANコンパイラのライセンス交渉をおこなうためにアルバカーキに飛んだ。これがマイクロソフトとスティーブ・スミスの縁の始まりである。

さて次にバーン・ラバーンがいる。バーン・ラバーンは、一九七八年にカリフォルニアに小さなソフトウェア会社を設立して、マイクロコンピュータ用のBASICの販売を始めた。マイクロソフトから注意を喚起する手紙が来た。そこでラバーンは、アルバカーキのビル・ゲイツのところに行き、ソフトウェア会社を解散し、バーン・ラバーンはサニーベールのGRTという会社に転職した。

一九七九年マイクロソフトは、コンシューマー・プロダクツ部門、つまりエンド・ユーザー向けのアプリケーション・ソフトウェア製品を扱う部門を新設した。部門の長にはバーン・ラバーンが採用された。タイピング・チューターやアドベンチャーなどのゲーム製品を担当して売り出した。

ところがバーン・ラバーンは力量不足としてコンシューマー・プロダクツ部門の長から外された。

すると一九八二年、バーン・ラバーンはロータスデベロップメント社に入社する。このとき、ラバーンの持株は1株3ドルで買い戻された。敵対する企業に移籍するのだから、雇用契約に反しており、かなり安く買い上げられたのだろう。

マイクロソフトの外部から社長を雇う

次に社長が外部から雇われた。ヘッド・ハンターによる社長候補探しは難しかったので、スティーブ・バルマーのスタンフォード・ビジネス・スクールでの知人であったジェームズ・C・タウン（以下ジム・タウン）が一九八二年七月、マイクロソフトの社長になる。

ジム・タウンは一九五三年に生まれた。スタンフォード大学大学の経営学修士号（MBA）を取得している。ジム・タウンはテクトロニクスに13年間勤めていた。人柄は良かったが、ジム・タウンの唯一最大の欠点は、マイクロソフトの製品にあまり興味を示さなかったことである。ビル・ゲイツは、ジム・タウンに飽き足らず、一九八三年八月、タンディの副社長ジョン・シャーリーをジム・タウンに代えてマイクロソフトの社長に任命する。

ジョン・シャーリーは、一九三八年に海軍軍人の息子としてサンディエゴに生まれた。一九四一年半ばにシャーリー一家はハワイのホノルルに移動した。一九四一年十二月八日の日本軍の真珠湾奇襲の際、一家は無事に切り抜け、クリスマス前には米国本土に移動した。ジョン・シャーリー一家は、父親の軍務の必要上、米国内を転々とした。ジョン・シャーリーは、ペンシルベニア州ポッツタウンのヒル・スクールという寄宿学校に入った。その後MITに入学したが、卒業前にMITを退学した。

ジョン・シャーリーは、急速に大きくなりつつあるチャールズ・タンディが買収したラジオシャックという小さな電器会社に入社した。ジョン・シャーリーは、どこかで店舗を展開したいとチャールズ・タンディに希望した。そこでジョン・シャーリーは、カリフォルニア州に派遣された。ジョン・シャーリーは、サン・リアンドロにラジオ・シャックの第23号店をオープンし、地区のマネージャに任命された。その後、欧州に派遣され店舗を展開した後、米国に戻り、タンディ・ラジオ・シャックのコンピュータ販売促進担当副社長に就任した。ジョン・シャーリーはラジオ・シャックに24年間勤め、小売業に精通していた。納入業者の単価値切り交渉に強かった。1セントの単位まで値切るという定評があった。

ビル・ゲイツは一九八二年、ジョン・シャーリーにゼニックス（XENIX）を売りつけた。これが縁となる。一九八三年五月アナハイムで開かれた全米コンピュータ大会（NCC）で、ビル・ゲイツは、デイビッド・マーカートにジョン・シャーリーをスカウトさせた。タンディ・モデル２０００の失敗もあり、ジョン・シャーリーはビル・ゲイツの誘いに応え、一九八三年六月、マイクロソフトの社長に就任し、一九九〇年まで社長を務めた。

ジョン・シャーリーは、ビル・ゲイツを日常業務から解放し、製品開発と主要なＯＥＭ業者との個人的な接触に専念させた。またスティーブ・バルマーにマーケッティングを担当させた。またマイクロソフトの組織の再編成と、注文管理、経理管理、在庫管理、損益分岐点の設定など基本的な業務の見直しをおこなった。さすがに手書きでの総勘定元帳への記入は脱していたが、1億ドルの売上げの管理にタンディ・ラジオ・シャックのパソコンが使われているなど杜撰《ずさん》きわまるものだった。

ジョン・シャーリーは一九九〇年までマイクロソフトの社長として尽くした。その後は自分の楽しみに人生を費やすことになる。フェラーリを初めとする高級スポーツカーの収集で有名である。ジョン・シャーリーの家はメディナ市エバーグリーン・ポイント・ロード２０１９番地（2019 Evergreen Point Road, Medina, WA）にあった。現在は、バラク・オバマ大統領の所有になっている。

ゴールデン・ボーイズ

これにゴールデン・ボーイズが加わる。

１人目は、カール・ストークである。一九五九年生まれで、一九八一年にハーバード大学を卒業して、すぐにマイクロソフトに入社し、ビル・ゲイツの個人的な技術助手になった。後にマイクロソフトに対する独占禁止法訴訟の中で証人としても呼ばれるほどの、大物に育っていく。

２人目はジェフ・レイクスである。一九五八年ネブラスカ州のアッシュランドに生まれた。一九七六年にアッシュランド・グリーンウッド高校を卒業した。スタンフォード大学でエンジニアリング・アンド・エコノミクス・システムズで学位を取った。在学中ＤＥＣシステム20（ＤＥＣのＴＯＰＳ−20を走らせるＰＤＰ−10コンピュータをＤＥＣシステム20という）でＰＡＳＣＡＬ言語を学び、アップルⅡを買った。卒業後の一九八〇年、ジェフ・レイクスは、アップルにアップルⅢのビジカルクのエンジニアリング・マネージャとして入社した。その後一九八一年一一月、スティーブ・バルマーにスカウトされてマイクロソフトにプロダクト・マネージャとして転職した。ジェフ・レイクスはビル・ゲイツにそっくりだったと言われる。現在の写真を見ると、それほど似ているとは思えない。

技術職の大物では、ゼロックス・パロアルト研究所から来たチャールズ・シモニーがいる。この人物はマイクロソフトにとってもビル・ゲイツにとっても非常に重要な人物である。

ポール・アレンの退場

ポール・アレンはMS－DOS 2・0の開発が終わった一九八二年六月、ビル・ゲイツに、もう自分がマイクロソフトを去るべき時期に来ているのではないかと書いた。

それから3週間後に先述のジム・タウンが社長兼最高執行責任者（COO）として入社してきた。ビル・ゲイツはポール・アレンに彼の部屋を譲るべきだと言った。ポール・アレンは、特に反対もせず、廊下を20メートルほど歩いた部屋に移った。2人の仲はさらに疎遠になった。

翌一九八二年九月、ポール・アレンはビル・ゲイツと共に欧州に宣伝旅行に出かけた。ロンドンを経てミュンヘンに着いたとき、体に違和感を覚えた。パリに向かう頃には決定的に悪くなった。そこで緊急に帰国し、医者に診てもらったところ、癌の疑いがあるということになり、シアトルのスウェディッシュ・メディカル・センターに入院した。ホジキン病という診断だった。直る可能性のある癌ではあったが、ショックは大きかっただろう。ポール・アレンは放射線治療を受け続ける。

一九八二年十二月の終わり頃、ポール・アレンがビル・ゲイツの部屋の前を通ると、ビル・ゲイツがスティーブ・バルマーと話し込んでいるのが聞こえた。自分達や他の株主にストック・オプションを発動してマイクロソフトの株数を増やし、ポール・アレンの株式の比率を下げて、ポール・アレンの影響力を下げようというものだった。

これにポール・アレンが激怒し、スティーブ・バルマーもビル・ゲイツも謝罪した。しかし、友情もそれまでである。ポール・アレンがマイクロソフトを辞職することを表明すると、ビル・ゲイツがポール・アレンの持株を1株5ドルで買い取ることを提案してきた。これにはポール・アレンは再び激怒し、1株10ドル以上でなければ売らないと通告した。ビル・ゲイツはこの提案を拒否し、話はまとまらなかった。

一九八三年三月十八日、ポール・アレンの辞職が正式に決まった。ただし役員会の議席は残ることになった。マイクロソフトの創立者の1人が去ったのである。

フランク・ゴーデット

フランシス・ゴーデット（以下フランク・ゴーデット）は、一九三六年、ニューヨーク州クイーンズのアストリアに生まれた。フォーダム大学に入学したが、テキサス州ダラスのサザン・メソジスト大学からビジネス・アドミニストレーションの学位をもらっている。フランク・ゴーデットはフリト・レイ・インク、ロックウェル・インターナショナル、インフォーマティクス・ジェネラル、コマンド・コントロール・コンピュータ（C3）社などに勤めた。フリト・レイ・インクを除いて、いずれも軍事産業である。ただし、一九八四年九月、49歳のフランク・ゴーデットが、マイクロソフトに引き抜かれたのは、数々の株式上場の経験を買われてのことである。マイクロソフトにおけるフランク・ゴーデットの役職は実行副社長兼フィナンシャル・オフィサーであった。マイクロソフトの株式上場では大活躍した。一九九三年に57歳で亡くなっている。

女性重役登用というけれど

一九八五年二月、マイクロソフトは初めてアイダ・コールとジーン・リチャードソンの2人の女性重役を採用した。アイダ・コールは、37歳、元アップル・コンピュータ新製品開発担当取締役であり、アプリケーション部門担当副社長に据えられた。ジーン・リチャードソンは、48歳、元アップル・コンピュータ総務部門担当であり、情報部門担当副社長に据えられた。

女性重役の採用は、政府からの契約を獲得するためのガイドライン規制を満足するための方便という一面もあったようだ。

アイダ・コールについて見てみよう。アイダ・コールはバージニア州に生まれた。父親は電気技術者だったようだ。アイダ・コールは高校を卒業すると、マサチューセッツ大学に進んだ。卒業後カリフォルニアのペッパーダイン大学で経営学修士号（MBA）を取得した。一九六八年、知性と容貌を活かして、ユナイテッド航空のスチュワーデスになった。結婚してサンフランシスコに住んでいたが、子供ができるとユナイテッド航空を退いた。

一九七〇年、夫の都合でモンタレーに近いフォート・オードに移り住んだ。アイダ・コールは近くのカレッジでFORTRAN言語のプログラミングの初歩を学んだ。この技量を活かして一九七三年アイダ・コールは、バンク・オブ・アメリカ銀行にプログラマーとして入社した。ここでタイム・シェアリング・システムを学んだ。

さらにこの技量を活かして一九七七年にはタイムシェア社に入社し、コンサルティング・プロフェッショナル・サービス部門に勤めた。5年の内に、プログラマーから、プロジェクト・マネージャになり、さらに技術グループの全国マネージャになった。

一九八〇年、アイダ・コールは、アップルⅡ上でビジカルクが走っているのに遭遇し、タイム・シェアリング・サービスの時代は終わったと感じた。

アップル・コンピュータに転職を考え始めるが、コネクションがなかった。幸い近所の人がアップル・コンピュータに勤めていたので、そのコネクションで、一九八一年にアップル・コンピュータに転職した。最初の仕事はアプリケーション開発マネージャであった。アイダ・コールはマーケッティングとソフトウェア開発に奔走した。さらに製品デザイン、製品開発、製品流通にまで手を広げた。

一九八四年にアイダ・コールは離婚を経験し、またアップル・コンピュータにも不満を感じ始めた。そんなときに、マイクロソフトのジェフ・レイクスからの転職の誘いがあった。なかば引きずられるような形でマイクロソフトの面接を受けた。長い面接であったが、アイダ・コールは真剣にマイクロソフトへの転職を考え始めた。

アイダ・コールに与えられた役職は、アプリケーション部門担当副社長であった。不幸なことに、アイダ・コールは自分がマイクロソフトと政府の契約の関係上雇われたことを知っていた。さらにアイダ・コールは、

29歳のビル・ゲイツより年上であった。

ビル・ゲイツは、年上の女性に魅かれるタイプであり、実際ガールフレンドのアン・ウィンブラッドは6歳年上だった。しかし、ビル・ゲイツはアイダ・コールと気が合わなかったようだ。また単に政府契約のために利用しているだけで、コンピュータもろくに知らない癖に、美貌を武器に成り上がったという思いがあったのかもしれない。

一方、アイダ・コールは、年下よりも年上の男に好かれるタイプで、また辣腕ではあったが、年下の人間を見下すような部分があった。したがってビル・ゲイツもアイダ・コールもお互いに好感を持たなかったようだ。アイダ・コールから見ると、ビル・ゲイツは特にアイダ・コールに激しく辛く当たった。アイダ・コールは卵巣癌ではないかとの疑いで子宮摘出手術も受けたが、その際も一切斟酌なしで、ビル・ゲイツに製品のスケジュール管理ができていないと怒鳴られた。アイダ・コールは、社長のジョン・シャーリーに転属を願い出て一九八六年に国際部門に異動になった。結局アイダ・コールは一九九〇年にマイクロソフトを退職した。

やはりマイクロソフトは白人男性中心の世界だったのだろう。

第十章　チャールズ・シモニー

ハンガリー生まれのコンピュータ・キッズ

マイクロソフトに新しい血を注ぎ込んだのはチャールズ・シモニーである。しばらく、この重要な人物について見ておこう。

チャールズ・シモニーは、一九四八年九月十日、ハンガリーのブダペストに生まれた。生まれたときのハンガリー名はシモニー・カーロイであった。ハンガリー語では姓と名の順序が入れ替わるらしい。カーロイを英語風に直してチャールズとした。シモニーという姓はイタリア系である。私は長く気が付かなかったが、ロシア語のウィキペディアを読んで気が付いた。

チャールズ・シモニーの父親は、ブダペスト工科大学の電気工学科の教授であった。チャールズ・シモニーが初めてコンピュータに出会ったのは15歳のときのことだったが、チャールズ・シモニーが触ったのは、一九六一年に登場したソ連製のウラル−2という大型電子計算機（большая электронной счетная машины）であった。当時ハンガリー国内には、コンピュータはわずか5台しかなかったと言われている。

ウラル−2は、ロシア語の解説によれば、メモリが1ワード20ビット、4キロワード（80キロビット）で、浮動小数点数演算が40ビット（仮数33ビット、符号1ビット、指数6ビット）、固定小数点数演算は40ビット（符号1ビット、数値39ビット）と20ビット（符号1ビット、数値19ビット）であった。オプションで磁気ドラムや紙テープ入力装置、紙テープ出力装置も付けることができた。ウラル−2は、トランジスタが採用される前の世代のコンピュータで、チャールズ・シモニーによれば２０００本の真空管を使用していたという。２０００本では80キロビットを実現できないように思うが、特殊な工夫があったのかもしれない。

今では考えられないことだが、電源を投入する際に、真空管が飛びやすかったため、ウラル−2は、一度起動したら、なるべくずっと電源を切らずに運用されたと伝えられている。したがって、昼夜問わずコンピュータの電源オンの状態で維持するため、夜間ウラル−2の監視をおこなう要員が必要となった。

チャールズ・シモニーが非公式ながら、その保守要員になれたのは、電気工学科の教授である父親がいたからである。父親は弟子のゾルタンに頼んで息子を中央統計局のウラル−2の保守要員にさせた。こうして誰もいない深夜に、普通なら容易に触れることのできないウラル−2で、プログラミングに打ち込めたのだった。

チャールズ・シモニーが組んだ最初のプログラムは、一九六四年に手がけた81×81の魔方陣プログラムであったという。数千行の機械語プログラムの入力はコンソール・スイッチを1ステップずつ操作していったらしい。チャールズ・シモニーの操作したウラル−2にはアセンブラはなかったという。チャールズ・シモニーは、高校卒業の一九六六年頃には、FORTRANのような高級言語のコンパイラを書き上げていたというから、並みの才能ではなかったのだろう。このときのコンパイラは国家機関に売ったという。

16歳になったチャールズ・シモニーは、ブダペストで開かれた見本市で、デンマークからやってきたコンピュータ貿易代表団に接触した。ソ連の中央統計局はデンマークのギアー（GIER：Geodætisk Instituts Elektroniske Regnemaskine）のプログラムの購入を考えていたようだ。チャールズ・シモニーは翌年、自分の作ったコンパイラのデモを見せ、コンパイラのプログラムの入った紙テープをデンマークに持って帰って専門家に検討してもらうように頼んだ。その結果、彼らに見込まれて、仕事をもらえることになったという。

こうしてチャールズ・シモニーは一九六七年、デンマークへ向けてハンガリーを後にする。一九五六年のハンガリー動乱を受けて出国はそう容易なことではなかったようだ。また当時のハンガリーには徴兵制があり、チャールズ・シモニーにも兵役の義務があったが、幸運にも、うまくデンマークへ出国し、コペンハーゲンのA／Sレグネセントラーレン（RegneCentralen）制御システムという会社に職を得ることができた。一方、息子が兵役を逃れたという理由で、父親は大学教授の職を追われてしまった。

A／Sレグネセントラーレンで、チャールズ・シモニーが扱ったコンピュータは、新型のリアルタイム制御用のRC4000だった。OSのカーネルはパー・ブリンチ・ハンセンにより、ALGOL60言語で書かれていた。このALGOL60のコンパイラは、バッカス・ナウアー・フォーム（BNF）記法で有名なピーター・ナウアーによって書かれていた。このA／Sレグネセントラーレンには、ピーター・ナウアーとジョーン・イェンセンもいた。一般にデンマークのコペンハーゲンの科学者の思想は、古典量子力学で有名なニールス・ボーアの思想のように、哲学の霧に包まれていて深遠で難しい。

チャールズ・シモニーは、RC4000のマニュアルを出国前から徹底的に勉強し、またギアーALGOLコンパイラについても徹底的に研究していたと言われている。

デンマークで、チャールズ・シモニーは、パー・ブリンチ・ハンセンと共にRC4000のOSについて一緒に研究したと言われている。そのあたりの事情はあまり定かでないが、チャールズ・シモニーは、1年半デンマークで働いて貯金したお金で、一九六七年十一月米国へ渡った。ハンガリーからは非合法脱出で、米国へは就労ビザなしでの出国であった。普通では不可能だが、ピーター・ナウアーの推薦状があり、チャールズ・シモニーの父親がUCバークレーのコーネリアス・トビアス教授に引き受けを依頼したからできたことらしい。

プロジェクト・ジニーとBCC

米国に到着したチャールズ・シモニーは、カリフォルニア州立大学バークレー校（UCバークレー）に入学し、アルバイトでコンピュータ・センターのプログラマーになった。ここでチャールズ・シモニーは、スノーボル（SNOBOL）言語のコンパイラを書いたが、これがコンピュータ・サイエンス学科のバトラー・ランプソンに気に入られた。バトラー・ランプソンはＳＮＯＢＯＬの講義のためにＳＮＯＢＯＬのコンパイラを作るようにコンピュータ・センターに要求していたのである。

バトラー・ランプソンは一九六七年から一九七〇年ＵＣバークレーのコンピュータ・サイエンス学科のアシスタント・プロフェッサー（助教）であり、一九七〇年から一九七一年アソシエイト・プロフェッサー（准教授）であった。

チャールズ・シモニーは、最新式のコンピュータＣＤＣ６４００に出会って感激する。

バトラー・ランプソン

バトラー・ランプソンは、一九四三年ワシントン特別区に生まれている。父親のエドワードは第二次世界大戦中、陸軍にいた。戦後もトルコ、ドイツに駐留した後、帰国した。バトラー・ランプソンは一九六〇年にニュージャージー州のエリート校のローレンスビル高校を卒業した。プリンストン大学から10キロほどのところにあった。高校在学中の一九五八年にはすでにプリンストン大学のＩＢＭ６５０に触っていた。

高校を卒業すると、バトラー・ランプソンは、ハーバード大学の物理学科に進学した。在学中、サバティカル休暇でハーバード大学に来ていたケン・アイバーソンからＡＰＬ言語を教わった。またＤＥＣのミニコンＰＤＰ－１にも触れた。

一九六四年、バトラー・ランプソンは、ＵＣバークレー大学院で物理学を専攻した。一九六五年、秋季ジョインド・コンピュータ・コンファレンスでMITから来ていたスティーブ・ラッセルに出会い、コリー・ホールで秘かにおこなわれていたプロジェクト・ジニーについて教えてもらった。バトラー・ランプソンは、人気のないコリー・ホールでピーター・ドイッチに出会い、物理学からコンピュータに強く魅かれていくことになる。

プロジェクト・ジニーは、J・C・R・リックライダーが部長を務めていたARPAのIPTOからの援助で、カリフォルニア州立大学バークレー校（UCバークレー）が受けた。代表者はディビッド・エバンス教授である。彼を大学院生のメル・パーティがサポートしていた。

ディビッド・エバンスは、後にユタ大学に移り、ARPAのIPTOのロバート・テイラーから多額の援助を受けてグラフィックスの研究をおこなうことになる。アラン・ケイの博士論文の指導に当たったのもディビッド・エバンスである。ユタ大学は一八五〇年にソルトレイク・シティに創立された私立大学であり、一九五七年にユタ州ローガンに創立されたユタ州立大学とは別の大学である。

プロジェクト・ジニーは、サイエンティフィック・データ・システムズ（SDS）社のSDS 930というコンピュータをタイム・シェアリング・システム（TSS）に変えようとするものであった。これをSDSは後にSDS 940として発売することになる。ゼロックスにSDSが買収されてからはXDS 940になる。

バトラー・ランプソンとピーター・ドイッチがOSを担当し、メル・パーティがハードウェアを担当した。

バトラー・ランプソンは、このプロジェクト・ジニーでアルバイトをしていた学部の女子学生と知り合う。この女子学生が将来の妻ロイスとなる。8年後、彼女はUCバークレーで博士号を取得する。

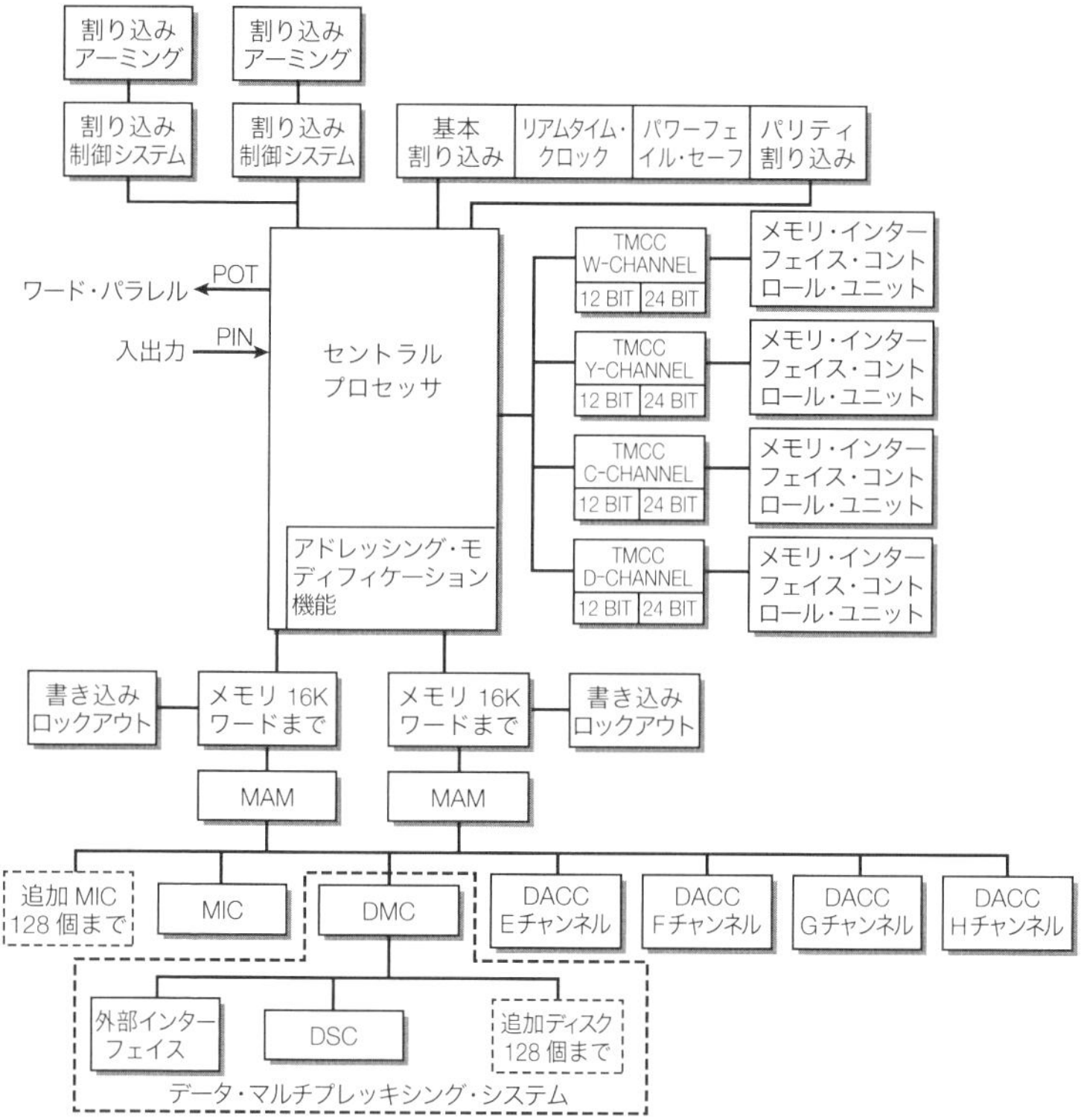

● SDS 930 のブロック・ダイアグラム

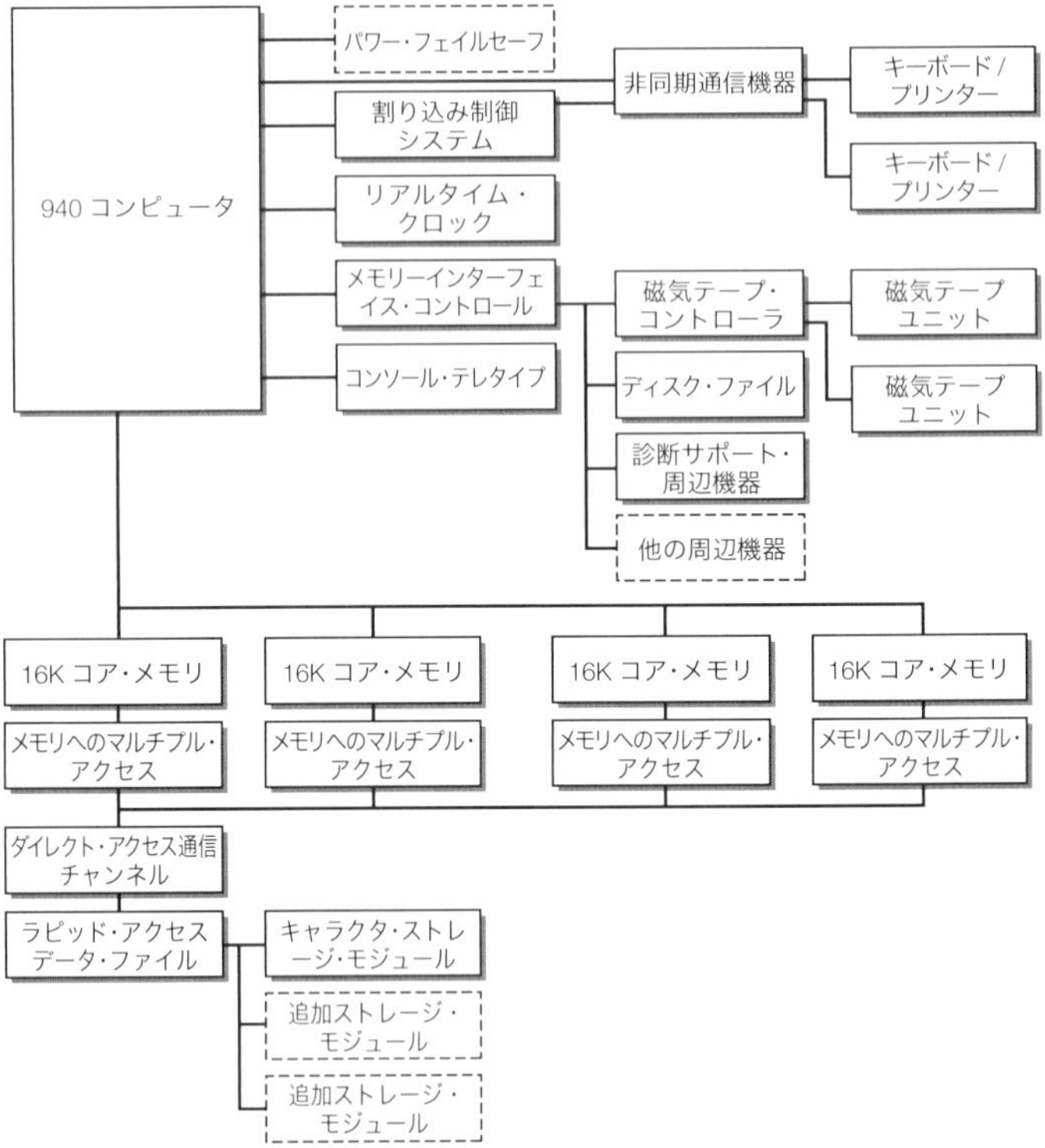

● SDS940 タイム・シェリング・システムのブロック・ダイアグラム
プロジェクト・ジニーで SDS930 をタイム・シェアリング・システム（TSS）に改造した。

ピーター・ドイッチ

ピーター・ドイッチは、一九四六年マサチューセッツ州ボストンに生まれた。父親はドイツ系ユダヤ人でMITの物理学教授のマーチン・ドイッチである。ポジトロニウムの発見で有名である。ピーター・ドイッチは11歳のとき、父親が家に持って帰ったハーバード大学のケンブリッジ・エレクトロン・アクセラレータ（電子加速器）の設計のためのプログラミングのメモを見て、コンピュータのプログラミングに興味を持った。

ピーター・ドイッチは、東海岸のMITとは反対側の西海岸のUCバークレーに入学した。15歳でLISP言語のマニュアルを読んで、PDP－1用のLISPインタープリタを数百行のアセンブリ言語でプログラミングしたという。インターネットから彼が読んだというLISP1・5のマニュアルがダウンロードできるので目を通してみたが、やはり天才というのだろう。ピーター・ドイッチは、バークレー入学早々プロジェクト・ジニーのOSのカーネルを書いていた。途中からバトラー・ランプソンが協力する。

◆ピーター・ドイッチについてのインタビューは『コーダーズ・アット・ワーク』というインタビュー集に採録されている。天才にインタビューするのは難しいと感じさせる。

● LISP1.5 のプログラミング・マニュアル

チャック・サッカー

プロジェクト・ジニーには、もう1人チャールズ・サッカー（以下チャック・サッカー）という有名な参加者がいる。

チャック・サッカーは、一九四三年カリフォルニア州パサデナに生まれた。父親は電気の技術者であった。両親は彼が幼い頃に離婚した。高校はパサデナの南西にあるハイランド・パークのフランクリン高校だった。高校時代はアマチュア無線に熱中した。大学進学までは、ほぼロサンゼルス地域で育った。当初カリフォルニア工科大学、次にしばらくUCLA、さらに一九六三年、UCバークレーの物理学科に落ち着いた。卒業は一九六七年である。一九六八年、UCバークレーでおこなわれていたプロジェクト・ジニーに参加した。その後バトラー・ランプソンと共にBCCを設立する。

一九六四年、学生結婚をしていたので、大学院に進みたかったが、断念し、オールバニーのバークレー・インスツルメンツで働いた。学部卒業だったことが後にハンディキャップになる。米国は学歴社会である。

一九六八年、プロジェクト・ジニーが人を募集していたので、これに応募し、ジュニア・エンジニア（準技術者）として採用された。

CAL-TSS

プロジェクト・ジニーが終わった後、ピーター・ドイッチとバトラー・ランプソンは、ダグラス・エンゲルバートとBBNのためにLISPの仕事をし、さらにバトラー・ランプソンはダグラス・エンゲルバートのためにSNOBOLⅢ言語とSNOBOLⅣ言語の仕事をする。

一九六九年、UCバークレーは、IBM7090を2台のCDC6400に更新する。この購入費用は、全米科学財団（NSF）の援助を受けた。1台はTSS化することになった。

ここでバトラー・ランプソンは、CALタイム・シェアリング・システム（CAL-TSS）を、ジム・グレイ、チャールズ・シモニー、ブルース・リンゼイらと開発する。CAL-TSSは、ケイパビリティ（Capability）ベースのOSであった。

アラン・ケイには、CAL-TSSは、かなりオブジェクト指向的に見えた。例外処理も優れていた。不満であったのは大きくて低速なものだけがオブジェクトとして扱われ、小さくて高速なものはオブジェクトとして扱われていないことだった。

バークレー・コンピュータ・コーポレーション

こうして自信をつけたバトラー・ランプソンらは、一九六九年バークレー・コンピュータ・コーポレーション（ＢＣＣ）を設立した。バトラー・ランプソンは、システム開発担当ディレクターになった。ＢＣＣにはメル・パートルもいた。

チャールズ・シモニーは、一九七〇年、一九七一年にかけてＢＣＣでアルバイトをした。アルバイトに追われて、大学の講義は最低限しか出席しなかったから、成績はあまり良くなかった。

フレデリック・ブルックス・ジュニアの『人月の神話』によれば、２番目のプロジェクトは、とかく肥大しやすいと言われている。御多分に洩れず、機能を欲張りすぎたＢＣＣ－５００は金食い虫であった。ＢＣＣは１００人もの技術者を使っていたから、たちまち資金が尽き、一九七〇年十一月に４００万ドルの赤字を出して倒産する。

ＢＣＣが製作した唯一のコンピュータは、ＢＣＣ－５００だったが、このマシンはロバート・テイラーの推薦により、ＡＲＰＡに買い上げられた。ＡＲＰＡはこのマシンをハワイ大学に貸与した。これがイーサネットの祖先と言われるＡＬＯＨＡネットの研究に使われた。縁は不思議なものである。

ＢＣＣの倒産後、メル・パートルは、バトラー・ランプソンらとは分かれて米国航空宇宙局（ＮＡＳＡ）のエイムズ研究センターでイリアックⅣ（Illiac Ⅳ）という64個のプロセッサを持つ並列計算機の開発に従事した。チャールズ・シモニーはメル・パートルについていき、イリアックⅣの開発のアルバイトをした。ＰＤＰ－

10で機械語のプログラムを組んでいたらしい。チャールズ・シモニーは、UCLAの学部卒業後、大学院に進み、修士号を取得する。

一九七二年、チャールズ・シモニーは、バトラー・ランプソンやロバート・テイラーの勧めでゼロックスのパロアルト研究所（PARC）のコンピュータ・サイエンス研究室（CSL）で働き始める。この当時チャールズ・シモニーは、まだ米国永住権を保証するグリーンカード（正式にはAlien Registration Receipt Card Form I-551）を持っていなかった。だから、ある時期、チャールズ・シモニーはUCバークレー、NASA、PARCの3箇所に出入りしていたのである。一九七五年、チャールズ・シモニーは、グリーンカードを取得すると、即日NASAの仕事を辞める。

チャールズ・シモニーが晴れて正式に合衆国市民になるのは、この先7年後の一九八二年である。

さて次にゼロックスPARCについて見てみよう。

ゼロックスのコピー事業の独占と不安

乾式コピー技術の発明者のチェスター・カールソンは、自分の発明した技術をエレクトロフォトグラフィと呼んでいた。しかし、ハロイド社の社長ジョー・ウィルソンが、ギリシャ語の教授に頼んで、ギリシャ語の「乾いた ξηρός」のゼロスと「書く γράφω」のグラフォを結び付けて、ゼログラフィ（Xerography）という造語に代えた。逆にゼログラフィア（ξηρογραφία）というギリシャ語ができているようである。最後にはジョー・ウィルソンは、ハロイドという社名もゼロックス（Xerox）に変えた。

一九六〇年三月に登場したコピー機ゼロックス９１４は大当たりで、一九五九年には３２００万ドルしかなかった売上げを９年後の一九六八年には11億２５００万ドルに押し上げた。奇跡の大成功である。

ゼロックスは、毎年拡大に次ぐ拡大を繰り返していた。コピー機市場は、ほぼ完全な独占状態であった。ただ危険であったのは、ゼロックスはコピー機のゼロックス９１４に頼りすぎていたことである。ＩＢＭが経営戦略コンサルティング会社のアーサー・Ｄ・リトル社を雇って、コピー機市場の市場調査を始めたという情報も流れていた。

そこで社長のピーター・マッカローは、コピー機依存からの脱却を図るため、コンピュータ分野への進出を目指した。また経営陣の強化のため、フォード、ＩＢＭ、ＧＥから経営幹部を雇った。

ゼロックスは自前の部隊を育成するよりはコンピュータ会社の買収を選んだ。買収先についてはＧＥやＤＥＣなど考えられたが、いろいろ紆余曲折の後、ゼロックスは、カリフォルニア州エル・セグンド・サウス・アビエーション・ブールバード５５５番地（555 South Aviation Boulevard El Segundo, Los Angeles, CA）に工場があったサイエンティフィック・データ・システムズ（ＳＤＳ）を買収しようとした。エル・セグンドといえばＳＤＳと記憶して欲しい。

ゼロックスの株主達はＳＤＳ買収を「ピーター・マッカローの愚行」と非難した。これに対し、ピーター・マッカローは、「ゼロックスはＳＤＳと協力して「未来のオフィス」を作り、情報のアーキテクチャをコントロールするのだ」と反撃した。もやもやしていて訳の分からない説明である。

一九六九年二月、買収提案が認められ、ゼロックスはSDSを9億2千万ドルで買収した。支払いは1株269ドルのゼロックスの株式350万株でおこなわれた。この結果、SDSの社長マックス・パレフスキーは、ゼロックスの最大の個人株主となり、役員会に出席できることになった、これが後々、問題を引き起こす。

買収以後、SDSは、ゼロックス・データ・システム（XDS）と改称された。ただゼロックスの内部ではXDSというよりSDSで通っていたようである。DECやデータゼネラルのミニコンが人気となっていたのに、SDSは古いアーキテクチャの科学技術計算用のコンピュータを作る会社であった。

またゼロックス本社にあったコンピュータはといえば、給与計算用のユニバックが1台あるだけだった。コンピュータに関する知識が不足しているのに、ゼロックスは競争の激しいコンピュータ業界に飛び込んだ。SDSを買収してみると、幹部は皆抜け出し、社長のマックス・パレフスキーが残っているだけだった。会社はもぬけの殻になっていたのである。

ゼロックスにはニューヨーク州ロチェスター郊外のウェブスターに研究所はあったが、コンピュータの最新技術についての研究開発はおこなわれていなかった。コピー機開発に必要なコンピュータ技術が利用されているだけだった。またマックス・パレフスキーは次のようにうそぶいたともいう。

「死にかけた馬が地面に倒れる前に売りつけてやった」

そこでSDS買収の数か月前にフォード自動車からゼロックスにチーフ・サイエンティストとして雇われたヤコブ・E・ジャック・ゴールドマン（以下ジャック・ゴールドマン）が新しい基礎研究所設立の構想を提案した。

ところが新たにゼロックスの役員になったマックス・パレフスキーが激しく反対した。新研究所に投じる予算はSDSに投下すべきとしたのである。マックス・パレフスキーは、SDSで新しくシグマ・シリーズを作りたかったのである。しかしピーター・マッカローは動ぜず、新研究所は開設されることになった。

第十一章　ゼロックスPARC

こうして有名なゼロックスのパロアルト研究所（PARC）が一九七〇年六月に設立されることになった。初代所長は、ジョージ・ペイクというセントルイスのワシントン大学の教授で固体物理学者であった。ジョージ・ペイクは、ジャック・ゴールドマンのウェスチングハウス研究所での戦時研究時代の旧友であった。ペイクはコンピュータについては何も知らなかった。

しかし、ジョージ・ペイクは、全くコンピュータに無縁であったわけでもない。ジョージ・ペイクは、ワシントン大学にいた頃、MITを追い出されて、ラボラトリー・インスツルメント・コンピュータ（LINC）の開発のパトロンとなってくれる場所を求めて全米を放浪していたウェスレイ・クラークのグループを引き取るのに寄与した。人によってはLINCをパーソナル・コンピュータの祖ということもある。

ウェスレイ・クラークのグループは、ワシントン大学にいて、ARPAのIPTOの副部長ロバート・テイラーから資金援助を受けようとした。このことがきっかけになって、ジョージ・ペイクは、ロバート・テイ

●ゼロックス・パロアルト研究所（PARC）
『シリコンバレー』38頁を参照されたい。

● PARCの玄関
意外なことに、こちらの側が正面玄関で、中に入ると次第に下がっていく。

ラーと親しくなった。

一九七〇年七月、ゼロックス・PARCが、パロアルト市ポーター・ドライブ３１８０番地（3180 Porter Drive Palo Alto）の貸しビルに開設された。数年前にはエンサイクロペディア・ブリタニカが使っていたビルである。

現在PARCといえば、フットヒル・エクスプレスウェイを越えた南側のパロアルト市コヨーテ・ヒル・ロード３３３３番地（3333 Coyote Hill Road, Palo Alto）にある。昔はいかにもコヨーテの出そうな丘の中腹にあった。航空写真で見れば荒涼としているが、地上を自動車で走ると、それほどでもない。考えて見ると昼間、走ったせいかもしれない。夜間はまた違うのかもしれない。

私が裏と思っていたところが玄関であって、これも意外である。玄関は管理スタッフのいる3階にあって、中に入ってCSL、SSLのある2階、GSL、OSL（光科学研究室）のある1階と降りて行くことになる。

ギョー・オバタの設計になる不思議な作りだ。丘の斜面に作ったからである。

当初、PARCの研究員は50人程度を想定し、以下のように3つの研究室を設けた。

- ジェネラル・サイエンス研究室（GSL）　物性材料や光学などの基礎科学技術の開発
- コンピュータ・サイエンス研究室（CSL）　オフィス情報システムの主にハードウェア開発
- システムズ・サイエンス研究室（SSL）　オフィス情報システムのアプリケーション開発

ここでいうオフィス情報システムとは、当初は暗に大型コンピュータを想定していたようである。

ロバート・テイラー

次に研究員を集める必要があった。これには人脈に通じ、適切な助言ができる参謀格の人間が必要であった、ここでロバート・ウィリアム・テイラー（以下ロバート・テイラー）が浮上する。

ロバート・テイラーは、一九三二年テキサス州に生まれた。生後まもなくメソジスト派の牧師の家に養子として引き取られた。スティーブ・ジョブズと同じく幼年時代に両親から養子であることを告げられた。ただ、それがスティーブ・ジョブズ程には、強く影響しているようには思えない。選別され、聖別された存在として自己を意識するようになったことは似ている。

当時は大恐慌の後で、教会は牧師を2年ごとに転勤させる方針をとっていた。ロバート・テイラーの父レベレンド・レイモンド・テイラーはテキサス州の貧しい地区を転々とした。第二次世界大戦直前にサン・アントニオのメソジスト大学で哲学と宗教を教えるようになった。

度重なる転勤はロバート・テイラーの性格に刻印を残した。新しく移った地区では新しい友達ができた。テイラーはそうした子供たちの社会の階層の中で、自分がどこに位置するかを明らかにしなければならなかった。テイラーの場合、自己証明の方法は喧嘩であったように思われる。テイラーは喧嘩早い戦闘的な性格の子供であった。この性格は大人になっても残った。

高校を卒業したロバート・テイラーは、サザン・メソジスト大学に進学したが、すぐに朝鮮戦争が勃発した。ロバート・テイラーはダラスの海軍ダラス航空基地に海軍予備士官として赴任した。

戦争が終わると、ロバート・テイラーはGIビル（復員兵援護法）によって、一九五七年テキサス州立大学に入学した。心理学専攻であった。数学も専攻したようだ。学部卒業は一九五六年か一九五七年のようである。テイラーは、続いてテキサス州立大学大学院に進学し、心理音響学の論文を書いた。当時コンピュータ科学はまだ存在せず、コンピュータの入門教育もなかった。コンピュータを使うことはあったが、そう頻繁にというわけでもなかった。

ロバート・テイラーは、しばらく友人が経営していたフロリダ州オーランドの寄宿学校の教師を務めたが、子供が3人になって、経済的に苦しくなったので、軍用機メーカーのマーチン社（後のマーチン・マリエッタ）に就職した。当時マーチン社は、移動式のパーシング・ミサイルを製造していた。翌年テイラーは、軍のためにフライト・シミュレータを製造するメリーランドの会社に移った。

こうした経歴を経て、さらにロバート・テイラーは一九六一年、NASA（米国航空宇宙局）に就職し、先進研究技術部のプログラム・マネージャになった。NASAはロバート・テイラーのフライト・シミュレータ開発の実績を高く評価して採用したのである。こうしてメソジスト派の牧師の息子は29歳にして、NASAのかなり枢要な地位に到達した。

NASAで、ロバート・テイラーは有人飛行制御、表示、シミュレーション技術研究に資金提供をする仕事についた。テイラーは、SRIのダグラス・エンゲルバートの研究に資金援助した。

一九六三年ロバート・テイラーは、ARPAのIPTOの部長J・C・R・リックライダーが開いたコンピュータ・プロジェクトのプログラム・マネージャの非公式委員会に招かれた。テイラーが30歳のときのことである。テキサス大学でのテイラーの指導教官はリックライダーの友人で崇拝者でもあったから、テイラーはリックライダーのことを知っていた。テイラーはリックライダーの論文を読んで尊敬していた。

この委員会の席上、J・C・R・リックライダーは、テイラーの論文を知っていると持ち上げた。この一言でテイラーはリックライダーの子分になった。リックライダーはまことに人の心を捉える術に長けた人である。リックライダーにはカリスマ的な個人的魅力もあったのだろう。またリックライダーとテイラーに共通した性格は、鷹揚で大雑把なことであり、このあたりで意気投合したように思われる。

ロバート・テイラーはJ・C・R・リックライダーの委員会に加わることになり、リックライダーとより親しく付き合うことになる。

一九六五年、ロバート・テイラーはARPAのIPTOの第2代部長のアイバン・サザーランドから、NASAを辞めてARPAに来るように誘われた。テイラーは、これを間接的なリックライダーからの誘いと解釈し、ARPAに入り、アイバン・サザーランドの補佐役になった。テイラーはリックライダーに傾倒あるいは心酔していた。後々までもリックライダーに対する敬愛の念は変わらない。

テイラーはこう言い切っている。

「コンピュータ技術の大いなる進歩の多くはJ・C・R・リックライダーの思想を単に外挿・補間したものにほかならない」

一九六六年、アイバン・サザーランドがARPAを去ったため、ロバート・テイラーが34歳で第3代IPTO部長になった。このあたりJ・C・R・リックライダーの人脈作りのうまさは水際立っている。

ロバート・テイラーはリックライダーの論文を読んで、バンネバー・ブッシュの論文の存在を知って、これを読み、感動した。テイラーの元々の研究分野は心理音響学であったが、次第にコンピュータの研究の方に傾斜していくことになる。

ARPAのIPTOの部長在職期間中の一九六八年、テイラーはJ・C・R・リックライダーと共に「通信装置としてのコンピュータ」という論文を書いた。

ロバート・テイラーは、3年間、ARPAのIPTO部長に在職中、毎年3千万ドル程度の多額の予算を各地の大学や研究機関に配った。これによってテイラーは研究者達に強大な影響力を持った。

テイラーは、首都ワシントンの通りを、思い切り派手なコルベット・スティングレーで走り回った。国防総省のペンタゴンにいながら、白いタートルネックを着て、机の上に足を投げ出し、もうもうとパイプをふかしていた。いずれも軍属には、あるまじき行為である。

軍服を着ずに白いタートルネックを着ていたのは、反軍的な拗ねと思っていたが、最近気が付いたのは、多少の不良気はあったにしても、軍服を着ると階級が露見してしまうからかもしれない。

前任者のアイバン・サザーランドも陸軍軍人としては単なる中尉であり、将官ではなかった。そのため軍服は着なかったという。サザーランド博士とサザーランド中尉では、絶対的階級社会である国防総省の中での待遇が違う。周囲はサザーランドの階級をひた隠しにしたらしい。

プロジェクト・ジニーでは、SDS930をバトラー・ランプソン達がTSS用のマシンに改造した。これをロバート・テイラーは高く評価し、SDSの社長マックス・パレフスキーをARPAに呼びつけて、積極的に販売するように説いた。しかし、マックス・パレフスキーは頑固に拒否した。このためテイラーは怒り出し、「貴様は俺の時間を無駄にしている。さっさと出て行け」と怒鳴った。

しかし、マックス・パレフスキーの部下が取りなし、結局SDS930のTSS型は、SDS940として販売されることになり、SDSの稼ぎ頭となった。

だがロバート・テイラーがゼロックスのPARCに移るとなると、マックス・パレフスキーがゼロックス本社の役員になっており、地位が逆転して多少具合の悪いことになる。

テイラーの部屋の前には次の聖書からの引用が掛けてあった。何となく彼の思想がうかがえる言葉である。

「あなたがたの言葉は、ただ、しかり、しかり、否、否、であるべきだ。それ以上に出ることは、悪から来るのである。」（マタイ伝　第五章37）

マンスフィールド修正条項

スプートニクショックの頃の米国軍部には悲壮感はあったものの、意識的にソ連の脅威をあおった部分があったと言われている。当時のソ連にそれほど多数の戦略核ミサイルは存在していないことを米国軍部は知っていたらしい。米国軍部にとっては国防費の引き出しそのもののほうが重要であり、J・C・R・リックライダーの研究費の配分状況を見ても分かるように、使途そのものにはかなり杜撰なところがあった。

基礎研究という名目で、国防そのものには無関係な研究に大盤振る舞いがおこなわれた。当時、科学の基礎体力をつけることが国防の基礎だという考え方がなされていたのである。米国の民主主義の勝利は、科学の基礎体力の充実にありとした。熱核戦争による米国の危機をあおりながら、実際には米国が負けるという意識は希薄だった。米国としては社会主義国ソ連に先端技術の分野で追い越されたことのほうが問題だった。

米国軍部は国防関係予算の大幅な増額に関心があった。だからこそ、インターネットの構築を担当するARPAのIPTOの予算を北米防空の本義から離れた研究に使うこともできた。

だが時代の変化と共にそれも苦しくなる。

一九六八年頃、ベトナムの戦局は圧倒的に米軍に不利で、米軍の増派が決定され、年末には米軍の派遣兵力は50万人になった。それでも勝利の見込みは全くなかった。このため米国内では反戦運動が激化した。また厭戦気分が蔓延しマリファナや各種の麻薬がはびこり、国論も分裂した。反戦運動の中心は国防総省が多大の援助を与えていた大学が中心であった。これは軍部と保守派を怒らせた。

この頃ロバート・テイラーは燃え尽きていた。

ＡＲＰＡの局長は、テイラーにベトナムに行き米国の4軍の報告が食い違う現状について調査するように命令した。テイラーは軍属ではあったが、軍人ではなかった。現地の軍からは必ずしも協力は得られなかった。それで准将待遇であることを使って、タンソンニャット（新山一）空軍基地にマスター・コンピュータを設置し、四軍が別々に報告することをなくすようにした。しかし、二度三度とベトナムを訪ねるうちにベトナム戦争そのものに疑問を感じるようになった。

一九六九年マンスフィールド修正条項が成立する。国防総省は今後ＡＲＰＡへの援助を国防目的の研究にのみ限定され、基礎研究への援助という名目でのばらまきを禁止された。ＡＲＰＡの援助していた研究には軍事に関係ないものも沢山あった。以後、直接、軍事研究だけに援助をおこなうことが決まった。したがってＡＲＰＡからＩＰＴＯへの予算配分は半分に削られた。

こうした風潮を受けて一九七二年三月、ＡＲＰＡ（先進研究計画局）の名称もＤＡＲＰＡ（国防先進計画局）に変更される。国防を冠につけて、ＡＲＰＡが国防研究推進のための組織であることが明確にされた。ＡＲＰＡネットの名称も正式にはDARPAネットと変更された。

ロバート・テイラーに交代したのがローレンス・ロバーツである。ロバーツは一九六九年から一九七三年まで第四代IPTO部長になる。この時代にARPAネットの構築が始まる。

J・C・R・リックライダーは一九六八年にMAC(Machine Aided Cognition, Multi Access Computer)プロジェクトのディレクターとなるためMITに戻った。また一九七四年にはARPAに戻って第五代IPTO部長となる。リックライダーはその後再びMITに戻って一九八六年に退職するまで留まった。結局リックライダーの派閥は、五代十数年の長きにわたってARPAのIPTOの職を独占し続けたのである。

研究員集め

ロバート・テイラーは、当時ユタ大学にいた。PARCの初代所長ジョージ・ペイクは、テイラーをスカウトし、一九七〇年九月、コンピュータ・サイエンス研究室（CSL）の副室長として雇うことにした。だがテイラーは、研究実績がないのでCSLの室長になるのは難しいと考えたのである。研究員集めをさせながら、室長にさせないというのは過酷な人事である。

室長人事は次のようになった。

- コンピュータ・サイエンス研究室（CSL）室長　ジェリー・エルキンド

・システムズ・サイエンス研究室（SSL）室長　ビル・ガニング
・ジェネラル・サイエンス研究室（GSL）室長　ジョージ・ペイク

ロバート・テイラーは、博士号を持っていないというので、下世話に言えば、ゼロックスのPARCの上層部から執拗な虐めにあった。

不思議なことに、これは身内のはずのARPAのコミュニティにもあった。エドワード・ファイゲンバウムはARPAから多大の援助を受けていた。だがファイゲンバウムは奥歯に物の詰まったような言い方でこんな風に嫌味を言っている。

「その頃、我々はボブ・テイラー（ロバート・テイラー）の時代と呼ばれる過渡的な時代を通過しなければならなかったのです。あなたは、ボブ・テイラーがゼロックスのPARCできわめて有名になったことなどに関係した、（いわば）改竄された歴史から学ばれるのでしょうが、当時は彼は（IPTOの）オフィスでは例外的人物と見なされていたのです。博士号も持たずコンピュータ・サイエンスのバックグラウンドも持たないような誰かさんがIPTOの部長に昇進させてもらっていたんですよ」（CBI　OH157による）

これにはあっけに取られる。なるほど、本当の敵というのは身内にいるものである。

さてロバート・テイラーの研究員の募集が始まった。

まずNASA時代に資金援助をして貸しのあったダグラス・エンゲルバートのスタンフォード研究所

（SRI）から、エンゲルバートのグループのビル・イングリッシュ、ジェフ・ラリフソン、ビル・パクストン、スモーキー・ウォーレス、ロバート・ベルビル達を引き抜いた。彼らはオンライン・システムズ（NLS）を分散ネットワーク上で実現したかったのだが、エンゲルバートはタイム・シェアリング・システム（TSS）上で実現することにこだわったからである。

彼らは、CSLでなく当初SSLのオフィス・コミュニケーション・グループに配置され、ミニ・コンピュータのノバ800（NOVA800）のネットワーク上でPARCオンライン・オフィス・システム（POLOS）を作ろうと希望していた。

次にユタ大学からはARPA時代に資金援助をしていた強みもあって、ボブ・フリーガル、ジム・カリーを引き抜いた。アラン・ケイもロバート・テイラーが引き抜いたと言ってよいだろう。

先にチャールズ・シモニーがUCLAの学部学生時代にバークレー・コンピュータ社（BCC）でアルバイトしたことを述べた。BCCのルーツは、ARPAの委託研究のプロジェクト・ジニーである。これはバトラー・ランプソンらがSDS930コンピュータをタイム・シェアリング・システム用に改造しようとするものだった。このプロジェクト・ジニーの流れを受けて一九六九年、BCCが設立されるが、一九七〇年十一月には、あっさり倒産してしまう。

さてBCCの倒産により、技術者達は路頭に迷うことになったが、一九七一年一月、ロバート・テイラーは彼らのうちで最優秀の6人を雇い、CSLに配属した。その6人とは、バトラー・ランプソン、チャック・サッカー、ピーター・ドイッチ、エドワード・フィアラ、ジム・ミッチェル、リチャード（ディック）・シャウプであった。

一九七一年七月、空席であったCSLの室長にBBN出身のジェローム（ジェリー）・エルキンドが就任した。ジェリー・エルキンドは一九五七年以来のBBNの社員で情報科学部門の副社長にまで昇進していた。引き抜きはロバート・テイラーが担当した。ジェリー・エルキンドは、ゼロックス本社向けのミスター・アウトサイド（研究室代表）、ロバート・テイラーはミスター・インサイド（研究室内管理）と役割分担をした。この人事の問題は、ARPA時代は上位に立っていたロバート・テイラーが、ジェリー・エルキンドの下位に付くという不自然さをはらんでいたことである。

ジェリー・エルキンドは、BBNからLISP言語の専門家ダニー・ボブロウ、ウォーレン・テイテルマンを雇い、CSLに配属した。またセベロ・オルンスタインもBBNから引き抜いた。ところがセベロ・オルンスタインは、じきにロバート・テイラーのシンパになってしまう。

さらに一九七五年、ARPAのIPTO第2代部長アイバン・サザーランドの弟バート・サザーランドをBBNからスカウトしてシステムズ・サイエンス研究室（SSL）に配属した。

その上、カーネギー・メロン大学の人工知能（AI）研究の専門家アレン・ニューウェルを非常勤のコンサルタントに据えた。これは効果があり、アレン・ニューウェルの弟子のスチュアート・カード、トム・モランがPARCに入所してきた。この2人はSSLのオフィス・コミュニケーションズに配属された。

こうして見ると、ゼロックスPARCは、ARPAコミュニティであったと言える。アラン・ケイもそう言っている。

またロチェスターにあったゼロックス・ウェブスター・リサーチ・センターから、ゲアリー・スタークウェザーがやってきた。スタークウェザーは一九三八年生まれで、一九六〇年にミシガン大学の物理学科を卒業した。さらにロチェスター大学の物理学科の大学院修士課程に進み、レーザーの研究をした。一九六六年に修士課程を修了している。修士課程の修了に6年もかかったことについては何か事情があったのだろう。

その後、ゼロックスに入社して、一九六七年にレーザー・プリンターの構想を思いついたが、上司のジョージ・ホワイトからは研究を中止するように言われた。これも敵対的だったという記述と保護者的だったという記述があって、よく分からない。それでもスタークウェザーは研究を続行し、一九六九年にはプロトタイプを完成させた。しかし周囲の敵意に耐えかね、一九七一年一月にPARCに逃げ出し、ジョン・アーバックの下についた。

一九七一年十一月にはゼロックス７０００というコピー機を改造してレーザー・プリンターの原型機が完成した。巨大なものである。これをＳＬＯＴ（Scanned Laser Output Terminal）走査型レーザー出力端末と呼んだ。

このプリンターＳＬＯＴのキャラクタ・ジェネレータ（文字発生装置）は、一九七二年バトラー・ランプソンとロナルド・ライダー（ロン・ライダー）が完成した。非常に巨大な装置である。今ではＲＯＭ１つですむ。正式名をリサーチ・キャラクタ・ジェネレータという。

ＳＬＯＴと文字発生装置を組み合わせたものをＥＡＲＳ（Ethernet. Alto. Research character generator. Scanned laser output terminal）と呼び、一九七四年に完成している。

レーザー・プリンターの開発は、引続きゲアリー・スタークウェザーとロン・ライダーによっておこなわれ

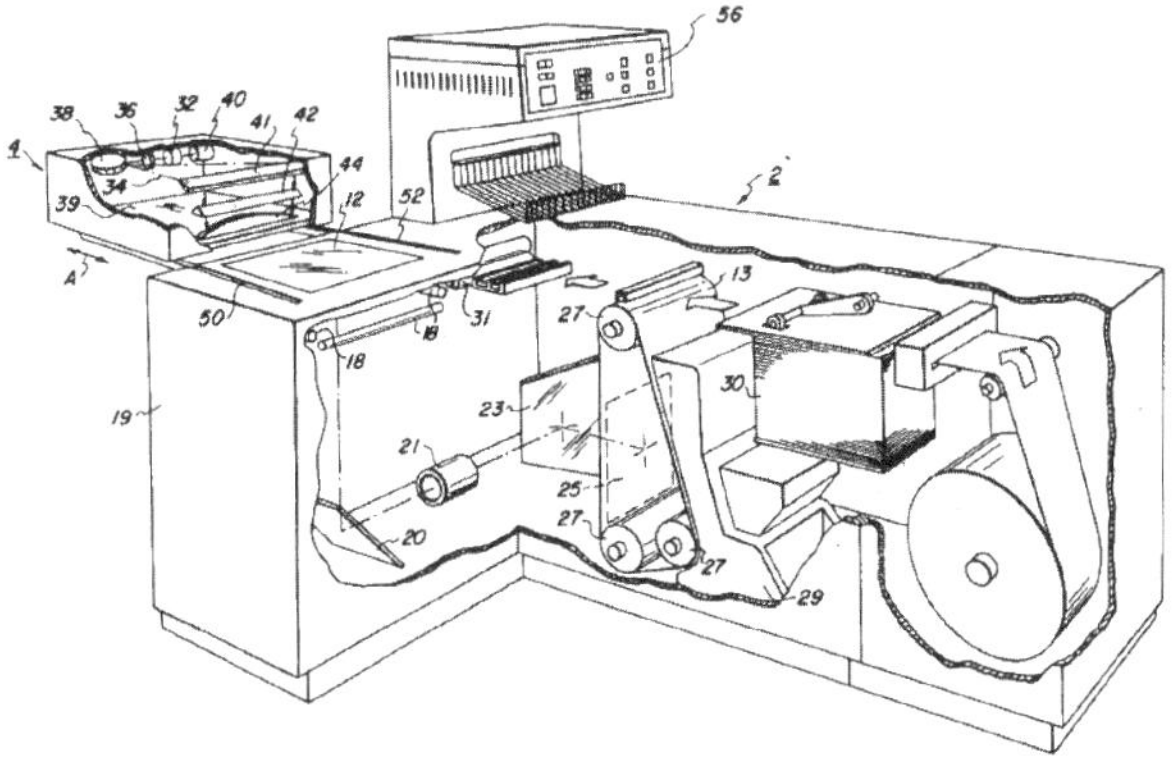

●ゲアリー・スタークウェザーのレーザー・プリンターの特許図面

た。一九七二年、手狭になったＰＡＲＣの一部がさらに丘の上方のパロアルト市ヒルビュー３４０６番地（3406 Hillview Palo Alto）のビルディング34に移った。２人は離れ離れになり、レーザー通信を使って通信し、実験を続行した。ある霧の夜にこのレーザー光に怯えた女性が道路脇のドブに車を突っ込むという事故を起こしている。

レーザー・プリンターの特許は、ゲアリー・スタークウェザーによって一九七六年四月六日に「コピーアー／ラスター　スキャン　アパレイタス」として申請され、一九七七年六月七日に米国特許が下りている。

ＳＬＯＴのゼロックス９７００としての登場は一九七七年である。途中で無理解や官僚主義の抵抗があった。ベストセラーにはなった。ＰＡＲＣへの投下資本もこれで回収できた。

ただゼロックスには油断と官僚主義の跋扈《ばっこ》があり、一九八〇年代にヒューレット・パッカード（ＨＰ）や日本にお株を奪われる。ゲアリー・スタークウェザーは一九八七年にアップル・コンピュータに移り、一九九七年にマイクロソフトに移っている。

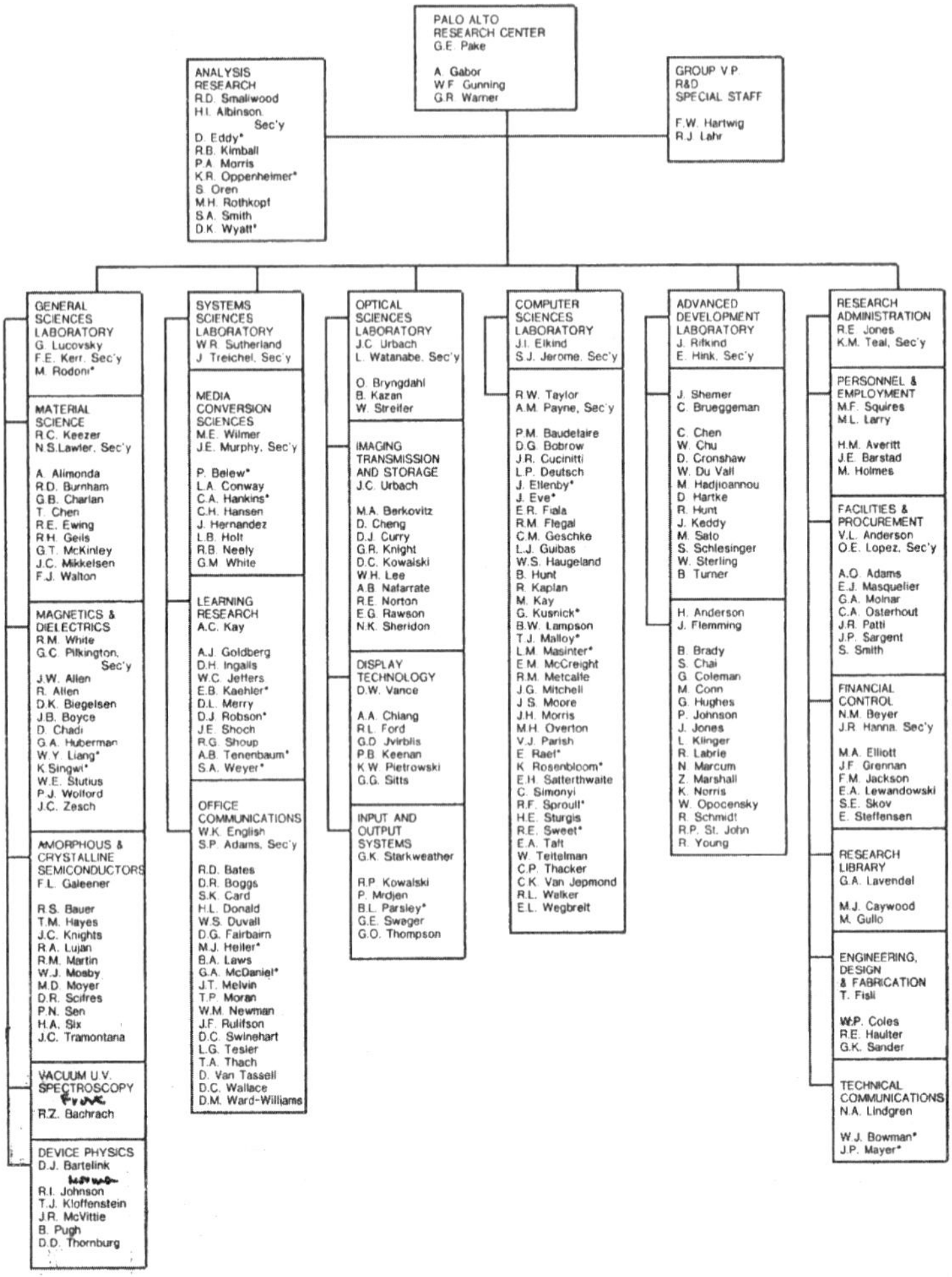

● **1975年8月31日のゼロックスPARCの組織図**

入手できるのはもう1枚1976年のもの。目をこらして見ると、本書に登場する人が多数発見できる。名前とミドルネームが頭文字だけで、姓だけがフルになっているので、じっくり読まないと分からないかもしれない。

ついでにカラーのレーザー・プリンターは、ピムリコ（Pimlico）とパフィン（Puffin）である。パフィンはロバート・スプロールとロン・ライダーが開発した。

MAXC

さてコンピュータ・サイエンス研究室（CSL）ができると、当然、研究設備を充実させなければならない。CSLにとっては、コンピュータの選定は重要である。

ところがロバート・テイラーの考えでは答は1つしかなかった。それはゼロックスのライバルDECのPDP－10であった。ARPAネットでつながれたネットワーク環境では、情報の交換が進み、ソフトウェアも頻繁にやり取りされるようになった。DECのPDP－10は、その設計の優秀さから全米の大学が好んで採用するようになっていた。ビル・ゲイツやポール・アレンが愛したコンピュータもPDP－10であった。

ARPAネットを経由してソフトウェアを互いに交換するには、みんなが持っているのと同じコンピュータを持たざるを得ない。ARPAネットにつながれていたゼロックスのXDS 940は、どんどんDECのPDP－10に置き換えられていた。たちまちゼロックスのSDS部門は大幅な赤字を出した。

そこでゼロックスは買収したSDSの科学技術用コンピュータを、商用計算用に転向させ、無謀にもIBMへ挑戦させようとした。ところがSDSに商用言語COBOLの準備もなく、IBMには全く歯が立たなかった。新しい分野への転進は不可能だった。むしろ自分の分野を侵してくるDECのPDP－10がもっとも危険な敵であった。

それでもロバート・テイラー率いるCSLは、ゼロックス本社にDECのPDP－10購入の要求を出した。これはできない相談であった。したがって東海岸のゼロックス本社の経営幹部の激怒を買って、ただちに却下された。ゼロックス本社からは、DECのPDP－10ではできて、ゼロックスの新型コンピュータであるシグマ７ではできないことを示せと要求が出た。

●ゼロックスのシグマ７のマニュアル

ロバート・テイラー率いるPARCのCSLはこれに答えなかった。代わりにゼロックスのCSLは奇策で応じることにした。PDP－10を買ってもらえないなら、PDP－10のコピーを作ってしまえばよいというものだった。PDP－10のOSであるTOPS－10は、テネックス（TENEX）を改良して作られた。TENEXはARPAの援助を受けて作られていたから、建前上は一応オープンであった。ハードウェアさえできればOSは何とかなる。

PARCのコンピュータ・サイエンス研究室（CSL）は、一九七一年二月から、ありとあらゆる新技術を投入してPDP－10のコピー製作に乗り出した。そして翌年一九七二年九月には本物より優秀なマルチプル・アクセス・ゼロックス・コンピュータ（MAXC）を完成させた。MAXCはマイクロコード技術を駆使してPDP－10をエミュレートした。写真が残っているが、ずいぶん大きなコンピュータである。

ＭＡＸＣを作ったのは、ＢＣＣ出身のバトラー・ランプソン、チャック・サッカー、エドワード・フィアラ、それにジム・ミッチェルのカーネギー・メロン大学大学院時代の友人でボーイング出身のエドワード・マクライトである。ＢＣＣ５００を作った経験があったからできたことだろう。ＭＡＸＣは元ＳＤＳの社長マックス・パレフスキーをからかう言葉としても思いついた名前らしい。

エドワード・マクライトはディスク・コントローラを改良し、マルチタスクを可能にした。

エドワード・フィアラは浮動小数点数回路を担当し、ＰＤＰ－10のバグを見つけたが、これを正しく直したところ、滑稽なトラブルが発生した。これについては『ディーラーズ・オブ・ライトニング』邦訳１７４頁を参照されたい。

ＭＡＸＣは初めてインテルのダイナミックＲＡＭ（ＤＲＡＭ）ｉ１１０３を使ったコンピュータの１つであったが、この容量１キロビットのｉ１１０３の動作は不安定であった。チャック・サッカーは、誤り訂正システムを入れて何とかこの欠陥を克服しようとした。またメモリ・ボードをカナダのマイクロシステムズ・インターナショナル・リミテッド（ＭＩＬ）に外注したためにトラブルが続発した。しかし、何とか乗り切った。

◆インテル１１０３については『シリコンバレー』498頁を参照されたい。

実はＭＡＸＣのメモリ・ポートは、プロセッサを通すものとディスク・コントローラを通すものがあった。チャック・サッカーはプロセッサを通す方はチェックしていたが、ディスク・コントローラを通す方はチェックしていなかった。これをロバート・メトカルフェに指摘された。この後、いくぶん意地悪なロバート・メト

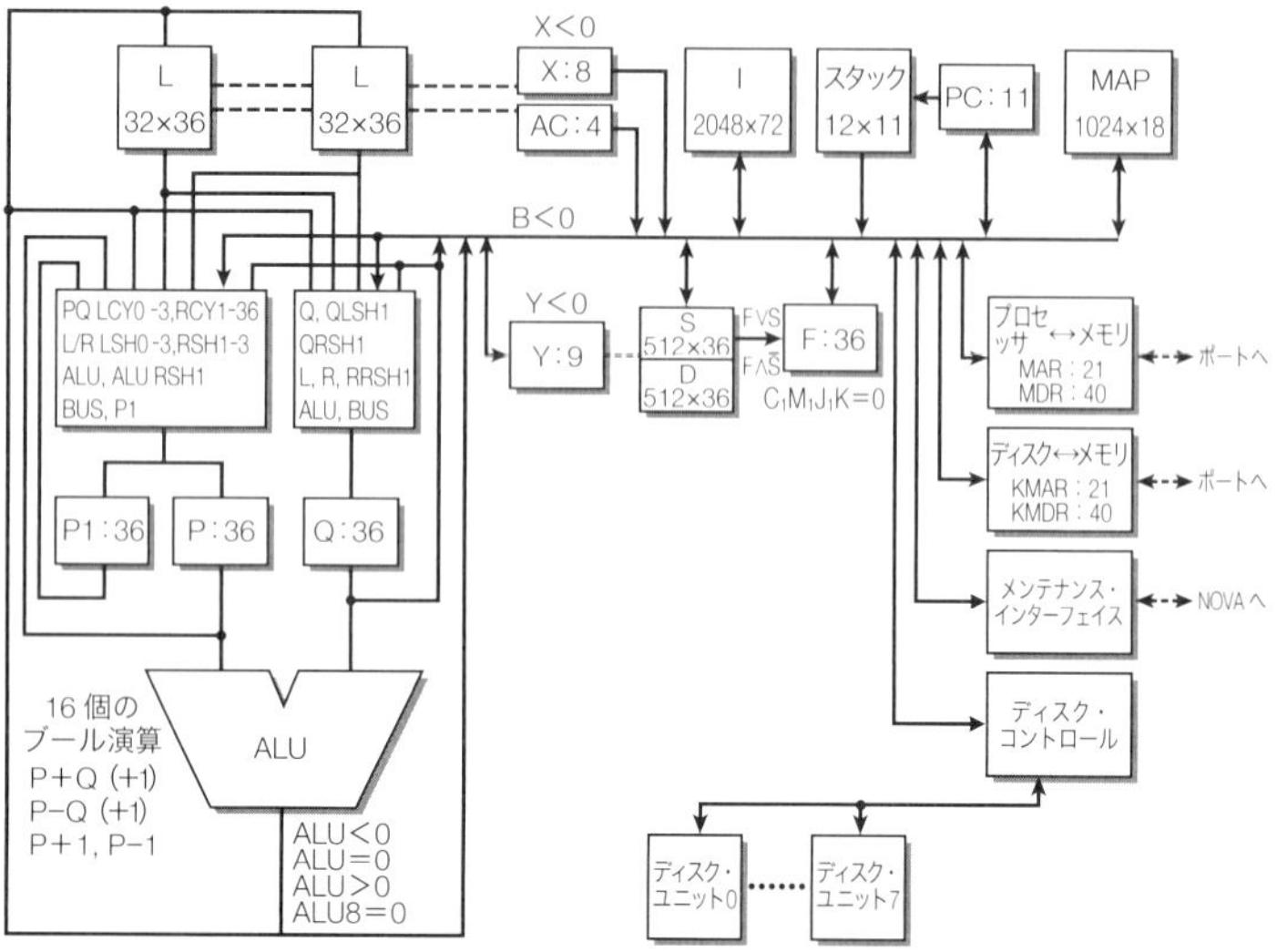

● MAXCのプロセッサの構成
PDP-10のコピーだが、ずいぶん粗っぽい作りである。早く作ることが最優先だったのだろう。

カルフェは度々チャック・サッカーを虐めることになる。博士号を持っているというロバート・メトカルフェの優越意識が、学部卒のチャック・サッカーに当たったのである。こういうことは良くないことである。

チャールズ・シモニーは、当初MAXCの開発に投入された。TENEXというOSをMAXCに合う様に改造するように言われた。先述のようにPDP－10用のTOPS－10というOSは、TENEXをPDP－10用に改造したものであり、TENEXは国家機関であるARPAの援助を受けてBBNが開発した。だからオープンなはずであり、コピーは許されるという論理である。しかし、これもそんなことをしてよいものだろうか。厳密には知的所有権には抵触しそうだ。

初期のPARCは、軍属出身のロバート・テイラーに率いられ、理想の追求には手段を選ばず、海賊行為も気にかけない荒くれ男達の集まりだったとも言える。勇ましいと言えば勇ましい。

アラン・ケイ

アラン・ケイの風貌は、チョビひげがトレードマークで、分かりやすい。幕張で一度だけ会ったことがある。目の前にグラスを持ってマルチメディア・デモンストレーションの音楽に聴き入っている人がアラン・ケイだと分かったときは、多少驚いた。割に背の低い静かな感じのする人である。だがそれは外見上のことだけだし、本当のところは知らない。

アラン・カーティス・ケイ（以下アラン・ケイ）は、一九四〇年マサチューセッツ州スプリングフィールドに生まれた。母方の祖母は教師でマサチューセッツ大学の創始者の1人だという。祖父はイラストレータ、写真家、音楽家、文筆家だったという。母親は芸術家で音楽家であった。父親はオーストラリア出身の生理学者で、義足や義手の設計に従事していた。一九四一年、アラン・ケイが1歳半のときに、オーストラリアに移住した。

一九四四年、太平洋戦争の勃発と共に米国に帰り、母方の祖父であるクリフトン・ジョンソンが住んでいたマサチューセッツ州ハドレーに住んだ。そこには蔵書が5千冊あった。

アラン・ケイは就学前に200冊以上の本を読んでいたという。日本の子供が名門小学校に入るための勉強と同じくらいだったようだ。半世紀以上昔に、同級生の東大教授の息子に聞かされて、あ然としたことがある。ただしアラン・ケイの場合は強制でなく、あくまで自主的に読んだところがすごい。

一九四九年、父親がニューヨークの病院に職を得たため、一家はニューヨークに移り、アラン・ケイはブルックリン・テクニカル・ハイスクールから、ロングアイランドのポート・ワシントンの公立高校に通った。高校時代は音楽、とりわけギターとキーボードに熱中していたらしい。デキシー・ジャズを得意としていたという。素行不良で停学を食らったこともある。

大学はウェスト・バージニア州のベサニー・カレッジの生物学科に進んだ。数学も学んだ。大学のユダヤ人入学者割当てに対して差別と抗議した。そのため学長からしばらく停学処分にされた。停学期間中はコロラド州デンバーの楽器店で働いており、高校時代の友人と部屋をシェアしていた。友人はある日、勤務していたステープルトン国際空港の近くにあったユナイテッド航空の全米予約センターにアラン・ケイを招待した。そこでアラン・ケイはＩＢＭ３０５ ＲＡＭＡＣコンピュータに出会った。

一九六一年、アラン・ケイは、ベトナム戦争に徴兵されそうになったので、陸軍に採られるのを嫌い、空軍に志願しジェームズ・コンウェイ空軍基地に配属された。空軍では表向きはさほど反抗的ではなかったものの、従順な兵隊ではなかったようだ。ポーカーに明け暮れしていたらしい。適性検査に合格して空軍訓練部隊（ＡＴＣ）のＩＢＭ１４０１コンピュータのプログラマーになった。バロースＢ２２０というコンピュータにも触れた。Ｂ２２０のファイルは、ポインター、手続き（プロシージャ）、データ・レコードの３つの部分からできていた。ポインターはプロシージャを指し示すようになっていた。

まもなくＡＴＣはＢ２２０をＢ５０００に更新した。Ｂ５０００では、高級言語プログラムのコンパイルは、プログラム参照テーブル、プロシージャ・インターフェイス、モジュールという順におこなわれた。これはＢ２２０のファイル・システムに似たところがあった。アラン・ケイはＢ５０００を高く評価している。

アラン・ケイは空軍訓練部隊には4年いたようだ。一九六五年に中断していた学業を再会することにし、コロラド大学に中途入学した。この年、ゴードン・ムーアの半導体の集積度は18か月ごとに2倍になるというムーアの法則に出会って感動する。在学中は劇と音楽に熱中したが、国立大気研究センター（ＮＣＡＲ）の膨大な気象データの検索システムのプログラミングにも励んだ。またシミュレーションにも興味を持ち、スーパー・コンピュータＣＤＣ６６００でビット・フィールドのブロック転送（bitblt）をシミュレートした。

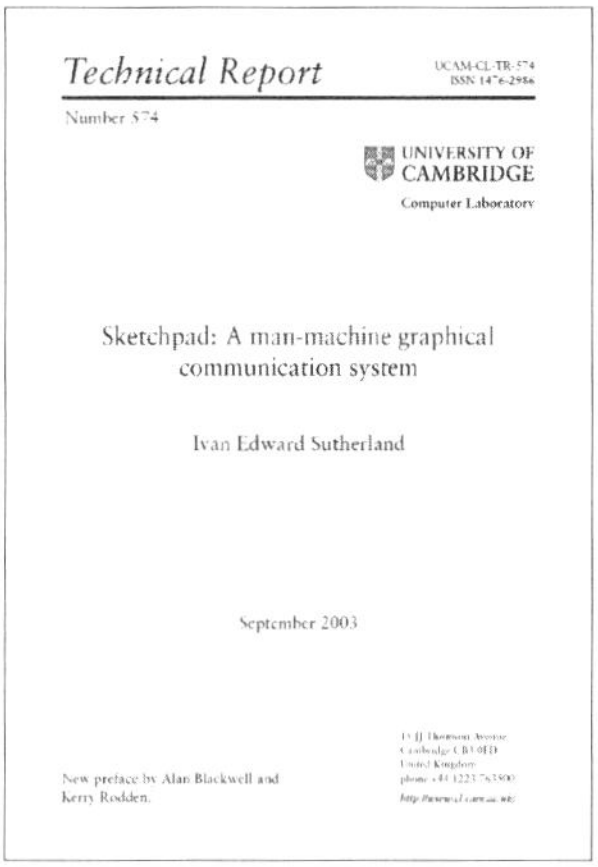
Technical Report
UCAM-CL-TR-574
ISSN 1476-2986
Number 574
UNIVERSITY OF CAMBRIDGE
Computer Laboratory
Sketchpad: A man-machine graphical communication system
Ivan Edward Sutherland
September 2003
15 JJ Thomson Avenue
Cambridge CB3 0FD
United Kingdom
phone +44 1223 763500
http://www.cl.cam.ac.uk/
New preface by Alan Blackwell and Kerry Rodden.

●アイバン・サザーランドの論文『スケッチパッド』の表紙

一九六六年、アラン・ケイは、コロラド大学の学部を卒業した。数学と分子生物学の学位を取得したという。コロラド大学には、博士号を取得できるコースがなかったので、ユタ大学の大学院に進んだ。一九六六年当時、アラン・ケイはＡＲＰＡについても、そのプロジェクトについても知らなかったという。

アラン・ケイは、仕事を求めてディビッド・エバンス教授のところに行った。ディビッド・エバンスは、アイバン・サザーランドの一九六三年の伝説的なスケッチパッドの論文

「スケッチパッド：マン・マシン（人間と機械の）グラフィカル・コミュニケーション・システム」を読むように指示した。この論文は、昔はなかなか入手できなくて私も閉口していたが、インターネットの普及で読めるようになった。全文149頁である。プログラムの羅列と想像していたが、きちんとした数学が使われている美しい論文である。正直なところ驚いた。

アラン・ケイが解読に苦戦したというプログラムは、論文とは別に存在していたようだ。アラン・ケイは、スケッチパッドのユニバック1108用のALGOL言語で書かれたプログラムに苦戦した。特にその込み入ったデータ構造に手を焼いたという。スケッチパッドでは、プロシージャにポインターを埋め込み、ルーチンに飛ぶために逆インデキシングというプロセスを使っていた。これはB220のファイルのデータ構造に似ていた。スケッチパッドではクリッピングやズーミングが可能であった。

そのうち、アラン・ケイはシミュレーション用言語のシミュラ（SIMULA）言語に出会い、眼を開かされた。スケッチパッドではマスターとインスタンスという概念が使われていたが、SIMULAではアクティビティとプロセスの概念が使われていた。

アラン・ケイは、数学では抽象代数学を研究し、多くの代数構造に演算を施すことに注力した。生物学では細胞の代謝と大規模な形態形成を研究した。単純なメカニズムで複雑なプロセスをコントロールできること、細胞を必要な器官へと差別化できることを研究した。

アラン・ケイは、B220のファイル・システム、B5000のコンパイル・システム、スケッチパッドのデータ構造、SIMULAには同じアイデアが使われていることに気付いた。原論文の図を見るとよく分かる。

再帰的設計の基本原理は、部品が全体と同じ能力を持たせるようにすることである。ここでアラン・ケイはライプニッツの単子論やプラトンの思想に思いを馳せた。

アラン・ケイの文科系の教養は深い。論文『スモールトークの初期の歴史』の中にも、さりげなく、トーマス・ホッブス、アルトゥル・ショーペンハウアー、ゴットフリード・ライプニッツ、プラトン、ルドルフ・カルナップ、チェザーレ・パベーゼ、トーマス・ペイン、ジョン・デューイ、サミュエル・テイラー・コールリッジなどが引用されている。

『プログラミング言語の歴史』（Addison Wesley）には、この論文の付録がきちんと収録されている。ただ文科系の思想家の著作のどこから引用したのか、せめて書名くらい書いてあれば探しやすいのだが、コンピュータ関係の文献表は完備しているが、残念ながら、それはない。

FLEXマシン

一九六七年にアラン・ケイは、ディビッド・エバンスにエド・チードルを紹介された。アラン・ケイは、エド・チードルと小型のコンピュータつまりパーソナル・コンピュータについて研究を始めた。アラン・ケイはパーソナル・コンピュータにとっては、ダイナミックにシミュレートし拡張できることが必要であると感じていた。それは一九六〇年十一月にＲＡＮＤ社で開発されたＪＯＳＳ（ジョニアック・オープン・ショップ・システム）言語のできることではなかった。ジョニアックというのは有名な数学者ジョン・フォン・ノイマンに由来している。またSIMULA言語は小型のコンピュータには入りきらなかった。ニクラス・ビィルトがALGOL言語の影響を受けて開発したオイラー（EULER）言語も検討した。こうした流れの中からFLEX言語が生まれて来た。FLEXとはフレキシブル・エクステンダブル・ランゲージ（柔軟な拡張可能な言語）の略である。

この年、ダグラス・エンゲルバートがユタ大学を訪ねて来た。彼はARPAの援助を受けてオンライン・システムズ（NLS）を開発していた。NLSは人間の知性の増幅器であり、概念空間の中の思考ベクトルでナビゲートする対話型のビークルであった。アラン・ケイはNLSのアイデアをFLEXマシンに取り入れた。

FLEXマシンでは、オブジェクトの参照はB5000のディスクリプタ（記述子）の一般化として実現された。FLEXのディスクリプタは2つのポインターを持っていた。1つはオブジェクトのマスターへのポインターであり、もう1つはオブジェクトのインスタンスであった。

このあたりでアラン・ケイは哲学者のルドルフ・カルナップの『意味と必要性　セマンティックスとモーダル・ロジックの研究』から影響を受けた。

アラン・ケイは、オブジェクト指向システムとは、各オブジェクトがそれに対して送られたメッセージに対応して動作するようなシステムと考えた。抽象的で、ある程度プログラムが分からないと理解するのが難しいかもしれない。

博士課程在学中にアラン・ケイは、有名な人工知能学者マービン・ミンスキーに出会った。ミンスキーは伝統的な教育の方法を激しく批判した。教育や学習について考え直すことが必要だと説いた。アラン・ケイはミンスキーを通じて子供の教育についてジャン・ピアジェやシーモア・パパートを知った。これが元になってジェローム・ブルーナーやマリア・モンテッソーリに対する関心を持つようになる。

一九六八年夏、アラン・ケイは、FLEXマシンをARPA主催の大学院生の会合で披露した。FLEXマシンは、オブジェクト構造、コンパイラ、バイトコード・インタープリタ、入出力ハンドラ、簡単なテキスト・エディタを詰め込んでいた。

後年、アラン・ケイは、一九六九年九月にARPAの資金援助を受けてRAND社でトム・エリスを中心とするグループによって開発されたグラフィカル・インプット・ランゲージ（グラフィカル入力言語：GRAIL）システムを見て衝撃を受けた。GRAILはJOSSのグラフィックス版とも言えた。

一九六八年、アラン・ケイがユタ大学に提出した修士論文の表題は『FLEX柔軟で拡張可能な言語』である。FLEXマシン、フラット・パネル・ディスプレイ、GRAIL、思想家マーシャル・マクルーハン、シーモア・パパートのLOGOなどが渾然と交じり合って、パーソナル・コンピュータはどうあるべきかという構想が出来上がっていくことになる。

一九六九年、アラン・ケイがユタ大学に提出した博士論文の表題は『リアクティブ・エンジン』である。17世紀にチャールズ・バベッジがコンピュータの遠い始祖であるアナリティカル・エンジン（解析機関）を作ったが、エンジンと呼んだことに倣《なら》ったと思われる。

ダイナブック

アルドゥス・パイウス・マヌティウス（以下アルドゥス・マヌティウス）は、15世紀のベニスの印刷業者であった。印刷技術の発明者グーテンベルグは大型の本を作り、頁番号をふらなかった。アルドゥス・マヌティウスは、本を8つ折版に小型化した。これによって本が持ち歩けるようになった。またノンブル（ページ番号）を採用した。これで引用が容易になった。

アラン・ケイはアルドゥス・マヌティウスに刺激を受けて、パーソナル・コンピュータはノートブック程度の大きさでなければならないとした。これがダイナブックの思想に成長していく。

ダイナブックとは、大体次のコンセプトに集約される。

「携帯型で、普通のノートブック程度の大きさと形で、個人用で、それだけで全てが備わった知識の操作機であり、視覚にも聴覚に対しても訴えられる十分な能力を持ち、記憶したり変更したいと考えられる、あらゆるデータを蓄えるのに十分な記憶容量を持っている」

そのための具体的な要請として、アラン・ケイによれば、まず50万ピクセル程度の高解像度画面が必要である。次にいろいろなフォントを持つことが必要である。編集能力、描画ペイント能力、アニメーション・音楽の能力も必要である。また特にシミュレーション能力が重視されている。

アラン・ケイのダイナブック構想を支える独特な部分に、メディア論がある。多少抽象的だが、紹介しておこう。

・あらゆるメッセージは、何らかの意味で、あるアイデアのシミュレーションである。それは、具体的にも抽象的にも表現される。メディアの本質は、メッセージの埋め込まれ方、加工のされ方、見られ方に依存する。

・デジタル・コンピュータは、元々算術計算のために設計されたが、どんな記述的なモデルの詳細に対してもシミュレートできたということは、コンピュータをメディアそのものと見なせば、メッセージの埋め込まれ方、加工のされ方、見られ方が十分であれば、あらゆるメディアとなり得るということである。

ここが、もっとも難解で独特な思想である。

・さらにこうしたメタメディアは能動的である。それは質問や実験に答えることができる。したがってメッセージは学習する人を双方向の会話に巻き込む。こうした特質は個々の教師というメディアを通してでは、これまで得られなかったものである。

つまり、文字処理能力だけでなく、高度の音声処理能力や画像処理能力を伴えば、一方的でなく、パソコンとの対話的なコミュニケーションができるということだろう。

今では当たり前となった要求仕様だが、一九七七年当時、こうしたダイナブックの思想はまだ実現に程遠いものだった。ダイナブックは、夢だと思われた。

アラン・ケイによれば、「あらゆる情報に関する必要性を満たし、ノートブック程度の大きさで、誰でも所有でき、あらゆるデータを記録できる個人用のダイナミックメディアがダイナブックである」という。

一九六九年、アラン・ケイはユタ大学で博士号を取得した。一九六九年アラン・ケイはバトラー・ランプソンのCAL-TSSの講演を聴いて感動した。オブジェクト指向OSと思った。

そして一九六九年七月、スタンフォード大学人工知能研究所（SAIL）に移った。ジョン・マッカーシーの研究所である。パロアルト市アラストラデロ・ロード1600番地（1600 Arastradero Road, Palo Alto）にある。スタンフォード大学の裏手で恐ろしく辺鄙なところだ。グーグルの航空写真でご覧になるとよい。ジョン・マルコフの『パソコン創世　第2の神話』服部桂訳の123頁に出てくる。GTEの直流電力ビルである。

マッカーシーのSAILでアラン・ケイはLISP言語を本当に理解したと言っている。面白いことに、アラン・ケイはSAILで人工知能には興味を持ち、影響も受けたが、人工知能研究には距離を置いた。

アラン・ケイのSAILからPARCへの異動がいつだったのかは特定しにくい。アラン・ケイは一九七一年六月以前にゼロックスPARCに入所している。それはアラン・ケイの『トランスデューサーズ』という論文がPARCの所属で出ていることからも分かる。

またアラン・ケイがPARC入所を決めたのはBCCが一九七〇年十一月三日に倒産し、BCCの6人のグループがPARCに一九七一年一月に入所した後である。したがって一九七一年一月か二月頃にPARCに入所したものと思われる。

このあたりでアラン・ケイは前から抱いていたキディコンプ（KiddyKomp）というノート型コンピュータのアイデアをミニコム（miniCOM）に変えた。これはデータ・ゼネラルのNOVA1200のようにビット・スライス的なアプローチだった。またスモールトーク言語のアイデアを出した。

未来を予測する最良の方法

アラン・ケイは、一九七一年ゼロックスのPARCに移った。PARCでは、システムズ・サイエンス研究室（SSL）の下のラーニング・リサーチ・グループ（LRG）を創って、そこを率いることになった。

アラン・ケイは、当時ゼロックスのコーポレート・プランニング・ディレクターを務めていたドン・ペンドリーに我慢がならなかった。ドン・ペンドリーはPARCでおこなわれている研究を監視するような立場にあった。ドン・ペンドリーはアラン・ケイの言っていることを全く理解せず、世の中のトレンドと、未来はどうなるのかにしか関心がなく、ゼロックスはどう備えたらよいかしか考えていなかった。

世の中の流れに付いていくだけの受動的な考え方にアラン・ケイは腹を立てて言った。

「未来を予測する最良の方法は、未来を実現してしまうことです。ほかの人がどう考えようと煩わされることはありません。今はほとんどどんな明確なビジョンだって立てられる時代なんです」

アラン・ケイは、ディスプレイ・トランスデューサーを提案したが、しかし、ドン・ペンドリーはアラン・ケイの言っていることが全く分からなかった。

一方でアラン・ケイも浮世離れしていた。当初SSLのオフィス・コミュニケーション・グループを仕切っていたビル・イングリッシュがアラン・ケイの擁護に回って、SSLにラーニング・リサーチ・グループを創らせた。そして君は予算を獲得しなければならないと言った。アラン・ケイの返事がふるっている。

「予算って何です？」

「予算を持っていませんか」

一九七二年九月、MAXCを完成させたバトラー・ランプソンとチャック・サッカーは、システムズ・サイエンス研究室（SSL）のラーニング・リサーチ・グループ（LRG）のアラン・ケイを訪ねた。

2人はアラン・ケイに尋ねた。

「予算を持っていませんか」

アラン・ケイが、怪訝な顔をして答えた。

「SSLのNOVAにキャラクタ・ジェネレータを装備するための費用として23万ドル持っていますよ」

すると2人は言った。

「そのお金で小さなコンピュータを作らせてもらえませんか」

2人はIBMシステム360／65の能力に匹敵し、NOVAより10倍高速のコンピュータを500ドル以下で作りたいという夢を実現したいのだという。かなりのはったりである。

チャック・サッカーは、SDSに立ち寄ったおり、SDSの副社長のビル・ビーテクに向って「3か月でコンピュータを作ってみせます」と大見得を切ってしまった。ワイン1本を賭けることになっていた。男気のあるアラン・ケイは23万ドルをこの奇妙な申し出のために用立ててやった。こうして伝説的なALTOが誕生することになった。

後づけの論理では分散パーソナル・コンピューティング環境を実現するために、多数の人間が利用できる大型のタイム・シェアリング・システムでなく、個人で使用できる分散型コンピュータを作るということである。ALTOは、初のパーソナル・コンピュータであるとアラン・ケイは主張するが、初のパーソナル・ワークステーションと呼んだ方が適切だろう。パーソナル・コンピュータと呼ぶには大きすぎる。何とか机の下に押し込めるというだけである。

ALTOのハードウェア・マニュアルを読んでみると、主設計者はチャック・サッカーとエドワード・マクライトで、これにアラン・ケイやバトラー・ランプソンが加わったとある。またチャック・サッカーの書いた文献にはバトラー・ランプソンが主設計者とある。設計思想はバトラー・ランプソン、実際の設計はチャック・サッカーと、その補助にエドワード・マクライトがいたと考えてよいだろう。

バトラー・ランプソンは一九九五年から米国マイクロソフトの研究所に、サッカーは一九九七年から英国マイクロソフトの研究所にいる。エドワード・マクライトは、その後アドビに転職した。

●データ・ゼネラルのミニコンNOVAのマニュアル
ゼロックスPARCのSSLではNOVAを多数保有していた。

SSLの予算でCSLがALTOを作るのは不自然だが、CSLの室長ジェリー・エルキンドがゼロックス本社に出かけていて数か月留守をしている隙におこなわれた。

ともかく一九七二年十一月二二日チャック・サッカーはALTOの設計にかかった。3か月で作らねばならないということで、ALTOは手堅い設計となり、既存部品の転用

ALTOのマニュアル
CSL-79-11

や流用がおこなわれた。ＭＡＸＣのメモリ・ボードやディスク・コントローラが転用された。

そうはいうものの新機軸もあった。ＡＬＴＯではマイクロパラレル処理という並列処理機構が採用された。マルチタスクという言い方もある。これにはチャック・サッカーの力が大きかった。

バトラー・ランプソンの一九七二年十二月の「なぜＡＬＴＯか（Why Alto）」というメモを参考にＡＬＴＯについてまとめてみよう。

ＡＬＴＯでは、８・５インチ×11インチのモノクロのビットマップ・ディスプレイが採用された。走査線は９０１本、水平方向６２０ピクセル、垂直方向８２５ピクセルであった。レター・サイズの紙をイメージしていた。

仕様は時間と共に変化していく。一九七六年のＡＬＴＯのハードウェア・マニュアルでは、走査線８７５本、水平方向６０６ピクセル、垂直方向８０８ピクセルになっている。一九七九年の「ＡＬＴＯ：パーソナル・コンピュータ」CSL－79－11というマニュアルでは、走査線８７５本、水平方向６０８ピクセル、垂直方向８０８ピクセルになっている。あまり細かいことを言っても意味がないが、仕様は流動的であった。

ＡＬＴＯでは、白地の紙の上に黒の文字が印字されるイメージを出すために、メモリに負担をかけることを承知で白黒反転表示をした。メモリは96キロバイトから１２８キロバイトであった。表示用に64キロバイトから96キロバイトがとられ、さらにアプリケーション・プログラムを収容するには、32キロバイトしか余裕がなく、かなり負担がかかった。一九七七年以後には512キロバイトまで拡張できるように変更された。

チャック・サッカーは、「半導体の集積度は18か月で2倍になる」というゴードン・ムーアの法則をあまり考慮に入れていなかったために、メモリ容量の不足に泣かされることになる。先のことをよく見通すより、手っ取り早く、すぐに動かせるものを作るというのがチャック・サッカーの基本的な考え方だったようだ。

ビットマップ・ディスプレイによってGUIが可能になり、さらにビットマップ・ディスプレイとレーザー・プリンターがイーサネット（Ethernet）によって結合されることにより、WYSIWYG（画面で見たままがプリンターで出力される）が可能になった。

ALTOのキーボードには上下左右方向のカーソル移動キーや、数値入力のためのテン・キーは付いていなかった。オフィス機器の開発と言いながら、ビジネス用途は全く考えていなかった。この点ではアップルⅡと大差がない。

キーボードのほかに、ダグラス・エンゲルバートのNLSの影響を受けて5本指入力のキーセットが用意されていた。使い方が難しくすぐに廃れてしまった。

ALTOでは、キーボードのほかに3つボタンのマウスが採用された。また2・5メガバイトのカートリッジ式のディスクが採用された。当初はディアブロの10メガバイトのディスクを使用する予定だったようだ。

CPUはマイクロプロセッサではなく、200個のICチップを載せた3枚の基板からできていた。そのため高速性は望めなかった。32個の16ビットのRレジスタのバンクが1つあり、32個の16ビットのSレジスタのバンクが8つあった。ALUはNOVA1200の影響を受けて、4ビットのALU74181を4つつなげて作られていた。

ALTOではNOVAの命令を実行できた。ということは、MAXCが、DECのPDP－10互換機であったように、ALTOはデータゼネラルのNOVA互換機の側面も持っていたようである。命令の構成を比較してみると、基本は同じである。ただALTOのメモリ空間はNOVAの2倍あったので、たとえばジャンプ命令などに変更が加えられているし、入出力命令なども独特なものが付け加わった。

ALTOでは、32ビットのマイクロ命令を使って、BCPL、スモールトーク、MESA、LISPなどのプログラムをエミュレーションで実行できた。BCPLだけがPROMに格納されており、後の言語はRAMにロードされる方式になっていた。ただしALTOでLISPを実行するには能力が不足しており、MAXCが使われ続けたようである。

ALTOでは対話型機能が重視されたが、数学的計算については手薄だった。浮動小数点数演算ハードウェアなどは用意されていなかった。

ALTOの誕生

ALTOの原型は、一九七三年四月には完成した。通常コンピュータの開発には数年かかるものである。ところがわずか6か月で最初の2台のALTOが完成した。信じられないほどの短期間である。

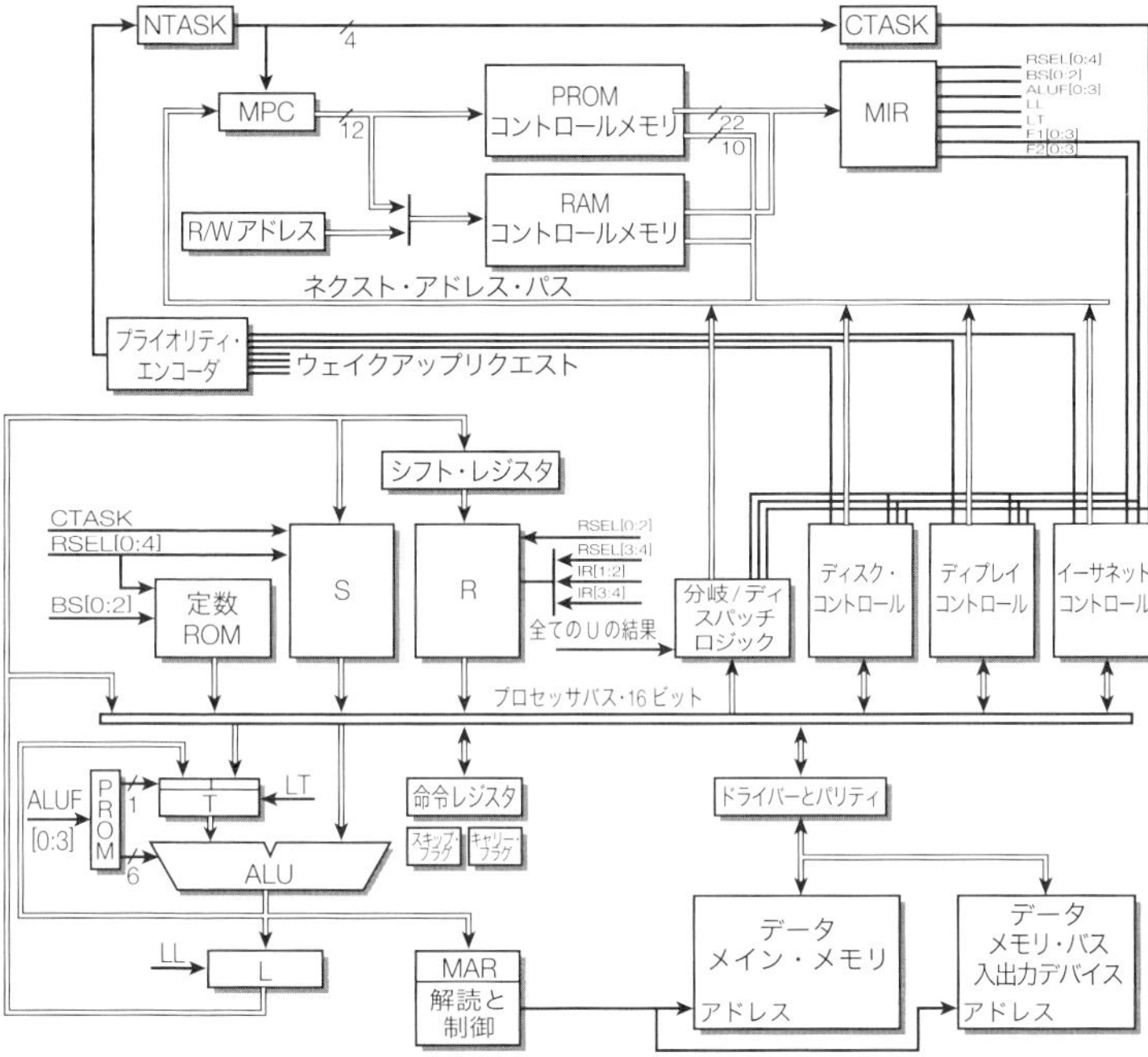

● ALTOのブロック・ダイアグラム

最初の2台のALTOには、J・R・R・トールキンの『指輪物語』の登場人物のビルボとガンダルフという愛称が付けられた。アラン・ケイは、非常に喜んで「暫定ダイナブック（Interim Dynabook）」と呼んだ。出来上がった最初のALTOのビルボの画面には、セサミ・ストリートのクッキーモンスターの画像が表示された。

ALTOの完成に驚喜したアラン・ケイは、彼なりの独特なやり方で祝った。2台のオルガンを購入し、音を録音し、デジタル化し、オルガンからの入力に応じて、メモリに入っている波形を表検索で探し出し、D／Aコンバータから出力させるシンセサイザーを作ったのである。なかなかうまく動作したようだ。

当初、ALTO用のOSはなかったので、プログラムはNOVAから送り込んだという。こういうことはNOVAとの互換性がないとできない。MAXCがPDP-10のコピーであったように、ALTOのハードウェアは、NOVAをCSL流にマイクロ命令を使ってコピーしたものであるから、そういうことが可能だったのである。

つまりALTOは、SSLに多数置いてあったNOVAをCSL流にマイクロ・プログラムという手法を使ってコピーしたのである。このまま製品化した場合には、データゼネラルの知的所有権に抵触したのではないかと思う。逃げの手としてはNOVAのエミュレータを作ったと言えばよいのかもしれない。だからNOVA用のソフトウェアは、ALTO上では大体動いた。

一九七三年七月三日付けのCSLの内部メモによれば、NOVA用のBCPL言語で書いたプログラムは問題なくALTOで動いたようである。またアデル・ゴールドバーグによれば、ALTOのスモールトークの本格的開発はNOVA上のBCPLで始められたという。またチャールズ・シモニーのBRAVOもNOVA用のBCPLでALTO上で開発された。

一九七三年四月の段階では、ALTOはイーサネットにはつながれていなかった。接続が可能になったのは一九七三年暮れ以降である。初めはALTOは、スタンドアローンのワークステーションだった。

チャック・サッカーの工夫は、タスク・ハンドリングにあり、それは一九七四年十月二九日に「マイクロプログラムされたデバイスにおけるタスク・ハンドリング」として特許申請はされた。これは一九七八年七月二五日に「データ処理機器におけるタスク・ハンドリング」として、米国特許4103330として成立した。入

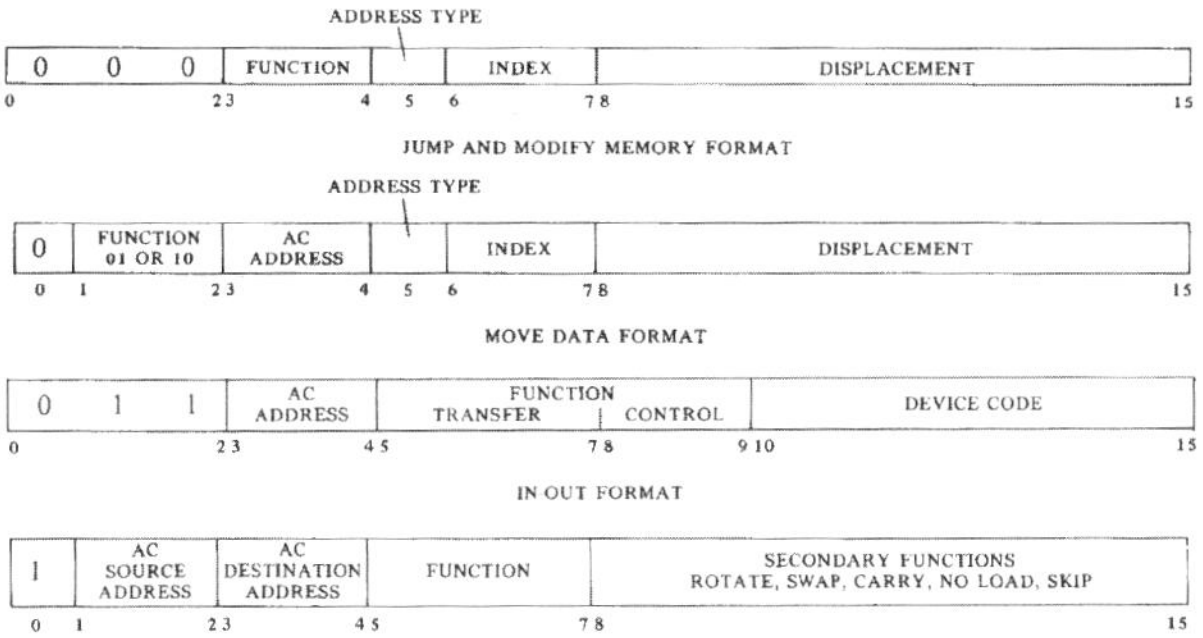

● NOVA の算術演算フォーマット

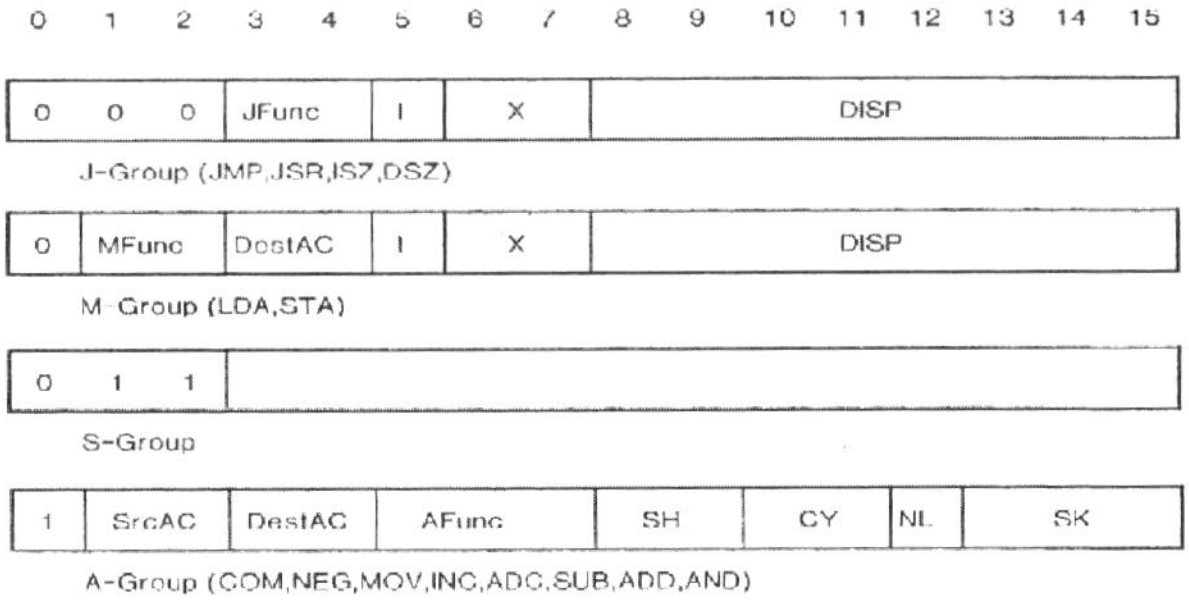

● ALTO の算術演算フォーマット
比較してすぐ分かるようにほぼ NOVA と同じである。

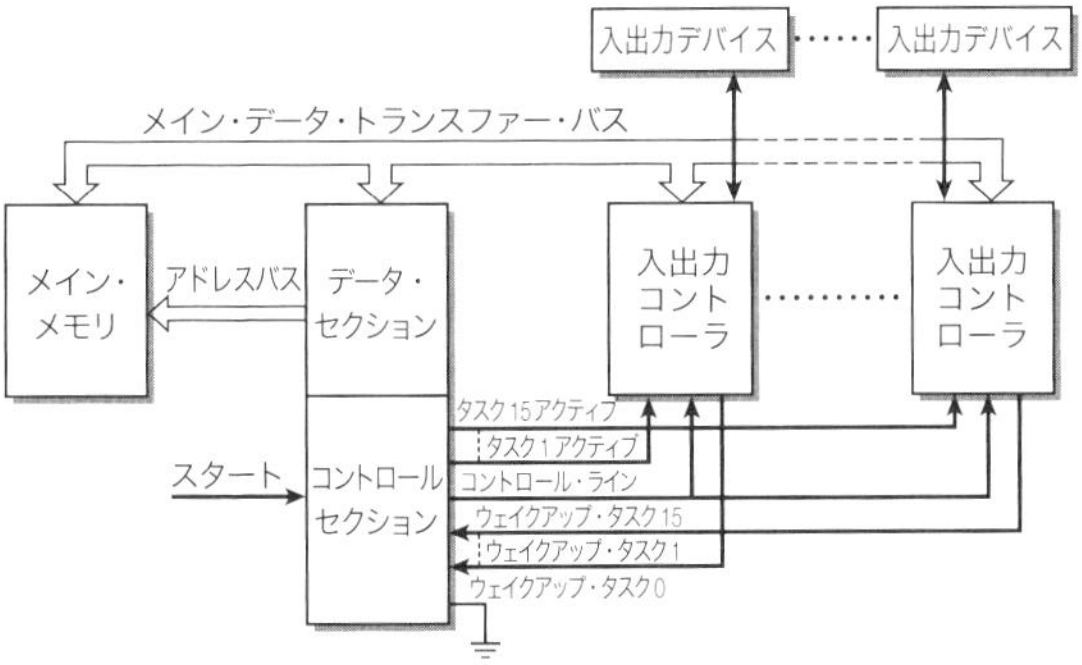

● ALTO でのデバイスのタスク・ハンドリング（米国特許 4103330）

出力機器ごとにタスクの優先度を割当て、タスクの切り替えをおこなった。一種のマルチタスクである。後のゼロックスSTARなどにも、この手法は取り入れられている。

ＡＬＴＯのＯＳやソース・コードや関連資料についてはコンピュータ歴史博物館から公開されている。興味のある方は検索してご覧になるとよいと思う。ただ多少の心得がないと読むのは難しいかもしれない。

一九七三年六月から七月にかけて、ＰＡＲＣもＳＤＤもパロアルト市コヨーテ・ヒル・ロード３３３３番地（3333 Coyote Hill. Palo Alto）の新しい建物に引越した。ＰＡＲＣが正式に公開されるのは一九七五年三月になってからである。

ジョン・エレンビーとＡＬＴＯⅡ

ＡＬＴＯは、当初30台製作する予定であったが、最終的には２０００台が製造された。当時としては驚くべき数である。ただし商品としては1台も売られなかった。これが奇妙なところである。

また、付け加えるべきことがある。ＡＬＴＯが２０００台も製造できたのは、当初の設計そのままであったからではない。

一九七四年、ジョン・エレンビーという英国人がＣＳＬの室長ジェリー・エルキンドによって採用された。ジョン・エレンビーが採用された当時、ＡＬＴＯはそう多くは存在していなかった。色々な人が様々な数字を挙げているが10台以下と思われる。

ALTOの製造は、エル・セグンドの元のSDSが担当することになっていた。SDSは、ゼロックスの戦略的方針の失敗から3年間連続で赤字を出し、累計損失は1億8千万ドルに及んだ。

一九七五年にオデッセイ委員会が組織され、SDSの現状を調査すると、将来の見込みは全くなく、どれほど安くしてもSDSには買い手がつかないだろうということになった。そこで一九七五年七月、13億ドルという多額の償却を計上し、SDSは解体された。この償却価格についても色々な説がある。

行き場のないエル・セグンドの部隊の士気喪失は著しく、またエル・セグンドとパロアルトのPARCとの間の対立も激しかった。ジョン・エレンビーは一九七五年七月、これに調停者として介入し、エル・セグンドで滞っていた12台のALTOを完成させた。研究所から製造現場への技術移転に乗り出したのである。

続いて一九七五年秋、ジョン・エレンビーは、ALTOの製造に当たるエル・セグンドの技術者の中核をスペシャル・プログラムズ・グループ（SPG）として再編し、ALTOを設計し直させ、効率的に量産できるものにした。チャック・サッカーがALTOの設計で間に合わせ的に使用した近道を全て取り替えた。またALTOでは省かれていたメモリの誤り訂正システムを付け加えた。これによって安いメモリ・チップを使用することが可能になり、製造コストを切り下げることもできた。またメンテナンスをしやすいように配置にも工夫を加えた。これをオリジナルのALTOと区別してALTOⅡと呼ぶことがある。これが最終的に2000台生産されたALTOである。

またレーザー・プリンターをドーバー（DOVER）と名付けゼロックス内に提供した。

ALTOが完成した一九七三年四月、テキサス州ダラス・ウェスト・モッキンバード・レーン1341番地

(1341 West Mockingbird Lane ,Dallas, Texas) に、38歳のロバート・ポッターを長とするオフィス・システム部門が作られた。ロバート・ポッターは、ロチェスター大学で光学に関して博士号を取得し、IBMの研究所に長く勤めた後、ゼロックスに入社した。

ロバート・ポッターの使命はIBMの磁気テープ内蔵型セレクトリック・タイプライターをしのぐワードプロセッサを作ることであった。当初、ロバート・ポッターは、PARCのCSLに構想を示し助力を求めたが、ロバート・テイラーは、プログラム可能でない電気機械式ワードプロセッサなど意味がないと一笑に付した。

そこでロバート・ポッター率いるオフィス・システム部門は、デイジー・ホイールを使った電気機械式ワードプロセッサであるゼロックス800を一九七四年に完成させた。これは、表示装置のCRTもネットワーク機能も付いていなかったので、きわめて不評であった。そこでロバート・ポッターのオフィス・システム部門は、汚名返上のためにゼロックス850の開発にかかろうとしていたのである。

一九七六年、ジョン・エレンビーは、ALTOⅡの成功の余勢を駆って、ALTOⅢの設計に乗り出そうとした。エレンビーは、オフィス・システム部門のゼロックス850に代わって、ALTOⅢを供給することを提案した。ゼロックスのプランニング部門はこれに賛成し、ネットワークにイーサネットを採用するところまではいったが、ALTOの採用はオフィス・システム部門の強力な反対にあって挫折した。ロバート・ポッターは、ゼロックスの掲げる未来のオフィスは革命ではなく、漸進的改革であると規定しており、発想が平凡で保守的であった。

さらに不幸なことにALTOⅢは、SDDという部門が計画しているALTOの後継のゼロックスSTARと衝突するとして握りつぶされた。ALTOはビジネス上の戦機を逸したのである。

しかし、ともかくゼロックスPARC内部にはALTOが行き渡り、それがロバート・メトカルフェの発明したイーサネット・ネットワークでPARC内部と自由に接続され、さらにARPAネットにつながって全米のコンピュータと自由にプログラムやデータを交換できることになった。

ALTOの上では、スモールトークやメサ（MESA）、BCPLなどの言語が使え、GUIが動いた。またALTO上で動くことになるワードプロセッサのブラボー・ジプシー、電子メールのローレル、回路図設計のSIL、ビットマップ描画ソフトのマークアップ、スプライン曲線描画のドロー、スプライン・フォントのフレッドなどは、後の時代に大きな影響を与えた。

ローリング・ストーン誌事件

一九七二年十二月、ローリング・ストーン誌がスチュアート・ブランドの「スペースウォー！：コンピュータ・バムたちの狂信的な生と象徴的な死」を掲載した。面白いことに一九七二年五月にゼロックスの取締役会を去ったマックス・パレフスキーが資金を出し、ローリング・ストーンの取締役会長になっていた。

この記事もインターネットのおかげで読めるようになった。またこれを採録した『Ⅱ（ツー）サイバネティック・フロンティアーズ』という本もアマゾンから入手できる。著者のスチュアート・ブランドは『ホール・アース・カタログ』の編集者として有名である。

◆『ホール・アース・カタログ』については『スティーブ・ジョブズ 青春の光と影』274頁を参照されたい。

この記事は、「スペースウォー！」ゲームを縦糸とし、PARCとアラン・ケイを絡ませている。スチュアート・ブランドはロバート・テイラーの許可は得たが、ゼロックス本社やPARCの許可を得ないまま数週間、自由に取材を続けたようだ。本来、アラン・ケイは「スペースウォー！」というゲームには関係がないわけではないが、それほど深い関心を示していたとは思われない。それでいてアラン・ケイはかなり発言している。記事そのものは、かなり強引なこじつけのようにもに思われる。

しかし、この記事は大問題となった。多分、一番問題になったのは写真だろう。アラン・ケイの写真は2枚あるが、1枚はビーンバッグ・チェアーにラフな服装で肘をついて、どちらかと言えばだらしなく座っている。ピーター・ドイッチは、長髪に髭を伸ばし、ヒッピーそのものである。部屋の壁にはポスターが2枚貼ってあり、自転車が置いてある。ロバート・テイラーは、ボタンダウンのシャツにラフなスタイルでパイプをふかしている。

これはゼロックスの企業文化に合わない。写真に写っているのはゼロックスが巨費を投じて設立した最新の研究所にいる科学者というイメージではない。だらしなく放縦なヒッピーというイメージである。服装だけではない。思想的にもピーター・ドイッチは、サンフランシスコのリソース・ワンという反体制的な組織に出入りし、XDS940のソフトウェア管理を引き受けていた。

蛇足であるが、ここでスチュアート・ブランドの記事で、リソース・ワンの社長（リーダー）のパム・ハートの写真を見て、あっと驚いた。なんと彼女はうら若い少女のような女性であった。私はパムがパメラの愛称であることに気が付かなかった。

◆リソース・ワンについては『スティーブ・ジョブズ 青春の光と影』の296頁を参照されたい。

ゼロックスが求めていたのは一流企業にふさわしいイメージの保持で、そのため役職者であろうと誰であろうと広報担当の許可なしには報道機関と接触してはいけないことになっていた。発言は事前に厳しく制限され、広報担当は全ての報道をチェックし、小さなことでもきわめて厳しく抗議していた。ところが、ローリング・ストーン誌の取材は、全くゼロックスの広報担当の許可なしにおこなわれ、しかもゼロックスとしては許すべからざる内容であった。

そこでPARCの全所員に身分証明バッジが渡され、PARCの全ての出入口にはセキュリティが配置された。訪問者はここで全て止められ、チェックを受け、機密保持誓約書（NDA）に署名させられた。

またPARCの全所員は、報道メディアとの接触を厳しく制限された。インタビューや取材はなかなか許されず、許された場合も広報の立会いのもとでであった。通常のメディアに発表する場合はもちろん、学会に発表する場合でも法務部門のチェックが入り、特許に触れたりしていないか、機密漏洩がないか厳重に審査された。

こうした意味では、ロバート・テイラーのPARCのイメー

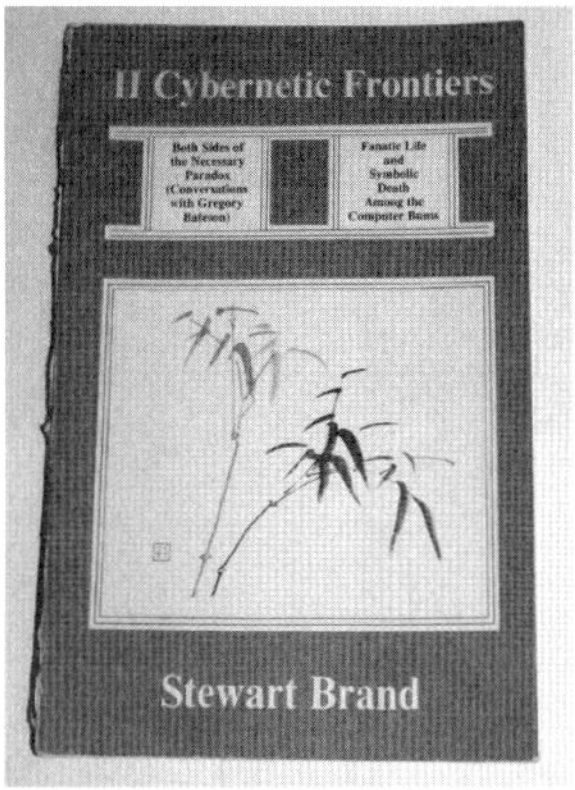

●II サイバネティック・フロンティアーズ
「スペースウォー！」の記事は後半にある。

ジアップ作戦は、対ゼロックス本社で考えると完全に裏目に出た。ただし、スチュアート・ブランドの記事で32歳のアラン・ケイは一挙にコンピュータ世界のカリスマとなった。

アラン・ケイは、これに懲りてダイナブックの思想やスモールトークの発表などにも神経質すぎるようになったという。アデル・ゴールドバーグはそう言っている。

一九七四年に刊行された『Ⅱ（ツー）サイバネティック・フロンティアーズ』は「スペースウォー！」の記事だけでなく、グレゴリー・ベイトソンとのインタビュー記事も取り入れている。だからツー（2つ）なのである。前半に取り入れられた記事はきわめて難解で、あらかじめグレゴリー・ベイトソンの『精神の生態学』や『精神と自然』くらいは読んでおかないと理解できないだろう。あるいは読んでも理解できないかもしれない。後半の「スペースウォー！」の記事で違うのは付録2で、一九七二年のものは「スペースウォー！」のプログラムだけになっているが、一九七四年のものは図に置き換わっている。アラン・ケイの手書きと思われる。これをゼロックスの広報はチェックしたのだろうか？

一九七二年ゼロックスは苦しんでいた。連邦取引委員会（FTC）からは、独占禁止法違反で提訴された。一九七三年には全社の組織を次のように改組した。どこが違うのか分かりにくい名称だ。まして略称だけで呼ばれたら、何のことやらと思う。

- インフォーメーション・テクノロジー・グループ（ITG）
- インフォーメーション・システム・グループ（ISG）
- ビジネス・デベロップメント・グループ（BDG）

第十二章　スモールトーク

アラン・ケイの率いるグループは、有名なオブジェクト指向言語のスモールトーク（Smalltalk）を開発する。アラン・ケイによれば、スモールトークとはインド・ヨーロッパ語族の神がゼウス、オーディン、トールなどとはったりの利いた名前を付けられているのに反発したからだという。

バイト(BYTE)誌のロゴ(LOGO)特集号
タートル・グラフィックスの亀が面白い。

アラン・ケイは、マービン・ミンスキーのロゴ（LOGO）という、子供の教育用に作られた言語に強い関心を持った。LOGOは子供の自発性や主体性、創造性を引き出すことを狙った言語であると言われている。特にタートル・グラフィックスが有名である。この言語を開発したシーモア・パパートは、この言語で金持ちになりたかったらしいが、そういう意味では必ずしも成功しなかった。

アラン・ケイはLOGOにいたく心を動かされ、マイクロワールド

●バイト(BYTE) 誌のスモールトーク特集号

とか知的増幅装置という考え方に到達したと言われている。スモールトークをはじめとするアラン・ケイの一連の業績は、ＬＯＧＯの影響を受けている。

スモールトークは次のように発展している。

スモールトーク71（一九七一年～一九七二年）
スモールトーク72（一九七二年～一九七四年）
スモールトーク74（一九七四年～一九七六年）
スモールトーク76（一九七六年～一九七八年）
スモールトーク78（一九七八年～一九八〇年）
スモールトーク80（一九八〇年～一九八三年）

順次見ていくことにしよう。

ダン・インガルズ

アラン・ケイがスモールトークの父なら、ダニエル・インガルズ（以下ダン・インガルズ）は、スモールトークの生みの親と言える。

ダン・インガルズは、一九四四年ワシントンＤＣに生まれた。一九六二年ハーバード大学の物理学科に入学した。ハーバード大学ではFOTRAN言語プログラミングとアナログ・コンピュータのコースを取った。一九六六年スタンフォード大学大学院の電気工学科に入学した。専攻は無線科学であったようだ。ドン・クヌースのコースを取った。

ダン・インガルズは、修士課程在学中に一度起業しようとして失敗。復学して修士号を取得し、再び起業しようとして失敗した。プログラム中にカウンターを入れてFORTRANプログラムの動作測定をする性能解析ツールを作成した。COBOLに対しても性能解析ツールを作った。CDCのサービス・ビューローで言語認識にFORTRANを使っている技術者と知り合いになった。それがPARCのメディア・コンバージョン・グループで働いていたジョージ・ホワイトだった。

そのつてでダン・インガルズは、PARCに入り、SDSのシグマ3でFORTRAN用の対話型環境を作り、テキスト・エディタも作った。ダン・インガルズは、それまでにPL／I用の半対話型環境やAPLの対話型環境の経験があった。不思議なことにLISPの対話型環境は扱わなかったという。ともかくダン・インガルズは、アラン・ケイのグループに参加することになる。

スモールトークの実装は、ほとんど全てダン・インガルズがやったようだ。アラン・ケイは、アイデアと方針を示しただけだったようだ。

■スモールトーク71

スモールトーク71の実装では、何と驚くべきことにBASIC言語でプログラミングした。1000行という大きさのプログラムで、本人の言では6の階乗（6!）を計算させただけだったという。

この場合、動的検索プロセスと新しいスタック・フレームやガベッジ・コレクションの参照カウントを工夫する必要があったというが、どこのBASICで、どうやったのだろうと興味深い。

■スモールトーク72

2か月後にNOVA上で、スモールトークのアセンブリ言語によるプログラムが書かれた。これがスモールトーク72である。

スモールトーク72の特長は、オブジェクトの格納管理、プログラム・コードのトークン表現、クラスの非明示的な導入、テキストの表示、タートル（亀）・グラフィックスなどが特徴である。トークンの動的検索が非効率的だったという。

一九七三年四月、ALTOが出来上がると、すぐさまNOVAからALTOに移植された。命令形式はNOVAとALTOは同じであるから、比較的順調だったろう。

■スモールトーク74

ここではアラン・ケイの提案したオーバーラッピング・ウィ

●スモールトーク72のインストラクション・マニュアル

ンドウに必要なビットブリット（bitBlit）技術が導入された。当初、ビットブリットは、スモールトークのプログラムで走らせ、次にアセンブリ言語のプログラムで走らせ、次にALTO用にマイクロコード化したという。カーネルを全て書き直し、グラフィックスは全てビットブリットを使うように変更したという。

メモリの制約が厳しかったことからバイト・コードが採用された。ピーター・ドイッチの開発したLISP用のバイトコードにヒントを得たという。

スモールトーク74では、仮想記憶を実現するオブジェクト指向ゾーンド環境（OOZE：ウーズ）ができた。この仮想記憶によって1メガバイト程度にメモリ空間を拡張できたというが、効率はあまりよくなかったと思われる。

またスモールトーク74では、オブジェクト指向が明確になった。クラスが明示的に導入され、クラスの階層性と継承性が導入された。メッセージ・ストリームの定式化がおこなわれ、メッセージのディクショナリ（辞書）が導入された。さらにマイクロコードによるエミュレータが高速化された。

■スモールトーク76

スモールトーク76の実装もアセンブリ言語でおこなわれた。このとき、またオブジェクト指向に必須のクラスの考え方が本格的に導入された。

このあたりで、スモールトークはアラン・ケイが最初に考えていたシステムと乖離しつつあった。アラン・ケイは、いっそスモールトークのディスクパックを焼き払おうとまで言った。ダン・インガルズは苦い顔をした。スモールトークはアラン・ケイの手から離れつつあったのである。

■スモールトーク78

スモールトーク78は、インテル８０８６に対応した。これがノートテイカーに搭載されることになる。インデックス付けされたオブジェクト・テーブル、リファレンス・カウントなどが特長である。

■スモールトーク80

スモールトーク80は、不思議なことにC言語とアセンブリ言語で実装され、スモールトーク80で実装されたのではなかったという。オブジェクト指向言語を非オブジェクト指向言語で実装するのは不思議だ。それならC言語でなくC＋＋言語で実装すればよさそうなものだが、C＋＋言語の登場は一九八三年であり、まだ存在していない。

またこの時点でスモールトークの仮想機械のシステムが書かれた。色々なメーカーのマシンへの移植性を高めるためである。ダン・インガルズはデイブ・ロビンソンと一緒にバイトコード・インタープリタのスモールトーク・エミュレータを書いた。またテッド・ケーラーがスモールトークでシステム・トレーサーというプログラムを書いた。仮想記憶システムを書いた。

◆これらの詳しい話は『コーダーズ・アット・ワーク』というインタビュー集にあるので、興味のある方は参照されたい。

スモールトークは、ＡＬＴＯと切り離しては考えられない。ＧＵＩとスモールトークがあって、ＡＬＴＯの環境が出来上がるのだが、マッキントッシュが実現していたのはＧＵＩ環境だけで、スモールトークのオブジェクト指向がマッキントッシュの世界に進出するには、かなりの時間がかかっている。ウィンドウズにしても、ＧＵＩ環境は比較的簡単にまねができたが、スモールトークのオブジェクト指向がボーランドＣ＋＋やビジュアルＣ＋＋として入ってきたのはかなり後である。形だけまねて、オブジェクト指向は取り入れていなかったのである。

アデル・ゴールドバーグ

アデル・ゴールドバーグは、一九四五年オハイオ州クリーブランドに生まれた。姉がいて双子であった。都合、３人の女姉妹であった。

アデル・ゴールドバーグの父親が３歳のとき、ゴールドバーグの祖父が死亡したので、彼女の父親の学歴は高校卒であった。彼はインダストリアル・エンジニアとして色々な職場で働いた。アデル・ゴールドバーグの母親は大学の数学科を卒業して高校に勤めた。教師というより秘書的な仕事をしていたようだ。アデル・ゴールドバーグが生まれると子育てに専念した。

一家は彼女が11歳になるまでクリーブランドにいて、それからイリノイ州シカゴに移った。シカゴの北部だったらしい。アデル・ゴールドバーグは、子供の頃から数学が好きだった。

一九六三年、アデル・ゴールドバーグは、ミシガン州アナーバーのミシガン大学に入学した。多少不幸なことに気候も食物も合わなかったようだ。ゴールドバーグは数学を専攻した。非常に強い記憶力があり、一度見た証明は眼を閉じると鮮明に再現できたという。ゴールドバーグという姓はドイツ系のユダヤ人に多い姓で、この記憶力の話からも優れた能力を持つユダヤ人だったのではないかと思う。

またアデル・ゴールドバーグは、コンピュータのプログラムのコースを取って、ＩＢＭシステム／３６０でプログラミングも学び始めた。３年修了時、ドイツのミュンヘンの大学に行ったが、世話をしてくれた人が住まいの手配を忘れていた。数週間、家探しをしたが見つからない。そこで自宅に電話してユーレイル鉄道パスを手に入れ、半年かけてヨーロッパ、中東の各地を回り、最後にイスラエルまで行って米国に戻った。各地でＩＢＭの文字のついた大きなビルを見つけたことが強く心に残ったようだ。

アデル・ゴールドバーグは、帰国して父親にＩＢＭのことを話した。父親は勤務先の会社でＩＢＭのコンピュータを使っていた関係で、どこかに手を回して一九六六年夏、ＩＢＭのインストレーション・センターでアルバイトをできるようにしてくれた。仕事はＩＢＭ４０７会計機に関係するもので、プログラムはコントロール・ボードでワイヤーの配線でおこなうものだった。昔の電話の交換機のプラグ・ボードを想像すればよい。

夏で仕事もあまりなかったので、アデル・ゴールドバーグは、センターに備え付けのマニュアルを片端から引き出して読んでＩＢＭ４０７の操作を自習した。このマニュアル類はインターネットからダウンロードできるが、歯車とモーターが中心のものすごい電気機械式のマシンである。プログラミングの仕方は

『ＩＢＭリファレンス・マニュアル　４０７アカウンティング・マシン（IBM Reference Manual 407 Accounting Machine)』というマニュアルに書いてある。丁寧に書いてあるが、そう簡単ではない。

　あるとき、客先でＩＢＭ４０７が故障したので、アデル・ゴールドバーグが修理した。当時、若い女性がＩＢＭの会計機のコントロール・ボードの配線を操作できるとは、想像もできないことであって、みんなが驚いたらしい。

　一九六七年、４年生の春学期、アデル・ゴールドバーグは、アルバイトを探して、カール・ジン率いる学習と教育法の研究センター（ＣＲＬＴ）で働くことになった。ここではＩＢＭ１５００上でコースライターⅡというソフトウェアを動かしていた。アデル・ゴールドバーグはドイツ語が話せたのでドイツ人向けのクラスで教えられるので重宝された。ここで教育にコンピュータ技術を使うことと、プログラミングに関してより深いレベルの理解を得た。

　海外を見たから米国内も旅行しなければと言うことでデンバー、コロラド、ニューヨークと回り、最後にサンフランシスコに着いた。ここでは友人の女性のＵＣバークレーの寮に滞在した。ここでまたＩＢＭのサンフランシスコ・ビジネス・オフィスを訪ねて夏期のアルバイトをさせてくれと頼み込んで成功した。時は一九六七年。ベトナム戦争の真っ只中で、アデル・ゴールドバーグは、サマー・オブ・ラブやヘイト・アシュベリー地区のヒッピーなどにカルチャー・ショックを受けた。

◆この当時のことは、『スティーブ・ジョブズ　青春の光と影』103頁あたりに書いてある。関心のある方は参照されたい。

アデル・ゴールドバーグは、IBMには入社せず、シカゴに戻ってシカゴ大学大学院の情報科学科に入学した。2年間で修士号は獲得できそうだった。次は博士課程ということになるが、博士課程に進むには奨学金を必要としていたが、当時は女性が工学分野で活躍することは想定されていなかったので、難しいと思われた。それでも一九六八年アデル・ゴールドバーグは筆記試験を受け、口頭試験に臨んだ。

博士課程で何を研究するつもりかと聞かれて、教育工学と答えた。当時のシカゴ大学は原子力委員会の委託による原子力の研究が中心で、教育工学を専攻する大学院生に出せる奨学金の余裕はなかった。

だが、ローマン・ワイル教授がスタンフォード大学から来ていたパトリック・サッペス教授に助けを求めた。パトリック・サッペスはスタンフォード大学の社会科学における数学的研究院（IMSSS）のディレクターの1人であった。ローマン・ワイルがパトリック・サッペス歓迎ディナー・パーティを開き、アデル・ゴールドバーグも招待された。その席でアデル・ゴールドバーグが教育にコンピュータを使っている現場に参加したいので、スタンフォード大学に1年程招待してもらえないかと聞くと、瞬時にOKが出た。そこで一九六九年アデル・ゴールドバーグはシカゴ大学に籍を置いたまま、スタンフォード大学の客員研究員になった。

パトリック・サッペスは、オンライン・システムを使った数学の公理系の証明の問題に取り組んでいた。アデル・ゴールドバーグは機械的な定理証明機のアイデアを出した。最終的には完全性の証明の問題となり、集合論を使って証明したという。原論文を見られないので詳しいことは分からない。ともかく、博士号は取得したらしく、一九七二年にはブラジルのリオ・デ・ジャネイロの大学で教えていた。

一九七三年六月、アデル・ゴールドバーグは、アラン・ケイに誘われて、ゼロックスのPARCのシステム・サイエンス研究室（SSL）のラーニング・リサーチ・グループ（LRG）で身重のまま働き始めたという。

　アラン・ケイは、スモールトークは子供にも使えるほどシンプルな言語であることを証明したがった。

　そこでアラン・ケイとアデル・ゴールドバーグは、一九七三年、パロアルト市ノース・カリフォルニア・アベニュー750番地（750 North California Avenue, Palo Alto）にあるジョーダンロード中学校の7年生を相手に、PARCのビルディング34でスモールトーク72の教室を開いた。

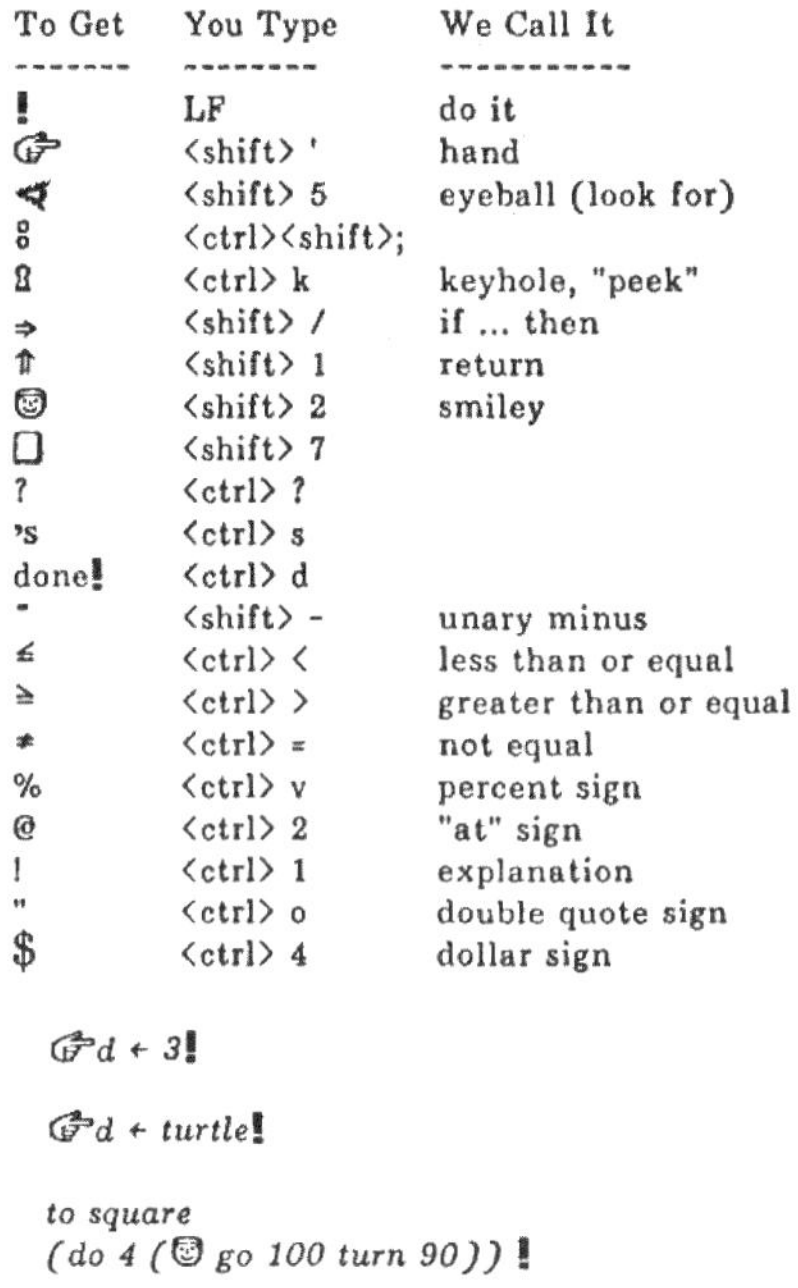

To Get	You Type	We Call It
!	LF	do it
☞	\<shift\> '	hand
◁	\<shift\> 5	eyeball (look for)
⦿	\<ctrl\>\<shift\>;	
🕳	\<ctrl\> k	keyhole, "peek"
⇒	\<shift\> /	if ... then
⇧	\<shift\> 1	return
☺	\<shift\> 2	smiley
▯	\<shift\> 7	
?	\<ctrl\> ?	
's	\<ctrl\> s	
done!	\<ctrl\> d	
-	\<shift\> -	unary minus
≤	\<ctrl\> \<	less than or equal
≥	\<ctrl\> \>	greater than or equal
≠	\<ctrl\> =	not equal
%	\<ctrl\> v	percent sign
@	\<ctrl\> 2	"at" sign
!	\<ctrl\> 1	explanation
"	\<ctrl\> o	double quote sign
$	\<ctrl\> 4	dollar sign

to square

(do 4 (☺ go 100 turn 90))!

●スモールトーク72で使われた絵文字

　この当時のスモールトークは、子供向けということもあってか、絵文字を多用していた。エジプトの象形文字のようなプログラムである。スモールトークが本格的なビジネス言語に成長していくに従って絵文字は次第に消されていく。さらにアラン・ケイとアデル・ゴールドバーグは、PARCに無断でジョーダンロード中学校にALTOを持ち出してしまった。これでアラン・ケイは叱責を受けた。それでもALTOは回収されることはなく、そのまま設置されていた。
アデル・ゴールドバーグは一九七九年にはシステム・コンセプト研究室のマネージャになった。一九八四年にはアソシエイション・フォー・コンピューティング・マシナリー（ACM）の会長になっている。一九八七年にはアラン・ケイ、ダン・インガルズと共にソフトウェア・システムズ・アウォードを受賞している。一九八八年にPARCをスピンオフして、PARCプレイス・システムを設立し、最高経営責任者兼会長になった。

アデル・ゴールドバーグは、スモールトーク80の解説書を執筆した人として有名である。次のような本を書いている。

・『スモールトーク80 言語とインプリメンテーション』
（青本）一九八三年刊　714頁
アデル・ゴールドバーグ、デイビッド・ロブソン著
・『スモールトーク80 対話型プログラミング環境』
（赤本）一九八四年刊　516頁
アデル・ゴールドバーグ著
・『スモールトーク80 若干の歴史、助言』
（緑本）一九八三年刊　344頁
グレン・クレスナー監修
・『スモールトーク80 言語』
（紫本）一九八九年刊　608頁
アデル・ゴールドバーグ著

すごい分量の解説書群で、圧倒される。紫本以外はインターネットからＰＤＦファイルでダウンロードできる。原著は持っているが、重くて持ち運びに難儀するので、ＰＤＦファイルを１００頁ぐらいずつ印刷して読んだ。青本と赤本だけでも読むのは大変だった。きわめて真面目に書いてあって読みやすいが、分量が多く単調である。アラン・ケイのように微分係数の鋭さで勝負するのではなく、アデル・ゴールドバーグは積分量で勝負するタイプのようだ。

青本で驚くのは第20章から第25章にかけてシミュレーションに多大なページが割かれていて、確率分布の初歩から論じ始めることである。離散分布では、ベルヌーイ分布、二項分布、幾何分布、ポアソン分布について論じ、連続分布では、一様分布、指数分布、ガンマ分布、正規分布について論じている。数学は初等的で説明も分かりやすいが、これは子供にはとても読めない。アラン・ケイが一九七六年頃、「スモールトークは自分の手を離れてしまった。子供達はプログラミングしなくなってしまった」と嘆いたのは無理もない。

青本のシミュレーションのプログラムは、グラハム・バートウィスルの『デモ ＳＩＭＵＬＡ上での離散事象モデリングの１システム（Birtwistle, Graham. *"Demos -A System for Discrete Event Modelling on Simula"*）』（インターネットからダウンロードできる）を手本にしているようだが、ＳＩＭＵＬＡのプ

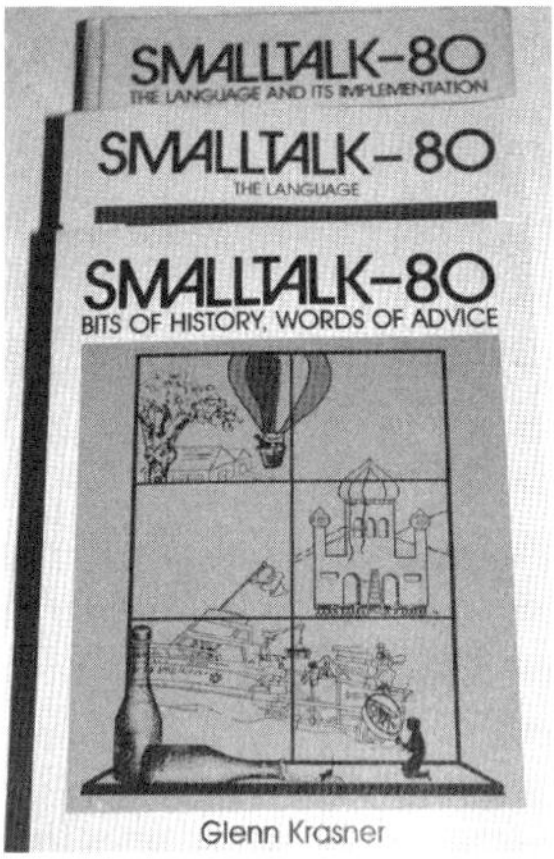

スモールトーク80の解説書
最前面の緑本を除いて分厚い。

ログラムの方がどちらかと言えば、私にはスモールトークのプログラムより読みやすい。

青本の仮想機械の章も面白い。バイト・コードなども丁寧に説明されている。

赤本は当初できれば読まないつもりだったが、つい負けて斜め読みしてしまった。この本は、青本を先に読むか、480ページからのファイナンシャル・ヒストリーという名前のプログラム・リストを最初に読んで理解しておかないと、理解できないと思う。

緑本は絶対に読まないつもりだったが、赤本から2箇所ほど引用があり、またダン・インガルズの書いた第二章が非常に参考になったので、つい引きずられて読んでしまった。

ただ非常に残念なのは、予告されていた『ユーザー・インターフェイスとグラフィカル・アプリケーションの作成』という本がついに書かれなかったことだ。本当は青本や赤本でなく、この本にプログラムの入力の仕方でなく、体系的なプログラミングのノウハウを詰めて欲しかった。ウィンドウズのプログラミングや、ＪａｖａのＳＷＩＮＧのプログラミングなどで、やり方は想像できるが、具体的に書いて欲しかった。残念である。

ロバート・メトカルフェ

ＬＡＮ（ローカル・エリア・ネットワーク）で広く普及しているイーサネットの発明者はロバート・メトカルフェである。ロバート・メトカルフェがＡＲＰＡネットに関わっていたことは案外知られていない。

イーサネットのイーサはエーテルである。その存在を検出しがたいが、普遍的に宇宙に充満するといわれるギリシャの自然学に由来する概念だが、相対性理論で否定された。情報通信の用語を勉強していない通訳は必ず「エーテルネット」と訳すので閉口する。

ロバート・メトカルフェは一九四六年ブルックリンに生まれた。ニューヨークの海岸地帯はノルウェイ人が多く住んでいて、船乗りや漁師をしていた。母親のルースはノルウェイ人で新教のルター派で、父親のロバートはアイルランド人で旧教のカソリック教徒であった。当時、旧教徒と新教徒が結婚することは周囲の目が許さなかったので一家はロング・アイランドに引越した。父親はジャイロスコープの工場に勤めていたが、組合に忠実だったので長い間技手にとどめられ、技術者になるのが遅かった。母親は女性ながら第二次世界大戦中はリベット工をしていたという。後には秘書の仕事をするようになった。

父親は副業として自宅でＢＡＭエレクトロニクスという電気屋を開いていた。自宅の地下に作業場があり、ラジオやテレビの修理をしていた。この地下室でロバート・メトカルフェは、電気の技術の初歩を学んだ。また父親と一緒に鉄道模型を作っていた。

ロバート・メトカルフェは、ロング・アイランドのベイショア高校時代から毎週土曜日にはコロンビア大学に通って、全米科学財団が後援するプログラムに加わり、ＩＢＭ７８９４コンピュータの講習を受けた。

ロバート・メトカルフェは、ハーバード大学には落ちたが、ＭＩＴの電気工学・コンピュータ・サイエンス学科に入学した。ロバート・メトカルフェはジョン・ドノバン教授のＩＢＭ７０９４を使ったアセンブリ言語のプログラミングの授業を選択した。またレイセオンでハネウェル５１６のコンピュータ・プログラムのアルバイトをした。週40時間もアルバイトをしたせいか一年留年したようだ。

MITでは、デジタル・コンピュータで有名なジェイ・フォレスター教授や確率論のアルビン・ドレイク教授の影響を受けた。卒業研究は、人工知能で有名なマービン・ミンスキー教授のもとでニューロン・モデルとその情報処理能力について研究したらしい。

一九六九年にMITを卒業すると、大学院はハーバード大学に進んだ。ハーバード大学の大学院は彼には合わなかったらしい。スタンフォード大学の大学院からも誘いが来たが、スタンフォード大学の正式名がリーランド・スタンフォード・ジュニア・ユニバーシティなので、てっきりジュニア・ユニバーシティで、準大学でランクの低い大学と勘違いして断ってしまった。この人は早とちりが多い。

一九七〇年ハーバード大学大学院応用数学科で修士号を受け、続けて博士課程にも在籍した。しかし不思議なことにハーバード大学にいながらMITのJ・C・R・リックライダーのもとで働き、MAC計画に参加していた。このことがハーバード大学の教員の不快感を誘い、博士論文が一度返戻になった遠因になったと言われている。

ロバート・メトカルフェは、インターフェイス・メッセージ・プロセッサ（IMP）というARPAネット用のパケット交換機にPDP-6コンピュータを接続する作業をした。ボードを設計したが、どうしても動かないので、トム・ナイトというハードウェアの天才に見てもらった。

「このボードには、全くバイパス・キャパシター（コンデンサー）が付いてないね」

と言われて、問題は解決した。ロバート・メトカルフェは自分の知識に過剰な自信を持ちすぎる傾向があったようだ。一九七二年三月にSSLに配属され、ロバート・メトカルフェを手伝ったデイビッド・ボッグスによれば、意外なことにロバート・メトカルフェのハンダ付けは全く素人芸だったという。

この仕事はARPAネットに接続することであり、ロバート・メトカルフェは国防総省の先進研究計画局（ARPA）の情報処理技術部（IPTO）やBBNとも接触することになった。当時のARPAネットは、暫定ネットワーク・コントロール・プログラム（INCP）や続いてネットワーク・コントロール・プログラム（NCP）というプロトコル（通信規約）で動いていた。国防総省（DOD）のTCP／IPプロトコルに切り替わるのはもっと後のことである。

一九七二年、ロバート・メトカルフェは、インターナショナル・コンファレンス・オン・コンピュータ・コミュニケーションズ（ICCC）でのARPAネットの最初の公開展示会でデモをやった。よくあることだが視察にきたAT&Tの幹部の前で見事に失敗し、彼らは安堵して帰っていった。

このように多方面に興味を広げていたためか、ハーバード大学は「理論の詰めが不十分」とロバート・メトカルフェの博士論文を返戻《へんれい》した。博士号は取れるものと決めこんでニューヨークから両親を呼び寄せていたし、ロバート・テイラーのコネでゼロックスのパロアルト研究所（PARC）に就職を決めていたので、ロバート・メトカルフェは慌てた。

ゼロックスPARCへの就職は博士号取得が前提であったから、ロバート・メトカルフェは、ロバート・テイラーに泣きついた。すると親分肌のロバート・テイラーは「ともかく、こっちに来い。博士論文は、こっちで仕上げればいいいさ」と言ったという。幸運に救われた。

一九七二年六月、ロバート・メトカルフェは、PARCのコンピュータ・サイエンス研究室（CSL）に入った。CSLの室長はジェリー・エルキンドで、実際の差配はロバート・テイラーがしていた。この研究室にはバトラー・ランプソン、チャック・サッカー、エドワード・マクレイト、エドワード・フィアラをはじめとするそうそうたる面々が揃っていた。また組織上は別のシステムズ・サイエンス研究室（SSL）のラーニング・リサーチ・グループ（LRG）にはアラン・ケイがいた。

CSLは、マイクロコードを駆使してPDP－10の互換機MAXCを必死に作っていた。浮動小数点数演算用のマイクロコードを書いたのはエドワード・フィアラであった。ロバート・メトカルフェの仕事は、MAXCをIMPに接続することと、MAXCにデータゼネラルのNOVA800を接続することであった。

ロバート・メトカルフェとチャック・サッカーの間は必ずしも円滑ではなく、なにかとギスギスしていた、ロバート・メトカルフェが多少おっちょこちょいであったことと、チャック・サッカーが博士号を持っていなかったことも影響したようだ。自分が博士号を持っていると鼻にかけるところがあったとロバート・メトカルフェ本人も言っている。

ロバート・メトカルフェが、自分の作ったNOVA800用のボードにではなく、チャック・サッカーの作ったMAXCのメモリのハードウェアにバグがあるのではないかと言ったことが、最初のトラブルの元になった。先にも述べたように、チャック・サッカーがメモリへのディスク・ポートのチェックをしていなかったため、仮想記憶を使用する際にエラーが出たようだ。この場合はロバート・メトカルフェが正しく、鬼の首でも取ったように騒ぐので、チャック・サッカーとしてはいい気持はしなかったろう。

ロバート・メトカルフェは、ARPAと契約していた関係でワシントンに出張することが多く、ARPAネットのプログラム・マネージャとなっていたスティーブ・クロッカーの家によく泊まった。ある晩、時差で寝つけないまま、AFIPSという学会の一九七〇年の講演予稿集を読んでいると、ノーム・アブラムソンのALOHAネットの論文に出会った。実はこのALOHAネットについては、ロバート・テイラーがARPAのIPTOの部長時代に資金援助していたのである。

ノーム・アブラムソンはネットワークの理論にマルコフ・ポアソン過程の理論を使っており、これはロバート・メトカルフェの得意とするところだった。彼はノーム・アブラムソンの理論の仮定を少し変更し、BCPL言語（B言語を経てC言語となる）を使って計算した。この結果を「パケット通信」という論文にまとめ、一九七三年五月にハーバード大学の応用数学科に博士論文として提出し直し、十二月には博士号を取得する。研究機関はMITのMAC計画となっている。ゼロックスのPARCにいながら、MITでの研究とし、ハーバード大学の博士論文でありながらMITでの研究と書いているのも奇妙だ。

この博士論文を一九七三年十二月に改訂して出版したものがインターネットからダウンロードできる。付属文書まで込めて254頁に及ぶものだが、インターネット関連の教科書によく出てくる図版はこの論文から転載しているように思われる。

●ロバート・メトカルフェとデイビッド・ボッグスがまとめたゼロックス内でのイーサネットの報告

一九七三年五月二二日、ロバート・メトカルフェは、「ＡＬＴＯ・ＡＬＯＨＡネットワーク」という14頁のＰＡＲＣの部内メモを書いて、イーサネットを発明したことになっているが、スタンフォード大学出身で共同開発者で正直なデイビッド・ボッグスは一九七三年十一月十一日だと言っている。これは多分、博士論文の受理の日付一九七三年六月と関係があるだろう。まだ動かなかったものを動いたと書いて博士論文を提出したのだと思う。

バトラー・ランプソンは、ロバート・メトカルフェをチャールズ・シモニーに引き合わせ、チャールズ・シモニーのシグネット（シモニーズ・インフィニットリー・グローリアス・ネットワーク）の開発を止めさせ、ロバート・メトカルフェのイーサネット（Ethernet）に置き換えさせた。チャールズ・シモニーにはテキスト編集プログラムのブラボー（ＢＲＡＶＯ）の開発に専念するように命じた。シグネットの伝送速度は50Ｍｂｐｓで、当時としては野心的に過ぎた。当時の一般的なモデムの伝送速度は３００ｂｐｓ程度に過ぎなかった。

ＡＬＴＯのＡＬＯＨＡネットの開発にはデイビッド・ボッグスに続いて、デイビッド・リドルが参加した。彼はケーブル・テレビの敷設の経験があり、75オームの同軸ケーブルを用いたタップの技術をもたらした。ＡＬＴＯのＡＬＯＨＡネットは、ロバート・メトカルフェによってイーサネットと名付けられた。これはマイケルソン・モーレーの光速測定の実験によって、エーテルという媒質が存在しないことに影響を受けたとのことだが、存在しないエーテルという媒質の名前を取ってイーサネットと名付けたのも奇妙である。こういう事情でイーサネットに最初に接続された2台のＡＬＴＯはマイケルソンとモーレーと名付けられた。

ロバート・メトカルフェとデイビッド・ボッグスは、ＡＬＴＯ用にイーサネットのインターフェイス・カードを作り始めた。しかし、なかなか同軸ケーブルの駆動部分のインダクタンスとキャパシタンスの調整がうまく行かなかった。苛立ったチャック・サッカーは自分のアイデアでネットワークを構築しようとした。慌てたロバート・メトカルフェはロバート・テイラーに泣きつき止めさせた。うまくできなかった部分はアナログ技術に長けたタット・ラムによって解決された。

イーサネットの特許は、一九七五年五月三一日に「衝突検出を伴うマルチポイント・データ通信システム」として申請されている。発明者はロバート・メトカルフェ、デイビッド・ボッグス、チャック・サッカー、バトラー・ランプソンになっている。米国特許4063220として一九七七年十二月十三日に特許が下りている。

イーサネットはパケットというまとまりでデータを送受信する。パケットの符号化にはマンチェスター符号が使われた。最初のイーサネットの伝送速度は、10メガbpsではなく3メガbps（正確には2・94Mbps）であった。この伝送速度はALTOのビットマップ・ディスプレイの画面をレーザー・プリンターEARSに効率よく打ち出す速度として決定されたこともある。EARSとはイーサネット、ALTO、RCG (Research Character Generator)、SLOT (Scanning Laser Output Terminal) の頭文字をつなぎ合わせた造語である。

3メガbpsとなったのはインターフェイス・カード上にクロック回路を入れる場所が取れなかったので、ALTOの170ナノ秒のクロックを使用したためであ

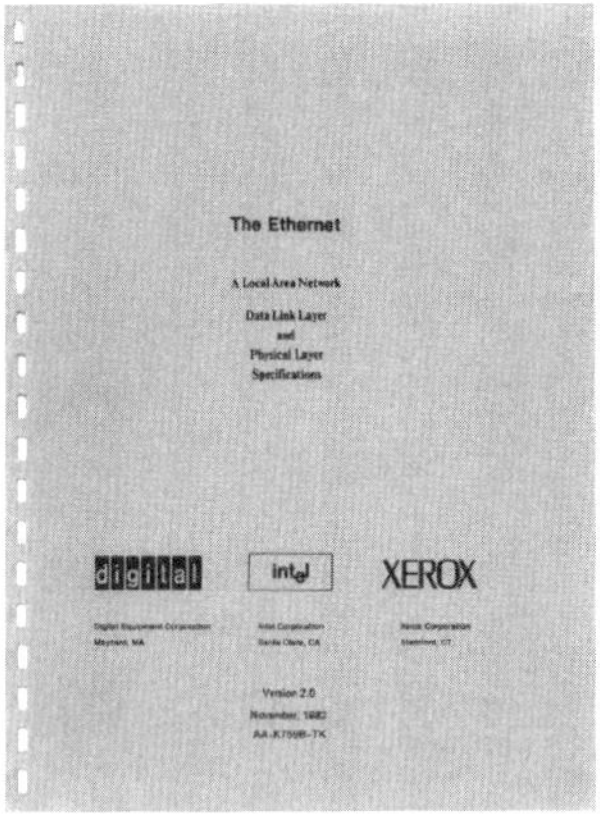

●イーサネットのDIX標準
ロバート・メトカルフェはゼロックス脱出直前に、DEC、インテル、ゼロックスの3社をまとめてイーサネットの標準を作った。

る。マンチェスター符号では1ビットの符号化に2クロックを要する。340ナノ秒の逆数を取るとすぐ計算できる。長い間、なぜ3メガbpsなのかと不思議に思っていた。意外に簡単なことだったので驚いた。

最初のイーサネットには最大256台のALTOが接続できた。アドレスは8ビットなので、2の8乗を計算すればすぐ256台と分かる。

ロバート・メトカルフェはイーサネットが出来上がると、すぐにARPAネットと接続した。これによりイーサネットに接続されたどのALTOワークステーションからでも、ARPAネットにアクセスできるようになった。

現在ロバート・メトカルフェの総資産（Net Worth）は2億5千万ドルと言われている。もっと稼げたのに立ち回りがうまくなかった。

システムズ開発部門（SDD）

一九七五年一月、ゼロックスのシステムズ開発部門（SDD）が開設された。PARCのレーザー・プリンターやALTOの技術移転のための組織である。

初代の部門長はドン・レノックスである。

運営を担当するテクニカル・スタッフにはPARCのシステム科学研究室（SSL）の経験者のハロルド・ホールが任命された。100人はスタッフをもらえると信じていたハロルド・ホールは、ドン・レノックスに

10人だけと言われて驚いた。しかもその内6人はSDSからの転籍であり、ハロルド・ホールの自由になるのは4人だけだった。そこで次のように選んだ。なかなかよい人選である。

- システム・デザイン　ディレクター　デイビッド・リドル
- コミュニケーション・システムズ　マネージャ　ロバート・メトカルフェ
- プロセッサ・アーキテクチャ　マネージャ　チャック・サッカー
- プロトタイプ・ソフトウェア　マネージャ　チャールズ・シモニー
- イメージ・プロセッシング　マネージャ　ロン・ライダー

ロバート・メトカルフェは、実は一九七五年十一月にPARCを一度辞めてシティバンクの子会社のトランザクション・テクノロジーに転職している。七年連れ添った妻に離婚を言い渡されたショックもあり、また現実の場で自分のネットワーク技術を試したかったと言われている。

だが7か月後の一九七六年五月にデイビッド・リドルに呼び戻され、コミュニケーション・システム・グループの担当者になった。給料は上がったので文句はなかったようだ。SDDでロバート・メトカルフェは、精力的に働いて3メガbpsのイーサネットを10メガbpsに向上させた。

ロバート・メトカルフェは、イーサネットに関するDIX連合つまりDEC、インテル、ゼロックスの連合

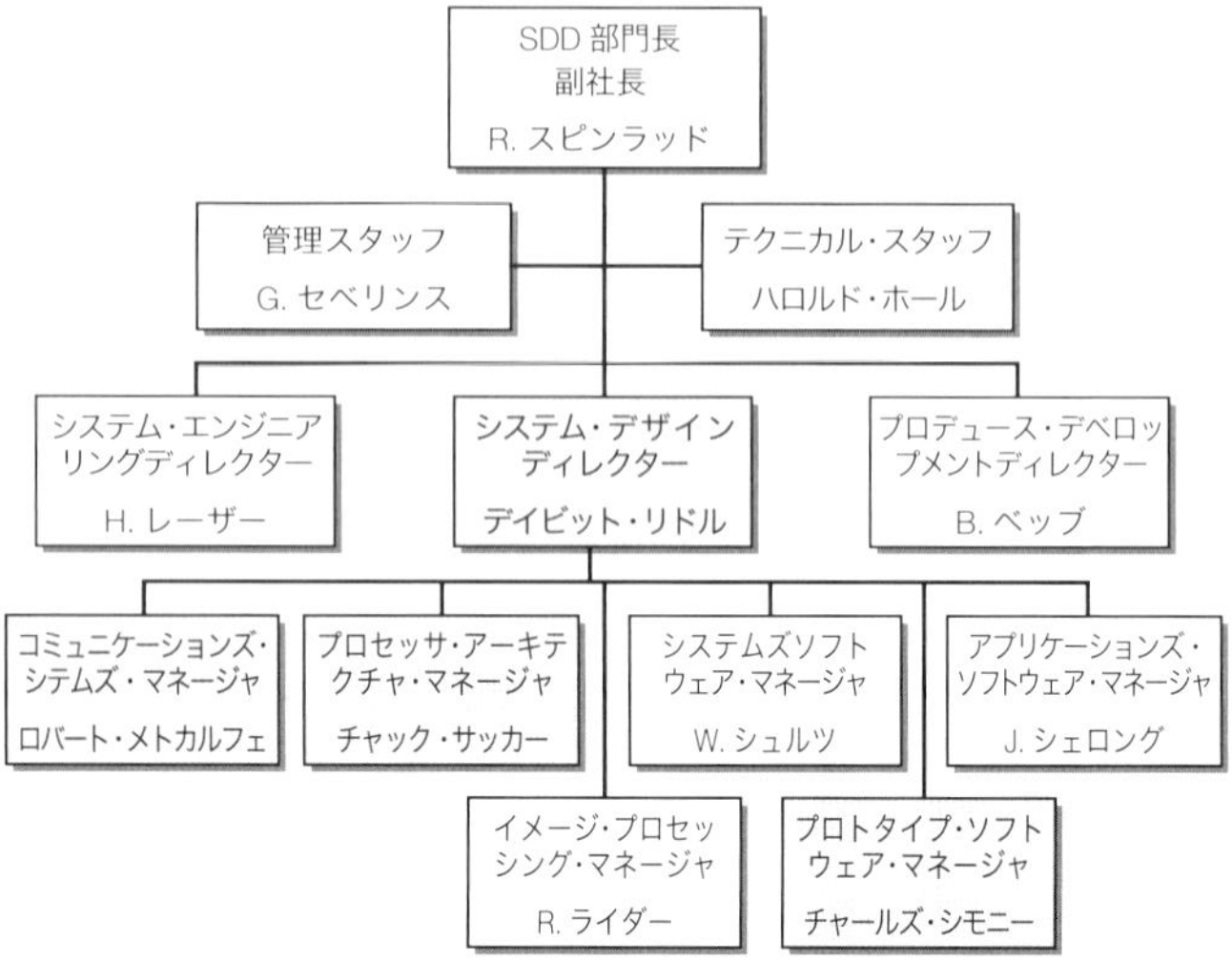

●ゼロックスのシステムズ開発部門SDDの初期の組織
この後急速に巨大化していく。

を作った。ＤＩＸとは各社の頭文字を集めたものだ。こうして根回しをした後で、ロバート・メトカルフェは、イーサネットの技術を企業化すべく、一九七九年六月、ゼロックスを飛び出してスリーコム（３Ｃｏｍ）を設立した。３Ｃｏｍはネットワークの名門となる。

チャールズ・シモニーのＰＡＲＣでの業績としては、一九七四年十月にバトラー・ランプソンが基本的なアイデアを出したブラボー（ＢＲＡＶＯ）が有名である。ＮＯＶＡ用のＢＣＰＬ言語を使い、ＡＬＴＯ上で開発された。実際のコーディング作業には、アルバイトで来ていたトム・マロイ以下何人かの人が関係していたようである。

ブラボーは、ＷＹＳＩＷＹＧ（What you See IS What You Get）を目指した最初のワープロ・ソフトと言われることが多い。画面で見たままがプリンターに出力されるという意味である。

WYSIWYGというこのまことに奇妙な言葉は、アフリカ系米国人のフリップ・ウィルソンという男優が作り出したジェラルディーン・ジョーンズという女装の人物が語ったセリフだそうである。目にしたものが手に入るものだという意味である。実際にユーチューブなどで動画が見れる。

意外なことにブラボーは、洗練されたグラフィカル・ユーザー・インターフェイス（GUI）を持っていなかったので、別途ラリー・テスラーとティモシー・マットがGUIとしてジプシー（GYPSY）を開発した。ブラボーのマニュアルを見ても文字ばかりで、図はほとんどない。キャラクタ・ベースの文書整形プログラムだったのだろう。

チャールズ・シモニーは、一九七六年、PARCからシステムズ開発部門（SDD）に異動する。5か月後、ドン・レノックスは転任し、ボブ・スパラチーノが所長になった。それから3年半で所長は3人が目まぐるしく交代した。ボブ・スパラチーノが半年、ロバート・スピンラッドが1年、ステフェン・ルカジックが2年であった。一九七八年にデイビット・リドルが所長になる。これずっとで安定する。一九八一年にはSDDはパロアルトに180人、エル・セグンドに100人の技術者を抱える大きな組織になっていった。

フューチャーズ・デイと先進システム部門（ASD）の発足

一九七七年十一月、ゼロックス世界会議がフロリダ州のボカラトンで開かれることになった、ALTOⅢの敗退によって気落ちしていたジョン・エレンビーは、レーザー・プリンターを改良し、ドーバー（DOVER）を完成して溜飲を下げた。実はドーバーの解像度は３８４ｄｐｉ（ドット・パー・インチ）で、先行するＥＡＲＳの５００ｄｐｉより劣っていたが、当時はあまり問題がなかった。

ゼロックス世界会議では特にフューチャーズ・デイが設定された。ジョン・エレンビーにフューチャーズ・デイを演出するように命令が出た。65名のスタッフが選抜され、ＰＡＲＣの最新技術が華やかにゼロックスの首脳陣に開示された。この様子はマイケル・ヒルツィックの『未来を作った人々』に生き生きと描写されているので、省略する。大成功であった。

この結果、後日ピーター・マッカローとゼロックスの首脳陣がＰＡＲＣを訪問してきて、ＡＬＴＯの講習を受けた。さらにＡＬＴＯの商品化計画が一歩前進した。

ＣＳＬを率いていたのは、形式的にはジェリー・エルキンドであったが、実質的にはロバート・テイラーが率いていた。出世を目指して長期にわたって、ゼロックス本社に出かけて、ＣＳＬを留守にしている間に、ジェリー・エルキンドのＣＳＬにおける存在は希薄になっていた。ロバート・テイラーは彼に忠実で優秀なお気に入りで固めた。彼らの結束は固く、グレイベアード（賢人）と呼ばれた。

結局、浮き上がったジェリー・エルキンドは、ＣＳＬから追い出されてしまう形になった。そこで、ジェリー・エルキンドの行き先として、一九七八年一月、先進システム部門（ＡＳＤ）が設置された。

ジェリー・エルキンドは、ＡＬＴＯを世界に送り出す権限を与えられたと考えていたかもしれないが、実は、ジェリー・エルキンドとロバート・テイラーとの確執の解決を計ったものである。

ＡＳＤのスタッフは、ジェリー・エルキンド、ジョン・エレンビー、ティモシー・マット、ダン・ボブロウ、ウォーレン・テイテルマン、ピーター・ドイッチ、チャールズ・シモニー、ロバート・メトカルフェなど優秀なメンバーであった。どちらかと言えばCSLのロバート・テイラーとそりが合わなくなった人達やSDDに居づらくなった人達であった。チャールズ・シモニーは商用ALTOに向けて書き直したブラボーにジプシー・インターフェイスを組み込んだブラボーXを開発した。これが後にマイクロソフトWORDになる。この開発を手伝ったのが、リチャード・ブロディである。

リチャード・ブロディは、一九五九年マサチューセッツ州ニュートン生まれで、ニュートン・サウス高校卒業後、一九七七年ハーバード大学の応用数学科に入学した。2年生のとき、ハーバード大学を中退して、西海岸に職を求めた。方々回ったが採用されず、アップル・コンピュータでは大学中退ということで一笑に付されたという。何とかチャールズ・シモニーに拾ってもらって、ゼロックスの先進システム部門（ASD）で働き始めた。ここにはPARCからシステムズ開発部門（SDD）に転出させられ、さらにASDに転出された形のチャールズ・シモニーがいた。リチャード・ブロディはブラボーXの実際のコーディングにあたった。

ASDは、ALTOを選択的に販売、またリースした。

まず、ジョン・エレンビーの特別計画グループ（SPG）を吸収したので、そこで始まっていたスウェーデンの国営電話会社向けのワードプロセッサ開発計画も接収し、ALTOを納めた。また一九七八年、カーター大統領のホワイトハウス向けにブラボーXの走るALTOを納めた。すると上下両院もこれに倣った。さらにロサンゼルスのアトランティック・リッチフィールド（ARCO）社やボーイングのシアトル本社にも数台納めた。ただそこまでだった。

一九七八年、ジョン・エレンビーは、アップデート版ALTOにブラボーX、オフィストーク、レーザー・プリンターのペンギンを合わせて販売する計画を立てた。

ところがジョン・エレンビーの提案書は、正規のルートを経ずにフランク・ザウアーから重役のディビッド・カーンズの手に渡ってしまった。これはゼロックスの中ではマネージメントの階層を無視した行為として問題になった。

これに失望したジョン・エレンビーは一九八〇年にゼロックスを去った。ジョン・エレンビーは、グリッド・システムズを設立した。ここで世界最初のラップトップ・コンピュータが作られた。素晴らしい製品であったことを記憶している。私も雑誌に評価記事を書いた覚えがある。実は私はジョン・エレンビーの名前はグリッド・コンパスで記憶していたので、ゼロックス時代のことは全く忘れていた。

ラリー・テスラー

ラリー・テスラーは、一九四五年、ニューヨークのブロンクスに生まれ育った。ラリー・テスラーは一九五二年の大統領選挙の予測にユニバックⅠが使用された様子をテレビで見て、コンピュータに興味を持った。

一九五九年、ブロンクスの科学高校に入学したラリー・テスラーは、数学が得意であった。素数に関するフェルマーの定理を証明したと思っていた。それは全ての素数を計算できる公式のつもりであった。フェルマーの最終定理ではなく、フェルマーの小定理だったようだ。

ラリー・テスラーが得意になって、数学の教師に見せると、

「これは素晴らしいものだが、これはアルゴリズムであって、閉じた公式ではない。しかし、コンピュータにかければ全ての素数を計算できるよ」

と言われた。そこでラリー・テスラーは質問した。

「アルゴリズムって何です？　それにどうしたらコンピュータにアクセスできるんです」

すると数学の教師はＩＢＭ６５０コンピュータの機械語のマニュアルを渡してくれた。

食堂でラリー・テスラーがそのマニュアルを読んでいると、たまたま通りかかった1年上級のポール・シュネックがびっくりして聞いた。

「どこからそれを手に入れたんだい？　どうしてそれを読んでいるんだい？」

ポール・シュネックはコロンビア大学のＩＢＭ６５０を使っていた。ポール・シュネックはラリー・テスラーがコロンビア大学のコンピュータに隔週土曜日30分だけだが、ともかくアクセスできるように手配してくれた。こうしてラリー・テスラーはコンピュータの魅力に取り付かれた。

翌年の一九六二年、ラリー・テスラーは、スタンフォード大学の数学科に入学した。当時はスタンフォード大学にはコンピュータ・サイエンス学科はなかった。両親の束縛を逃れたかったことと、ニューヨークのブロンクスは多少治安が悪かったので西海岸に逃げ出したという。

ラリー・テスラーは、入学したその日からコンピュータに夢中になった。

大学の寮で友人になった数学科の学生達はパロアルト高校の出身で、高校生の頃からコンピュータにさ

わっており、スタンフォード大学のコンピュータにアクセスできた。友人の1人がラリー・テスラーをコンピュータ・センターに連れて行ってくれた。そこにIBM650があり、教授が3人いたが、次のように言った。

「好きなだけIBM650にアクセスしてもかまわんよ。誰も使えないんだから」

数日して、ラリー・テスラーは、少し離れた部屋に周辺機器の完備したバロースB220というコンピュータが設置してあるのを見つけた。そこで彼はバロースB220に転向し、コンピュータ・オペレータとなって、コンピュータにどっぷり浸かった。この頃、スタンフォード研究所（SRI）の依頼で核爆弾の被害のシミュレーションをバロースB220を使ってSRIの研究員と共におこなった。当時はまだ冷戦さなかであった。

大学2年生のとき、ラリー・テスラーはカード・スタントとソフトウェア会社でアルバイトを始めた。ここでプログラムの腕を磨いた。

一九六三年、ラリー・テスラーはスタンフォード大学の直近のパロアルト市ラモナ・ストリートにインフォーメーション・プロセッシング・コーポレーションという従業員4人の小さな会社を設立した。続いて一九六五年、ラリー・テスラーはスタンフォード大学数学科を卒業した。さらに一九六八年、インフォーメーション・プロセッシング・コーポレーションを辞めた後、四月から七月まで、サンタモニカのシステムズ・コンセプツという会社でソフトウェア技術者として働いた。

その後一九六八年、ラリー・テスラーは、スタンフォード大学人工知能研究所（SAIL）で働いた。

ＳＡＩＬはラリー・テスラーの会社のいい得意先だった。ＳＡＩＬでは人工知能で有名なテリー・ビノグラードと知り合いになった。

一九六八年十二月九日、秋季ジョイント・コンピュータ・コンファレンスで、ダグラス・エンゲルバートが大デモンストレーションをおこなった。このデモを全てのデモの母という。３つボタンのマウスが初めて使われた。コマンド・モードや編集モードの切り替えがマウスやキーボードでおこなわれた。

ＳＡＩＬでラリー・テスラーは、関数型言語ＣＯＭＰＥＬを設計した。

一九六七年から六八年頃、ラリー・テスラーはミッド・ペニンシュラ自由大学の運動に関わっていた。ここでラリー・テスラーはジム・ウォーレンと知り合った。

◈ジム・ウォーレンについては『スティーブ・ジョブズ 青春の光と影』370頁以降を参照されたい。

自由大学では、一九六八年ラリー・テスラーは、『どうすればＩＢＭの独占をやめさせられるか、コンピュータの現状』というテーマでクラスを開いた。クラスには十人程度が集まったが、ほとんどがスパイに来たＩＢＭ関係者だったという。中には自分からＩＢＭ関係者と告白した人もいたという。

初年度のクラスが終了し、冗談まじりにＩＢＭを独占禁止法違反で訴えようと言っていたところが、翌一九六九年一月一九日、司法省がＩＢＭを独占禁止法違反で提訴したので、ＩＢＭのように強い奴は、司法省のように強い奴に任せておけばよいと手を引いた。

一方、ＳＡＩＬでの仕事は、次第に人工知能（ＡＩ）本来の未来志向のものとなっていった。ラリー・テスラーは、自分はもっと実際的な仕事がしたいと悩むようになった。

そこで一九七〇年五月（本人は六月と言っているが計算が合わない）、仕事を全部放り出して、オレゴンの農場のコミュニティに出かけて行った。ところがニューヨークのブロンクスの都会育ちのラリー・テスラーには野良仕事は向いていなかった。そこで近くの銀行に雇って欲しいと頼むと、出納係以外は必要なく、プログラマーなどいらないと断られた。仕方なくラリー・テスラーは、一九七〇年一〇月悄然としてSAILに戻った。

ラリー・テスラーは同僚から、「アラン・ケイが君をゼロックスのPARCに推薦していたが、誰も君を見つけられなかったぞ」と言われた。ラリー・テスラーは、「PARCって何だ」と聞いたという。ラリー・テスラーがオレゴンに発って数週間した一九七〇年六月一日にゼロックスPARCが開所しているからである。

アラン・ケイは、一九六九年九月の博士論文通過後にSAILにやってきた。だからラリー・テスラーとは1年位、SAILに一緒にいたことになる。

アラン・ケイの推薦に意を強くして、ラリー・テスラーはPARCへ自分を売り込みに出かけて行った。しかし、なかなかうまくいかなかった。時期を外してしまったので、募集が一段落してしまったからである。

仕方なく、ラリー・テスラーは、SAILでPUBという文書整形プログラムの仕事に従事した。PUBとはパブリッシングの略である。PUBはUNIXのRUNOFFに準拠していた。ラリー・テスラーはスタンフォード大学版のALGOLでプログラムを書く仕事に従事した。

ラリー・テスラーがPARCに入所できたのは一九七三年になってのことである。システムズ・サイエンス・

研究室（SSL）のオフィス・コミュニケーションズ・グループのビル・イングリッシュのPARCオンライン・オフィス・システム（POLOS）プロジェクトの要員として採用された。

ただラリー・テスラーはPOLOSにはあまり興味を引かれなかった。彼は、同じSSLでもアラン・ケイのラーニング・リサーチ・グループ（LRG）のスモールトークの方に強く惹かれた。

ジプシー

かなりの紆余曲折を経て、ラリー・テスラーはアラン・ケイのグループに接近した。ビル・イングリッシュの方でもラリー・テスラーがPOLOSに興味がないのを理解したのだろう。別のプロジェクトに厄介払いをすることにした。

当時ゼロックスは、ジン&カンパニー（以下ジン社）という出版社を買収していた。この会社のダーウィン・ニュートンが熱心で、一九七四年、PARCはジン社の入力業務に対して技術協力をしてやることになった。間を取り持ったのは、元SSLの室長でPARCと他の部門との仲立ち役に任命されていたビル・ガニングであった。ビル・ガニングからSSLのビル・イングリッシュに話があり、ビル・イングリッシュはSSLのPOLOSグループで浮いていたラリー・テスラーに眼を付けた。

ラリー・テスラーは、SAIL時代にPUBを経験しており、適材といえた。またSAILからPARCに入所していた、かつての同僚ダン・スワインハートと共同で作業できることになった。

ジン&カンパニー社からは若い英国人のティモシー・マットが派遣されてきた。ティモシー・マットの見る限りPOLOSは複雑すぎて、ジン社には向かなかった。単にワード・プロセッシングとページ・レイアウトができればよいのであった。

ラリー・テスラーは、ビル・イングリッシュの許可のもとで、POLOSでなくALTOでのプログラム開発に取り組むことにした。ALTOとイーサネットとレーザー・プリンターとブラボーの組み合わせである。

そこでラリー・テスラーは、ティモシー・マットと協力して、ブラボーのモーダル・ベースのユーザー・インターフェイスを取り去り、GUIベースのジプシーで置き換えることにした。モーダル・ベースとは、モードを切り替えて作業をおこなうものである。ブラボーでは編集モードとコマンド・モードを切り替えて作業をした。ユーザーは今どちらのモードにいるかをきちんと把握していないと、間違いを犯しやすい。

その後、POLOSプロジェクトはうまくいかず、SSLの室長バート・サザーランドは一九七五年に開発中止を命令した。ジプシーは一九七五年には一応完成した。

一九七五年二月、ティモシー・マットは、ジン社に戻り、フィールド・テストをしてみた。結果はきわめて良好であった。一九七六年ティモシー・マットはPARCのSSLに採用された。

スティーブ・ジョブズのPARC訪問

一九七九年十二月、スティーブ・ジョブズが二度にわたってPARCを訪問する。この話は、全くの藪の中で整合性がとれない。

当時アラン・ケイは、サバティカル休暇を取って、PARCのSSLにはいなかったはずなのだが、本人は当日いたと主張する。いなかったはずのアラン・ケイによれば、スティーブ・ジョブズが見たのは、ALTOでなくドラドだというのだが、これはおかしい。

CSLは、ドラドを完成していたが、スモールトークに否定的でシーダー（Cedar）を開発していた。これは横長でALTOより解像度の高いCRTを使っていた。またシーダーはオーバーラップ・ウィンドウではなく、タイル型ウィンドウを使っていた。

アデル・ゴールドバーグとラリー・テスラーが操作したとなれば、ドラドでなくALTOⅡのはずである。スター（STAR）でもありえない。STARは、SDDの所管になっており、発売を控えて機密保持が厳しく、ラリー・テスラーでさえ、アップルに入社してから、STARのデモを徹底的に見に行って、自分が知らない部分を吸収していたからである。

ブルース・ホーン

一九七九年のスティーブ・ジョブズの二度目のPARC訪問のときについては、ウォルター・アイザックソンの『スティーブ・ジョブズⅠ』163頁によれば次のように書いてある。

「今回は、ビル・アトキンソンと、PARCからアップルに移籍したプログラマーのブルース・ホーンも一緒だった」

ブルース・ホーンは、一九六〇年生まれで、14歳の頃から、アラン・ケイのスモールトークの青少年向けプログラミング実験授業に参加していた。その結果、ブルース・ホーンは、スタンフォード大学の数理科学科に在学中から、PARCのSSLのアラン・ケイのLRGにアルバイトに来ていた。一九七六年三月のPARCの組織表には「＊」が付いていてテンポラリー（一時雇い）と注釈がある。この頃、LRGには7人ほどのアルバイトがいたようだ。

ブルース・ホーンのスタンフォード大学卒業は一九八二年で、それまでSSLでラリー・テスラーと一緒にノートテイカーに触っていた。ブルース・ホーンのアップル入社は一九八二年九月であって、VTIに就職が決まっていたブルース・ホーンにスティーブ・ジョブズが電話をかけてきた。

「（VTIに就職を決めたって？）そんなこと忘れろ。アップルに明朝やって来い。君に見せるものが沢山ある。アップルに午前9時に来ること」

スティーブ・ジョブズのこの強引な勧誘で、ブルース・ホーンは一九八二年一月にアップルに入社したのであり、一九七九年には、アップルに入社しておらず、まだSSLのアルバイトとしてPARCの側にいた。だからウォルター・アイザックソンの記載は正確ではない。

スティーブ・ジョブズが二度PARCを訪れたことは間違いないが、それ以外は藪の中である。間違って伝えている人、真実を語っていない人、神話を作り出そうとした人が大勢いるようだ。

ゼロックスは、すでに一九七九年九月には『ALTOユーザーズ・マニュアル』を製作しており、また全米の有名大学にＡＬＴＯⅡを配っていた。

一九七八年には、すでにＭＩＴにＡＬＴＯⅡが配られており、ビジカルクを開発したダン・ブリックリンがマウスを使いたいと思ったのは、ＭＩＴの友人のディビッド・リードがＡＬＴＯⅡを使っており、それに付属していたマウスを見たからである。

また地元のスタンフォード大学には当然配られていたが、一九八〇年九月には、スタンフォード大学は16台のＡＬＴＯⅡを運用し、『ようこそＡＬＴＯランドへ スタンフォードＡＬＴＯユーザーズ・マニュアル』というマニュアルまで製作していた。だからスティーブ・ジョブズがＰＡＲＣを訪問した頃には、もう秘密などなかった。このレベルになっていながら、ＡＬＴＯⅡを知らなかったといえば、よほど迂闊な会社である。ビル・アトキンソンをはじめとするアップルのエンジニアは当然熟知していた。知らなかったのはスティーブ・ジョブズだけだったろう。ビル・ゲイツも知らなかった。目先のことに追われまくっていたからだろう。

スティーブ・ジョブズに感激したラリー・テスラーは、翌年アップル・コンピュータに転職する。アップルでラリー・テスラーはＬＩＳＡの開発に従事する。ラリー・テスラーについては、ジョン・マルコフの『パソコン創世第3の神話』によく描かれている。

Stanford Department of Computer Science
System Documentation

September 1980

WELCOME TO ALTO LAND
Stanford ALTO User's Manual

by

Stanford Department of Computer Science
and
Xerox Corporation

CONTENTS

(1) Preface
(2) Welcome to the Stanford ALTO User's Manual
(3) A Field Guide to Alto-land
or Exploring the Ethernet with Mouse and Keyboard
(4) Alto Non-programmer's Guide
(5) Bravo Manual
(6) Alto PUP File Transfer Program
(7) Laurel Manual
(8) Alto Subsystems Catalog

DEPARTMENT OF COMPUTER SCIENCE
Stanford University

●スタンフォードALTOユーザーズ・マニュアル

1980年9月には、しっかりしたマニュアルが出来ていた。

ノートテイカー

一九七六年、アラン・ケイは、アデル・ゴールドバーグとラリー・テスラーを誘って、ノートテイカーというパソコンの製作に乗り出した。ノートテイカーはALTOの直系子孫だが、CSL得意のハードワイヤーとマイクロコードのアーキテクチャを破棄した。CSLは協力を拒否したので、SSL単独で作ることになった。ハードウェア設計は、ダグ・フェアバーンが担当した。

ノートテイカーは、インテルのマイクロプロセッサi8086を3個使用していた。1つがメイン・プロセッサで、後の2つはサブ・プロセッサの非対称型マルチ・プロセッサである。

ノートテイカーは、特注の7インチCRT、タッチパネル、スピーカーとマイクロフォン、128キロバイトのメモリ、バッテリー、イーサネット・ボードなどが特徴だった。イーサネット・ボードはラリー・テスラーがロバート・メトカルフェの設計を簡略化し、ノートテイカーになんとか納まるようにした。

ノートテイカーでは簡易版のスモールトーク78を走らせることができた。

アデル・ゴールドバーグは、アダム・オズボーンが、ノートテイカーの外観デザインを模倣したと言っているが、誰がどう作っても同じような外観デザインになるのではないだろうか。

ノートテイカーは10台作られたが、結局、ゼロックス本社には、認められず。アラン・ケイは傷心の内に、サバティカル休暇を取って、PARCを去り、二度と戻ることはなかった。アラン・ケイはロサンゼルスでボニー・マクバードと結婚した。彼女は映画「トロン」の脚本を書いた。

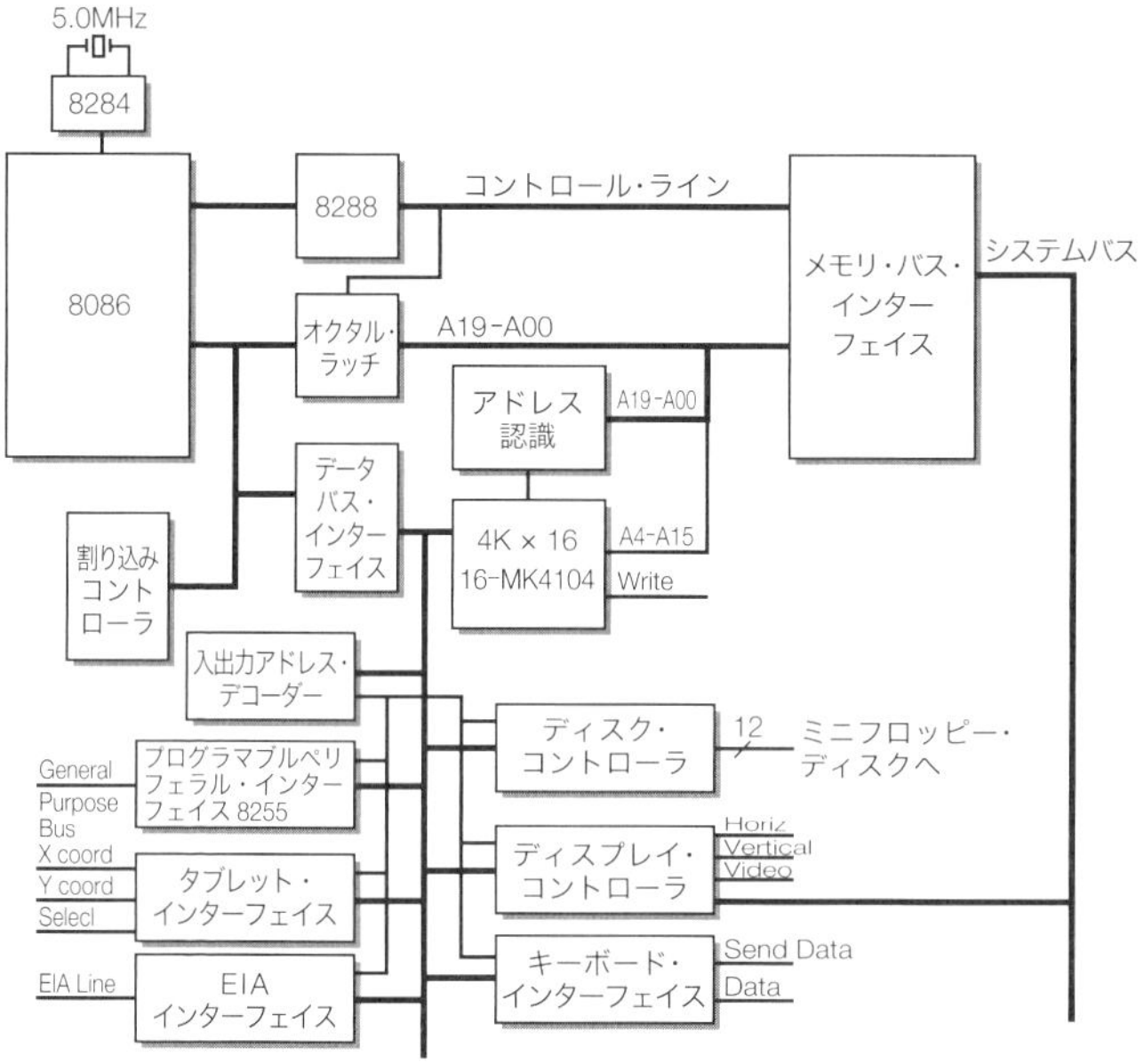

●ノートテイカーのブロック図

アラン・ケイは、一九七七年、アデル・ゴールドバーグと「パーソナル・ダイナミック・メディア」という論文を書いた。これはインターネットからダウンロードできる。ただ何種か図版などが異なるバージョンがあるので、厳密に研究する人は注意が必要である。本の形態では『アラン・ケイ』（アスキー刊）や、『パーソナル・ワークステーションの歴史』（ＡＣＭ刊）（邦題：『ワークステーション原典』アスキー刊）にも収録されている。

その後一九八一年、ゲーム機で有名なアタリに移っている。アタリでは大した成果も上げずに、3年後の一九八四年にアップル・コンピュータに移った。ここでもあまり業績は上げられなかったようだ。アップルの企業文化に合わなかったようだ。

アラン・ケイは一九八六年一月九日に「ザ・ダイナブック 過去、現在、未来」という講演をおこなっているが、ACMが出した『パーソナル・ワークステーションの歴史』という本には収録されなかった。アラン・ケイが収録させなかった理由は、文字化記録だけでは思想は伝達できないというものである。一九八七年、アラン・ケイはACMソフトウェア・システム賞を受賞した。

アラン・ケイは、あっちこっちへと不自然な動きをしている。先駆的な業績をいくつも残しているが、天才にありがちな飽きやすい性格のようだ。

アデル・ゴールドバーグによれば、アラン・ケイは顧客を持つことを嫌ったという。なぜなら顧客ができればサポートしなければならない。もしサポートするとなると、顧客の言うことを聞かねばならなくなる。そうすると自分のビジョンを実現する時間が減ってしまう。

アデル・ゴールドバーグはアラン・ケイが去った後、一九八〇年にシステムズ・コンセプト研究室（SCL）を率いてスモールトーク80を完成させた。しかし、もうそこには夢はなく、手堅いプログラミング技術が残っただけである。彼女の書いた膨大なマニュアルを読むと、つくづくそう思う。

ベトナム戦争とヒッピー文化がアラン・ケイに与えた影響は小さくないと思う。ある意味で反体制的でありながら、現実逃避的で、自由で拘束されたくないという当時の若い人たちの考え方が強く表れている。徴兵されては危険だからと進んで志願し、それでいて軍の中では規則違反と反抗ばかりしているところが苦悩の表れだったのだろう。理想の研究所のように言われながら、実際には軍事研究出身者が主流を占めたPARCは、ヒッピー的な人々のたまり場であった。そういう曲折した環境の中でアラン・ケイの独特の思想は花開いた。

ドラドの大艦巨砲主義

一方、CSLは一九七六年、ドラド（DORADO）という巨大なコンピュータの設計製作に入った。

当時CSLではメサ（MESA）、インターリスプ（インターLISP）、スモールトークの3つの言語が使われていた。MESAとスモールトークはALTO上で使われ、インターLISPはMAXC上で使われていた。ALTOには少し重かったからである。いくつものコンピュータが使われるのは効率的でないとして、この状況を解決すべく、ハードウェアではドラドが、ソフトウェアではシーダー（Cedar）が開発されたのである。

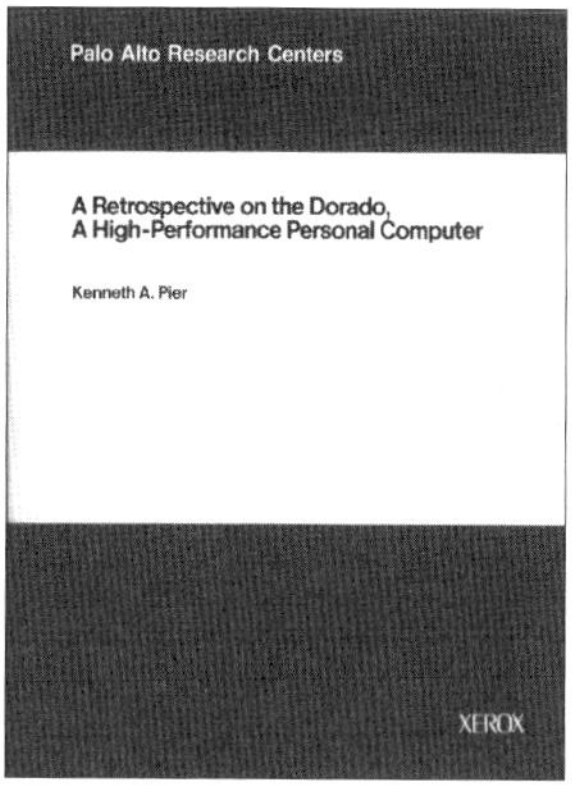

●ドラドの開発回顧文書

ALTOの性能は次のようである。

- クロック速度　5・55メガヘルツ
- ビットマップ　水平方向608ピクセル×垂直方向808ピクセル
- メモリ　128キロバイト
- ディスク　2・5メガバイト
- 仮想記憶　24ビット（16メガバイトに相当）

ドラドの性能は次のようである。

- クロック速度　16・7メガヘルツ
- ビットマップ　水平方向1024ピクセル×垂直方向808ピクセル
- メモリ　2メガバイト（2000キロバイト）
- ディスク　32メガバイト
- 仮想記憶　28ビット（256メガバイトに相当）

ドラドは、VAX－11／780の3倍の性能を目指し、チャック・サッカーが設計した。エミッタ結合ロジック（ECL）を使用した。ドラドは2・5キロワットと発熱がものすごかった。オフィスに置けるような代物ではなかった。

ドラドの開発は、一九七六年にいったんSDDに移されたが、コスト高でSDDにはふさわしくないとして一九七七年CSLに返された。それでも何とかまとめ上げたのはセベロ・オルンスタインである。

CSLは一種の大艦巨砲主義にとらわれており、見掛けの大きさに幻惑された観がある。コヨーテヒル・ロード3333番地では組み立てる場所が確保できなかったので、1マイル北に丘を下ったハノーバー・ストリートに建物を借りた。一九七八年、2台のプロトタイプが完成した。

ドラドは一九七九年に簡素化のための再設計がおこなわれ、一九八〇年に製作が始まった。

一九八二年ドラドは30台になり、一九八四年には75台に増えていた。メモリは16メガバイトまで増強された。

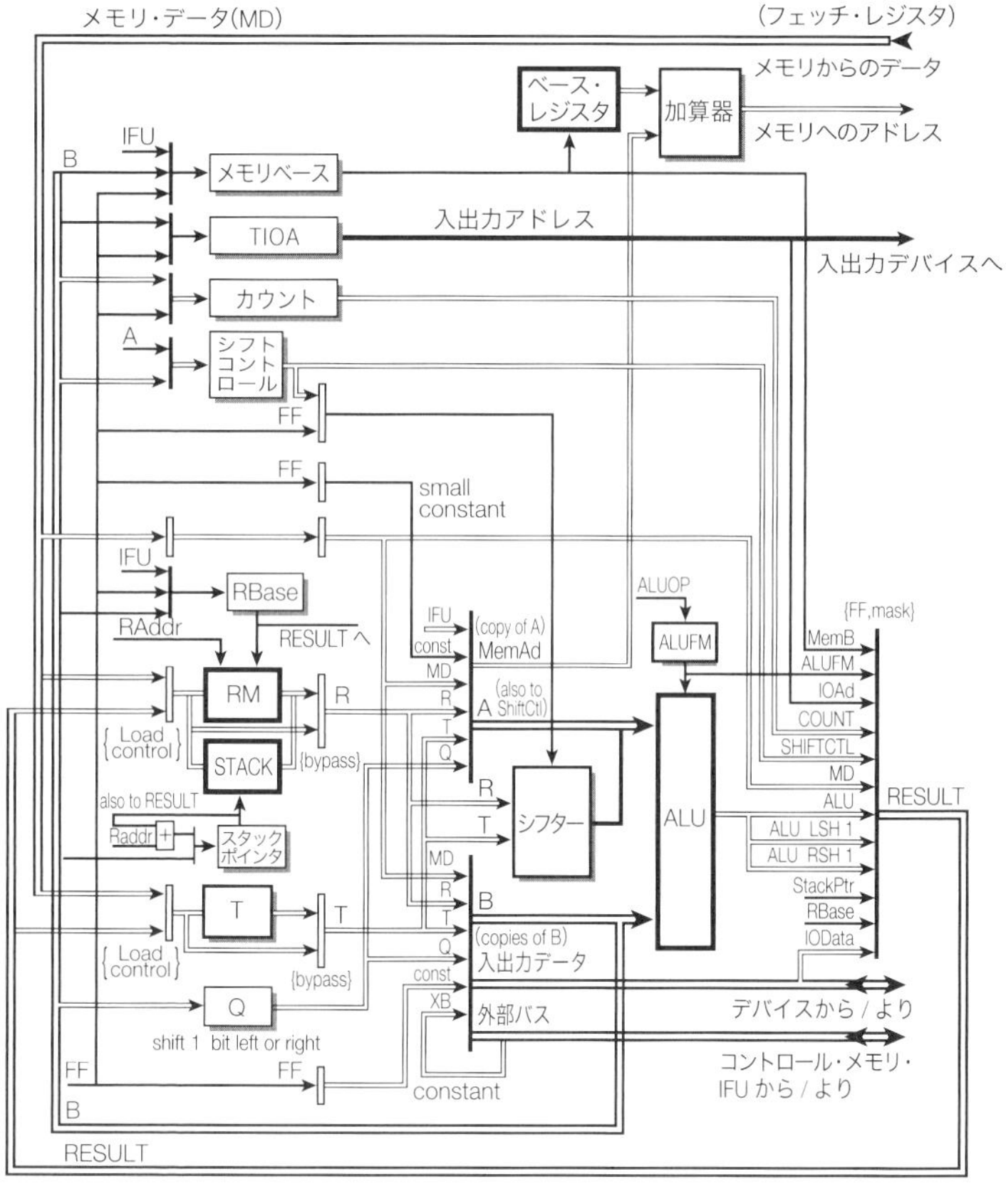

●ドラドのブロック図

クロック速度は、当時としては高速の16・7メガヘルツであった。今から見ると何と遅いのだろうと思う。

ドルフィン

一九七七年、チャック・サッカーは、ドルフィン（DOLPHIN）の設計を開始した。ALTOの後継というより、ドラドの後継だったと言われる。

　ドラドで懲りたせいだろうか、ドルフィン

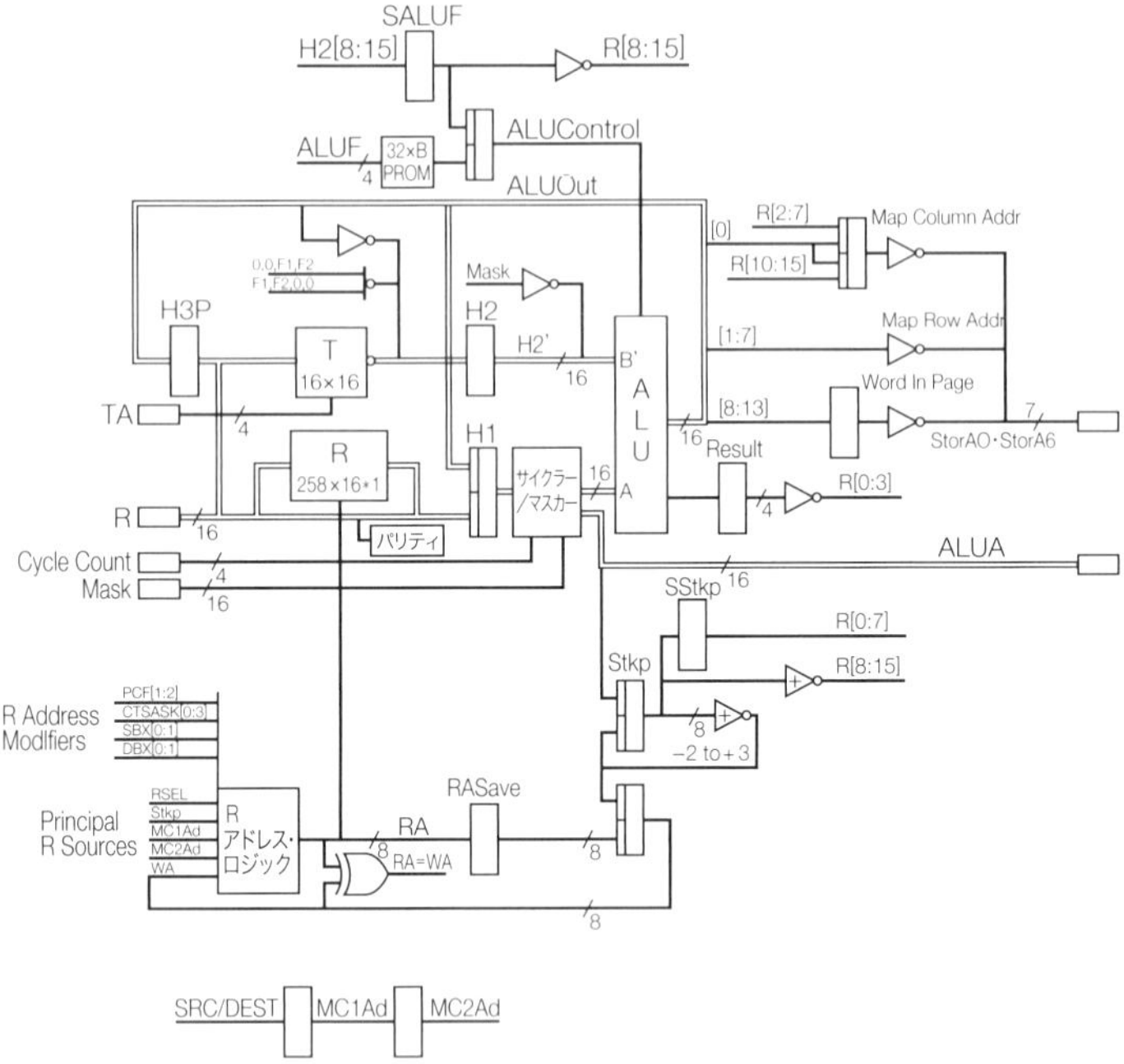

●ドルフィンのCPUのブロック図

では、手堅いトランジスタ・トランジスタ・ロジック（TTL）が使われた。ある意味で、ドルフィンは単純にALTOをスケールアップしたものだった。古い構成部品でできていた。本来は斬新なアーキテクチャが必要だった。

それでも面白いことにゼロックス5700エレクトロニック・プリンティング・システムやゼロックス1100サイエンティフィック・インフォーメーション・プロセッサとして製品化された。PARCはドルフィンを50台生産した。設計目標がはっきりせず中途半端な製品で人気が出なかった。

ロバート・メトカルフェは、ドルフィンの開発の進行状況をチェックするように言われていた。例のごとく皮肉を言い、足を引っ張るばかりだった。

ダグラス・エンゲルバートのスタンフォード研究所（SRI）から、ロバート・ベルビルが、ゼロックスのSDDに移ってきた。ロバート・ベルビルはロバート・メトカルフェと共にチャック・サッカーのドルフィン製作をチェックしていた。

チャック・サッカーは、何とかドルフィンをまとめ上げたが、疲れ切ってSDDを抜けて、PARCのCSLに戻った。

ただ、このドルフィンでアデル・ゴールドバーグはスモールトークの開発もしたし、人工知能（AI）グループもインターLISP－Dシステムの開発をした。

●カーバー・ミードとリン・コンウェイ著『VLSI入門』

一九七八年に完成したドラドは確かに当時としては強力で、シーダーオペレーティング環境と呼ばれるソフトウェア群を積み込むことができた。

だが、CSLは、新しいLSI（大規模集積回路）技術やVLSI（超大規模集積回路）技術を無視し、MSI（中規模集積回路）技術程度でよいとした。そのためVLSIの権威カリフォルニア工科大学教授カーバー・ミードの業績に対しても否定的だった。カーバー・ミードとSSLのリン・コンウェイやダグラス・フェアバーンとの協力作業に対しても否定的だった。

そこでリン・コンウェイはカーバー・ミードを説得してＶＬＳＩの教科書『ＶＬＳＩ入門』を書いた。ＡＬＴＯとブラボーとレーザー・プリンターのドーバーを使って執筆したという。

一九七九年の出版だが、私もすぐ購入した。当時は位置付けが分からなくて不思議な本だと思っていた。本書を執筆する中で、位置付けが分かり慌てて探したが、どこの本棚に潜っているのか分からない。あの懐かしい本が見当たらないのは本当に残念だ。仕方なく米国のアマゾンから古本を買うことにした。

一九七八年の時点で、ＣＳＬのかつて斬新だったアーキテクチャは陳腐化しており、テクノロジーに対する考え方はもはや古く保守的であった。

ＣＳＬは、ドラド（ＤＯＲＡＤＯ）、ドルフィン（ＤＯＬＰＨＩＮ）、ダンデリオン（ＤＡＮＤＥＬＩＯＮ）を作った。バトラー・ランプソンによれば、ドラドはＡＬＴＯの10倍、ドルフィンはＡＬＴＯの2倍、ダンデリオンはＡＬＴＯの３倍の性能であった。これ以外にも、ＣＳＬは、ディセントラ（ＤＩＣＥＮＴＲＡ）、ドラゴン（ＤＯＲＡＧＯＮ）などのマシンを作った。これらは先頭にＤの字が付くので、Ｄシリーズと総称することがある。

チャールズ・シモニー、マイクロソフトへの脱出

一九七七年、チャールズ・シモニーは、スタンフォード大学にメタ・プログラミングについての論文を提出し、博士号を取得している。だが、一九八〇年頃、チャールズ・シモニーは、８年間在籍していたゼロック

スから出ていくことを考え始めた。目標を見失い、周囲の人と合わなくなっていたのである。

チャールズ・シモニーは、ピーター・ドイッチに表計算ソフトのビジカルクの話を聞き、同僚のポール・ヘッケルにビジカルクが走るアップルIIを見せられ、大いに心が動かされたという。

またチャールズ・シモニーは、マイクロソフトのバーン・ラバーンの講演を聴いて、ゼロックスＰＡＲＣ以外にも、面白く自分が活躍できそうな世界がありそうだと心を動かされた。

ビル・ゲイツの打った石は意外なところで利いていたのである。チャールズ・シモニーはゼロックスＰＡＲＣの外に出ていこうと考えたのである。

そこでチャールズ・シモニーは、サンタクララ市ベイフロント・プラザ５４００番地（5400 Bayfront Plaza Santa Clara. CA）にスリーコム（３Ｃｏｍ）社を設立していたロバート・メトカルフェに相談した。昼食の席でロバート・メトカルフェはチャールズ・シモニーに訪問者リストを渡した。それにはこれから訪ねるべき10人の人物の名が書き連ねられていた。その先頭にあったのがマイクロソフトのビル・ゲイツであったという。

　チャールズ・シモニーは、一九八〇年秋、ボーイングにインストールされたＡＬＴＯIIのブラボーXの問題をチェックするため、ワシントン州に出かけていく機会が

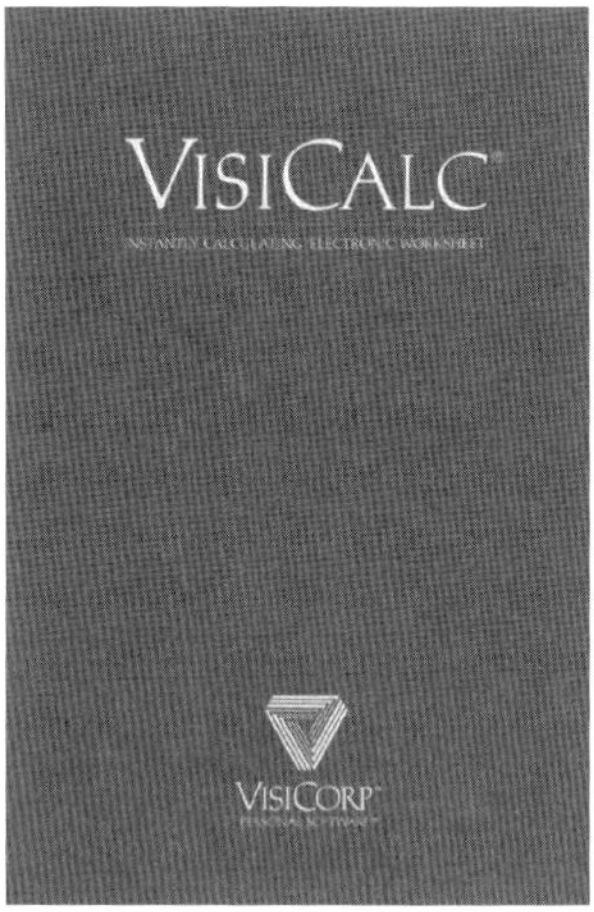

●ビジカルクのマニュアルの表紙

あったときに、同じワシントン州ベルビューのマイクロソフト本社にビル・ゲイツを訪ねた。時にビル・ゲイツ26歳、チャールズ・シモニー33歳である。

チャールズ・シモニーはロバート・メトカルフェがあらかじめ電話で根回ししてくれていたと勝手に思い込んでいたので自信満々であった。ビル・ゲイツは日本の顧客と面談していたので、スティーブ・バルマーが応対した。しばらく話すうちに、スティーブ・バルマーはびっくりして、無理やりビル・ゲイツを引っ張り出してきてチャールズ・シモニーに会わせた。

2人は、たちまち肝胆相照らす仲になり、その後、年末までにチャールズ・シモニーは二度ビル・ゲイツを訪ね、ビル・ゲイツも一度PARCにチャールズ・シモニーを訪ねている。ちなみに、この訪問の際に、ビル・ゲイツはALTOを見せられたという。そして、一九八一年二月六日、チャールズ・シモニーはマイクロソフトに入社する。

チャールズ・シモニーは、後日、自分のことを「PARCウィルスのメッセンジャーRNA」と表現したという。

ゼロックスSTAR

一九七九年、SDDは、ゼロックスの組織の中を転々とした後、ロバート・ポッターが監督しているテキサス州ダラスのオフィス・プロダクツ部門の下についた。すぐにロバート・ポッターは庇護者のアーチー・マカーデルと共にインターナショナル・ハーベスター社に転職した。

オフィス・プロダクツ部門の新しい責任者は、36歳のドン・マサロだった。ドン・マサロは、フロッピー・ディスク装置で有名なシュガート・アソシエイツの共同設立者だった。一九七七年にゼロックスがシュガート・アソシエイツを４１００万ドルで買収した。赴任するやいなや不評のワードプロセッサのゼロックス８５０に代えて、ゼロックス８６０を出し、ファクシミリ2機種を発表、イーサネットのサポートもすることになった。ドン・マサロは、デイビッド・リドル率いるSDDのSTARのサポートを発表した。

一九八〇年二月、STARの発表を一九八一年春とすることが決定された。

ダンデリオン

ALTOの後継STARは、暗号名ダンデリオン（DANDELION）として開発が開始された。バトラー・ランプソンは、新たに4ビットスライス・プロセッサのAMDのAm２９０１を使うことを提案した。これはギリシャ悲劇のデウス・エクス・マキナ（ラテン語で機械仕掛けの神。ギリシャ語ではἀπό μηχανῆς θεός）のように唐突に出て来たものではなく、これもSSLにあったNOVA１２００の影響があったように思われる。アラン・ケイのミニコムもNOVA１２００の影響を受けていた。NOVA１２００は、ビットスライス方式を採用していた。有名な７４１８１という4ビットのALUを4つつなげて16ビットのALUを実現し、他に必要な回路をつけてプロセッサを実現していた。

◆７４１８１については『スティーブ・ジョブズ 青春の光と影』70頁を参照されたい。

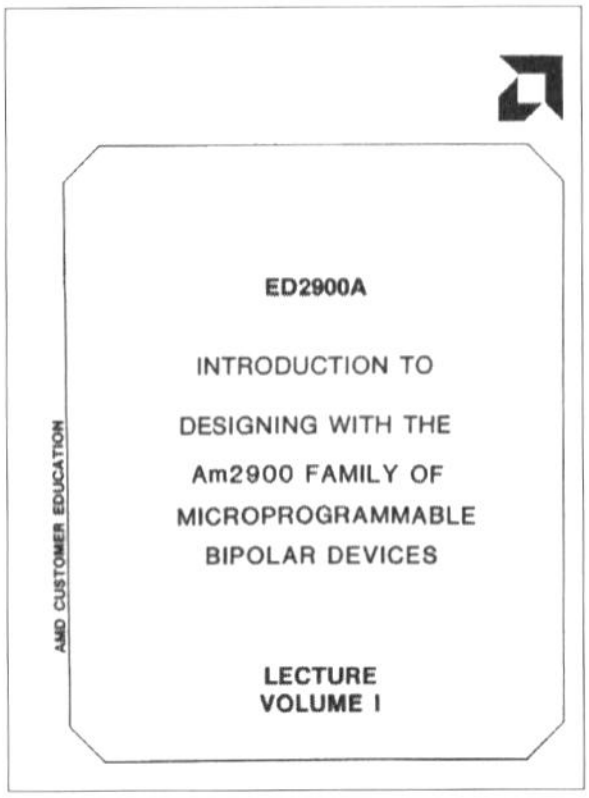

● Am2900 のレクチャー・ノート
分厚いが分かりやすい。

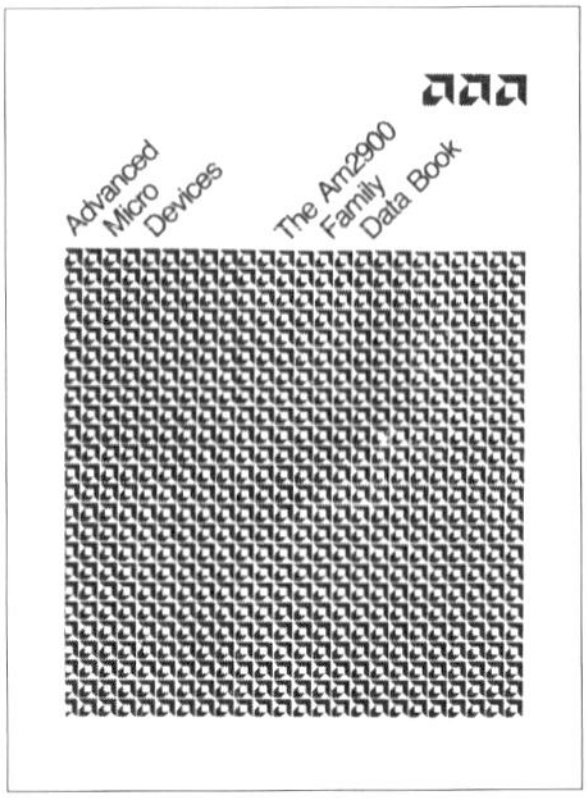

● Am2900 のファミリー・データ・ブック

Ａｍ２９０１は７４１８１よりは進歩したものだが、４ビット単位であったから、16ビットCPUとするには、４つつなげる必要があった。Ａｍ２９００を理解するためには、Ａｍ２９００のマニュアル以外にも、ＡＭＤのカスタマー・エデュケーションが出したレクチャー・ノート二巻がある。数百ページずつと分厚いが、説明が丁寧で読みやすい。ＮＯＶＡの回路図と比較してみると、ダンデリオンはＮＯＶＡの影響を受けていることが分かる。しかし、この方式ではスピードは出ないだろう。

一九八一年九月、ダンデリオンは、ゼロックスＳＴＡＲ、あるいはゼロックス８０１０として登場した。私自身もそうであったが、ＳＴＡＲはＡＬＴＯを生産に適した製品に仕上げたもので、ＡＬＴＯと大差がないように思われるが、必ずしもそうでもない。

たとえば、外観的には画面の縦横比がＡＬＴＯとは完全に違っている。

ＡＬＴＯでは、画面は水平方向８・５インチ×垂直方向11インチで、可視部のビットマップは水平方向６０８ピクセル×垂直方向８０８ピクセルで縦長である。
STARでは、17インチのビットマップ画面を採用したが、表示画面は水平方向12・８インチ×垂直方向10インチで、可視部のビットマップは水平方向１０２４ピクセル×垂直方向８０８ピクセルで横長である。スケーリングを施すことによって、縦横比８・５インチ×11インチの紙２枚を縮小して表示することもできた。17インチ必要なものを12・８インチに、つまり75％程度に縮小するから、細かい字は多少つぶれたのではないだろうか。

一九八二年三月のダンデリオン・ハードウェア・マニュアルを読むと分かることだが、STARはセントラル・プロセッサ（中央プロセッサCP）とインプット・アウトプット・プロセッサ（入出力プロセッサIOP）に分かれている。この思想はチャック・サッカーが出したものの継承だが、IOPには、なんとインテル８０８５が搭載されているのである。こういうことができるのはすごいことだが、本当に必要だったのだろうかと思う。

またSTARはマイクロ命令で作られているが、ALTOのマイクロコードが32ビット形式であったのに対し、STARは48ビット形式になっている。これでプログラムをコーディングするのは楽ではない仕事である。

ALTOのメモリは、64キロワード（１２８キロバイト）から２５６キロワード（５１２キロバイト）まで拡張可能であったが、64キロワードでは、かなり制約が厳しかったと言われる。

STARの当初のメモリは、16キロビット・メモリを使ったものと64キロビット・メモリを使ったものの２種類があり、64キロワード（１２８キロバイト）から７６８キロワード（１５３６キロバイト）まで選べた。しかし一九八八年頃には５１２キロバイトが標準になり、２５６キロバイトずつ増やせるようになっていた。しか

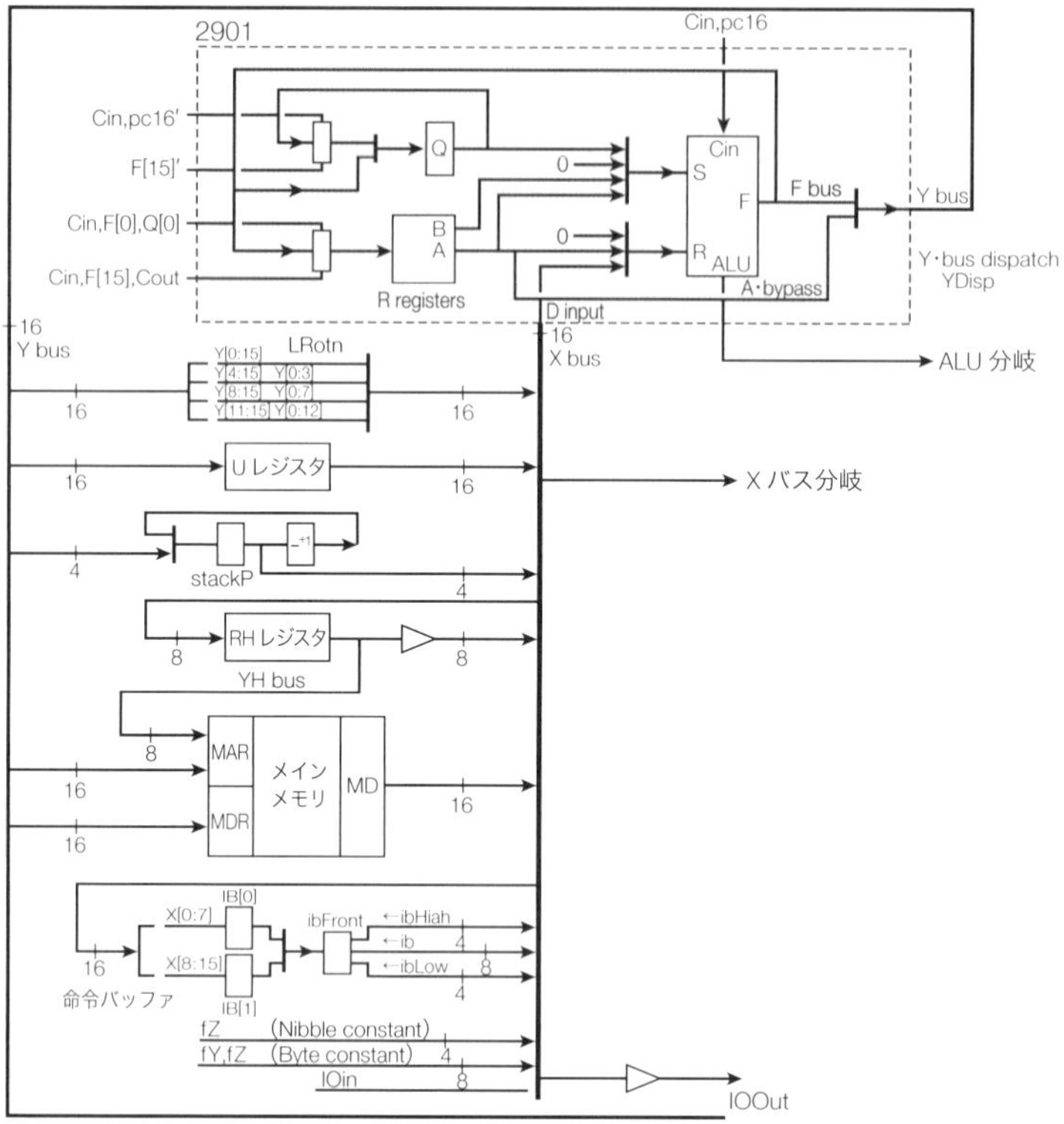

●ダンデリオン（ゼロックスSTAR）のCPUのブロック図

し、これでも厳しかっただろう。ゴードン・ムーアの半導体の集積度は18か月ごとに倍増するという法則をよく理解していなかったといえるだろう。

ＳＴＡＲのメモリは、ＭＣＣ（メモリ・コントロール・カード）とＭＳＣ（メモリ・ストレージ・カード）を使った込み入ったシステムである。

ＳＴＡＲでは20ビットの実アドレスが指定でき、原理的には１０２４キロワード（２０４８キロバイト）まで使えた。22ビットないし

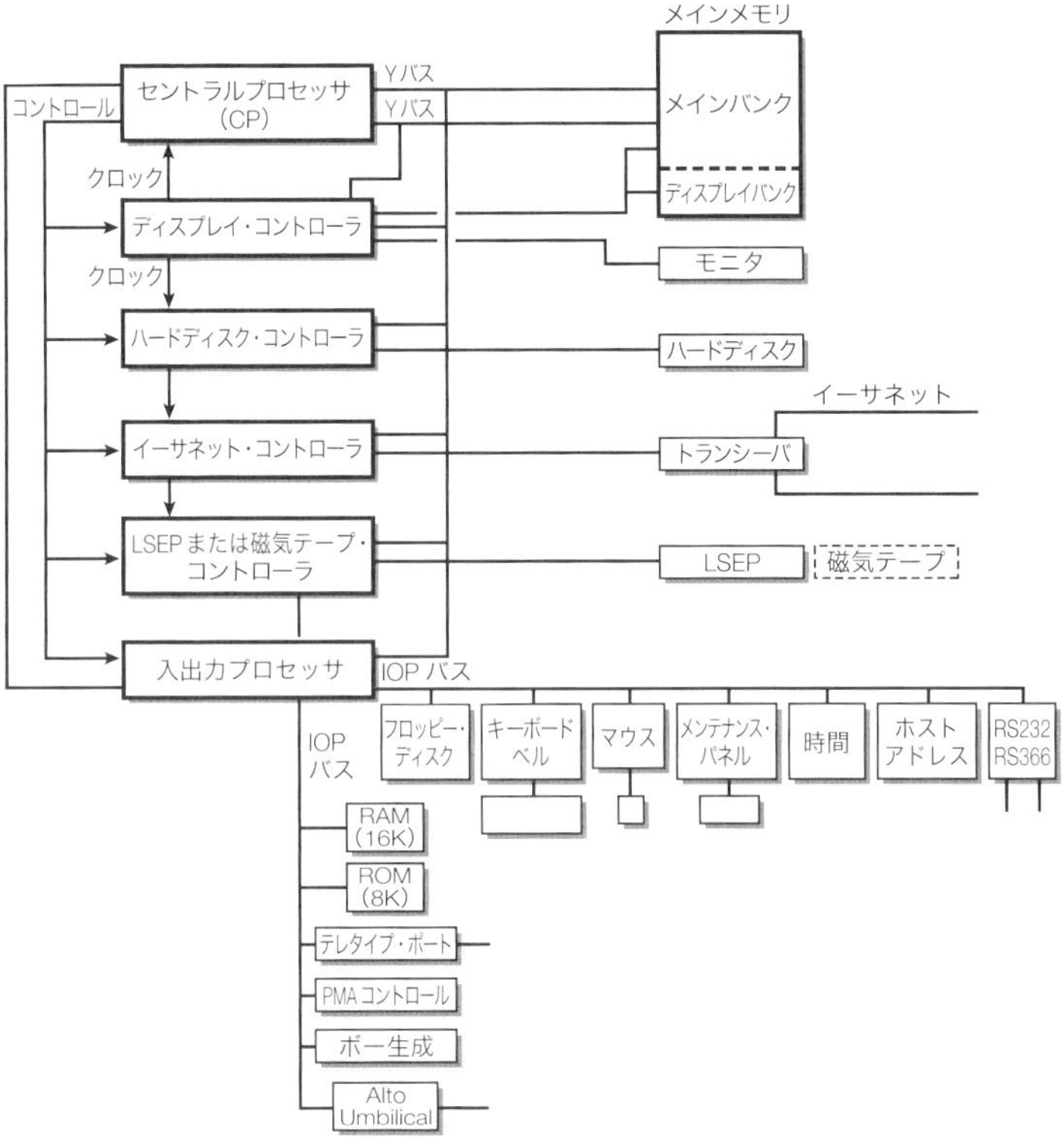

●ダンデリオン（ゼロックスSTAR）のブロック図

24ビット・アドレスの仮想記憶もサポートされた。ハードディスク装置の制約もあり、それほど大きな仮想記憶空間ではない。

ALTOの外部記憶装置は、ディアブロ31（ないし44）カートリッジ・ディスク・ファイルで、容量は2・5メガバイトであった。

STARの外部記憶装置は、ハードディスク装置はシュガートのSA1000（8・38メガバイト）あるいはSA4000（23・17メガバイト）であった。一九八八年頃には10メガバ

●ゼロックス STAR（ゼロックス 8010）のハードウェア・リファレンス・マニュアル

イト、29メガバイト、42メガバイトになっているが、小さすぎるように思う。また8インチ・フロッピー・ディスク・ドライブも使用できた。磁気テープの使用も考えていたようだ。

STARのマウスは2ボタン・マウスである。

ALTOのイーサネットは3メガbpsであったが、STARのイーサネットは10メガbpsに速度が向上した。

STARのハードウェア・マニュアルを読むと分かることだが、何を見ても手の込んだ複雑なシステムである。読むと色々勉強にはなる。しかし、もう少し新しいテクノロジーを使えば、もっと簡素化できたのではないかと思う。またユーザーが自分でデバイスを接続するのは相当難しかっただろう。

STARのプログラミングは、MESA言語中心で、細かい制御となればマイクロ命令を使うことになる。いずれにせよ、そう簡単には手がつけられる代物ではなかった。

結局、STARはスピードが遅く、コストも高く、またクローズド・システムという評価になった。

未来のオフィス・システムをうたいながら、STARには、ビジネス用には必須のトランザクション・システム、データベース・ソフト、スプレッド・シートなどがなかった。帳票データ入力に必須なテン・キーも付いていなかった。↑、↓、→、←などのカーソル・キーもなかった。

PARCは研究環境であり、ビジネス環境でなかったので、そうしたものの必要性や重要性が分かりにくかったと言える。STARはエリート重役の使うシステムではなく、どちらかと言えば、技術者向けのワークステーションであった。STARは総計3万台程度の出荷に留まり、大ヒットにはならなかった。

ただ、それでもビル・ゲイツは、ゼロックスSTARとレーザー・プリンターを購入した。

ゼロックスSTARが発表されて、しばらくして、スティーブ・ジョブズからロバート・ベルビルに電話がかかってきた。

「君が人生でやってきたことは全てひどいものだった。だから僕のために働かないか？（Everything you've ever done in your life is shit. So why don't you come work for me?)」

● MESA言語のマニュアル
ゼロックスSTARでは開発言語は原則MESA言語であった。

伝えられる英語の言葉は、少し品のない表現であるが、この殺し文句にロバート・ベルビルは陥落して、アップルに入社する。スティーブ・ジョブズはこうした殺し文句で人材をスカウトするのがきわめて巧みであった。

ロバート・ベルビルのアップル入社は一九八二年八月になってからである。一九八一年十二月のゼロックスのオフィス・プロダクツ部門のオフィス・システムズ・ビジネス・ユニットのシステムズ・デベロップメントの下のシステム・デザイン&テストの下にアーキテクチャ&サーバーというセクションがある。当時、ロバート・ベルビルはここを率いていた。アップル・コンピュータではロッド・ホルトの後釜になりマッキントッシュ部門の統括エンジニアリング・マネージャになった。

ロバート・ベルビルは、ひそかに自分のガレージで、インテル８０８６を使って、ＳＴＡＲに似たマシン、カブ（Ｃｕｂ）を組み立てていた。チャールズ・シモニーはこれを見て、一緒に事業を始めようと言ったくらいである。ロバート・ベルビルはこの誘いには乗らなかった。アップル・コンピュータはゼロックスＳＴＡＲのアーキテクチャによく通じたロバート・ベルビルという人材を手にしたのである。

一九八二年、ドン・マサロとデイビッド・リドルはゼロックスを去って、メタファー・コンピュータを設立した。モトローラのＭＣ６８０００をＣＰＵに採用したゼロックスＳＴＡＲに良く似たマシンを製造して成功したが、５年後にＩＢＭに買収された。

ロバート・テイラーは、一九八三年九月にＰＡＲＣを辞める。ウィリアム・J・スペンサーに追い出されたというのが正確かもしれない。すぐさまロバート・テイラーをＤＥＣが拾う。パロアルト市リットン・アベニュー１３０番地（130 Lytton Avenue Palo Alto）にあったＤＥＣシステム研究センター（ＳＲＣ）である。ゼロックスＰＡＲＣからはチャック・サッカー、バトラー・ランプソンを含む15名の研究者がロバート・テイラーに合流した。

こうして、アラン・ケイも去り、ロバート・テイラー、バトラー・ランプソン、チャック・サッカー、チャールズ・シモニー、ラリー・テスラーもＰＡＲＣを去った。一九八三年をもって、ゼロックスＰＡＲＣは１つの時代を終えたといってよいだろう。コンピュータの中心は、古い技術に囚われない若い世代にバトンタッチされたのである。

　こうして見てくると、ＰＡＲＣのＡＬＴＯに結実したグラフィカル・ユーザー・インターフェイス（ＧＵＩ）、スモールトークのオブジェクト指向、イーサネット、レーザー・プリンターなどの革新的新技術を開発しながら、レーザー・プリンターを除いて一切商品化できなかったゼロックスとは何と愚かしい会社であったかと思われるかもしれない。しかし、そのような評価を下すことは多少残酷である一面がある。

　ポール・アレンの自伝『アイデアマン』に面白いことが書いてある。

　マイクロソフトの株式上場で巨万の富を築いたポール・アレンは、ゼロックスＰＡＲＣの研究にいたく感激していた。一九八三年にＰＡＲＣの灯が薄れた後、それでは自分がＰＡＲＣを継承しようと、ＰＡＲＣから歩いても20分程度のパロアルト市ページミル・ロード１８０１番地（1801 Page Mill Road. Palo Alto）にインターバル・リサーチＬＬＣという会社を一九九二年創設した。ＰＡＲＣのスタイルを継承した会社で、運営は以前ゼロックスのＳＤＤの長であったデイビッド・リドルに任せた。

　ポール・アレンが全米でも最高と考える学者や研究者を１００人程度集め、巨額の資金を投入し、自由な研究と自律的な運営形態をとりながら、新技術をいずれか必ず製品化しようとしたのである。ところが、インターバル・リサーチは「意図はよいのに結果は最悪」という事例の典型となった。市場のニーズを全く考慮せず、超常現象など本筋からはずれた活動にばかり注力する人間が増えた。８年間に３億ドルの巨費を投じながら、二〇〇〇年四月に廃業することになる。現在はインターバル・リサーチはもう存在しない。

　ポール・アレンの反省としては、期限や明確な目標を定めない研究は駄目だということである。すなわち人間が想像力を発揮するには、具体的な目標が必要であり、したいと思えば何でもできるというふうにせず、選択の幅をある程度限定したほうがよいというものだ。また私の見るところポール・アレンには何を実現させたいというビジョンが欠落していた。

マイクロソフトの研究所でも同じようなことが言えた。全米から超一流の研究者を集め、膨大な資金を集めた。しかし、何を実現させたいかというビジョンがなかった。お飾りの研究所であった。マイクロソフトの研究所は、一向に目だった成果を上げることができず、現在サトヤ・ナデラのもとで全米各地の研究所のリストラがひそかに静かに進んでいる。

ゼロックスの場合は、放任主義といわれながら、一応の成果を出せた。ロバート・テイラーやアラン・ケイやバトラー・ランプソンなどのビジョンを持った強烈な個性がちょうどうまく噛み合って機能した。単に優秀な研究者を寄せ集めただけでは駄目なのだ。

さらに一番難しいのは研究所の成果を商品化することで、これはどこの会社でもなかなかうまくいっていない。指導部が、適切なタイミングを見極め、適切に人的資源と費用を投入し、強い意志で必ず期限内に結実させるというのは、そう簡単なことではない。

第十三章　マイクロソフトのアプリケーション分野への進出

マルチプラン

一九八一年二月六日、マイクロソフトに入社したチャールズ・シモニーは、同社のアプリケーション開発室長となる。ここでは、スプレッド・シート（表計算ソフト）のソフトウェアの開発が、チャールズ・シモニーの最初の仕事になった。

マイクロソフトもビジカルクやCP／M対応のスーパーカルクの成功を見て、表計算ソフトの開発の必要性を感じ、一九八〇年にエレクトロニック・ペーパーの開発を始めていた。

一九八〇年五月、ポール・ヘッケルがマイクロソフトのコンサルタントになる。ポール・ヘッケルは次の2点をアドバイスしたという。

・ビジカルクのクローンを作る
・新しい技術を真っ先に導入しない。当初は2番手にとどまる。

ビジカルクでは、表のマス目を指定するのにバトルシップ（戦艦）ゲームのようにA1、B2、C7などと指定した。縦方向に数字、横方向にアルファベットを割り当てて指定する。ビル・ゲイツは、これをバトルシップ・ゲーム・スタイルとして嫌っていた。そこでマイクロソフトでは縦列（Colum）をC1、C2、横行（Row）をR1、R2などと指定する。したがってセルはR1C1、R2C2などのように指定することになった。どちらが分かりやすいかは趣味の問題と言えばそうではある。しかし、R1C1方式は分かりにくく煩雑だと評判が悪かった。

この仕様を元にしてマーク・マシューズがエレクトロニック・ペーパーのプロトタイプを開発した。チャールズ・シモニーは、まずこのエレクトロニック・ペーパーの開発に取り組むことになった。彼の経歴を振り返ってみると、満々たる自信はあったろうが、彼にはスプレッド・シートの開発の経験はなかった。チャールズ・シモニーは、画面の一番下に数行に渡って出るメニューに注力した。コマンドは2行出た。また複数枚のワークシートを1枚に統合する機能も付けた。

チャールズ・シモニーは、マルチプランの詳細な仕様を書き上げると、ダグ・クランダー、ボブ・マシューズにコーディングを任せた。ほかに4人ほどのプログラマーが協力した。

チャールズ・シモニーの戦略は、他機種にも対応できるようにC言語でプログラムを開発し、擬似コード(Pseudocode：Pコード)を使用し、擬似マシン(Pseudo Machine：P Machine)で動かすことであった。スモールトークが、ALTO以外の機種に対応を図ろうとしたときに、バイトコードという擬似コードを採用し、バーチャル・マシン(仮想機械)上で動かす戦略を採ったことにヒントがあったかもしれない。

C言語で書けば、他機種への移植は楽だったが、アセンブリ言語で書いた場合よりスピードは落ちる。Pコードを採用すると、メモリの節約にはなるが、さらにスピードが落ちる。

チャールズ・シモニーは、ユーザー・インターフェイスの統一を図り、マルチツール・インターフェイスを提唱した。これに基づき、エレクトロニック・ペーパーは、マルチプランと改名された。

当時のマイクロソフトは何でもIBMにお伺いを立てる必要があった。マイクロソフトはIBMのボカラトンのチームに相談した。IBMは64キロバイトのRAMを積んだ標準的なIBM PCのユーザーに動作するソフトウェアを提供するのに悩んでいた。IBMのドン・エストリッジは、マルチプランが64キロバイトでRAMで動作することを望んだ。後で分かったことはこの要請は不要であり、むしろ有害でさえあったことだ。

IBM PC用マルチプランが完成したのは一九八二年春であり、すぐにIBMに届けられた。ワークシートのサイズは256行×64列であった、しかしIBMはビジカルクの方に期待をかけており、IBM版マルチプランは一九八二年十月に発売された。

アップルⅡ用マルチプランは一九八二年八月に発売され、CP／M用マルチプランも発売された。

マルチプランは大ヒットとなり、たちまちビジカルクを脅かすほどの存在にのし上がった。一時は100

以上のメーカーにＯＥＭ採用されたという。しかし、マイクロソフトの喜びは、ほんの束の間のことだった。

一九八三年一月、ダン・フィルストラのビジコープが、ダン・ブリックリンのソフトウェア・アーツを訴えた。開発を怠ったのでスーパーカルクとマルチプランにシェアを奪われたというのである。この法廷闘争は両社に悲惨な影響を及ぼした。

ミッチ・ケイパーとロータス1－2－3

ミッチ・ケイパーは、一九五〇年ニューヨークのブルックリンに生まれた。ロングアイランドのフリーポートの公立学校に通い、一九六七年に高校を卒業した。ミッチ・ケイパーは、一九七一年、エール大学の学士号を修得する。大学では心理学、言語学、コンピュータ科学を勉強していた。特にコンピュータの専門教育を受けたわけではない。大学時代はエール大学のＷＹＢＣ－ＦＭという放送局で、プログラムディレクターを務めた。政治的には急進的新左翼で、超越的瞑想に凝った。

一九七〇年代に青春時代を過ごした人は、多かれ少なかれ皆同じようなものなのだが、ミッチ・ケイパーの大学卒業後の経歴はめちゃくちゃである。スティーブ・ジョブズにしても似たようなものだ。一九七一年の卒業後はコネティカット州ハートフォードのロック音楽専門の放送局で、ＷＨＣＮ－ＦＭのディスク・ジョッキーになった。その後マサチューセッツ州ケンブリッジとアイオワ州フェアフィールドで超越的瞑想の教師をしている。それも失業すると、コンサルタント会社のプログラマーになった。

なんという職業選択法だろう。また当時は、特に素養がなくともプログラマーになれたのだから面白い。そしてミッチ・ケイパーは全米、全世界へ放浪し、超越的瞑想にふけっている。そんなふうだから家庭はもちろん破綻し、離婚した。

一九七八年、ボストンのビーコン・カレッジから心理学の修士号を得た。この人は大学が好きらしい。間欠的に大学に出たり入ったりしている。一九七八年、心理学の博士課程に進むのを待つ間にミッチ・ケイパーは、アップルIを買って、それに凝りだした。

一九七九年から一九八〇年には、MITのスローンスクールに進んだらしい。今度は経営学である。そこでミッチ・ケイパーは、友人の大学院生のためにタイニー・トロールというプログラムを書いた。統合型プログラムである。名前は華々しいが、たかがBASICで書いた寄せ集めのユーティリティプログラムである。しかし、このプログラムは結構当たった。そこでミッチ・ケイパーは、これをもとにビジネス・チャート用のビジプロットと、統計パッケージのビジトレンドというプログラムを書き、ビジコープに売った。当初の契約ではミッチ・ケイパーが売上げの33%を著作権料として受け取ることになっていた。支払いが嵩んだので、ビジコープは2本のプログラムを買い取ることにした。150万ドルとも170万ドルともいうが、ともかく高値で売れた。

一九八二年、成功に感激した32歳のミッチ・ケイパーは、ロータス社を創設した。他人に儲けさせるのはばかばかしいと思ったのである。ロータスというのは仏教の悟りを体現する蓮のことで、ミッチ・ケイパーの凝っていた超越的瞑想の延長にあった。元々のロータスとは、反戦とマリファナとロック文化の匂いのする反体制的な傾向を持った会社なのである。

ロータス1-2-3のプログラミングは、ジョナサン・サックスが担当した。

ミッチ・ケイパーはロータス1-2-3のプロトタイプを、セビン・ローゼン・マネージメント社のベン・ローゼンに見せた。ベン・ローゼンは激賞し、60万ドルを出資した。ミッチ・ケイパーは、ほかのベンチャー・キャピタルからも出資を募り、300万ドル近い出資を得た。

一九八二年のコムデックスで発表されたロータス1-2-3は、大成功を収める。マイクロソフトのマルチプランはロータス1-2-3の前に完敗する。このときのロータスの開発方針は非常に明確だった。IBM PCの標準的なメモリを無視し、256キロバイトを要求する。IBM PCでしか動くことを考えず、アセンブリ言語で開発する。このように絞り込みを明確にし、割り切りをはっきりすれば絶対に高速なのである。

このような方針を採った場合、誰の目にも明らかなように、IBM PC上では、ロータス1-2-3の方が絶対に動作速度が速い。これに対して、マイクロソフトは一九八四年二月に、マルチプラン1・1を出してロータス1-2-3の追撃を狙った。64キロバイトに限らず、640キロバイトにアドレス空間を広げたので、それまでのスプレッド・シートよりもずっと大きなスプレッド・シートを扱えた。またC言語で書かれていたので100社近くのコンピュータ・メーカーに採用され、一時マイクロソフトは大いに潤った。しかしロータス1-2-3には勝てなかった。

マイクロソフトは一九八五年十月に、マウスをサポートしたマルチプラン2・0を出し、一九八七年一月には、マルチユーザー対応のマルチプラン3・0を出してロータス1-2-3に追いつこうとするが、相変わらず動作は遅く、追撃どころか、水をあけられるばかりで全く勝ち目がなかった。一九八六年には、ロータス1-2-3が75万本、マルチプランは27万5千本で、ロータス1-2-3は全米の市場の74％を支配するに至った。一九八七年にはロータス1-2-3は全米の市場の80％を支配し、マルチプランは6％に落ちた。

マイクロソフトは、MS-DOSの完成は、ロータス1-2-3の動きを遅くできたときだと考えていたらしい。マイクロソフトによるOS独占の問題点が発生してきている。ライバルを蹴落とすために自分の都合のよいようにOSに手を加えるという危険性が発生し始めた。

欧州でのマルチプランの善戦

マルチプランが善戦したのは欧州である。

一九八〇年代初頭、ベルギーのベクトル・アンテルナショナルという会社が、マイクロソフトとデジタルリサーチの代理店を兼ねていた。ベクトル・アンテルナショナルはCP／M-86の販売に力を入れたので欧州ではMS-DOSよりCP／M-86が優勢だった。そこでビル・ゲイツとスティーブ・バルマーはベクトル・アンテルナショナルを切り捨て、クリス・ケアというチップ販売業者を雇った。

一九八二年春には、このような状況を改善すべくボブ・オリアが欧州に派遣された。数学が得意でマイクロソフトBASIC-86の開発やSCP-DOSのMS-DOSへの移植に腕をふるったボブ・オリアが、MS-DOS劣勢の欧州に派遣されて挽回が期待されたのである。

また一九八二年八月には、ジェフ・レイクスが欧州に派遣された。広告宣伝に長けたジェフ・レイクスの使命はマルチプランの普及に努めることになった。ボブ・オリアとジェフ・レイクスは、アップルのヨアヒム・ケンピンに会った。ヨアヒム・ケンピンはアップルⅡとマルチプランを売るという合意書にサインした。

マルチプランの移植が始まると、ボブ・オリアは、欧州では、数字表記、通貨記号、日付の表記法などのロケール（Locale）が違い、またアルファベットも違うので、ドイツ、フランス、英国に分けて対応することが必要だと気付いた。カール・ストークの指揮のもと、各国語対応が始まった。

ここにスコット・オキが登場する。彼は日系三世で、彼の生まれる前の第二次世界大戦中、一家はキャンプに収容され、地位も資産も経歴も全て失った。戦後の一九四八年に生まれたスコット・オキは、シアトルのダウンタウンのチャイナタウン近くの日本人街で育った。現在はインターナショナル・ディストリクトと呼ばれている地域である。スコット・オキはインターナショナル・ディストリクトの東南にあったフランクリン高校に入学し優秀な成績を修めた。その後、父親の希望どおりに、ワシントン大学電気工学科に入学した。しかし、居心地が悪かったようで一年半で退学し、一九六九年21歳で米空軍に入隊した。かたわらコロラド大学に通い、情報システムと会計学を学んだ。

一九七四年、米空軍を除隊すると、コロラド大学大学院に進み、翌年、経営学修士号（MBA）を取得した。MBAを取得したスコット・オキは、ヒューレット・パッカード（HP）に入社し、マーケッティングを担当することになる。コロラド・スプリングス、フォート・コリンズ、クパチーノなどHPの各部門を渡り歩いた後、スコット・オキは自分の能力を試してみたくなった。

そこで一九八〇年にセコイア・グループというソフトウェア会社を友人達と立ち上げた。スコット・オキは全ての情熱と努力を傾けたが、うまくいかず、会社を去った。

スコット・オキはセコイア・グループを去った後、サンフランシスコのマイクロプロ・インターナショナル・コーポレーション（マイクロプロ）に入社した。後述するようにシーモア・ルービンスタインの会社でワードスターで有名だった会社である。

ここでスコット・オキはコンサルティング業務に従事する内に、生まれ故郷のシアトルにあり、急成長しているマイクロソフトを知り、ビル・ゲイツに入社希望の手紙を書いた。手紙はスティーブ・バルマーの手に渡り、スティーブ・バルマーはセコイア・グループの友人にスコット・オキについて照会した。結果は良好で面接の後、スコット・オキはマイクロソフトに入社した。

スコット・オキの仕事はマーケッティング・マネージャで、特に重要な顧客であるＩＢＭのボカラトンのパソコン部門、ニューヨークのライフポート、日本のアスキーだった。しかし、スコット・オキは、これらの顧客を相手にしていたのでは、良い成績を上げられないと悟った。

そこでスコット・オキはマイクロソフトの国際部門を立ち上げるビジネス・プランをビル・ゲイツに提出した。スコット・オキはその費用として１００万ドルを要求した。吝嗇で有名なビル・ゲイツがよく承認したと思うが、ビル・ゲイツは思い切って承認した。勇んだスコット・オキはマイクロソフトの国際部門（主に欧州）の立上げに阿修羅の如く奔走することになる。スコット・オキは、欧州を三分割し、ドイツにはヨアヒム・ケンピン、フランスにはベルナール・ベルニュ、英国にはディビッド・フレイザーを雇って責任者とした。

マイクロソフト・フランスは一九八三年五月二日にオープンした。一九八三年九月にアップルⅡ用マルチプランが出荷された。アップルのジャン・ルー・ガッセーが熱心であった。

ＩＢＭは、フランスでＩＢＭ ＰＣを出荷し始め、ＩＢＭ ＰＣ用マルチプランも一九八四年四月から出荷された。ロータスは翌年からフランス進出を開始したが、フランス版ロータス１－２－３の出荷は一九八六年十一月であり、一九八七年にはマルチプランが市場の90％のシェアを確保した。ロータス１－２－３も、その後善戦したがついに追いつけなかった。

チャールズ・シモニーは、スプレッドシート開発の経験がなかったし、彼自身がコーディングつまりプログラムを書くことはあまりしなかった。ＰＡＲＣ以来、チャールズ・シモニーの一貫した仕事のスタイルとして、克明な仕様書を書いて、実際のコーディングは若い大学院生や卒業したての新入社員に任せるというのがあった。そうでなければ沢山のプラットホームに対してマルチプランを出荷できなかったろう。アーキテクトとプログラマーを区別するという大型コンピュータ時代の考え方が残っていたようである。

ソフトウェア・アーツとビジコープの争いは泥沼化し、一九八五年には倒産した。ソフトウェア・アーツはアシュトン・テートに身売りしようとした。契約の合意書にサインする数日前に、ソフトウェア・アーツのダン・ブリックリンは、ミッチ・ケイパーに出会った。話の成り行きで、ミッチ・ケイパーはソフトウェア・アーツを80万ドルで買収し、負債２２０万ドルを引き継いだ。

ミッチ・ケイパーは一九八二年から一九八六年、ロータスの社長（会長）で最高経営責任者を務めるが、すぐに仕事に飽きる。そしてジム・マンジに職を譲り、多額の資産とともにパソコンの世界から一時、姿を消す。

シーモア・ルービンスタイン

シーモア・アイバン・ルービンスタイン（以下シーモア・ルービンスタイン）は、一九三四年、ニューヨークのブロンクスで生まれた。父親はベラルーシからの移民であった。ロシア革命の際、白軍に徴兵されたが、どうやら脱走したらしく、カナダに亡命し、米国に移民した。彼の母親は米国生まれだが、母方の祖父はウクライナのチェルニヒウの出身であり、母方の祖母はルーマニアのブカレストの出身である。つまりシーモア・ルービンスタインにはスラブ系とユダヤ系の血が混じっているという。

シーモア・ルービンスタインの父親は、彼が7歳の時に感染症で死んだ。母親の手で育てられたようだが、高校の成績は良かったようだ。十代の頃からテレビ受像機の修理のアルバイトをしていた。

軍役を終えた後、ブルックリン・カレッジの夜学に進み、コンピュータのコースも取った。ここでIBM1620コンピュータに触れていたことが後で役に立つ。少し癖の強いコンピュータだが、科学技術用として人気があった。

シーモア・ルービンスタインは、SATで1485点（2400点満点）を取り、なんとか大学への進学条件を満足したのでニューヨーク市立大学シティカレッジに入学し直した。工学を目指したが、物理学科に変わり、数学科に変わって、さらに心理学科を卒業した。それから大学院に進んで経営学修士号（MBA）を取得

IBM1620 のマニュアル
科学技術計算用として人気があった。

した。大学時代にはテレビ受像機の修理から、テクニカル・ライターへとアルバイトを変更した。

その後、シーモア・ルービンスタインは、軍需会社サンダース・アソシエイツに入社した。レイセオン出身者が創立した会社である。サンダース・アソシエイツは、ブルックリンにある海軍応用科学研究所と契約していた。シーモア・ルービンスタインはニューヨーク州のロングアイランド島のプレイビューにある研究施設に入ったようだ。

ここでキャラクタ・ディスプレイとビデオ・ディスプレイをＩＢＭ１６２０で操作するプロジェクトに携わった。これがうまくいったため、海軍が行っている極秘研究に参加した。海上の敵が照射するレーダー電波を捉え、偽の応答を発生して、自己の位置を欺瞞する装置である。これには13枚の回路基板があり、シーモア・ルービンスタインは1枚当たり２０００枚のＩＢＭカードからなるＦＯＲＴＲＡＮプログラムを組み、ニュー・ハンプシャー州ナシュアにあった研究所でＩＢＭシステム／３６０にかけた。成功したという話である。

その後、サンダース・アソシエイツは民需用の端末を開発し、これを大企業向けに販売した。サンフランシスコ市が購入してくれたので、シーモア・ルービンスタインはこのサポートに西海岸に行った。そこで初めて西海岸の気候に触れ、いつかは絶対にこの快適な西海岸に来るぞと思ったのだそうである。

一九七〇年にシーモア・ルービンスタインは、サンダース・アソシエイツを辞め、マサチューセッツ州ウォルサムでタイム・シェアリング・システム社に入社する。長続きせず、翌年コンサルタントになる。シーモア・ルービンスタインは、ボストン、サンフランシスコ、スイスなどの金融機関のコンサルタントとして働いた後、一九七七年西海岸に戻ってくる。サン・ラファエルのバイト・ショップでIMSAI８０８０を購入し、アンダーソン&ヤコブソン製のテレタイプを購入し、IMSAI８０８０に接続する。そしてCP/M-80を動かすと、自分の仕事に役立ったので、これは本物のコンピュータだと感激する。

IMSAIは正式にはIMSアソシエイツ・インク（略称IMSAI）であり、IMSの子会社である。IMSはインフォーメーション・マネージメント・サービス（情報管理サービス）の略である。IMSAI８０８０に感激したシーモア・ルービンスタインは、IMSAIについてもっと知りたくなって、IMSAIを訪れる。その結果、IMSAIは以前にサンフランシスコを訪れたときに知り合いになっていたビル・ミラードの会社であることを知って、シーモア・ルービンスタインは、IMSAIのマーケッティング・ディレクターに就任する。

◈ビル・ミラードについては『スティーブ・ジョブズ 青春の光と影』255頁以下を参照されたい。

IMSAIでのシーモア・ルービンスタインのもっとも有名な行動の1つは、第七章で述べたようにデジタルリサーチのゲアリー・キルドールからCP/M-80の権利を2万5千ドルで一括買取に成功したことである。

またシーモア・ルービンスタインは、IMSAIにFORTRANコンパイラやアセンブラやリンケージ・エディタを売り込みに来たビル・ゲイツやポール・アレンにも会っている。シーモア・ルービンスタインは、良い製品だが、リンケージ・エディタがオーバーレイができるようにして欲しいと希望したが、ビル・ゲイツやポール・アレンは再び訪れることはなかったという。元々マイクロソフトにとってFORTANは主力言語ではなく、そんな手間をかけてまで売りたい商品ではなかったのだろう。

IMSAIでシーモア・ルービンスタインは、ゴードン・ユーバンクスにも会っている。前にも述べたようにIMSAIの開発機器一式を無料でゴードン・ユーバンクスに貸し与えたところ、IMSAIはゴードン・ユーバンクスのCBASICの無制限ライセンスを手に入れた。

マイクロプロとワードスター

一九七八年五月。シーモア・ルービンスタインは、IMSAIの事業戦略方針でビル・ミラードと対立し、1年半でIMSAIを辞める。シーモア・ルービンスタインは同じ頃IMSAIを辞めたジョン・ロビンス・バーナビー（以下ロブ・バーナビー）と手を組んで、一九七八年六月、マイクロプロ・インターナショナル・コーポレーション（以下マイクロプロ）の設立を考える。

マイクロプロの手持ちには、ワードマスターとスーパーソートというソフトウェアがあった。

ワードマスターは、ロブ・バーナビーがIMSAI8080上で開発したプログラムNEDをもとにしたものである。CP／M-80にはEDというテキスト・エディタが付いていたが、ロブ・バーナビーはこれが嫌いだったので、CP／M-8080のEDを改造して、ニューED（NED）というテキスト・エディタを作り上げた。NED

はＩＭＳＡＩ８０８０用のＣＰ／Ｍ-80上でだけ動き、標準的なＣＰ／Ｍ-80上では動かなかった。それにほかにも解決しなければならない問題が多数あった。シーモア・ルービンスタインの注文で、ロブ・バーナビーはＮＥＤを改造して、標準的なＣＰ／Ｍ上で動くテキスト・エディタをアセンブリ言語で書き上げた。これにワードマスターという名前が付いた。これに文書フォーマット（整形）プログラムＴＥＸを組み合わせることもできた。

スーパーソートは、ＩＢＭシステム３６０上での並べ替えプログラムのシミュレータをアセンブリ言語で書いたものであった。両方とも標準的なＣＰ／Ｍ-80上で動くのが特徴だった。

一九七八年九月、マイクロプロは、２つのソフトウェアを改良し出荷した。マーケッティングの名手シーモア・ルービンスタインの宣伝活動もあって、そこそこに売れた。シーモア・ルービンスタインは、ＩＭＳＡＩを辞めるときに８５００ドルの貯金を持っており、ロブ・バーナビーに２５００ドルを渡し、後は食いつぶしの毎日で、製品発売直前には、貯金も尽きようとしていた。

マイクロプロの売上げは、最初の月が１万７０００ドル、翌月が１万４０００ドル、また翌月が２万４０００ドル、さらに翌月７５００ドルというようにつましいものだった。シーモア・ルービンスタインは、しばらく自分の月給どころではなかった。だが、一九七九年四月のウェスト・コースト・コンピュータ・フェア（ＷＥＳＣＯＮ）出品以後、次第に運命の女神は微笑みかけてくる。

シーモア・ルービンスタインは、ロブ・バーナビーにワードマスターを改良して、本格的なワープロ・ソフトのワードスターに改良するように指示する。ロブ・バーナビーはワードスターのアルファ版をアセンブリ言語で書いた。０・89版になったところで、ジム・フォックスが手伝い始め、一九七九年四月頃にワードスターのアルファ版が完成した。CP／M－80上で動くものでアセンブリ言語で13万7000行に及ぶものだった。

ワードスターの正式な出荷は一九七九年六月である。以後8か月で5000本が売れた。画面で見たままが出力されるというWYSIWYG（What You See Is What You Get）機能の先駆けが実現された。ただし文字の幅は均一のモノスペース・フォントで、文字によって幅の異なるプロポーショナル・フォントではなかった。ワードスターは次第に力をつけ、業界ナンバーワンの製品に近づいていく。

一方、長時間のプログラミング作業で燃え尽きたロブ・バーナビーは、プログラミングに意欲を失い、度々の休暇を取った後、一九八〇年三月、マイクロプロを去る。

ワードスターはZ－80ソフトカードを搭載したアップルⅡやラジオシャックのTRS－80、エプソン（EPSON）のハンドヘルド・コンピュータ、アダム・オズボーンのオズボーン1などに採用された。

ワードスターをCP／M－80からCP／M－86用に改造することも順調に進んだ。またこのCP／M－86版をMS－DOS版に書き直すのもジム・フォックスの手でおこなわれ、一九八二年四月、MS－DOS対応のワードスター3・0として登場する。ワードスターはRAMディスク・ボードを使うと高速になることがユーザーの手で発見された。

ワードスターに内在する危険さは、アセンブリ言語で書かれていたことで、MS－DOSがバージョン・アップを始めると、遅れを取り始めたことである。たとえば階層的ディレクトリ構造などについていけなくなった。またワードスターの操作には、きわめて複雑なキーの組み合わせを必要とし、悪名高き複雑さとまで呼ばれた。ただいったん慣れてしまった人にはそれを変更されると、また困るのである。そのあたりがワープロ・ソフトの難しさだろう。

シーモア・ルービンスタインは、マイクロプロの上場を3か月後に控えた一九八四年一月、心筋梗塞で入院してしまう。この入院を機にシーモア・ルービンスタインは、ベンチャー・キャピタリストのフレッド・アドラーを中心とする勢力に体よく会社を乗っ取られてしまう。ビジネスマンにとって、病気は大敵である。

最高経営責任者で社長となったグレン・ヘイニーをはじめとする新経営陣はワードスターと互換性のないワードスター2000を開発し、販売し始める。これによってユーザーは混乱し、マイクロプロの力は衰える。ともあれ、ワードスターは一九八五年頃まで覇権を握っていた。

ブルース・バスチアンとアラン・アシュトン

ブルース・ウェイン・バスチアン（以下ブルース・バスチアン）は、一九四八年アイダホ州ツィン・ホールのモルモン教信者の家に生まれた。モルモン教徒の聖域はユタ州だが、地図で見ると、ツィン・ホールはユタ州の北西部近辺にある。このあたりまでモルモン教が普及しているのだろう。

ユタ州のブリガム・ヤング大学に入学したときの専攻は音楽教育で、将来は高校か大学のバンドの指揮者を目指していた。学部卒業後、音楽専攻の修士として大学院に留まり、時折、クーガー・マーチング・バンドの指揮者の手伝いをしていた。指揮者の抜けた後、ブルース・バスチアンが指揮者を務めていた。妹のマリエッタは、このバンドでタンバリンを演奏していたが、ピート・ピーターソンと結婚する。

ブルース・バスチアンの修士論文のテーマは、バンドの行進のフォーメーションのプログラムを扱っていた。３Ｄグラフィックス表示を使ったという。一九七七年、音楽科の主任から、大学は博士号を持った新しいバンド・マスターを選んだと言われた。つまり失業したのである。

彼の窮状を救ったのがブリガム・ヤング大学のコンピュータ・サイエンス学科教授のアラン・アシュトンである。アラン・アシュトンは、一九四二年ソルトレイク・シティに生まれ、ユタ大学でコンピュータ・サイエンスを学んだ。ユタ大学は、ブリガム・ヤング大学の北方にある。

ここでアラン・アシュトンはディビッド・エバンス、アイバン・サザーランド、アラン・ケイの薫陶を受けた。アラン・アシュトンは、ハモンド上の音楽を作るためにコンピュータを使った。その後、アラン・アシュトンはブリガム・ヤング大学に移った。

アラン・アシュトンは、ブルース・バスチアンの修士論文のテーマに関心を抱き、音楽学科からコンピュータ・サイエンス学科に転学科させ、指導教官になった。一九七八年に修士号を取った。年齢から考えると、途中色々な屈折があったようだ。就職についてはヒューレット・パッカード（ＨＰ）に傾いていたようだが、結局、アラン・アシュトンの設立したワード・プロセッシング・ソフト（以下ワープロ・ソフト）の会社に決まった。

アラン・アシュトンは、一九七七年の夏からワープロ・ソフトの仕事を始めた。当時有名だったワングのワープロ・マシンのデモを見て、また当時のワープロ・ソフトの論文を読んだ後、早速ワープロ・ソフトの開発に入った。アラン・アシュトンは、それまでにも委託研究でテキスト・プロセッシングやテキスト編集の仕事を手がけていた。それまでにもコンピュータを使った文書整形プログラムにはＲＵＮＯＦＦなどがあったが、アラン・アシュトンが実現したかったのは、今で言うWYSIWYGに近いワープロ・ソフトだったようだ。ファンクション・キーを多用し、モード切り替えをなくしたいと思っていた。一九七七年の終わり頃までにはアラン・アシュトンは50ページ程の仕様書を書き上げていたという。

一九七八年の春、アラン・アシュトンのワープロ・ソフトの話を聞きつけて、アイテルというリース会社を経営していたドン・オーウェンスが、データゼネラルのためにワープロ・ソフトを開発するように持ちかけてきた。まだベンチャー・キャピタルという言葉はなかったが、ドン・オーウェンスは起業家という感じだった。

ドン・オーウェンスは、なかば強引にアラン・アシュトンと2人でサテライト・システムズ・インク（SSI）を作ってしまった。SSIは名ばかりの会社で役割分担もはっきりせず定款すらなかったようだ。ドン・オーウェンスは、出資者を募って資金を提供すると言ったので、アラン・アシュトンはブルース・バスチアンを雇い、オフィスを借り、コンピュータをリースしようとした。

ところが出資者の賛同を取り付けられなかったので、ドン・オーウェンスは謝り、ブルース・バスチアンに涙金の100ドル払った。

アラン・アシュトンは、ブルース・バスチアンに対して大変申し訳なく思い、コネを探してアイリング・リサーチに仕事を紹介した。アイリング・リサーチ（以下アイリング）はプロボ市の北側のオレム市にあり、データゼネラルのコンピュータ用のワープロ・ソフトを開発していた。

アイリングのワープロ・ソフト開発が期限に間に合いそうもないのを見て、アラン・アシュトンとブルース・バスチアンはアイリングに提案した。もしアイリングがワープロ・ソフト開発の期間中のブルース・バスチアンの給料を払ってくれ、しかも開発した製品のワープロ・ソフトの所有権を認めてくれれば、完成したワープロ・ソフトを無償でアイリングに提供する。アイリングはワープロ・ソフトウェアの販売権は確保するというものだ。アイリングは喜んで、この提案に賛成した。

そこでアラン・アシュトンとブルース・バスチアンは寸暇を惜しんで、データゼネラル向けのワープロ・ソフト開発に没頭した。アラン・アシュトンは印刷関係部分、ブルース・バスチアンは画面関係を担当した。

一九七九年の春には、アルファ版が出来上がった。それをオレム市に持って行き、改善すべき点があることを説明した。オレム市は了解して、完成した製品に対して追加料金を要求しないなら、オレム市のデータゼネラルのマシンを無料で使ってよいとした。ブルース・バスチアンは父親から生活費を借りて日夜開発を続行し、アラン・アシュトンは無給で開発に協力した。次第にワープロ・ソフトは目途がついてきた。そこでこの簡約版をPエディットとしてリリースすることにした。ただ2人ともソフトウェアの販売経験がなかったのでドン・オーウェンスに頼ることになった。3人の話は、すぐまとまり、Pエディットとワープロ・ソフトを販売する会社を作ることになった。持株数は1／3ずつで、新会社の名前はサテライト・ソフトウェア・インターナショナル（SSI）となり、ユタ州に一九七九年九月に設立された。ドン・オーウェンスはSSIの最高経営者を自称していたが、何もそういう取決めはなかった。全てが曖昧なままに推移していく。

一九八〇年三月ワープロ・ソフトは完成しSSI＊WPという製品名になった。ワープロ・ソフトの価格は5500ドルだった。パッケージの制作費用は25ドルしかかからなかった。SSI＊WPは制約の多いソフトだった。データゼネラルのコンピュータの上でだけで動き、データゼネラルのAOSというオペレーティング・システムの上でだけ動き、プリンターはディアブロ１６５０でなければならなかった。一九八一年の夏までにＳＳＩ＊ＷＰは毎月２、３本しか売れなかった。夏頃、ブルース・バスチアンの義弟ピート・ピーターソンがＳＳＩの日常業務を手伝うことになった。またＡＯＳ以外にも、ＳＳＩ＊ＷＰがＲＤＯＳでも動くようにダン・フリッチが雇われた。

ドン・オーウェンスは、ＤＣＣという会社にＳＳＩのソース・コードを10万ドルで売りつけるなど、やり手のビジネスマンであったが、どうも胡散臭《うさんくさ》いところがあった。結局ドン・オーウェンスは遠ざけられ、アラン・アシュトンが開発を担当し、ブルース・バスチアンがインターナショナル・ビジネスを担当し、ピート・ピーターソンが日常業務を担当することになった。

ＳＳＩでの社員募集はモルモン教の世界の中で終始した。アラン・アシュトンのブリガム・ヤング大学の優秀な学生に眼が付けられ、アルバイトに誘い、卒業するとそのまま雇うという場合が多かった。こうした形で雇われた学生にアラン・ブラウンがいた。一九八二年二月になって、ＳＳＩはやっとＩＢＭ ＰＣを購入し、ＳＳＩ＊ＷＰのＩＢＭ ＰＣへの移植をアラン・ブラウンに任せた。開発言語をＣ言語にするかアセンブリ言語にするかの議論があったが、信頼できるＣコンパイラがなかったこともあって、アセンブリ言語になった。エディタはＭＳ－ＤＯＳ付属のＥＤＬＩＮが使いにくかったのでアラン・ブラウンはＰエディットをＩＢＭ ＰＣ用に書き直した。この頃、ノベルは赤字を出して、建物を移ったため、ＳＳＩがそこに移転した。ＳＳＩ＊ＷＰ２・０が出荷される。

アラン・ブラウンのＰエディットの書き直しが一九八二年八月に完了したので、アラン・アシュトン、ブルース・バスチアン、アラン・ブラウンなど全員がIBM PC用のワープロ・ソフトの開発にかかった。当時ワードスターがワープロ・ソフトの市場の75%を占めていたので、目標はワードスターであった。SSI*WPでは、馴染みにくい名前なのでワードパーフェクトが採用された。

ワードパーフェクト

一九八二年十一月二六日、IBM PC用のワードパーフェクト2・20 MS-DOS版が出荷される。2・20などという奇妙な番号は、すでにいくつかのバージョンを経ているという印象を与えるためのもので、コンピュータ業界ではよく使われる手法である。宣伝にもマニュアルにもお金をかけなかった。最後の瞬間にエプソンのプリンターのドライバーを付け加えたり、マニュアルの差し替えがあった。

初期のワードパーフェクトの最大の弱点はプリンターのサポートであった。またバグの多いワープロ・ソフトという評判が立ったため、ワードパーフェクト2・20、2・21、2・31と改訂を繰り返したが、これがかえって評判が悪かった。そこで以後バージョン番号を頻繁に変更することをやめた。出荷日付だけを変えることにした。

一九八三年十月、ワードパーフェクト3・0 MS-DOS版が出荷された。プリンターのサポートを手厚くした。モノスペース・フォントのみで、プロポーショナル・フォントのサポートはできていないが、専用ワープロのレベルまでには追いついた。サポートするプリンターの数が50種にも増えると、メモリを圧迫するが、外部のテーブルを使うことで解決した。ただし、その分スピードが落ちた。この頃、1位のワードスターと5位のワードパーフェクトの市場占有率の比は20対1であった。ワードパーフェクトは、カスタマー・サポート・オペレーターを厚くした。社員の増加に伴って、コミュニケーションの問題が発生してきた。ワードパーフェクトには明確な指揮系統や組織や役職がなかった。また外部からマーケッティングや宣伝や財務の専門家を採用することがなかった。ただひたすら懸命に働くという精神主義的な一面があった。

一九八四年十一月、ワードパーフェクト４・０ ＭＳ－ＤＯＳ版が出た。ジャケットやマニュアルなどの質は向上した。インストールは簡単になり、辞書は大きくなり、ブロックはハイライトできるようになり、章末の注が可能になり、エラー・ハンドリングが改善されたが、ソフトウェア自体には、それほどの進歩はなかったと言われている。ワードスターの市場占有率は60％位に落ちた。ワードパーフェクトは第3位になった。

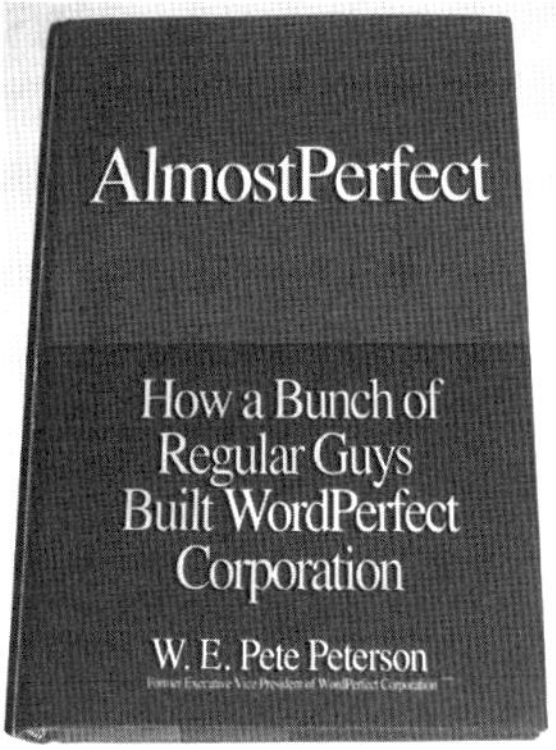

●『オールモスト・パーフェクト』
ワードパーフェクトの歴史を一風変わった立場と視点で書いた本。参考になる。

一九八五年十月、ワードパーフェクト４・１ ＭＳ－ＤＯＳ版が出た。１００以上の新機能を持たせた。コンテンツ表の自動作成、インデックスの自動作成、はみ出した脚注の次頁への送り、パラグラフの番号付け、スペル・チェッカーの改良、シソーラスなどに及ぶ。ワードパーフェクトのシェアは20～25％になった。ワードパーフェクトはマイクロソフトの3倍のプログラマーをワープロ・ソフトに投入していた。

一九八六年十月、ワードパーフェクト４・２ ＭＳ－ＤＯＳ版が出た。実は、この年、初めてSSIはワードパーフェクト・コーポレーションに社名を変更した。すでにマイクロソフトの方がレーザー・プリンターのサポートが進んでいた。この頃ワードパーフェクトは多様な会社への対応に忙殺されすぎていた。

何でも自前でという主義が行き過ぎて、マーケッティングの専門家が不在で、大量の新製品の売り方が分からなかった。マイクロソフト、ロータス、ノベル、アシュトン・テートに次いでワードパーフェクトは第5位のソフトウェア会社になった。ワープロ・ソフトの市場占有率はワードパーフェクト30％、マイクロプロ16％、IBM13％、マイクロソフト11％であった。

一九八八年五月、ワードパーフェクト 5・0 MS‐DOS版が出た。レーザー・プリンター対応をはじめとするプリンティングの改良であった。しかし、もっとも重要な問題は完全なWYSIWYGの実現であった。しかし折衷的なグラフィックス・モードとテキスト・モードの切り替えになった。プレビューのときだけグラフィックス・モードが使えた。一九八八年四月やっとマッキントッシュ対応製品を出せた。ワードパーフェクトがグラフィックスにぐずぐずしていたのは、IBMのOS／2のプレゼンテーション・マネージャが勝つか、マイクロソフトのウィンドウズが勝つか読みきれなかったからだろう。

一九八九年十一月、ワードパーフェクト 5・1 MS‐DOS版が出る。ワードパーフェクトのワープロ・ソフト市場の占有率は依然60％である。この年もワードパーフェクトは、IBMのOS／2のプレゼンテーション・マネージャが勝つか、マイクロソフトのウィンドウズが勝つか読みきれなかった。

一九九〇年五月二十一日、マイクロソフトは、完成度の高まったウィンドウズ3・0を出した。ワードパーフェクトは、この日、OS／2のプレゼンテーション・マネージャ版ワードパーフェクトの開発を延期して、ウィンドウズ版ワードパーフェクトの開発に全力を注ぐと声明した。全面降伏である。

実際は、まだマイクロソフトは、もたもたしているところがあった。ワードパーフェクトはウィンドウズに対応できる技術者に不足していた。ワードパーフェクトは、MS－DOS版の成功に安住しすぎていた。

一九九一年十一月、ワードパーフェクト5・1ウィンドウズ版がやっと出た。

その後、一九九三年六月、ワードパーフェクト6・0 MS－DOS版、一九九三年十月、ワードパーフェクト6・0ウィンドウズ版が出るが、すでに勝負はついていた。

WORD

ワープロ・ソフト市場では、マイクロプロが一九七九年に発売したワードスターが圧勝していた。マイクロソフトは、ワードスターの独り勝ちに歯止めをかけるべく、チャールズ・シモニーの指揮下で、WORDの開発に取り掛かった。ワードスターはアセンブリ言語で書かれていたのに対し、マイクロソフトはWORDの開発にC言語を使用することにした。この場合もチャールズ・シモニーが、直接WORDのプログラムを書くのでなく、リチャード・ブロディに取り組ませた。リチャード・ブロディは前述のように、ゼロックスの先進システム部門（ASD）で、チャールズ・シモニーのブラボーXの開発を手伝った人である。

チャールズ・シモニーは、一九八一年マイクロソフトに転職した後、リチャード・ブロディに声をかけてマイクロソフトに就職させ、社員番号77の社員となった。リチャード・ブロディは、7か月でWORDのプログラムを書き上げ、株を上げた。リチャード・ブロディはマイクロソフトの最初のCコンパイラやPCジュニア用のWORDを書いたりして、ビル・ゲイツの注目を浴びる。WORDやACCESSにも関係したが、この人の書いたプログラムは、残念ながら、どれを取っても大ヒットにはならなかったようだ。

むしろ、リチャード・ブロディが一番成功したのは、数学を駆使したギャンブルと、『ミーム—心を操るウィルス』という本だろう。

一九八三年四月、マイクロソフトは、WORD 1・0を発表し、十月に発売する。必要メモリは128キロバイト、価格はマウス付きWORDが475ドル、WORDのみが375ドルだった。しかし、これは成功とはいえなかった。さらに一九八四年四月に改良版のWORD 1・1、十月にWORD 1・15、一九八五年二月にWORD 2・0と立て続けにリリースするが、どれも使いやすいといえず、失敗だった。マイクロソフトのWORDは、逆にワードパーフェクト社のワードパーフェクトに追い抜かれ、さらに下位へと転落してしまう。

MS−DOS版のマイクロソフトWORDは、一九八三年から出荷され、バージョン1からバージョン6まで出たが、これらは必ずしも期待された勝利を収められなかった。整理してみよう。

■MS−DOS版WORD

一九八三年　WORD 1・0

一九八四年　WORD 1・1、WORD 1・15

一九八五年 WORD 2・0
一九八六年 WORD 3・0
一九八七年 WORD 4・0
一九八九年 WORD 5・0
一九九一年 WORD 5・1、WORD 5・5
一九九三年 WORD 6・0

マイクロソフトの反撃の糸口は、実は奇妙なことにマッキントッシュ版にあった。煩雑になるので経緯のみ示すことにしよう。

■マッキントッシュ版

一九八五年 WORD 1・0
一九八七年 WORD 3・0（WORD 2・0を飛ばした）
一九八九年 WORD 4・0
一九九一年 WORD 5・0
一九九二年 WORD 5・1
一九九三年 WORD 6・0

一九九八年　WORD 98

これを追うようにウィンドウズ版も出てくる。

■ウィンドウズ版

「Word for Windows」と表記するのが正しいが、縦書きでは読みにくいので「WORD」と略記する。

一九八九年　WORD 1・0
一九九〇年　WORD 1・1、1・1a
一九九一年　WORD 2・0
一九九三年　WORD 6・0
一九九五年　WORD 7・0
一九九七年　WORD 8・0
一九九八年　WORD 8・5

ウィンドウズ版のWORDは、一九八〇年代前半から登場しているように錯覚しがちだが、実際の登場は一九九〇年代になってからである。WORDは一九九〇年代になって初めてよく売れるようになった。

WORD 1・0のソース・コードは最近公開された。非常に小さなC言語プログラムの集合体である。マイクロソフト・ビジュアル・スタジオで開くと見やすい。ただ全体の構成と各ファイルのつながりが分かっていないと何のことやら分からないだろう。

洗剤販売をまねた宣伝戦術

マイクロソフトは、アプリケーション分野での戦略としてマルチツールというファミリー構想を持っていた。マルチプランがその第一弾である。続くＷＯＲＤは、マルチＷＯＲＤとなり、以下マルチツールのファミリー製品が出てくるはずであった。ところが、これらの商標の一部はすでに商標登録されていることが分かった。そこでマルチＷＯＲＤはマルチツールＷＯＲＤに変更することになった。

ところが、石けん会社のニュートロジーナからマイクロソフトの広報担当になったローランド・ハンソンは、その命名法が気に入らず、マルチやマルチツールを廃して、マイクロソフトを接頭辞として付けることを提案した。そこでＷＯＲＤはマイクロソフトＷＯＲＤとなる。マイクロソフトという接頭辞が付いたことで、マイクロソフトの製品であると強く主張できるようになったが、ただ実際の表記では、マイクロソフトという接頭辞は、うるさくなるので正式表記でないＷＯＲＤが使われることも多かった。本書でもその流儀を採用している。

マイクロソフトは新製品の売り出しに大々的な広告戦術を採用し、サンフランシスコの広告代理店ドイル・デーン・バーンバックを起用した。マイクロソフトは、45万枚という大量のデモ・ディスクを用意し、これに説明書を付けて配布することにした。第一弾の配布は雑誌『ＰＣワールド』を通じておこなわれることになった。マーケッティング担当のジェフ・レイクスが主体となり、広報担当のローランド・ハンソンが支持した。

一九八三年十一月に『PCワールド』の定期購読者10万人にデモ・ディスクが送付された。この場合の効果は期待されたほどではなかった。しかし、化粧品業界でおこなわれていたような大量のサンプル製品配布はマイクロソフトの戦術として定着する。

マルチプラン、WORDと打ち続く敗北は、マイクロソフトの首脳陣をかなり失望させたに違いない。今から考えると、この失敗は、ハンガリー記法などに象徴されるチャールズ・シモニーの伝説的技量を過大視した点に一因があるように思う。

もう1つの原因は、無敵状態となったマイクロソフトBASIC、MS-DOSへの殺到する注文によって、アプリケーションにまで人を割けきれなかったことにあるとも思う。ワードパーフェクトから見ると、マイクロソフトのアプリケーション部隊の人数がきわめて手薄であったことが報告されている。

さらに最大の原因は、ビル・ゲイツがウィンドウズを最大主要目標と考えていたからではないだろうか。

EXCEL

マイクロソフトは、一九八三年九月、マルチプランの苦戦を直視せざるを得なくなった。

ビル・ゲイツは、マイクロソフトの主要なメンバーを、シアトルのベルビュー市メイン・ストリート11211番地（11211 Main St. Bellevue, WA）にあるレッドライオン・ホテルに召集し、ブレイン・ストーミングをおこなうことにした。召集されたのは、チャールズ・シモニー、ジェフ・レイクス、ジェイブ・ブルメンソール、ジェフ・ハーパーズ、ボブ・マシューズ、ダグ・クランダーであった。ダグ・クランダーはMITのコンピュータ・サイエンス学科の卒業である。スティーブ・バルマーとポール・アレンにスカウトされた。

議題は、マルチプランに代わるオデッセイという暗号名の新しい表計算ソフトの仕様策定であった。これがマイクロソフト・エクセル（EXCEL）になる。議論は3日間に渡って続けられ、ようやくまとまった。

EXCELの仕様の策定は、チャールズ・シモニーでなく、マーケッティング担当のジェイブ・ブルメンソールが行った。大衆心理をよく理解したマーケッティング主導型の開発に変わったのである。ジェイブ・ブルメンソールとダグ・クランダーは親友であった。そこでダグ・クランダーが手伝った。この時点でビル・ゲイツは、チャールズ・シモニーの柔軟さを欠いた部分に気付いたようである。

EXCELは、IBM PC用のディスプレイのテキスト・モードを前提とすることになった。ロータス1-2-3のビジネス・グラフ、データベース、マクロ機能を取り入れ、アシュトン・テートのフレームワークのフレッド（Fred）というプログラミング言語をモデルにEXCELのマクロ言語を設計した。

プログラミングは、MITのコンピュータ・サイエンス学科を卒業したダグ・クランダーが中心となり、ジェフ・ハーバーズ、マーク・オブライエンが手伝った。一九八四年一月には、表計算の部分だけしか完成していなかった。

ところが、一九八四年三月、ビル・ゲイツは突然、EXCELの開発をIBM PC用からマッキントッシュ版に方針変更する。当時、統合型ソフトが人気を呼んでおり、アシュトン・テートがフレームワークを、ロータスがシンフォニーを発表していた。またロータスはマッキントッシュ用に統合ソフトのジャズを開発していた。

ビル・ゲイツは、IBM PC用ではもはや勝ち目がないとみて、マッキントッシュに転進した。ある意味で、

MS-DOS版の放棄である。この方針変更をチーフ・プログラマーのダグ・クランダーは事前に知らされていなかった。憤慨したダグ・クランダーはあと9か月だけEXCELの開発をしてマイクロソフトを辞めると宣言した。

ゲイツの決定を受けて、再びジェイブ・ブルメンソールがEXCELの仕様の書き直しに取り組んだ。これをマイク・スレードが手伝った。

ジェイブ・ブルメンソールとマイク・スレードが、ある見本市に出かけると、ロータスの社長のミッチ・ケイパーがジャズのデモをしていた。2人は、画面で目に付くものを片端からメモを始めた。ロータスの社員はマイクロソフトの2人のスパイ行為を快く思わず排除しようとした。ところが寛大なミッチ・ケイパーは制止した。どちらかと言えば厚かましい2人は、ジャズの技術上の最高機密のいくつかについて質問した。マイクロソフトがマッキントッシュ版EXCELを開発していることを知らなかったミッチ・ケイパーは、気前よく最高機密を教えてしまった。シアトルに戻った2人はジャズの機密をEXCELに使ってしまった。こういうことはマイクロソフトの開発において何度も繰り返される。

一九八四年十一月、ロータスは、マッキントッシュ用の統合ソフトであるジャズを正式発表した。ジョン・スカリーもスティーブ・ジョブズもジャズを激賞した。しかし、これは発表であって、出荷ではない。実は出荷は半年も遅れた。

アンディ・ハーツフェルドのスイッチャー

アップル・コンピュータのアンディ・ハーツフェルドは上司のロバート・ベルビルと折り合いが悪く、一九八四年三月からアップル・コンピュータを休職していた。この間、アンディ・ハーツフェルドはマッキントッシュ用のサンダーウェアという会社のサンダースキャンというスキャナーのプログラム開発を手伝った。一九八四年十月バイト誌に評価記事を書いてもらうために、サンフランシスコの南のヒルズバラのオフィスにジョン・マルコフを訪ねた。ジョン・マルコフは有名な記者で、アップル・コンピュータについては後に一九九九年『インフィニット・ループ』という大冊の本も書いている（翻訳はない）。彼のオフィスでアンディ・ハーツフェルドは、ＩＢＭ ＰＣ用のメモリ・シフトというスイッチャー（切り替えソフト）を眼にした。それをマッキントッシュ用にも開発できるはずだと考えて開発を始めた。

アンディ・ハーツフェルドは、マイクロソフトのジェフ・ハーバーズから、非常に戦略的なアプリケーションを必要としていて、その件で相談したいとシアトルのマイクロソフトに招待された。ジェフ・ハーバーズにマッキントッシュ用のスイッチャーの話をすると、それこそマイクロソフトが必要としているものだとして、ビル・ゲイツと直接話をすることになった。以下、話の内容を簡単に要約してみよう。

ビル・ゲイツはまず「君は優秀なプログラマーだろう？」と謎をかけた。アンディ・ハーツフェルドは曖昧に「そうだと思います」と答えた。ビル・ゲイツは「君のように優秀なプログラマーなら10週間でスイッチャーを書けるよ」とおだてた。そして「君は週にいくら稼ぐ。２０００ドル？　４０００ドルは多いよ」

●アンディ・ハーツフェルドの書いた『レボリューション・イン・ザ・バレー』の原本
とても面白い本で、是非一読をおすすめしたい。

と言った。これでビル・ゲイツは、スイッチャーを最高でも4万ドルで買おうとした。ビル・ゲイツの巧みな値切り方は狡猾とさえ思える。

アンディ・ハーツフェルドはその値段は安すぎると思ったのと、スイッチャーはマイクロソフトでなく、アップル・コンピュータに買ってもらい、全てのマッキントッシュ512Kにバンドルしてもらいたいと思っていた。するとビル・ゲイツは方向を変え、スイッチャーが完成しマッキントッシュにスイッチャーがバンドルされれば、それでよいと言った。形の上では友好的に分かれたことになる。

一九八五年一月、アップル・コンピュータのガイ・カワサキからアンディ・ハーツフェルドに電話がかかってきて、スイッチャーを買い取りたいという。スティーブ・ジョブズにデモを見せると「素晴らしい、アップル・コンピュータはこのスイッチャーをマッキントッシュにバンドルする」と言った。そこまではよかったのだが、スティーブ・ジョブズも狡猾であった。「アップル・コンピュータの機密情報を使わなければ、このスイッチャーはできない。だから10万ドル以上は出せない」。つけあがるなというのである。安すぎるとは思ったが、スティーブ・ジョブズはいったん言い出したら交渉は難しいのと、アンディ・ハーツフェルドはマッキントッシュにバンドルして欲しかったので、条件を呑んだ。結局、ロイヤリティが5万ドルついて、15万ドルということになった。
ビル・ゲイツにしてもスティーブ・ジョブズにしても、狡猾、吝嗇ということではひけを取らない。
しかし、このスイッチャーが統合ソフトを追い払うのに上げた功績は大であった。事実上、このスイッチャーによって、統合ソフトは露と消えたのである。

マッキントッシュ用EXCELの大勝利

一九八五年一月、ダグ・クランダーはマイクロソフトを辞めた。ダグ・クランダーはプログラムのデータ構造とプログラムのコーディングについて、20時間ほどのビデオテープに録画した。だが、チーフ・プログラマーのダグ・クランダーがいなくなっては、マッキントッシュ版のEXCELの開発は進展しない。それに肝心のビデオテープの所在も分からなくなった。マイクロソフトは非常に困った。

ビル・ゲイツは、EXCELの開発を管理するためにフィリップ・フローレンスを採用した。

フィリップ・フローレンスは一九五四年にビバリー・ヒルズ高校に入学し、一九五七年に卒業しているが、その後、しばらく動静がつかめない。一九六二年から一年間、RHドネリー社のプログラマーとして働き、一九六二年からオスカー・メイヤーでIBM1410用の給与計算プログラムを書いた。一九六四年から玩具のマテル社で上級プログラマーとして働いた。

それからまたしばらく経歴に空白があるが、一九七七年にワング・ラボラトリーズにソフトウェア・アーキテクト兼開発担当マネージャとして姿を現す。ワングには一九八二年まで5年間勤務した。

一九八二年にはリーディング・リサーチ・アンド・デベロップメント社で研究開発担当副社長としてワードプロセッサの開発を率いた。これらの業績を買われて一九八四年五月、マイクロソフトのソフトウェア・アーキテクト兼開発担当マネージャとして雇われた。

ところが、マイクロソフトの仕事はあまりに過酷でフィリップ・フローレンスは心臓発作を起こして心臓の血管のバイパス手術を受けた。それでもフィリップ・フローレンスは2年8か月頑張ったようだが、一九八六年十二月にアシュトン・テートに逃げ出している。解雇されたともいう。いずれにせよ当時のマイクロソフトの仕事は大変厳しかったようだ。

一方、ダグ・クランダーは、所持品の一切を整理して、バックパック1つでカリフォルニアを旅したが、ロサンゼルスの北西のオックスナードでレタス積みのアルバイトをすることになった。

ところが6週間後、ダグ・クランダーはバックパックの盗難にあって一文なしとなった。そこで、ダグ・クランダーは、すごすごマイクロソフトに戻らざるを得なくなった。そこでマッキントッシュ版のEXCELの開発は再開された。マッキントッシュ版EXCELは一九八五年五月に発表された。

一九八五年六月、マッキントッシュの売上げ不振の責任を取らされ、スティーブ・ジョブズはアップル・コンピュータを追放される。

一九八五年九月、マイクロソフトはマッキントッシュ 512K用EXCELをリリースした。マイクロソフトは猛烈な宣伝攻勢をかける。

一九八六年一月、アップルは1024キロバイトのメモリを装備したマッキントッシュ・プラスを発表した。マイクロソフトは、マッキントッシュ版マルチプランをEXCELにアップグレードするための割引サービスを開始した。一九八六年十二月にはEXCELの圧勝が明らかになった。EXCELはマッキントッシュ市場の36％を占めた。ジャズは9％であった。一九八八年五月にはEXCEL 1・5が登場した。続いて一九八九年五月にはEXCEL 2・2が登場する。

マッキントッシュ版EXCELを移植したマイクロソフト・ウィンドウズ版EXCELは次のようである。

EXCEL 1・0は存在しなかった。

・一九八七年　EXCEL 2・0
・一九九〇年　EXCEL 3・0
・一九九二年　EXCEL 4・0
・一九九三年　EXCEL 5・0

またWORDと違って、MS-DOS版EXCELはまだ存在しなかった。

こうしたアプリケーションの歴史を見ていて面白いのは、一九八〇年代を通して、マイクロソフトはMS-DOS版のアプリケーションでは、他社の後塵を拝するのみだったということである。マイクロソフトの勝利のきっかけはマッキントッシュ版にあり、特にEXCELでの成功が大きい。

マッキントッシュ版をウィンドウズ版として移植したものが、猛威をふるいだすのは実は一九九〇年代に入ってからである。いったん、マイクロソフトがウィンドウズ版でリードを取ると、マイクロソフトはウィンドウズにＯＬＥ（Object Linking and Embedding）のような新機能を付け加えて、絶対に他社の追随を許さなかった。

結果、ＥＸＣＥＬは大成功し、マイクロソフトは、アプリケーション・ソフトにおける長い敗北の歴史に終止符を打った。このＥＸＣＥＬの成功はチャールズ・シモニーの手柄のように錯覚されているところもある。

◆チャールズ・シモニーのプログラム例については『プログラマーズ・アット・ワーク』邦訳の19頁に収録されている。ハンガリアン記法が見えるが、後期のものほどは洗練されていないようだ。

チャールズ・シモニーのその後

一九九一年、チャールズ・シモニーはマイクロソフト研究所に移り、インテンショナル・プログラミングの研究に打ち込むことになった。ビル・ゲイツに気に入られ、初期にマイクロソフトに引き抜かれた大物プログラマーなので、ストック・オプションなどで手に入れて保有していたマイクロソフトの株式も相当なものだ。総額は15億ドル程度、日本円に換算すると１８００億円相当だといわれる。

ビル・ゲイツの家の近くのワシントン州メディナ・ノース・イースト84番アベニュー１１１番地（111 84th Ave NE. Medina. WA）にあるチャールズ・シモニーの家も2万２０００平方フィートと大きい。

大きいことの好きな米国でも、一万平方フィート以上の家というのは数少ないだろう。大きいだけでなくガラスと鉄骨で作られた家は、外観も素晴らしい。この豪壮な家の内部を飾るべく、チャールズ・シモニーは高価な美術品を収集している。同じハンガリー出身の画家の絵画を中心に集めている。もちろん、社会に対する還元も忘れず、慈善事業などにも多額の寄付をしている。

宇宙旅行にも凝っていて、ソユーズに乗って2度の宇宙飛行を体験している。

マイクロソフトには、二〇〇二年までいて、退社し、インテンショナル・ソフトウェア社を立ち上げた。あまり満ち足りてしまうと、迫力のある創造的研究はできないようだ。無理もないことだろう。

第十四章　ウィンドウズへの道

薄幸の少女リサ

アップル・コンピュータの製品は当初アップルⅡだけであった。これは危険だということで、いくつかのプロジェクトが立ち上がった。アップルⅡの正統的な継承者はアップルⅢであったが、過剰な要求を全て飲もうとしたことから破綻した。

もう1つの製品はリサ（LISA）である。スティーブ・ジョブズとクリスアン・ブレナンの間に生まれた薄幸の少女の名前が付いたコンピュータである。LISAの開発は、一九七八年後半から始まっている。

LISAの開発には、3人のヒューレット・パッカード（HP）出身者が指揮をとった。それまでの関わりからスティーブ・ジョブズはHPが好きで、したがって出身者を引き抜くのが大好きだった。まずトム・ホイットニーが、アップル・コンピュータ全体の技術の総括責任者としてスカウトされた。トム・ホイットニーは、スティーブ・ウォズニアックのHP時代の上司であった。

トム・ホイットニーは、一九三九年にアイオワ州に生まれた。アイオワ州のオーレリア高校を卒業した後、アイオワ州立大学電気工学科に入学した。一九六一年に学士号、一九六二年に修士号、一九六四年に博士号を収得している。通常より速いペースなので優秀だったのだろう。トム・ホイットニーは、一九六七年にHPに入社し、関数電卓HP‐35の開発に関わった。その後一九七八年にアップル・コンピュータに社員番号15で入社した。

トム・ホイットニーは、HPの方式をアップルに持ち込んだ。プロジェクト・リーダーを選定し、設計仕様に関する会議を開いた。またアルファベットを組み合わせた省略語を多用した。「私はゲーム会社で働くことに興味はない」と言って高踏的で官僚的な態度を取った。元々アップル・コンピュータに合うようなタイプではなかった。アップル・コンピュータに26か月間いただけで一九八〇年のアップル・コンピュータの株式上場では4890万ドル相当の株式を手に入れたが、トム・ホイットニーは、アップル・コンピュータの上場のときには、すでに解雇されていた。トム・ホイットニーは一九八六年に亡くなっている。

2人目のケン・ロスミューラーは、最初にLISAプロジェクトを担当した。どこにも足跡を残したくない人らしく、生年、出生地など全く分からない。ケン・ロスミューラーは、カリフォルニア・ポリテクニックの電気工学科を卒業し、アリゾナ州立大学の電気工学科・コンピュータ・サイエンス学科の修士課程を修了した。職歴としては、ミニ・コンピュータの開発に従事した後、HPに入社し、HP3000というRISCコンピュータの開発に当たったというくらいしか分からない。

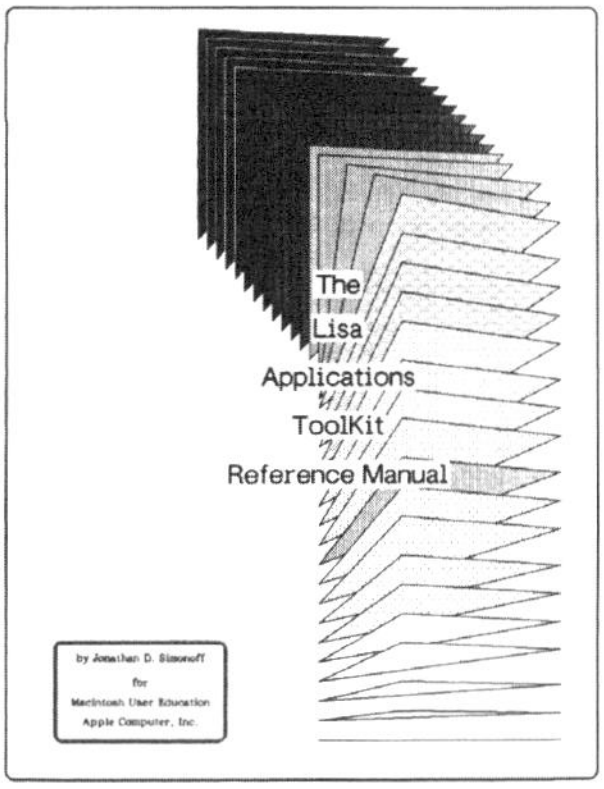

●アップル・コンピュータのLISAのアプリケーションズ・ツールキット・リファレンス・マニュアル

●アップル・コンピュータのLISAのハードウェア・マニュアル

ケン・ロスミューラーは、一九七八年頃、アップル・コンピュータに入社したが、LISAにマウスを付けろというスティーブ・ジョブズと対立し、一九八〇年にLISAプロジェクトを離れた。つまり解雇されたのである。その後再びHPに戻っている。

3人目はジョン・カウチである。ジョン・カウチは、ケン・ロスミューラーから、一九八〇年LISAプロジェクトを引き継いだ。ジョン・カウチは一九六九年カリフォルニア州立大学バークレー校のコンピュータ・サイエンス学科を卒業した。一九七〇年に同大学電気工学科・コンピュータ・サイエンス学科の修士課程を修了している。博士課程には2年いたようだが中退して、HPに入社した。HPの管理職を務めながら、カリフォルニア州立大学サンノゼ校の大学院の講義をした。コンパイラの講義をしたようで、教科書も書いている。

その後一九七八年、スティーブ・ジョブズにスカウトされて入社した。アップル・コンピュータ最初のソフトウェア担当副社長であり、LISA部門の副社長兼ジェネラル・マネージャである。しかし、一九八〇年十二月のアップル・コンピュータの上場で、ジョン・カウチは１３６０万ドルを手中にした。一九八四年に退社している。

スティーブ・ジョブズは、ジョン・カウチと、ＬＩＳＡとマッキントッシュのどちらが早く製品として出荷できるかを賭けた。スティーブ・ジョブズの負けで５０００ドルを払わされた。

ＬＩＳＡの最初のモデルは、ビットスライス・プロセッサを用いた設計であり、ＯＳもＵＮＩＸを独自に改良したような設計であった。ＨＰ流のよく言えば堅実で、悪く言えばスローな開発ぶりにスティーブ・ジョブズは、いらいらした。

一九七九年十二月、スティーブ・ジョブズがビル・アトキンソンらを伴って、２度にわたってＰＡＲＣを訪問した。前述のとおり、これに関する証言には矛盾や謎が多くて、細かい分析は不可能だが、はっきりしていることは、アップルのＬＩＳＡの開発に積極的にＡＬＴＯのＧＵＩを取り込むことに方針が変わったことである。

ビル・アトキンソン

ビル・アトキンソンは、アップル・コンピュータでもっとも有名なプログラマーの１人だが、最近は写真に夢中になってしまい、インタビューなどでも、そちらに話がずれがちなのが残念である。

ビル・アトキンソンは、一九五一年にアイオワ州に生まれた。１歳になる前に一家はカリフォルニア州に引越したので、アイオワ州の記憶はないという。育ったのはカリフォルニア州ロス・ガトスである。カリフォルニア州立大学サンディエゴ校に入学し、化学と生化学を専攻した。卒業後、シアトルのワシントン大学の大学院で脳神経科学を研究していて、コンピュータを研究の手段として使っていたが、その内、コンピュータの魅力に取り付かれてしまった。手段が目的に変わってしまったのである。

ジェフ・ラスキンはカリフォルニア州立大学サンディエゴ校の教官だったが、その後アップル・コンピュータに勤めており、払い戻し不可の周遊航空券を送ってきたので、ビル・アトキンソンは、一九七八年アップル・コンピュータを訪れ、スティーブ・ジョブズと出会った。

ウォルター・アイザックソンの『スティーブ・ジョブズI』159頁によれば、スティーブ・ジョブズは、次のように言ったという。

「僕らはここで未来を創っているんだ。波の先端でサーフィンをするのはすごく気持がいいだろう。でも、波の後ろを犬かきでついていくのはあまり面白くないはずだ。僕らと一緒に宇宙に衝撃を与えてみないかい？」

この殺し文句でビル・アトキンソンは、アップル・コンピュータに入社することになった。

ビル・アトキンソンは、ジェフ・ラスキンを恩師などとは考えていなかったようで、単に知り合いぐらいに考えていたようだ。

当初ビル・アトキンソンは、アプリケーション・ソフトウェア部門に配属された。意外なことに、ビル・アトキンソンは当時はソフトウェアよりハードウェアの方が好きだったようだ。

アップルⅡの宣伝写真の中に写っているダウ・ジョーンズの株価検索プログラムが実在していなかったのを、ビル・アトキンソンは、実際に作り上げた。デジタルリサーチのゲアリー・キルドールが、実在していないものを実在するように主張していて、やらせではないかと、猛烈に噛み付いたのでアップル・コンピュータとしては困っていたのである。

◆これについては『スティーブ・ジョブズ 青春の光と影』423頁を参照されたい。

ビル・アトキンソンの次の仕事は、カリフォルニア州立大学サンディエゴ校（UCSD）版パスカル（PASCAL）をアップルⅡ用にポーティング（移植）することだった。

スティーブ・ジョブズは、次のように言った。

「我々の顧客はBASICとアセンブリ言語で満足している。我々としてはこれ以上何も望まないが、もし2週間で（6日という説もある）PASCALをアップルⅡにポーティングできるなら、考えを変えるかもしれない」

そこでビル・アトキンソンは、2週間かからずにPASCALをアップルⅡにポーティングしたという伝説がある。

アップルソフトBASICには、局所変数（ローカル変数）がなかった。これではブロック化して大きなプログラムは作りにくい。また変数名の最初の2文字だけしか有効でなかったので、プログラミング上、制約が大きかったという。

ポーティングしたPASCALには、それでも変数名は256文字までとか、文字列操作関数がないとか、浮動小数点数演算ルーチンがないなど、まだ制約はあった。しかし、ともかくPASCALが使えるようになったのは、アップル・コンピュータにとって非常に強力な戦力となった。

LISAの開発が始まった一九七九年頃、LISAのハードウェアが固まっていなかったので、LISAのソフトウェア開発チームは、アップルⅡの上でPASCALを使ってプログラム・コードを書いていた。

アップルⅡでは48キロバイトしかRAMが使えず、メモリのバンク切り替えを使う当時のランゲージ・カードを使っても64キロバイトが上限だった。一九七九年二月からアップル・コンピュータの社員番号282で、サービス部門で技手として働いていたバレル・カーバー・スミス（以下バレル・スミス）が80キロバイトのランゲージ・カードを開発した。これに感動したビル・アトキンソンは、マッキントッシュの開発を始めていたジェフ・ラスキンにバレル・スミスを推薦した。これによって、バレル・スミスはマッキントッシュ開発グループに入ることになる。アップル・コンピュータは創業時と違って、学歴や職歴が過度に重視されるようになっており、一九五五年生まれで高校卒業のバレル・スミスは学歴不足ということでずいぶんいわれのない差別を受けたようだ。

LISAのワープロ・ソフトとメモリ・マネージャは、トム・マロイが書いた。トム・マロイは前述のように、ゼロックスのPRACでチャールズ・シモニーを手伝って、文書整形ソフトウェアとブラボー（BRAVO）のプログラムをコーディングした。トム・マロイはチャールズ・シモニーのハンガリアン記法に深く染まっていたので、プログラムをハンガリアン記法で書いた。これは変数名や手続き名に母音が省かれ、ヘブライ語の聖書のように子音ばかりだったので何と発音してよいかが分からなかった。そこでバッド・トリブルは全て読みやすく書き直したという。

リック・ペイジは、UCSD　PASCAL上で動作するLISAモニタという簡易OSを書いた。またリック・ペイジは、アップル・コンピュータに入社する前は、RISCコンピュータHP3000のマイクロコードの開発をしていた。この人もHP出身である。

先述のようにラリー・テスラーはスティーブ・ジョブズに勧誘され、一九八〇年一月にゼロックスからアップル・コンピュータに転職してきた。LISAのアプリケーション・ソフト・マネージャに就任した。

一九八〇年八月、アップル・コンピュータの新体制がマイク・スコット、マイク・マークラから発表された。事業部制になったのである。アップルⅢは完全な失敗だった。これほど悪名高きマシンも少なかったろう。さらに悪いことに肥大を続けるアップル社には大企業としての方法論と組織論が欠如しており、人事管理体制、計画的なマーケッティング戦略、開発・製造・販売戦略、製品サポート体制がなかった。そこで株式上場を見越した新組織体系が作られたのである。

- パーソナル・コンピュータ事業部　責任者トム・ホイットニー　アップルⅡ、アップルⅢを扱った
- プロフェッショナル・オフィス・システム事業部　責任者ジョン・カウチ　LISAを扱った
- アクセサリ事業部　責任者ジョン・ベナード

ＬＩＳＡに口出ししていたスティーブ・ジョブズは、ＬＩＳＡから追いやられてしまう。そこでスティーブ・ジョブズはジェフ・ラスキンのマッキントッシュ・プロジェクトの乗っ取りを決意し、実行に移した。さてジェフ・ラスキンとはどういう人物だろうか。

ジェフ・ラスキン

ジェフ・ラスキンは、一九四三年ニューヨークで生まれた。ユダヤ系である。ラスキンとはイディッシュ語のレイチェルのニックネームという。

ジェフ・ラスキンは、一九六四年にニューヨーク州立大学ストニー・ブルック校で数学と物理学の学位、翌年は哲学と音楽の学位を取得する。ずいぶん変わった組み合わせだ。ジェフ・ラスキンは、一九六七年にはペンシルベニア州立大学のコンピュータ・サイエンス学科の修士号を取得する。ジェフ・ラスキンは、元々数理論理学を目指したが、指導教官と意見が分かれたという。修士論文の内容はコンピュータ・ミュージックであった。博士課程は修了したようだが、博士論文は受理されなかった。エキセントリックすぎたのだろう。

その後ジェフ・ラスキンは、一九六八年から一九七四年までカリフォルニア州立大学サンディエゴ校の助教を務めた。カリフォルニア州立大学サンディエゴ校大学を辞めた後、ジェフ・ラスキンは、コンピュータ・コンサルタント業を始めた。ジェフ・ラスキンは、一九七六年にアップルⅡのＢＡＳＩＣ言語のマニュアル制作を手がける会社バニスター・アンド・クランを設立する。

ジェフ・ラスキンが、スティーブ・ジョブズやスティーブ・ウォズニアックと初めて出会ったのは、ウェスト・コースト・コンピュータ・フェア（WCCF）で、当時アップルⅡがデビューしたばかりの頃であった。一九七八年、スティーブ・ジョブズは、ジェフ・ラスキンのマニュアル作りの才能を買ってジェフ・ラスキンの会社を買収した。こうしてジェフ・ラスキンは、アップル・コンピュータに社員番号31の社員として入社し、出版部門の責任者、新製品の調査業務を与えられた。ジェフ・ラスキンは、アップルⅡが一般の人々には複雑すぎると考えていた。

ジェフ・ラスキンにとって拡張スロットの存在は悪であり、ディスプレイやキーボード、可能であればプリンターも一体化し、完結したポータブルマシンを理想としていた。

●ジェフ・ラスキンの著書『ザ・ヒューマン・インターフェイス』

ジェフ・ラスキンは、アップルⅢの開発中にも関わらず、一九七九年三月、マイク・マークラに新しいコンピュータ製品の開発許可を求めた。マイク・マークラは、ジェフ・ラスキンに500ドル台のゲーム機（コードネーム：アニー）の担当をするように求めたが、結局ラスキンの要求は受け入れられた。

ジェフ・ラスキンは、一九七九年九月にマッキントッシュ・プロジェクトを開始した。CPUにモトローラの8ビットCPUであるMC6809E、RAM64キロバイト、256×256ピクセルのビットマップ・ディスプレイを採用した設計であった。

当初、マッキントッシュの開発は、スティーブンス・クリーク・ブールバード20863番地にあったグッドアース・ビルでおこなわれた。マッキントッシュ開発チームは、ジェフ・ラスキン、ブライアン・ハワード、バレル・スミス、バッド・トリブルの4人で始まった。

ブライアン・ハワードは、一九四四年マサチューセッツ州ケンブリッジに生まれた。育ったのはオクラホマ州ノーマンである。父親はオクラホマ大学の教授で、母親はピアニストだった。ブライアン・ハワードはスタンフォード大学の電気工学科に入学し、一九六七年に卒業した。

そこから経歴は少し分からない部分がある。しかし、ブライアン・ハワードは、ジェフ・ラスキンの会社バニスター・アンド・クランに入社している。2人だけの会社がアップル・コンピュータに買収されると、ブライアン・ハワードは、一九七八年一月アップル・コンピュータの社員番号32の社員になった。ジェフ・ラスキンは社員番号31である。最初の仕事はマニュアル製作であったが、マッキントッシュ・チームに加わると、次第にアーキテクチャの方に向いていく。

バッド・トリブルは、カリフォルニア州立大学サンディエゴ校で、ジェフ・ラスキン、ビル・アトキンソンに会った。ジェフ・ラスキンに口説かれてワシントン大学の医学部を一年間休学し、マッキントッシュのプログラマーになった。バッド・トリブルは、ビル・アトキンソンの家に下宿した。

マッキントッシュの開発は、当初アップルⅡを母体としておこなわれた。最初のMC6809E搭載のマッキントッシュのプロトタイプ・ボードは、バレル・スミスによって、一九八〇年一月に完成した。

当初マーク・レブランがソフトウェア担当になったが、彼はメモリの制約の強いMC6809E版マッキントッシュに熱が入らなかった。そこで一九八〇年九月にバッド・トリブルがマーク・レブランに交代し、MC6809E用のグラフィックス・ルーチンを書いて、プロジェクトに息を吹き込んだ。

バッド・トリブルは、マッキントッシュのCPUをMC6809からMC68000に移行するようにバレル・スミスを説得した。

一九八〇年十二月、バレル・スミスは、LISAの5メガヘルツのMC68000より高速の8メガヘルツのMC68000を使用したマッキントッシュ・ボードを開発した。これに対してバッド・トリブルは、オリジナルのブートROMの一部として68000ベースのマッキントッシュ用に最初のデモ・プログラムを書いた。

一九八〇年の組織改編によって、体よく会長に祭り上げられ、LISAプロジェクトを追われ、新型コンピュータ開発に関われなくなったスティーブ・ジョブズは、このマッキントッシュに眼を付ける。皮肉にもスティーブ・ジョブズは、それまでジェフ・ラスキンのマッキントッシュに徹底的に批判的であった。マッキントッシュ・プロジェクトでは、ハード担当がスティーブ・ジョブズ、ソフト担当がジェフ・ラスキンとなり、取締役であったジョブズの働きで予算も開発メンバーも増えた。

新しくロッド・ホルト、ジェリー・マノック、ダニエル・コトケ、ランディ・ウィギントンなどスティーブ・ジョブズに近い古参グループが開発チームに加わった。

マッキントッシュがリンゴとすれば、本当のスペルはカナダ産のリンゴを意味するMcIntoshである。ジョン・マッキントッシュという人が育てたリンゴの種類であるが、ジェフ・ラスキンがスペルを間違えて防水外套（Mackintosh）に近いMacintoshにしてしまった。これはトラブルになった。またオーディオファンならマッキントッシュ（McIntosh）という名前を覚えているだろうが、商標は近づきすぎて後にこれもトラブルになった。

スティーブ・ジョブズの考えていたマッキントッシュのユーザーは、ある程度の知的な階層に偏っており、IBMのように広範なユーザー層を狙うのと違っていた。そこでスティーブ・ジョブズは、マッキントッシュという開発コード名の代わりにバイスクール（自転車）を考え出した。21世紀を担うインテリのための知的自転車というわけである。このろくでもない開発コードだけは、いかにスティーブ・ジョブズの独裁権と魔力をもってしても受け入れられず、マッキントッシュのままになった。

人手も増えたので建物もスティーブンス・クリーク・ブールバードとノース・ディアンザ・ブールバードが交わる交差点の角にあったガソリン・スタンドの隣のテキサコ・タワーに移る。この建物は現在はない。

一九八一年二月、アンディ・ハーツフェルドがスティーブ・ジョブズによって、マッキントッシュに、いわば力づくで引き入れられた。アンディ・ハーツフェルドはアップルⅡ用のDOS4の作業をしていたが、スティーブ・ジョブズは有無を言わせず電源コードを引き抜いたという性急さである。

一九八二年一月、ゼロックスからブルース・ホーンがアップル・コンピュータに入社して、マッキントッシュ・チームに加わり、マッキントッシュの主力アーキテクトの1人に加わった。

一九八一年十二月、バッド・トリブルがワシントン大学の医学部に戻ることを声明した。

一九八二年春、人員の増加と共に、マッキントッシュ・グループはテキサコ・タワーからバンドリー4という建物に移ることになる。さらに後にマッキントッシュ・グループが80人になると、一九八三年八月には、バンドリー3に移る。

一九八二年四月、バッド・トリブルの後任は、ゼロックスからスティーブ・ジョブズに引き抜かれたロバート・ベルビルとなった。彼はいくぶん、権威主義的なところがあって、ブルース・ホーンやアンディ・ハーツフェルドとは合わなかったようだ。ブルース・ホーンとはリソース・マネージャの開発をめぐって対立した。ロバート・ベルビルは、後に一九八五年にアップル・コンピュータを去ることになる。

マッキントッシュをLISAを上回るものにしようとするスティーブ・ジョブズは、次第にソフトに対しても介入をおこない、ジェフ・ラスキンとの対立は深刻化していく。

結局一九八二年二月、ジェフ・ラスキンは、スティーブ・ジョブズへの痛烈な弾劾文を残してアップルを去った。ジェフ・ラスキンは、二〇〇四年十二月に膵臓がんと診断され、二〇〇五年二月二六日、カリフォルニアで死亡した。享年61歳であった。

もう1人、触れておきたい人物がいる。スティーブ・キャップスである。スティーブ・キャップスは、一九五五年ニューヨーク州生まれで、ロチェスター工科大学を卒業した。彼の音楽関係の友人にニューヨーク在住者が多いのは、ニューヨーク州出身ということも手伝っているのだろう。一九七〇年代後半、スティーブ・キャップスは、ゼロックスで働いていた。

スティーブ・キャップスは一九八一年九月にアップル・コンピュータに入社し、LISAのグループにいた。

スティーブ・キャップスは、ＬＩＳＡの開発段階でもＬＩＳＡ用のグラフィックスゲームを作って楽しんでいたようだ。伝説的に有名なのが『鏡の国のアリス』である。トリップ・ホーキンスのエレクトロニック・アーツで売れば大ヒットになったかもしれないが、スティーブ・ジョブズの反対で実現せず、幻の傑作となった。

一九八二年九月、スティーブ・ジョブズがマッキントッシュ開発にスティーブ・キャップスを巻き込んだ。

一九八三年一月、スティーブ・キャップスが正式にマッキントッシュ・チームに引き抜かれた。

一九八三年八月、バンドリー3ビルの屋上にはためいたマッキントッシュ・チームの有名な髑髏《どくろ》の海賊旗は、スティーブ・キャップスとデザイナーのスーザン・ケアが協力して縫ったものらしい。スーザン・ケアはアンディ・ハーツフェルドのフィラデルフィアの高校時代の同級生である。

本書はマッキントッシュの本ではないので、これ以上マッキントッシュ開発について詳しく述べることは避けるが、興味のある方にはアンディ・ハーツフェルドの名著『レボリューション・イン・ザ・バレー』（柴田文彦訳、オライリー）を読むことをお勧めしたい。私も何度も読んだ。とても面白い。もう少し文字が大きければ眼が疲れずに読みやすかったのにと残念である。

マイクロソフトとの提携

ＬＩＳＡでは、アプリケーションは、全てＬＩＳＡの部隊が書くことになっていた。しかしスティーブ・ジョブズは、マッキントッシュのアプリケーションを外部のソフトウェア・ハウスの力を借りて開発する方針を採った。マッキントッシュの部隊には人手も少なかったからである。

一九八一年六月、スティーブ・ジョブズ、ビル・ゲイツ、ジェフ・ラスキンが顔を合わせた。マイクロソフトは、マッキントッシュ用にどういうアプリケーションを開発すべきか、全てのマッキントッシュにそれらのアプリケーションをバンドルすべきかどうかを論じた。結局、マイクロソフトはマッキントッシュ用にワープロ・ソフトとスプレッドシート・ソフトを書くことに決まった。

一九八一年八月、スティーブ・ジョブズはマイクロソフトを訪れ、マッキントッシュ用のマルチプランの開発を依頼した。その夜ワシントン湖畔のシアトル・イースト・マクギルバ・ブルーバード922番地（922 McGilva Blvd. E.. Seattle）のシアトル・テニス・クラブで会議が開かれた。出席者は次のようであった。

■アップル側

- スティーブ・ジョブズ
- ランディ・ウィギントン
- アンディ・ハーツフェルド
- バッド・トリブル
- ジョアンナ・ホフマン

■マイクロソフト側

- ビル・ゲイツ
- ポール・アレン
- チャールズ・シモニー
- マーク・マシューズ
- ジェフ・ハーバーズ
- ニール・コンゼン

一九八一年一〇月、スティーブ・ジョブズは、マイクロソフトのアプリケーション・チームをクパチーノに招き、マッキントッシュのデモを見せた。このとき、ビル・ゲイツは、ハードウェアはどうやってマウス・カーソルを表示するのかと質問した。得意になったアンディ・ハーツフェルドは秘密を漏らしそうになって、スティーブ・ジョブズを激怒させた。

一九八二年一月二二日にアプリケーション・コンピュータとマイクロソフトの間にマッキントッシュのアプリケーションの開発に関する契約がまとまった。アップル・コンピュータは、50台完成していたマッキントッシュのプロトタイプのうち、4台をマイクロソフトに提供することになった。

マイクロソフトは、それを使って、スプレッド・シート、ビジネス・グラフィックス・プログラム、データベースの3本のアプリケーションを作ることになった。

そして次のように取り決められた。

- アプリケーションがマッキントッシュにバンドルする場合　1コピーにつき5ドル
- アプリケーションがマッキントッシュと別に売られる場合　1コピーにつき10ドルか小売価格の10％かのいずれか高い方

アップルは、契約調印時に前金として5万ドル、製品納入時にマイクロソフトに5万ドルを支払うことになった。

もっとも大事なことは、マイクロソフトはアップルのコンピュータ以外には3本のアプリケーションを販売できないとしたことである。ただし、これは期限があり、マッキントッシュの最初の出荷日か、一九八三年一月一日の早い方の一年後と決まっていた。これはスティーブ・ジョブズの失敗であった。

マイクロソフトは、マッキントッシュのハードウェア、ＯＳについて全て知ることのできる立場にあったので、期限付きの排他条項が設けられた。マイクロソフトは、期限が過ぎるまでは、アップルのコンピュータ以外には、新しく開発する製品を販売、公開、ライセンス、発表、配布できないと定められた。

マイクロソフトでのマッキントッシュ用のソフトウェア開発には、マイクロソフト伝統のシミュレータが使われた。ＭＣ６８０００のシミュレータをＤＥＣのマシン、さらにはＳＵＮのワークステーション上で作って開発がおこなわれたという。ＳＵＮのワークステーションはＭＣ６８０００を使用していたから、シミュレータを作るというのも奇妙な気がする。

マイクロソフトにこんなことをさせたら、マッキントッシュ ＯＳの中身は全部解読され、それをマイクロソフトがＩＢＭ PC用に利用しかねない。実際、そうなったと思われる。この点スティーブ・ジョブズの奢りというか油断があった。

何か手本があれば、模倣するのは「我々ならもっとうまくやれる」を身上とするマイクロソフトの得意とするところだった。

インターフェイス・マネージャ

一九八二年のコムデックス（ＣＯＭＤＥＸ）で、ビジカルクという製品で有名だったビジコープ社がビジオンというプログラムを発表した。これはWYSIWYG（What You See is What You Get：画面で見たままが出力として得られる）と当時の水準の高解像度グラフィックスを実現していた。さらにビジオンはマウスを使い、ウィンドウを実現していた。そしてさらにビジオンは固有のアプリケーション・ソフトと共に登場してきた。いわゆる統合型ソフトであった。

ビジオンは、マイクロソフトのビル・ゲイツに衝撃を与えた。こうしたビジュアルな統合環境は、マイクロソフトのMS－DOSにとって代わる新しい環境となり、マイクロソフトがMS－DOSによってせっかく獲得した基盤を揺るがしかねないものだったからだ。

ビル・ゲイツは、すぐさまインターフェイス・マネージャの構想について宣伝し始めた。しかし、構想らしきものはあったが、そんな製品は実在しなかった。仕様もあやふやだったと言われる。インターフェイス・マネージャのデモは、単なるつなぎであった。しかし、実際にはビル・ゲイツが恐れたビジコープ社のビジオンも単なるデモに過ぎなかった。

ほかにもゼロックスのALTOのGUIを模倣した製品には、クオーターデックのDESQ、デジタルリサーチのGEM、IBMのトップビューなどがあった。開発は難航し、なかなか製品が出ないので、これらはベイパーウェア（Vaporware）と皮肉られた。この言葉は、一九八二年マイクロソフトのマーク・ウルシノがゼニックスに対して使っていたのをアン・ウィンブラッドが利用した。一九八三年十一月エスター・ダイソンが、アン・ウィンブラッドから聞いて自分のニュースレター『リリース1・0』で取り上げたことから広まったと言われている。

インターフェイス・マネージャの名称は、一九八四年にローランド・ハンソンによってウィンドウズに変更されることになる。

一九八三年一月、アップル・コンピュータは、LISAを発表し、一九八三年六月から出荷する。これは主としてマーケッティングの見通しのまずさから失敗した。マシンそのものは決して悪くはなかったが、アップルに忠誠を誓うユーザーには何と言っても高すぎた。この年、アップル社は自社に欠けていたマーケッティングとマネージメントの専門家をペプシコーラの重役ジョン・スカリーを引き抜いて補うことに決定した。このときのスティーブ・ジョブズの殺し文句は有名である。

「あなたは砂糖水を売って残る人生を過ごしたいんですか、それとも世界を変えるチャンスが欲しいんですか」

ラオ・レマラ

ラオ・レマラは、マイクロソフトに最初に採用されたインド人であり、社員番号は39である。

ラオ・レマラは、一九四九年、インドの南東部のアーンドラ・プラデーシュ州コサパレムという小さな村に生まれた。６人兄弟であった。父親は子供に教育を受けさせねばと考えて貧しい土地を抵当に入れ、お金を借り、教育を受けさせた。ラオ・レマラは、毎日学校に通うのに10キロの道を歩いていったという。小学校の教師がラオ・レマラには数学の才能があるのを見い出して、技術学校に進んだ。英語を知らなかったので、最初は苦しんだが、努力の末、最優秀の成績で卒業した。

ラオ・レマラは、一九六六年から一九七二年までかかって国立工科大学ワランガル校で電気工学の学位をとった。続いてインド工科大学カンプール校（ＩＫＫ）を卒業した。

ラオ・レマラは、インドで最初のコンピュータ会社の1つであるデータ・プロダクツ社（ＤＣＭ）に就職しプログラミングに従事した。その後一九七八年、ヒンドスタン・コンピュータ（ＨＣＬ）に移った。

一九七九年、ラオ・レマラは、マイクロソフトの従業員と共に小さなプロジェクトを手がけた。これによって一九八一年、ラオ・レマラの前にマイクロソフトへの道が開けた。土曜日の夜にインドを出発し、月曜日にはシアトルのマイクロソフトで働いていた。

一九八二年、ラオ・レマラは、インターフェイス・マネージャの仕事についた。一九八三年四月、ラオ・レマラがインターフェイス・マネージャのデモを急いでまとめ上げた。複数のプログラムを走らせているように見えた。

現在インターネット上で見られるものはインターナル・リリース3である。画面の下部に、ＣＯＰＹ、ＤＥＬＥＴＥ、ＧＯＴＯ、ＨＥＬＰ、ＮＡＭＥ、ＱＵＩＴ、ＲＵＮなどのコマンドが並んでいる。画面の上部には作業領域があって、ドライブ上のプログラムが表示される。どれかを選んでクリックすると、プログラムが動き出す。選べるプログラムにはＢＡＳＩＣ86、コマンド・コム、グラフ・コム、イニマム・コム、プラン・コム、マイクロソフトＷＯＲＤなどがある。プログラムのスイッチャーというより、プログラムの起動画面という感じだ。起動されたプログラムは画面全体を占有してしまう。これでもないよりはよかったらしく、関心を持った会社もあったという。ただウィンドウズとは、全く関係がなかった。

マイクロソフトは、マッキントッシュ版のソフトの開発をしていたから、マッキントッシュのGUIについてはよく知っていた。自前のMS−DOSの上にウィンドウズを乗せることはマイクロソフトのビル・ゲイツの悲願であった。しかし、当時マイクロソフトにはウィンドウズの影も形もなかった。スコット・マクレガーがびっくりしたのは、その点にあった。

スコット・マクレガー

ビル・ゲイツは、一九八三年六月頃から、チャールズ・シモニーの勧めでゼロックスのPARCのコンピュータ・サイエンス研究室（CSL）からスコット・A・マクレガーを引き抜いた。スコット・マクレガーにはインターアクティブ（対話型）システム・グループを統率させ、ウィンドウズの開発に当たらせることにした。

チャールズ・シモニーは、ゼロックスにおいて直接スモールトークなどの開発には当たっていない。だからウィンドウズ開発には直接の経験がないのである。そこで経験者が必要であった。

スコット・マクレガーは、謎の多い人で、経歴はきわめて分かりにくい。スタンフォード大学の学部を卒業し、大学院修士課程も修了しており、ブロードコムの最高経営責任者兼社長をしているが、過去の経歴に関しては分からないことが多い。名前からアイルランド系であることが分かるだけだ。

生年については、スコット・マクレガーが、一九八三年にビル・ゲイツに会ったとき、26歳であったということから、一九五七年生まれで、ビル・ゲイツより2つ年下であったと推定できる。これはほかの資料からも間違いないと思う。

スコット・マクレガーは、一九七八年から一九七九年一月までゼロックス・ビジネス・システムズのシステムズ開発部門（SDD）のアドバンスド・デザイン・ユーザー・プロトタイプ部（ADUP）にいたことは、SDDの組織図から確認できる。そうであれば、一九七八年には21歳であって、飛び級をしたとしても大学院卒業というのが計算に合わない。1つ考えられるのはスタンフォード大学にいてアルバイトに来ていたということだ。そういう人は沢山いる。

また一九七九年四月には、スコット・マクレガーは、SDDの組織図からは姿を消している。どこに行ったのだろうと不思議に思っていた。ところがPARCのCSLが開発したシーダー（Cedar）というプログラミング環境について調べていたとき、偶然見つかった。CSL－83－11というドキュメントの文献表の19番目に「スコット・マクレガー：ザ・ビューアーズ・ウィンドウ・パッケージ」があった。だからゼロックスのPARCのコンピュータ・サイエンス研究室（CSL）にいたの

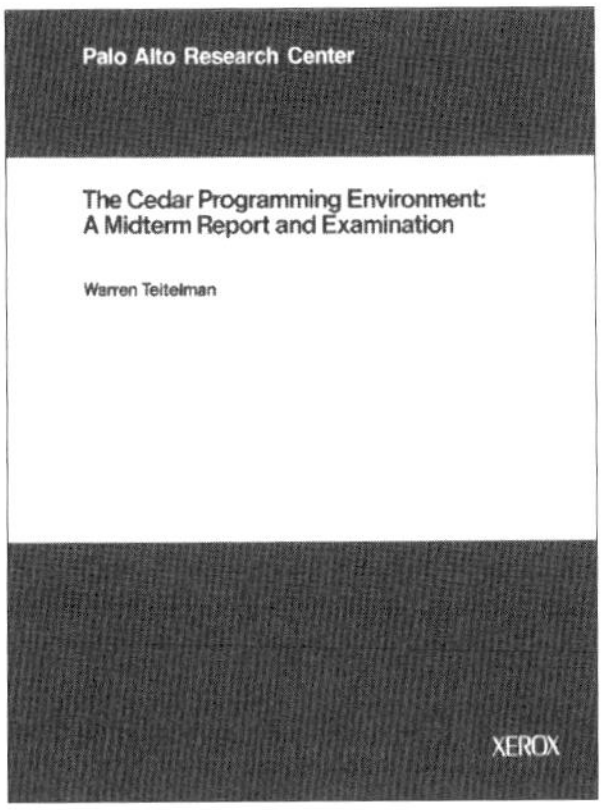

●シーダー・プログラミング環境のマニュアル
CSL-83-11

である。また研究内容からみて、ウィンドウズの専門家であったことは間違いない。ただチャールズ・シモニーは人選を誤ったと思う。スコット・マクレガーはビル・ゲイツの希望した種類の人ではなかった。

一九七八年にCSLが、ドラドという強力なコンピュータを開発したことは先に述べた。SSLがALTO上にスモールトーク環境を構築しようとしたのに対して、CSLはドラド上にシーダー環境を構築しようとしたように思われる。ほぼ似たりよったりである。ただ最大の問題は、CSLがオーバーラップ型ウィンドウでなく、タイル型ウィンドウを採用したことである。

スコット・マクレガーは、もちろんタイル型ウィンドウを支持していた。したがってこれはビル・ゲイツの希望であるオーバーラップ型ウィンドウを採用したマッキントッシュのGUIと違ってしまうことになる。

またスコット・マクレガーは、OSグループを率いるマイクロソフトの古参のプログラマーのゴードン・レトウィンと激しく対立した。

原始的なことでは、当初、マイクロソフトPASCALで開発されていたウィンドウズは、ラティス-Cで開発されることになり、さらにマイクロソフト-Cで開発されるなど、基本的な開発環境での混乱も大きかった。

レオ・ニコラ

レオ・ニコラは、一九六一年パーデュー大学電気工学科に入学した。卒論のテーマは適応制御だった。一九六四年にパーデュー大学電気工学科の大学院修士課程に入学した。修士論文のテーマは人工知能であった。一九六六年に修士課程を修了した。

この後、3年ほど足取りがつかめないが、一九六九年から一九七二年　バロースでB5000用の対話型データベース・ソフトウェアの開発に従事している。一九七二年にゼロックスに入社する。レオ・ニコラは、システムズ開発部門（SDD）に配属された。STAR関係の開発をしていたようである。本人のホームページによると、一九七二年から一九七六年　ゼロックスSTAR用のプリンター・ソフトウェアの開発をし、一九七六年から一九八三年　ネットワーク化されたサーバー・ソフトウェアの開発の管理をしていたという。

調べてみると一九七九年二月二三日付けのゼロックス・ビジネス・システムズのSDDの内部文書で、RS-232-Cチャンネルについて意見を交わしている文書にレオ・ニコラの名前が出てくる。正式な所属は一九七八年一月にSDDから分離して作られた先進システム部門（ASD）である。ASDでチャールズ・シモニーとの接点があったのだろう。ということはALTOⅡの経験もあったように思われる。ただ経歴からみると、入出力関係のソフトウェア技術者だったようだ。

レオ・ニコラは、ゼロックスの官僚主義に絶望して、退職を考えていた。スコット・マクレガーの口利きもあったようだが、一九八三年末にマイクロソフトに入社した。

レオ・ニコラは、マーケッティングの経験はなかったが、マイクロソフトのマーケッティング部門への配属をビル・ゲイツに願い出たという。ビル・ゲイツは、「マーケッティング担当者に技術を教えるより、技術者にマーケッティングを教えるほうがよい」と言って、レオ・ニコラの希望をかなえ、製品マーケッティング・マネージャにした。最初はウィンドウズ1・01の開発管理であった。

しかし、ビル・ゲイツは、インタラクティブ・システム・グループに毎日やってきて、スコット・マクレガーとレオ・ニコラという2人の監督者がいるのに、あらゆることに口を出し、気まぐれにしばしば方針を変更した。この点スティーブ・ジョブズによく似ている。

最大の変更はウィンドウズがマウスだけでなく、キーボードをサポートできるようにすることだった。スティーブ・ジョブズはキーボード入力を原則的に認めず、何でもマウスで処理すればよいと考えていた。しかし、ビル・ゲイツはキーボードもサポートすべきだと考えたのである。

レオ・ニコラは、ビル・ゲイツの対決的な姿勢と長時間労働の押し付けにうんざりし始めた。週60時間働かされたら、家族との時間など持てなくなってしまう。ビル・ゲイツは、ますます苛立ちを強め、ついに管理者のスコット・マクレガーとレオ・ニコラに自らプログラムのコーディングをするように要求し始めた。

ウィンドウズの開発意向表明

一九八三年十一月十日、ニューヨークのプラザ・ホテルで、マイクロソフトは、ウィンドウズの開発意向表明をした。これはマッキントッシュのグラフィック・ユーザー・インターフェイス（GUI）をIBM PC／ATの上で実現しようとしたものである。

一九八四年一月二四日のマッキントッシュの発売に先駆けての発表である。マイクロソフトは、マッキントッシュ版のマックペイントとマックライトを作っていたから、マッキントッシュのGUIについては知っていた。自前のMS－DOSの上にウィンドウズを乗せることは、ビル・ゲイツの悲願であった。ビル・ゲイツは一九八四年春のウィンドウズ1・01の出荷を確約した。

しかし、マイクロソフトのウィンドウズの開発意向表明にスティーブ・ジョブズは激怒した。マイク・ボイチを怒鳴りつけて、ビル・ゲイツをすぐに呼べと言った。翌日ビル・ゲイツはスティーブ・ジョブズのもとに出頭した。激怒するスティーブ・ジョブズに対して、ビル・ゲイツは冷静に言った。

「僕達にはゼロックスというお金持ちの隣人がいて、僕がテレビを盗もうとその家に忍び込んだら、テレビはもう君が盗んだ後だったというようなものじゃないかな」

アップルはゼロックスから盗み、マイクロソフトがアップルから盗んで何が悪いという開き直りである。それに期限切れが迫っていた。すでに一九八三年一月一日は過ぎており、マッキントッシュは発売されていなかったから、一九八四年一月一日には、排他契約条項は失効するのである。

一九八三年十一月二八日からラスベガスで開かれたコムデックスでは、マイクロソフトは、至る所、ウィンドウズという言葉をばらまいた。空港、タクシー、会場、街中の至る所、ホテルの部屋まで、どこにでもウィンドウズという言葉が氾濫していた。一体、これは何だろうと、参加者の皆がいぶかったものである。

ジョージ・オーウェルの『一九八四年』

一九八四年一月二四日、アップル・コンピュータはマッキントッシュを発表した。このときの宣伝はジョージ・オーウェルの『一九八四年』を意識しており、話題となった。マッキントッシュについては、スティーブ・ジョブズは次のように断じた。

「パソコンには、これだけが必要であり、これ以上何が必要か」

それほど野心的な一面もあった。しかしスティーブ・ジョブズのこの言葉に象徴されるように出現当時のマッキントッシュはクローズド・アーキテクチャという閉じた機構であり、それはアップルⅡ以来のユーザー・グループの猛反発を受けた。また2500ドルという基本価格は法外というほど高かった。

少し後の一九八四年七月、ラスベガスで開かれたNCC'84でビル・ゲイツがにこにこしながら、たった1人で巨大なマッキントッシュで飾られたアップルのブースにやってきたのを覚えている。なぜ覚えているかといえば、南カリフォルニア大学の客員教授として米国にいた私は、その年の初めにフロッピー・ディスク1台だけでハードディスクも搭載していないマッキントッシュは駄目だろうという原稿を日本に送ったからである。それなのにビル・ゲイツが愛想を振りまきながら、わざわざマッキントッシュのブースを訪れたことは私にとってはショックだった。

一九八四年一月、マッキントッシュの発売に伴い、二月にはLISAチームの4分の1が解雇され、200人以上のLISAチームは、100人のマッキントッシュ・チームに吸収された。300人になったマッキントッシュ・チームの管理職は、ほぼ旧マッキントッシュ・チームが占めた。

ＬＩＳＡは、マッキントッシュXLと名前を変えたが、その後消滅した。この年の秋、マッキントッシュはユーザーの要請を入れて、メモリを５１２キロバイトに増やしてマッキントッシュ５１２Kとなる。メモリも追加できるようになり、ハードディスクも付けられるようになった。以後「インサイド・マック」のような内部解析資料が出てくることになる。

一九八四年一月十五日に、ビル・ゲイツとスティーブ・ジョブズは一九八二年の契約を結び直す。マイクロソフトは自社のプログラムを売りさばくことができる。マイクロソフトはアップルがすでに前払いした5万ドルを返却しない。また以前からの守秘契約はこれからも有効であるとなった。

一九八四年二月、マイクロソフトは、３００社あまりのソフトウェア開発社やコンピュータ・メーカーを集めて、大々的なウィンドウズ・コンファレンスを開催した。しかし、その後ウィンドウズ１・０１の出荷は、一九八四年十一月に延期になった。その後、一九八四年十一月には一九八五年六月に延期となり、それも守られなかった。

一九八四年からスティーブ・バルマーがシステム・ソフトウェアのグループを率いていたが、それはスティーブ・バルマーがウィンドウズの開発の指揮を執ることを意味した。スティーブ・バルマーとスコット・マクレガーは激しく対立し、衝突を繰り返していた。スティーブ・バルマーのウィンドウズの開発指揮といっても、非技術系の彼のことであるから、極端にいえば、要するにスティーブ・バルマーは、フットボールのコーチよろしく、プログラマーに向って全身を震わせて大声で「ウィンドウズ！　ウィンドウズ！

ウィンドウズ！」と叫びまくるだけなのである。ところがこれが意外に効果があった。プログラマー達に「死の行進」と呼ばれた過酷な開発スケジュールが進められていった。そのためスティーブ・バルマーはパットン将軍と呼ばれるようになった。

米国のジョージ・S・パットン将軍は、常に配下の戦車部隊に無謀なまでの攻撃と進軍を命令し、それがシシリー島攻略作戦でも、北仏進攻作戦でも意外に効を奏した。ただパットン将軍はシシリー島攻略作戦の後、陸軍病院を慰問したが、砲弾ショック症で入院していた兵隊を「臆病者」とののしって殴打してしまい、それを米国の従軍記者に書かれてしまった。かねて独断専行と批判を受けていたパットン将軍はこの事件で評判を落とした。

したがってスティーブ・バルマーも、パットン将軍に似ていると言われるよりはナポレオンに似ていると言われることを好んだようだ。実際スティーブ・バルマーの発言として、「平均的な人よりはナポレオンについてよく知っている」というのがある。しかし、ビル・ゲイツの方がナポレオンを意識していたようだ。やはりスティーブ・バルマーはマイクロソフトのパットン将軍であった。

一九八三年になると、マイクロソフトでマッキントッシュ用アプリケーションの開発に従事していたニール・コンゼンがアップルのアンディ・ハーツフェルドに週に二、三度電話をかけてきてアプリケーションの開発に必要な情報以上の深い情報を求めてきたという。これによってアップルはマイクロソフトの奇妙な動きに警戒心を高めたという。一九八四年には、ニール・コンゼンがウィンドウズ開発チームに合流した。

ウィンドウズ1・01

ウィンドウズ1・01が実際にパソコン・ショップの店頭に並び始めたのは一九八五年十一月一八日と公式の歴史には残っている。

だがウィンドウズ1・01のデモは、タイル型でマッキントッシュのGUIに見劣りがした。写真が残っているが、ある構成ではペイント・アプリケーション、MS-DOSのウィンドウ、カレンダー、WORDを表示するテキスト・ウィンドウなどであった。

しかも動作速度は信じられないほど遅かった。このためマイクロソフトの技術力を疑問視する声さえ出始めた。このような混乱の原因は、MS-DOSの640Kバイトのメモリの枠の中でマルチタスクと新しいGUIを実現し、また旧来の文字ベースのアプリケーションを標準アプリケーションと呼び、引続きウィンドウズで動かしていこうとした過大な計画目標にあった。このウィンドウズ1・01は日本でもPC-9801用に手直しされて出てきた。私もPC-9801に搭載して使ったことがある。結論は画面のデザインはまるであか抜けしないし、動作は異常に低速であり、フロッピー・ディスクはカチンカチンいうし、アプリケーションの時計の針が止まってしまうという傑作だった。

これを受けて、ビル・ゲイツはスコット・マクレガーの方針をひっくり返し、MS-DOSの上でマッキントッシュのGUIを実現するように指示した。ニール・コンゼンはウィンドウズを徹底的にマッキントッシュ風に書き直した。あまり似すぎてしまったので、アップル・コンピュータのジョン・スカリーに訴えられることになる。こうしてウィンドウズはゼロックスのＣＬＳのシーダーの流儀でなく、アップル・コンピュータのマッキントッシュの流儀に染まったのである。

スコット・マクレガーの運命は、そこまでであった。一九八五年にスコット・マクレガーはマイクロソフトを去り、ＤＥＣに入社した。

ウィンドウズのその後の開発

マイクロソフトのウィンドウズ開発の遅れと混乱の結果として、ＩＢＭは独自にトップビュー（TopView）を開発することに踏み切った。マイクロソフトのウィンドウズは、ＩＢＭのトップビューとも衝突することになったが、マイクロソフトの対ＩＢＭ戦術は簡単にいうと「おまけ」戦術だった。つまり今でもウィンドウズを買うと標準的に付いてくるマイクロソフト・ライト、マイクロソフト・ペイントなどのデスクトップ・アプリケーションなどの付加価値を付けてウィンドウズを売ったのである。これらはマッキントッシュ版の「おまけ」の転用であり、将来のアプリケーション・ソフトウェアの息の根を止めるところまでには完成されたものではなく、ほどほどには使えるものであった。

一九八六年には、ヨーロッパ版のウィンドウズ1・02が出て、また米国向けにはバグをフィックスしたウィンドウズ1・03が出た。ウィンドウズの覇権は確立されたものの新たな問題があった。ウィンドウズ用アプリケーションがないのである。ウィンドウズのユーザーの大半は旧来の標準アプリケーションのタスク・スイッチャーとしてウィンドウズを利用していた。GUIを備えたウィンドウズ用のアプリケーションはないに等しかった。PIFファイルを必要とするものは本来のウィンドウズのアプリケーションでなく、キャラクタ・ベースの標準アプリケーションと呼ばれる古いアプリケーションであった。

ウィンドウズ2・Xは、一九八七年頃からひっそりと出てきた。まるで期待されなかったが、予想外に力を伸ばした。2・Xという書き方は、2・0、2・1、2・11などを総称させるときに使う。ウィンドウズ2・Xの意外な健闘は、その頃ウィンドウズ用アプリケーションがボツボツ出そろってきたからである。それでもウィンドウズがMS−DOSに代わるほどに力を付けたわけではない。先進的なユーザーだけが使っていたというのが適切である。

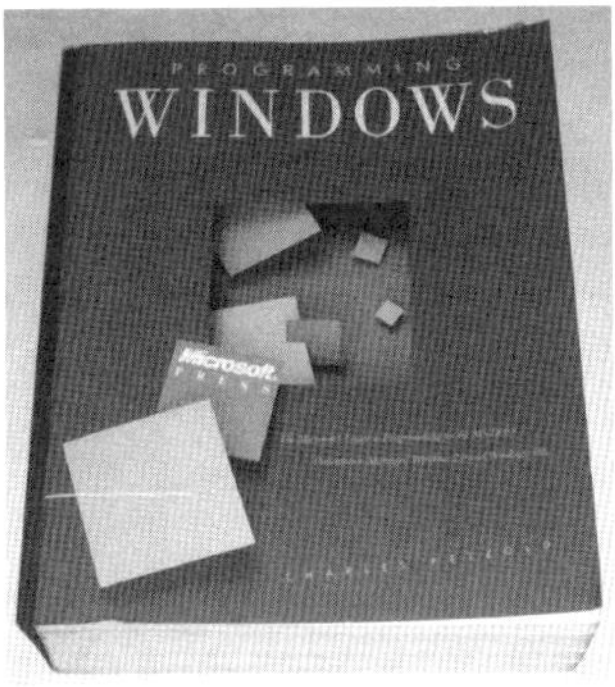

●チャールズ・ペゾルドの『プログラミング・ウィンドウズ』
実に分かりやすい本で、当時熟読したものである。

ウィンドウズの構造やプログラミングは全く不可解だったが、一九八八年にチャールズ・ペゾルドの『プログラミング・ウィンドウズ』が出て来てやっと分かりやすくなった。ビル・ゲイツの本棚にも飾ってあったのを見たことがある。チャールズ・ペゾルドの本は、新しい版が出ると必ず買って読破した。昔はチャールズ・ペゾルドの名前を何と表記するか定まっていなかった。アスキー出版局は苦肉の策としてCharles Petzoldと表記した。

公式に言っていたかどうかは別として、ウィンドウズは、

2・X時代にウィンドウズとウィンドウズ／286とウィンドウズ／386に分裂していた。これらの違いは対象とするCPUがインテル8086、286、386の違いである。元々ウィンドウズはインテル8086対応のGUIとして出発した。しかし、ウィンドウズの理想を実現するためには、インテル8086はおろかインテル286でもパワー不足であることがはっきりしてきた。実際にはインテル386でないと無理なことは分かっていた。ウィンドウズが実用になるのは一九九〇年のウィンドウズ3・0からである。

マックＢＡＳＩＣ

アップルⅡには、スティーブ・ウォズニアックの作った整数型ＢＡＳＩＣが搭載されていた。ＲＯＭの中に浮動小数点数演算ルーチンは入っているのだが、どうそれを引き出して使うかは、かなり深い機械語の知識を必要とした。ユーザーからの要求で、一九七七年秋にかけてスティーブ・ウォズニアックは整数型ＢＡＳＩＣを浮動小数点数型も扱えるＢＡＳＩＣに変更しようとしたのだが、どうしてもやる気になれなかった。

そこで一九七七年八月アップル・コンピュータは、マイクロソフトから浮動小数点数型も扱えるマイクロソフトＢＡＳＩＣを買った。実はビル・ゲイツもポール・アレンも浮動小数点数演算ルーチンは苦手で、モンテ・ダビドフというハーバード大学の学生が書いた。買い取ったＢＡＳＩＣをアップルⅡに適合させる面倒な作業は、アップルのランディ・ウィギントンがおこなった。こうして出来上がったBASICをアップルソフトBASICという。正式にはI（ワン）が付くが、読みにくいと思うので省略する。またアップル・コンピュータは、アップルソフトBASICでなく、アップルソフトと呼ぶこともあるが、混乱の元になるのでアップルソフトBASICと表記する。

◆この間の事情については『スティーブ・ジョブズ 青春の光と影』427～433頁を参照されたい。

アップルⅡの寿命が、それほど長くないと考えていたアップル・コンピュータは、アップルソフトBASICのライセンス契約の有効期限が8年であることに安住していた。一九八五年にはアップルⅡなど姿を消しているだろうと考えていたのである。一九七九年から発売されたアップルⅡプラスでは、整数型BASICに代わって、アップルソフトBASICがROMに組み込まれた。一九七九年アップル・コンピュータに入社したドン・デンマンは、ランディ・ウィギントンに協力してアップルソフトBASICをアップルⅢに適合させた。アップルⅢに新しく採用されたOSであるSOSに適合させる必要があった。

一九八一年九月、ドン・デンマンは、マッキントッシュ・チームに引き抜かれ、マッキントッシュ用のマックBASICを開発することになった。マックBASICの開発は進んでいたが、土台となるマッキントッシュの仕様がしばしば変更となるので開発が遅延した。一九八三年春頃にはマックBASICがマッキントッシュの発売に間に合いそうもないという見通しになった。そこでドン・デンマンのマックBASICの開発は一時中止され、ドン・デンマンは、マッキントッシュのデスク・アクセサリの開発に向わされた。

ところが一九八四年一月にマッキントッシュが発売されると、マイクロソフトは、突然マッキントッシュ用ＢＡＳＩＣを出荷してきた。ビル・ゲイツの戦略で、ドン・デンマンのマックＢＡＳＩＣが間に合わないと見るや6か月という短期間で開発し先手必勝を狙ったものである。ともかく動いたが粗雑な作りでマッキントッシュのヒューマン・インターフェイス・ガイドラインにも従っていなかった。

しかし、マッキントッシュ用ＢＡＳＩＣは、ほかにないので意外によく売れた。普通のユーザーには、マッキントッシュのヒューマン・インターフェイス・ガイドラインに従っているかどうかは分からなかっただろう。一方、アップルとしてはいったん中止したドン・デンマンのマックＢＡＳＩＣの開発を再開しても、すぐには追いつけなかった。

さらにアップル・コンピュータを悩ませたのは、アップルソフトＢＡＳＩＣのライセンス契約の有効期限が8年で、一九八五年九月には終了することになっていた点だ。マッキントッシュの売上げが順調だったのは初めの数か月だけで、次第に落ち込み始め、アップル・コンピュータを支えていたのはアップルⅡであった。このアップルⅡがアップルソフトＢＡＳＩＣを失ったのではアップル・コンピュータは潰れてしまう。この機を捉えたビル・ゲイツはドン・デンマンのマックＢＡＳＩＣの開発中止を要求する。要求に応じなければ、アップルソフトＢＡＳＩＣのライセンス契約を更新しないというのである。ビル・ゲイツは、何ともしたたかである。

スティーブ・ジョブズは、アップルソフトＢＡＳＩＣの契約更新の見返りにマックＢＡＳＩＣを廃棄し、プログラム・コードをマイクロソフトに引き渡した。そこまでする必要があったかと思う。後にドン・デンマンのプログラム・コードがマイクロソフトのＢＡＳＩＣに使われたという説もある。

敵対する者は手段を選ばず全て殲滅するというビル・ゲイツの戦略は冷酷かつ非情という評判が立った。

追放されたスティーブ・ジョブズ

一九八五年九月十七日、ジョン・スカリーはスティーブ・ジョブズのアップル社の会長職を解いて全権を掌握した。ペプシコーラのマーケッティング・マンがヒッピー上がりの若者を追い出したのである。アメリカン・ドリームの終わりであり、冷徹なビジネスの時代へと向かう。

スカリーは従来の製品ごとの事業部制を廃止し、マーケッティング中心にアップル社を通常の企業形態に改組する。スティーブ・ジョブズに代わったジョン・スカリーは順調にアップル社を浮上させた。有効だったのは非情なまでの従業員のレイ・オフ（首切り）と近代的な組織論の導入だったろう。好運も手伝った。

一九八五年、マッキントッシュのデスクトップ・パブリッシング（ＤＴＰ）がヒットし、マッキントッシュの売上げが上昇し始める。マッキントッシュは成功し始めたのである。

スティーブ・ジョブズは不運であったとも言える。

今でこそ名機と絶賛されるマッキントッシュだがクローズド・アーキテクチャに固執したため全然売れなかったのが命取りになった。歴史に「もし」はないが、運というものはある。

一九八五年五月、マッキントッシュの救世主となったＤＴＰ用のレーザーライターが出ている。マッキントッシュの救世主となったのはＥＸＣＥＬとＤＴＰである。「もし」を発動したくなるが、それは無理だろう。手形は期限に１分でも遅れれば駄目だ。ビジネスの世界は非情である。

第十五章　マイクロソフト帝国の確立

マイクロソフトの株式上場

一九八六年二月十六日マイクロソフトの社員数は1200人に達しており、ノーサップ・ビルディング周辺では収容しきれなくなったので、8マイル東に離れた現在のレドモンドのキャンパスに移動する。ビル・ゲイツとスティーブ・バルマーが一緒に学生時代を過ごしたハーバード大学の寄宿舎カリア・ハウスのイメージに似せて作ったという。大学のイメージを模倣したのでキャンパスと呼んでいる。

マイクロソフトは業績好調ということもあったが、すでに500人近くに株式を分けていたので、米国の証券取引委員会（SEC）の規制によって、株式を上場する必要があった。それにはいくつか障害もあった。

一九八五年八月、IBM互換機の普及で事業不振で苦境に陥ったシアトル・コンピュータ・プロダクツ（SCP）の社長ロッド・ブロックは、手元に残った最大の財産であるMS-DOSのライセンスを付けてSCP

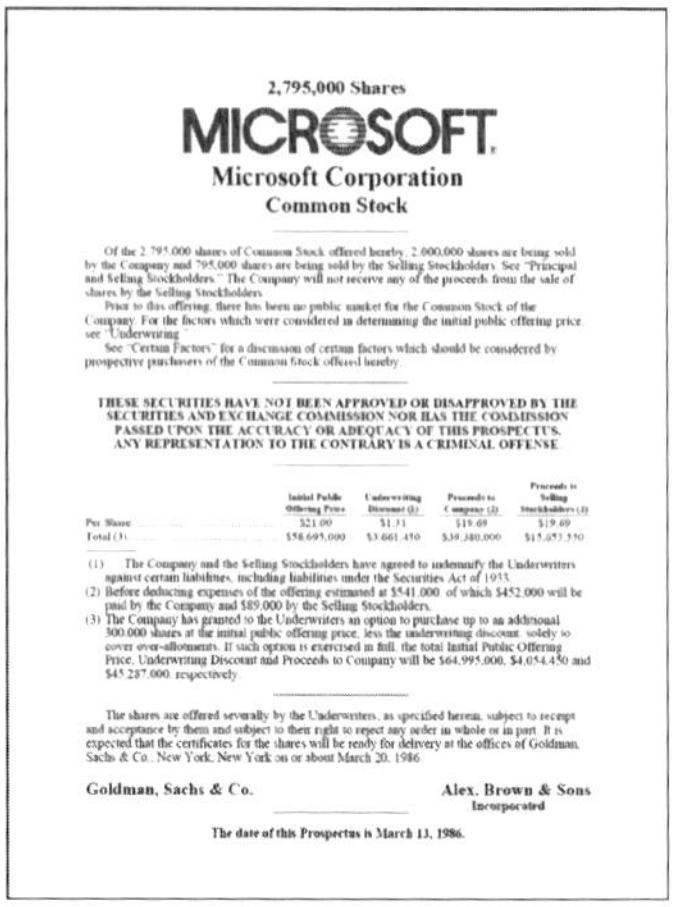

2,795,000 Shares

MICROSOFT

Microsoft Corporation

Common Stock

Of the 2,795,000 shares of Common Stock offered hereby, 2,000,000 shares are being sold by the Company and 795,000 shares are being sold by the Selling Stockholders. See "Principal and Selling Stockholders." The Company will not receive any of the proceeds from the sale of shares by the Selling Stockholders.

Prior to this offering, there has been no public market for the Common Stock of the Company. For the factors which were considered in determining the initial public offering price, see "Underwriting."

See "Certain Factors" for a discussion of certain factors which should be considered by prospective purchasers of the Common Stock offered hereby.

THESE SECURITIES HAVE NOT BEEN APPROVED OR DISAPPROVED BY THE SECURITIES AND EXCHANGE COMMISSION NOR HAS THE COMMISSION PASSED UPON THE ACCURACY OR ADEQUACY OF THIS PROSPECTUS. ANY REPRESENTATION TO THE CONTRARY IS A CRIMINAL OFFENSE.

	Initial Public Offering Price	Underwriting Discount (1)	Proceeds to Company (2)	Proceeds to Selling Stockholders (2)
Per Share	$21.00	$1.31	$19.69	$19.69
Total (3)	$58,695,000	$3,661,450	$39,380,000	$15,653,550

(1) The Company and the Selling Stockholders have agreed to indemnify the Underwriters against certain liabilities, including liabilities under the Securities Act of 1933.
(2) Before deducting expenses of the offering estimated at $541,000, of which $452,000 will be paid by the Company and $89,000 by the Selling Stockholders.
(3) The Company has granted to the Underwriters an option to purchase up to an additional 300,000 shares at the initial public offering price, less the underwriting discount, solely to cover over-allotments. If such option is exercised in full, the total Initial Public Offering Price, Underwriting Discount and Proceeds to Company will be $64,995,000, $4,054,450 and $45,287,000, respectively.

The shares are offered severally by the Underwriters, as specified herein, subject to receipt and acceptance by them and subject to their right to reject any order in whole or in part. It is expected that the certificates for the shares will be ready for delivery at the offices of Goldman, Sachs & Co., New York, New York on or about March 20, 1986.

Goldman, Sachs & Co.　　**Alex. Brown & Sons Incorporated**

The date of this Prospectus is March 13, 1986.

●マイクロソフトの株式上場目論見書

を売却しようとした。これに対しマイクロソフトはMS－DOSのライセンスは第三者には譲渡できないとクレームを付けた。それではとロッド・ブロックは、2000万ドルでMS－DOSの買い戻しをマイクロソフトに持ちかけた。マイクロソフトのジョン・シャーリーは即座に拒否した。交渉は一向に進まなかった。

そこで一九八六年二月、ロッド・ブロックは、ワシントン州キング郡の上級司法裁判所に訴訟を起こした。ロッド・ブロックの要求は6000万ドルであった。しかし公判での係争3週間後、資金繰りに困っていたロッド・ブロックは、マイクロソフトから92万5千ドルを受け取って法廷外で和解した。マイクロソフトにとっては喉にささった棘が抜けたようなもので安いものであった。

一方、MS－DOSの元になったSCPの86－DOSを書いたティム・パターソンは、一九八一年にマイクロソフトに入社していたが、一九八二年にマイクロソフトを去り、SCPに戻った。1年後、ティム・パターソンは、ファルコン・テクノロジーという会社を起こした。

一九八三年マイクロソフトのポール・アレンが、ティム・パターソンに日本のアスキーの提唱したMSXの開発に寄与してMS－DOSのテクノロジーを移植するように頼んできた。MSXは8ビットCPUのZ－80を採用しており、これに16ビットCPUのインテル８０８８対応のMS－DOSの技術を移植してMSX－DOSを作ってくれと言うのである。ティム・パターソンは、代価として10万ドルとMS－DOS２・０、２・５、３・０をハードウェアに付けて流通させる権利を要求した。

しかし一九八六年三月にはファルコン・テクノロジーは負債を抱え苦境に陥っていた。ティム・パターソンもMS－DOSのライセンスを台湾の事業家集団に売却しようとした。これに対してもマイクロソフトはMS－DOSのライセンスは第三者には譲渡できないとクレームを付けた。

激しい交渉になったが、ティム・パターソンは、ビル・ゲイツやウィリアム・ニューコムの脅しに屈せず、ファルコン・テクノロジーの資産を１００万ドルでマイクロソフトに売りつけるのに成功した。また、ティム・パターソンは年俸5万ドルでマイクロソフトと2年間の雇用契約を結んで働いた。その後ティム・パターソンは、パターソン研究所を設立した。この会社は後にフェニックス・ソフトウェア・アソシエイツに１０００万ドルで買収された。ティム・パターソンの件も、マイクロソフトにとっては喉にささった２本目の棘が抜けたようなもので安いものであった。

こうしてマイクロソフトの株式上場の障害は消滅した。

一九八六年三月十三日、マイクロソフトは上場する。大成功であった。ビル・ゲイツを初めとするグループは一挙に大富豪になった。

上場前後のマイクロソフトの持株と持株比率は次のようになる。上場後、持株の10％未満なら売却してもよいことになっていた。

	上場前	上場後
ビル・ゲイツ	１１２２万株（４９・２％）	１１１４万株（４４・８％）
ポール・アレン	６３９万株（２８・０％）	６１９万株（２４・９％）
スティーブ・バルマー	１７１万株（７・５％）	１６８万株（６・８％）
ＴＶＩ	１３８万株（６・１％）	１０８万株（４・４％）
ジョン・シャーリー	４０万株（１・８％）	３４万株（１・４％）
チャールズ・シモニー	３１万株（１・４％）	３０万株（１・２％）
ゴードン・レトウィン	２９万株（１・３％）	２５万株（１・０％）
ビル・ゲイツの両親	１１万株（０・５％）	８万株（０・３％）
スティーブ・バルマーの父親	４万株（０・２％）	２万株（０・１％）
ウィリアム・ニューコム	２万株（０・１％）	０　株（全株売却）
デイビッド・マーカート	２万株（０・１％）	１・６万株

ポール・アレンは、このとき、自分の保有する株式から20万株を売却した。寄り付きが1株21ドルだから４００万ドル程度を換金したものと思われる。ポール・アレンが自伝に1億７５００万ドルを手にしたと書いているのは、換金したわけでなく、保有株式の理論的な数値である。1株28ドルくらいで評価しているようだ。

ビル・ゲイツの保有株式は1122万株であった。評価額は2億ドル程度であった。全株売却したウィリアム・ニューコムは愚かであった。テクノロジー・ベンチャー・インベスターズ（TVI）はデイビッド・マーカートもパートナーとなっているベンチャー・キャピタルである。

デイビッド・マーカートは、一九八〇年十月以来、ビル・ゲイツに株式会社化・株式上場を説いて、やっと6年後に分け前にありついた。

これらの株式は以後繰り返される株式分割によって、倍々に増えていくことになる。

ジル・ベネット、アン・ウィンブラッド

ビル・ゲイツと女性との交際はそれまであまり目立たなかったが、一九八三年DECに勤める27歳の女性ジル・ベネットとの交際が始まった。パーティでビル・ゲイツと初めて会ったジル・ベネットは、「マイクロソフトはどうして32ビットのマイクロコンピュータ用にソフトウェアを開発しないの」と質問したことから32ビットというあだ名が付いた。2人の交際は一九八四年まで続いた。

続いて一九八四年からサンフランシスコにあるハマー・ウィンブラッド社のソフトウェア専門ベンチャー・キャピタリストであるアン・ウィンブラッドとの交際が始まった。6歳年上の34歳だった。

アンディ・エバンス

アンディ・エバンスは、一九四九年、北カリフォルニアに生まれ育った。少年時代から株式とハイスピードの車に興味を持っていた。新聞の株式欄と自動車競走の記事は特に熱心に読んだ。ワシントン州の内陸部のワラワラにあるウィットマン・カレッジ時代にアン・ルウェリンと結婚した。ワラワラというのは原住民のワラワラ族からついた地名である。

ウィットマン・カレッジを卒業後、アンディ・エバンスは、店頭株式ブローカーになった。ビル・ゲイツが4歳年上のアンディ・エバンスと知り合ったのは一九七八年のアルバカーキ時代のことらしい。あまり、記録されていないが、おそらく小額の株式を購入しに行って、アンディ・エバンスと知り合ったのだろう。

ビル・ゲイツ、アンディ・エバンス、アン・エバンスの3人共、当時は貧しく、集まるとバーガーマスターで3ドルというつましい夕食を取った。3人はどんなハイテク会社に投資したら儲かるかについて大いに議論したという。彼らの話題は、ハイテク株での金儲けとスピードの出る車についてであった。

当時ビル・ゲイツは中古の緑のポルシェ911を持っていた。この車でビル・ゲイツはメキシコまで高速道路を驀進していたという。金儲けとスピードが好きという共通点が2人を結び付けた。アンディ・エバンスの3人の子供の名付け親がビル・ゲイツであることでも2人の親密さが分かる。

一九八〇年にエバンス夫妻は、ベルビューの下町の3階建てのビルにエバンス・ルウェリン証券会社を設立した。一九八一年投資に必要な資金を調達するため、アンディ・エバンスは不動産を購入するためと称してバークレー銀行から52万5千ドルの資金を違法に引き出した。

この間、一九八三年にビル・ゲイツは、ローレル・ハーストに4400平方フィートの豪邸を88万9千ドルで購入している。ワシントン湖の浮橋を見渡せる場所にあった。ビル・ゲイツの一九七八年の年俸が1万6千ドル、一九八一年の年俸が18万5千ドルだから、当時のビル・ゲイツには常識的には買えるはずのない豪邸である。この資金の出所はアンディ・エバンス経由での株式取引にあった。ビル・ゲイツの母親メアリー・ゲイツは、真っ当な取引で得た金ではないと、その胡散臭さに気が付いていて、ずいぶん心配したという。

ジェームズ・ウォーレスとジム・エリクソンの『ハードドライブ』（邦訳『ビル・ゲイツ』SE刊）は裁判所の記録まで調べ上げて、実際に購入したのはビル・ゲイツの父親で、登記上の名義も父親になっていると記している。この執念には敬服する。私は米国の裁判所までは行けないが、インターネット検索を駆使して、当該物件の所在がローレルハーストのウォーターウェイ1の隣であることと、一九九四年頃にはビル・ゲイツが妹に譲っているところまでは突き止めた。マイクロソフトの社員がヘリコプターをチャーターして空から芝生めがけてピンポン玉の雨を降らせるといった悪戯をしたのだそうだ。

●ジェームズ・ウォレスとジム・エリックソンの『ハードドライブ』（邦訳『ビル・ゲイツ』）
ビル・ゲイツの伝記としては非常に有名である。

一九八五年、証券取引委員会（SEC）は、一九八一年に顧客に譲渡を禁止されている制限株式の売買を教唆し、不正に売買したとしてエバンス・ルウェリン証券会社に30日間の取引停止を命じた。

同じ一九八五年後半、シアトル連邦地裁は、エバンス夫妻は以前のバークレー銀行の件で有罪とし、禁固6か月の実刑の判決を下した。また罰金を払うために、アンディ・エバンスはビル・ゲイツに最高速のポルシェ930ターボを売却した。

一九八六年、これに留まらず、証券取引委員会はCMCインターナショナルの件で、アンディ・エバンスに対するインサイダー取引、市場操作、証券法違反の訴えを受理した。

多少、無警戒だなと思うのは、ビル・ゲイツが、ガイガー・フィールド刑務所に収監されているエバンス夫妻を訪問していることだ。出所したエバンス夫妻は、ローレルハーストのビル・ゲイツの自宅から20マイル程北方のミルクリークに拠点を構え、早朝から株式ブローカーに電話をかけ、株式の売買をした。ワシントン州の文書によればビル・ゲイツはエバンス夫妻とウィリアム・H・ゲイツ合同会社を作り、株式の運用を任せたのである。その後一九九一年にマイクロソフトの顧問を退職したクレイグ・ワッチェンとスティーブン・グレイがビル・ゲイツ個人の投資顧問に就任したという。

ビル・ゲイツに株式運用を任されたアンディ・エバンスは、ビル・ゲイツのマイクロソフトの持株8100万株の内、四半期ごとに100万株ずつ売却していったという。このお金は新たに上場しようとする会社の株式を購入することに当てられた。このために作られた会社がドミニオンである。

ビル・ゲイツの膨大な資金が動いているということはすぐに察知され、ゴールドマン・サックスやモルガン・スタンレー、アレックス・ブラウン&サンズなどの注目することになった。上場前の会社の株式購入は、インサイダー取引と見なされやすく、アンディ・エバンスは証券取引委員会に再び目を付けられることになった。証券取引委員会への訴えも増え、ビル・ゲイツの名前も取りざたされることが多くなった。こういうことはマイクロソフトとしても、あまり外聞のよいことではない。そこで、一九九三年にはビル・ゲイツはアンディ・エバンスと公式には手を切った。それでも個人的な交流は続いていたらしい。

アンディ・エバンスの役割は、マイケル・ラーソンという人物に引き継がれることになる。

マイケル・ラーソンとカスケード・インベストメンツ

ビル・ゲイツは、十数年間に渡って世界一の大富豪の地位を確保していたが、二〇〇九年、メキシコ在住のレバノン人のディアスポラで通信系の大富豪カルロス・スリム・ヘルに追い抜かれ、その後4年間カルロス・スリム・ヘルの後塵を拝していた。二〇一四年に816億ドル（9兆8千億円程度）の資産で世界一の大富豪に復帰した。今、ビル・ゲイツは、マイクロソフトの帝王としてよりも世界一の大富豪かつ慈善家として有名である。

しかし意外なことがある。ビル・ゲイツが世界一の大富豪であるといえば、その富の大部分はマイクロソフトの株式によるものと考えがちだが、実はビル・ゲイツの二〇一四年末のマイクロソフトの持株は2億8千万株で、個人株主としてスティーブ・バルマーに次いで第2位である。またマイクロソフトの総発行株数は82億株だから、ビル・ゲイツはマイクロソフトの全株式の3・4％程度を保有しているに過ぎない。この株式を金額で評価すると132億ドル（1兆5900億円）程度にしかならない。

すると残りの684億ドル（8兆2000億円）はどこに行ったのだろうかと思うのは、自然な疑問と思う。

ビル・ゲイツの資産の一部は、ワシントン州のワシントン湖畔のメディナの73番アベニュー1835番地（1835 73rd Avenue NE. Medina. WA）にある4万8160平方フィートの大きさのザナドゥ2・0と呼ばれている1億2354万ドルの豪壮な自宅を初めとして、ワイオミング州コーディ、フロリダ州ジュピター・アイランド、同じくフロリダ州ウェリントンにある不動産や全米各地にある不動産で構成されている。

しかし、資産の多くは、一九九四年頃から、カスケード・インベストメントLLC（以下カスケード投資会社）という投資運用会社に運用委託されている。一九九四年、ビル・ゲイツは、400億ドル（4兆8000億円）分のマイクロソフトの株式を売却した。その内、360億ドル（4兆3200億円）をビル＆メリンダ・ゲイツ・ファウンデーションという信託基金に預け、カスケード・インベストメントという会社にその運用を任せている。

カスケード投資会社は合同会社である。合同会社は、事業内容を株式会社の場合ほど細かく公開する必要がない。カスケード投資会社の米国証券取引委員会（SEC）への有価証券取引の報告書も、閲覧できるが、ごく簡単なものだ。何かを売買したことは分かっても細目は分からないようになっている。

だから、二〇一三年、カスケード投資会社がサンフランシスコのノブヒルにある超一流ホテルのリッツ・カールトンを1億6100万ドル（193億円）で買収したときは、ほとんどの人がカスケード投資会社を知らずにいて、驚いたという。

さかのぼって二〇〇七年二月十二日、ビル・ゲイツが有名な超一流ホテル・チェーンのフォーシーズンズ・ホテルズ＆リゾーツ（俗にフォーシーズンズと略称する）の支配権に相当する株式を、37億ドル（４４４０億円）で買収したときに動いたのもカスケード投資会社である。これも案外知られていないのではないだろうか。カスケード投資会社は、マイケル・ラーソンによって運営されている。カスケード投資会社は、ワシントン州カークランド市キャリロン・ポイント２３６５番地（2365 Carillon Point Kirkland. WA）に本社がある。ビル・ゲイツの家の北東方向４・２マイルの距離にあり、車で10分ほどのところだ。１００人ほどの社員がいるらしい。

調べてみて一番驚いたのは、二〇〇五年十一月にはビル＆メリンダ・ゲイツ・ファウンデーションそのものの本拠地がカスケード投資会社と同じ住所であったことを示す書類が検索に引っ掛かったことだ。

その後シアトル市5番アベニュー５００番地（500 Fifth Avenue Seattle. WA）に住所を移している。二〇一五年一月の日付のそういう公的書類がある。このときにはビル＆メリンダ・ゲイツ・ファウンデーション・トラストと微妙な名義変更があることが確認できる。これは、ビル＆メリンダ・ゲイツ・ファウンデーションの職員が１２００人に増加してきたためかもしれない。

マイケル・ラーソンは、一九六〇年、ノースダコタ州生まれで、カリフォルニア州のクレアメント・マッケンナ・カレッジで経済学の学位を取得し、シカゴ大学で21歳のとき、ＭＢＡ（経営学修士）の学位を取得した。優秀であったのだろう。大学院修了後、ボストンのパトナム投資会社に就職した。2年後に自分の会社を設立している。マイケル・ラーソンは職業上、当然だが極度の秘密主義と言われている。肥満体で、ピンクのボタンダウンのシャツに、リーバイスのジーンズという服装を好み、眼鏡をかけ、坊主頭である。ゴルフ好きで、３人の子供がいる。

カスケード投資会社の社風は、倹約の精神に富み、フェイスブック、ツイッターの使用を禁じ、メールの使用も制限して機密保持に格別に配慮しているという。また社員は、ビル・ゲイツやカスケード投資会社のために働いていると漏らしてはならず、別の会社のために働いていると言うように指導されているという。有名になると苦労も多いのだろう。

カスケード投資会社は、ビル・ゲイツの資産をハイテク企業より、バークシャー・ハサウェイや鉄道などに投資している。たとえば二〇一五年三月にはバークシャー・ハサウェイに59・03％、カナダ国有鉄道５・９％、キャタピラー・インク５・15％、ウォルマート４・98％など手堅い。ほかにもオートネイション・インク、リパブリック・サービス・インクなど沢山あるが省略する。

これらの会社への投資の見返りが、ビル＆メリンダ・ゲイツ・ファウンデーションの慈善資金になっている。ビル・ゲイツは、カスケード投資会社に毎年５％のリターン（見返り）を求めている。カスケード投資会社は年８・53％の見返りという実績を残している。もっと成績は良いという報道もある。そこは企業機密で開示されていないので分からない。

ともかく総額３８０億ドル（４兆５６００億円）に上る慈善事業への寄付をしながらも、毎年ビル・ゲイツの資産は増えている。だから、ビル・ゲイツがどんな株を買っているのか知って、あやかりたいという人も少なからずいるようだ。入手できるポートフォリオを見ると、バークシャー・ハサウェイ流の地味な株が多い。これは安全だが、多分あまり儲からない。儲かるのは、ベンチャー企業の未公開株を探して投資するというやり方だろう。これは普通の人には関与できない。

カスケード投資会社は、ビル・ゲイツ以外にも数十社に顧客を増やしてきているので、果たしてビル・ゲイツの資産なのか、カスケード投資会社の資産なのか、判別しにくい部分も出てきているようだ。

あまり知られていないビル・ゲイツの一面である。

ビル・ゲイツに限らず、ポール・アレンも同じようなことを、自分のバルカンという会社を使ってやっている。

ビル・ゲイツの現況

ビル・ゲイツと妻のメリンダ・フレンチ・ゲイツは、一九九四年一月一日に結婚し、2人の間には3人の子供がいる。ビル・ゲイツは、どうも妻のメリンダの尻に敷かれているようだ。

二〇〇〇年一月十三日、ビル・ゲイツは、一九八六年に就任した最高経営責任者の地位をスティーブ・バルマーに譲り、チーフ・ソフトウェア・アーキテクト（CSA）に退く。二〇〇六年、この職をレイモンド・オジーに譲った。

二〇〇八年ビル・ゲイツは、マイクロソフトの第一線から身を引き、ビル＆メリンダ・ゲイツ・ファウンデーションという信託基金を通じての慈善活動に邁進することになる。ビル・ゲイツは、サン・マイクロシステムズのスコット・マクニーリに悪の帝国マイクロソフト、悪の帝王ビル・ゲイツと呼ばれた悪評を打ち消すのに懸命だったようだ。

この点、アイダ・ターベルに激しく攻撃されたジョン・D・ロックフェラーが、巨万の富を築き上げた後、一転して慈善事業に多大の寄付をして、悪名高きロックフェラーという評判を打ち消そうとしたのによく似ている。

二〇一四年ビル・ゲイツは、マイクロソフト社の会長職をジョン・トンプソンに譲り、技術担当アドバイザーになった。全てを捨てたわけではない。ビル・ゲイツは二〇一四年十二月マイクロソフトの取締役に再任されている。ただ最近の写真を見ると、まだ60歳程度なのにすごく老けたと思わざるを得ない。激務だったのかなと思う。

あとがき

二〇一五年七月三一日に公表されたマイクロソフトのアニュアル・レポート（年次報告書）によれば、二〇一五年六月三〇日現在で、マイクロソフトの社員は11万8千人で、昨年の12万8千人より1万人減少している。米国内の社員が6万人、海外が5万8千人である。

スティーブ・バルマーは、マイクロソフトの携帯電話の不振に対する起死回生の秘策として、二〇一三年、ノキアのデバイスとサービス・ビジネス部門（NDS）の買収をおこないマイクロソフトの社員は2万5千人増えた。だが周知のとおり、NDSの買収は悲惨な失敗であって、二〇一四年二月にスティーブ・バルマーは引責辞任させられた形である。またNDSの社員については二〇一五年中に1万8千人が、二〇一六年中に7千8百人が解雇されることになっており、ノキアの社員2万5千人の解雇がほぼ終わる予定である。米国はドラスティックだなと思う。

二〇一二年八月に発表されたウィンドウズ8も失敗で、二〇一五年八月からウィンドウズ10での反撃が開始されている。とりあえずの折衷的な手直しのような気がするが、どうなるのだろう。

1つはっきりしているのは、マイクロソフトの肥大化で、一九八〇年頃には社員は40人ほどしかいなかった。ところがマイクロソフトが帝国と恐れられ始めた一九九二年頃には1万2千人ほどに増加していた。それが二〇〇〇年には4万人、二〇一一年には9万人、二〇一四年には12万8千人となった。明らかに増えすぎである。

ウィンドウズの開発も当初は、数人程度でおこなわれていたものが、次第に、数千人へと増加してきた。

昔のＩＢＭの開発体制と同じようにマンモス化してきている。ダビデがゴリアテと化してきている。

開発要員の増加によって、ソフトウェアの質が向上したかと言うと、必ずしもそうではない。無意味なアップグレードに伴うインターフェイスのつまらない変更にユーザーはほとほと迷惑している。安定的な収入を得るためには頭の良い方策ではあるが程度問題である。ただ、もう新しいＯＳは作らないというのは無理だと思う。ハードウェアは常に革新を続けていくからである。

マイクロソフトは、自分で何かを創り出すというよりは、先行するライバルの製品を模倣し改良することに長けていた。ところが次の本で示すようにライバルを全て殲滅してしまうと、もう社外には模倣するものがない。社内での戦いに重心が移る。その闘いはかなり激しかったようだ。

今後ビル・ゲイツに匹敵する長期的なビジョンと信念を持った指導者の出現に期待したい。いつか次のビル・ゲイツに出てきて欲しいものだ。

本書は、私が東京電機大学に赴任してきてから、取り組んだ仕事とほとんどオーバーラップしている。執筆しながら昔の本や文献を探し出してきて懐かしい思い出や感傷に浸ったこともあった。

本書の取り扱ったテーマが広範囲に及んだので、細心の注意を払ったが完璧というわけにはいかない。浅学菲才の私のことだから、恥ずかしい間違いも多々あるかもしれない。読者の御寛恕を賜れれば幸いである。

二〇一五年八月

脇　英世

引用・参考文献

参考文献については主要なものに限らせて頂いた。原著の邦訳があるものはその情報を補い、ないものについては私が表題と著者名の和訳をつけて括弧内に記載した。入手が容易で出典のすぐ分かる文庫や小説等は一部を除いて省略させて頂いた。万一、抜け落ちているものがあった場合はお許し頂きたい。

■全般

● 脇英世 著『スティーブ・ジョブズ 青春の光と影』東京電機大学出版局、二〇一四年。

● Manes, Stephen., and Andrews, Pau l. "*GATES, How Microsoft's Mogul reinvented an Industry and made Himself the Richest Man in America*", Doubledaty, 1993.（邦訳：スティーヴン・メイン／ポール・アンドルー 著、鈴木主税 訳『帝王の誕生 マイクロソフト最高経営責任者の軌跡』三田出版会、一九九五年）

ビル・ゲイツ誕生から一九九五年当時までのビル・ゲイツの非常に詳しい伝記。邦訳は一九九四年の増補版からの翻訳。

● Wallca, James, and Erickson Jim. "*Hard Drive Bill Gates and the Making of the Microsoft Empire*", John Wiley & Sons, Inc., 1992.（邦訳：ジェームズ・ウォレス／ジム・エリクソン 著、奥野卓司 監訳、SE編集部 訳『ビル・ゲイツ 巨大ソフトウェア帝国を築いた男』翔泳社、一九九二年）

増補改訂版が一九九五年に出ている。独占禁止法訴訟に関連して歴史に名を残した有名な本である。

● Ichibia, Daniel., and Knepper, Susan L. "*The Making of Microsoft : How Bill Gates and his Team created the World's most Successful Software Company*", Prima Publishing, 1991.（邦訳：ダニエル・イチビア、スーザン・ネッパー 著、椋田直子 訳『マイクロソフト ソフトウェア帝国誕生の奇跡』アスキー、一九九二年）

私は一九九一年十月二十日にロサンゼルスのビバリー・ヒルズで購入していたらしい。書き込みが残っている懐かしい本。この度、読み直して著者がフランス人であったことに気が付いて驚いた。雑誌評価記事を非常にうまく使っている。

● Isaacson, Walter. "*The Innovators：How a Group of Hackers, Geniuses, and Geeks created the Digital Revolution*", Simon & Schuster, 2014.（ウォルター・アイザックソン『イノベーターズ』）
大ベストセラー『スティーブ・ジョブズ』を書いた伝記作家、ウォルター・アイザックソンの新刊。

● Cusumano, Michael A., and Selby, Richard W. "*Microsoft Secrets*", The Free Press, 1995.（邦訳：マイケル・A・クスマノ／リチャード・W・セルビー 著、山岡洋一 訳『マイクロソフト・シークレット』日本経済新聞社、一九九六年）
マイクロソフトの製品開発管理の原則や教訓の洗い出しをしている。読み返すと、41頁にウィンドウズ8の開発を指揮して実質的に責任を取らされたスティーブン・シノフスキーがゲイツの技術アシスタントとして出てきて懐かしい。

● Cringely, Robert X. "*Accidental Empires*", A William Patrick Book, 1992.（邦訳：ロバート・X・クリンジリー 著、藪暁彦 訳『コンピュータ帝国の興亡』アスキー、一九九三年）
内幕物の第一人者の軽妙洒脱な語り口や逸話が面白い。最近も "The Decline and Fall of IBM"（邦訳：夏井幸子 訳『倒れゆく巨象　IBM はなぜ凋落したのか』祥伝社）などを見ると健在らしい。

● Tsang, Cheryl. "*Microsoft First Generation：The Success Secrets of the Visionaries who launched a Technology Empire*" , John Wiley & Sons, 2000.
初期のマイクロソフトの十二人のビジョナリーについて語った本。

● Gates, William H. "The Road ahead", Viking Penguin, 1995.（邦訳：ビル・ゲイツ 著、西和彦 訳、『ビル・ゲイツ未来を語る』アスキー、一九九五年）
アップデート版が一九九七年に出ている。この本は正直なところ、共著者としてピーター・リニアスンと文章の名手ネイサン・ミアボルドがいて、一体、誰がどの部分を書いたのか、はっきりしない点が少し困る。

● Gates, William H. "*Business@the Speed of Thought using a Digital Nervous System*", Warner Books, 1999.（邦訳：ビル・ゲイツ 著、大原進 訳『思考スピードの経営』日本経済新聞社、一九九九年）
ディジタル・ナーバス・システムなどの基本的アイデアはビル・ゲイツのものだろうが、文章はたぶん書き慣れたプロの手によるもので、本人のものかどうか逡巡させられるのが残念だ。

● Drummond, Michael. "*Renegades of the Empire：How Three Software Warriors started a Revolution behind the Walls of Fortress Microsoft*", Crown Publishers, 1999.（マイケル・ドラムンド『帝国の背教者』）

■シアトル

●Bagley, Clarence B. "*History of Seattle：From the earliest SEttlement to the present Time*" vol.1, vol2", The S. J. Clarke Publishing Company, 1916.
シアトルの歴史書。現在はHARD PRESSから出ている。3巻本だが、第3巻は本の形では入手できなかった。1166頁と厚すぎるのとスキャナーの操作が劣悪で判読に苦労するページが多い。二〇〇八年にマイクロソフトの資金提供により全3巻が収録され、インターネット・アーカイブスに保管されている。こちらは無料でダウンロードできる。

●Denny, Arthur A. "*Pioneer Days an Puget Sound*", The Alice Harrison Co., 1906.
シアトル開拓時代の歴史。薄いが参考になる。

●Sale, Roger. "*Seattle Past to Present*", University of Washington Press, 1976.（ロジャー・セール『シアトル 過去から現在まで』）
シアトルの歴史書。正史というより独特な視点からシアトルを見ている。内容は著者の関心事項に偏っているが、興味深い記述が多数ある。

●Southwest Seattle Historical Society, Log House Museum. "*West Seattle*", Arcadia Publishing, 2010.（北西シアトル歴史協会、ログハウス博物館『ウェスト・シアトル』）
シアトルの西部の興味深い写真集。

●Humphrey, Clark. "*Vanishing Seattle*", Arcadia Publishing, 2010.（クラーク・ハンフリー『消えゆくシアトル』）
シアトルの変遷を追った写真集。

●Ketcherside, Rob. "*Lost Seattle*", Pavilon Bokks, 2013.（ロブ・ケッチャーサイド『失われたシアトル』）
消長の激しい都市シアトルの、消えてしまった過去の風景や施設の写真が多数入っている。

●Morgan, Murray. " *Skid Road：An Information Portrait of Seattle*", University of Washington Press, Viking Press, 1951.（マレー・モルガン『スキッド・ロー シアトルのインフォーマルなポートレイト』）
シアトル発祥の地の切り出した木材を運び出すための道付近の話。現在のダウンタウンや日本人街あたりの話。とても興味深い。

■ポール・アレン

● Allen, Paul. "*Idea Man : A Memoir by the Cofounder of Microsoft*", Portfolio/ Penguin, 2011.（邦訳：ポール・アレン 著、夏目大 訳『ぼくとビル・ゲイツとマイクロソフト』講談社、二〇一三年）
ビル・ゲイツの盟友であったポール・アレンの自伝。２人の関係の意外な事実に驚かされる。

● Rich, Laura. "*Accidental Zillionaire Demystifying Paul Allen*", Wiley & Sons, 2001.（ローラ・リッチ『偶然の億万長者ポール・アレンの謎を解く』）
時折、端折っている場所があって、つながりが必ずしも滑らかではないが、彼女なりに事実を掘り起こしている部分もあり、参考になる。

■ＰＤＰ－10関係のマニュアル

● DEC. "*PDP-10 Timesharing Monitors Programmer's Reference Manual*", 1967.
● DEC. "*DEC Sysem-10 Macro Assembler Reference Manual*", 1978
● DEC. "*TOPS-10/TOPS-20 RSX-20F System Reference Manual*", 1981.
● DEC. "*TOPS-10 Operator's Command Language Reference Manual*", 1988.
ビル・ゲイツとポール・アレンが愛用したＰＤＰ－10関係のマニュアル。ダウンロードできる。ただし、現在入手できるものは必ずしも当時のものではない。

■スティーブ・バルマー

● Maxwell, Frederic Alan. "*Bad Boy Ballmer*", William Morrow, 2002.（邦訳：フレデリック・アラン・マクスウェル 著、遠野和人 訳『マイクロソフトＣＥＯバルマー　世界「最強」の経営者』イースト・プレス、二〇〇三年）

■アルバカーキ

● Sonderman, Joe. "*Route 66 in New Mexico*", Arcadia Publishing, 2010.（ジョー・ソンダーマン『ニューメキシコのルート66』）
昔のアルバカーキ周辺の写真集。

●Fye, Sandra. "*Historic Photos of Albuquerque*", Turner Publishing Company, 2007.（サンドラ・ファイ『アルバカーキの歴史的写真』）
この写真集を見ると、アルバカーキというのは本当に砂漠の僻遠の地だったという感を受ける。

●"*101 BASIC Computer Games*" Digital Equipment Corporation, 1975.
ポール・アレンがアルバカーキのＭＩＴＳで動かしたＢＡＳＩＣプログラムが収録されている本。１８２頁にロケットとして載っている。

■インテル８０８６のマニュアル

●intel. "*iAPX86, 88 User's Manual*", intel, 1981.（インテル『ｉＡＰＸ８６ '88ユーザーズ・マニュアル』）
インターネット上にはインテル８０８６（ｉ８０８６）ファミリー・ユーザーズ・マニュアルの巨大なファイルがあり、長時間かければダウンロードできないことはないが、もう少し簡単なものでよいと思う。しかし、このマニュアルの存在は知らなかった。インターネットからダウンロードできる。

●intel. "*iAPX86/88, 186/188 User's Manual Hardware Reference*", intel, 1985.

●intel. "*iAPX86/88, 186/188 User's Manual Programmer's Reference*", intel, 1986.
これら2点は、iAPX86、i8086など書名が色々あってダウンロードできるかどうか分からないが、私は印刷物の形で持っている。

■ＳＣＰが作った８０８６ボード

●SCP. "*Model SCP 200B 8086 CPU 16-Bit Processor for the S-100 Bus*", Seattle Computer Products, Inc., 1980.（ＳＣＰ『モデルＳＣＰ２００Ｂ ８０８６ＣＰＵ 16ビット・プロセッサ Ｓ-１００バス用』）
英文のマニュアルがダウンロードできる。

■ＩＢＭ５１１０のマニュアル

●IBM. "*IBM 5110 APL Introduction*", SA-21-9301, 1977.（ＩＢＭ『ＩＢＭ５１１０ ＡＰＬイントロダクション』）

●IBM. "*IBM 5110 APLUser's Guide*", SA-21-9302, 1978.（ＩＢＭ『ＩＢＭ５１１０ ＡＰＬユーザーズ・ガイド』）

●IBM. "*IBM 5110 APL Reference Manual*", SA-21-9303, 1977.（ＩＢＭ『ＩＢＭ５１１０ ＡＰＬリファレンス・マニュアル』）
●IBM. "*IBM 5110 BASIC Reference Manual*", SA-21-9301, 1977.（ＩＢＭ『ＩＢＭ５１１０ ＢＡＳＩＣリファレンス・マニュアル』）
●IBM. "*IBM 5110 BASIC User's Guide*", SA-21-9307, 1977.（ＩＢＭ『ＩＢＭ５１１０ ＢＡＳＩＣ ユーザーズ・ガイド』）
●IBM. "*IBM 5110 General Information and Physical Planning Mannal*", GA-21-9300, 1977.（ＩＢＭ『ＩＢＭ５１１０ ジェネラル・インフォーメーションとフィジカル・プランニング・マニュアル』）
いずれも英文のマニュアルがダウンロードできる。他にも何点か入手できる。

■ＩＢＭシステム／23（ＩＢＭ５３２２、ＩＢＭ５３２４）

●IBM. "*IBM 5322 Computer Service Library Volume 1*", SY-34-0171, 1980.（ＩＢＭ『ＩＢＭ５３２２コンピュータ・サービス・マニュアル』）
●IBM. "*IBM 5324 Computer Service Library Volume 1*", SY-34-0241, 1982.（ＩＢＭ『ＩＢＭ５３２４コンピュータ・サービス・マニュアル』）
いずれも英文のマニュアルがダウンロードできる。ＩＢＭはシステム／23と言ったりＩＢＭ５３２２、ＩＢＭ５３２４と言ったりするので注意が必要である。

■ＩＢＭ関係

●Sobel, Robert. "*IBM Colossus in Transition*", Truman Tally Books Co., 1981.（邦訳：ロバート・ソーベル 著、青木栄一 訳『ＩＢＭ 情報巨人の素顔』ダイヤモンド社、一九八二年）
●DeLamarter, Richard, Thomas. "*Big Brue IBM's Use and Abuse of Power*",Dodd, Mead & Company, 1986.（邦訳：Ｒ・Ｔ・デラマーター 著、青木栄一 訳『ビッグ・ブルー　ＩＢＭはいかに市場を制したか』日本経済新聞社、一九八七年）
●Watoson, Thomasd, jr., J. "*Father, Son & Co.: My Life at IBM and beyond*", Bantam Books, 1990.（邦訳：トーマス・Ｊ・ワトソン・ジュニア 著、高見浩 訳『ＩＢＭの息子』新潮社、一九九一年）
裏表紙の書き込みによると、私は一九九〇年十一月十六日にシリコンバレーのコンピュータ・リテラシーで購入した。２週間程で読んだ。共著ではあるが、ワトソンらしさがよく出ている。二〇〇六年にダイヤモンド社から『先駆の才 トーマス・ワトソン・ジュニア：ＩＢＭを再設計した男』として復刊されている。

● Many, Kevin. "*The Marverick and His Machine*", John Wiley & Sons, 2003.（邦訳：ケビン・メイニー 著、有賀裕子訳『貫徹の志 トーマス・ワトソン・シニア：ＩＢＭを発明した男』ダイヤモンド社、二〇〇六年）
ＩＢＭに気を使う必要の薄れた時代の本なので、率直で面白い。

● Belden, Thomas Graham., and Belden, Marvra Robins. "*The Lengthening Shadow : The Life of Thomas J. Watson*", Little Brown & Co., 1962.（邦訳：トーマス・G・ベルデン、メルバ・R・ベルデン著、荒川孝 訳『ＩＢＭ創立者ワトソンの伝記：アメリカ経営者の巨像』ぺりかん社、一九六八年）
これは入手しにくい本だった。ＩＢＭ公認の伝記と言われている。本書で使われた「長い影」という言葉は、ワトソンの影響力を示すものとしてその後も長く使われた。ウィリアム・ロジャースの本の第十章にも出てくる。

● Rodgers, William. "*Think : A biography of the Watsons and IBM*", Stein and Day, 1969.（邦訳：ウィリアム・ロジャース 著、志摩隆 訳『ＩＢＭ考えよ』早川書房、一九七一年）
ＩＢＭに嫌われた伝記だが、辛辣で妥協しないところが面白い。これもなかなか入手しにくい本であった。

● Carroll, Paul. "*Big Blues : The Unmaking of IBM*", Crown Publishers, 1993.（邦訳：ポール・キャロル 著、近藤純夫 訳『ビッグ・ブルース』アスキー、一九九五年）
私はこの本を一九九三年八月二七日にサンフランシスコで購入し、１週間ほどで読んだ。惹き付けられる本である。

● 脇英世 著『(講談社文庫) ＩＢＭ 20世紀最後の挑戦』講談社、一九九一年。
ヘルマン・ホレリスの時代からＩＢＭ ＳＡＡの時代までを扱っている。

● Cohen, Bernard I., et al. al "*IBM's early Computers*", MIT Press, 1986.
IBM のパンチカード時代から初期のコンピュータを解説した優れた本である。

● Pugh, Emerson W., et al "*IBM's 360 and early 370 Systems*", MIT Press, 1991.
ＩＢＭシステム／３６０と初期のＩＢＭシステム／３７０を解説している。これも優れた本である。

● Gersner, Louis V. "*Who says Elephant can't dance*", HarperBusiness, 2002.（邦訳：ルイス・ガースナー 著、山岡洋一／高遠裕子 訳『巨象も踊る』日本経済新聞社、二〇〇二年）
ＩＢＭのリストラを実行したルイス・ガースナーの自伝的書物。

■インテル４００４のマニュアル

● intel. "*MCS-4 microcomputer computer set*", intel, 1971.
MCS-4とあるので、一番最初のものではないが、12頁あるインテル４００４のデータシート。ゲアリー・キルドールが最初に入手したのは、この程度のものではなかったろうか。

● intel. "*MCS-4 four bit parallel microcomputer Set*", intel, 1974.
MCS-4とあるので、一番最初のものではないが88頁あるしっかりしたインテル４００４のマニュアル。ダウンロードできる。本物は私も持っている。

● intel. "*MCS-4 Assembly Language Programming Manual*", intel, 1973
● intel. "*intellec 4 Mod 40 Microcomputer Development System*", intel, 1975.

■インテル８００８のマニュアル（代表的なもの）

● intel. "*MCS-8 Micro computer Set Users Manual*", intel, 1972
● intel. "*MCS-8 A Guide to PL/M Programming*", intel, 1973
● intel. "*MCS-8 Assembly Language Programming Manual*", intel, 1973
● intel. "*intellec 8 Reference Manual*", intel, 1974.

■インテル８０８０のマニュアル（代表的なもの）

● intel. "*intel 8080 Microcomputer Systems User's manual*", intel, 1975
● intel. "*intel 808 Assembly Language Programming Manual*",intel, 1975

■ＣＰ／Ｍ

● Digital Research. "*CP/M Interface Guide*", Digital Research, 1976.
● Digital Research. "*CP/M Assembler User's Guide*", Digital Research, 1976.

CP/Mのソース・コードは、コンピュータ歴史博物館（Computer History Museum）のホームページからダウンロードできる。昔、多数の参考書が出たが、どうも操作法の話ばかりで、全体像が掴めなかった。どれかユーザーズ・ガイドを一冊読んだら、この2点くらいを読んで、ソース・コードを研究した方が得策と思う。

■ゲアリー・キルドール

● Freiberger, Paul., and Swaine, Michael. "*Fire in the Valley The Making of the Personal Computer*", McGraw-Hill, 2000.（ポール・フライバーグ／マイケル・スウェイン『ファイア・イン・ザ・バレー』）
二〇〇〇年に改訂版が出ている。淡々と叙述しているが、参考になる。

● Evans, Harold. "*They Made America*", Little Brown and Company, 2005.（ハロルド・エバンス『彼らが米国を作った』）
邦訳なし。きわめて不思議なことに、この何の変哲もない本のゲアリー・キルドールの章をめぐって、ティム・パターソンが訴訟を起こし、敗訴となった。SCPの86-DOSはCP/Mの模倣と判決が下った。藪蛇というものだ。

● 相田洋／大墻敦 著『新・電子立国（全6巻）』日本放送出版協会、一九九六年）
短期間に精力的に広範囲の取材を成し遂げている。本書に関係した部分では、第1巻『ソフトウェア帝国の誕生』。多数の写真や映像は大変貴重である。

● Suzan Lammers. "*Programmers at Work : Interviews*", Microsoft Press, 1986.（邦訳：マイクロソフトプレス 編、岡和夫 訳『実録！天才プログラマー』アスキー、一九八七年）

● Lambert, Steve., and Ropiquet Suzanne. "*CD-ROM : The New Papyrus*", Microsoft Press, 1986.
マイクロソフトがCD-ROMについてまとめた本。619頁と厚い。邦訳は次の2分冊である。

● マイクロソフトプレス 編、古屋恒雄 監修『CD-ROMニューパピルス（I）システム編』アスキー、一九八七年。

● マイクロソフトプレス 編、古屋恒雄 監修『CD-ROMニューパピルス（II）アプリケーション編』アスキー、一九八七年。

● Ropiquet Suzanne., Einberget, John., and Zoellick, Bill. "*CD-ROM : Optical Publishing*", Microsoft Press. 1987.（CD-ROM：オプティカル・パブリッシング）続編として一九八七年に出版された。

■インテル８０８６のアセンブリ言語について

● Rector, Russel., and Alexy, George. "*The 8086 Book*", Osborne/MaGrawhill, 1980
ＳＣＰの86－ＤＯＳやＭＳ－ＤＯＳがターゲットとしたインテル8086のアセンブリ言語について学びたい場合にはこれらの本をお勧めする。これも独特な癖のあるＣＰＵなので、汎用レジスタとセグメント・レジスタの使い方について、しっかり把握されるとよい。

■ＳＣＰの86－ＤＯＳ関係

● SCP. "*86-DOS Disk Operating System for the 8086 Instruction Manual*", Seattle Computer Products, 1980.（ＳＣＰ『86－ＤＯＳインストラクション・マニュアル』）
● SCP. "*86-DOS Disk Operating System for the 8086 Programmer's Manual*", Seattle Computer Products, 1980.（ＳＣＰ『86－ＤＯＳプログラマーズ・マニュアル』）
● SCP. "*86-DOS Disk Operating System for the 8086 User's Manual*", Seattle Computer Products, 1980.（ＳＣＰ『86－ＤＯＳユーザーズ・マニュアル』）
● SCP. "*8086 Monitor For Use with the SCP 300 CPU Support Board Instruction Manual*" Seattle Computer Products, 1980.1980.（ＳＣＰ『８０８６モニタ SCP３００ CPUサポート・ボード用』）
ＳＣＰの86－ＤＯＳのソース・コードは、コンピュータ歴史博物館（Computer History Museum）のホームページからダウンロードできる。

■ＭＳ－ＤＯＳ

● Duncan, Ray. et al. "*The MS-DOS Encyclopedia*", Microsoft Press, 1988.（邦訳：レイ・ダンカン他著、マイクロソフトプレス編集、エー・ピー・ラボ訳『ＭＳ－ＤＯＳエンサイクロペディア（1、2）』アスキー、一九八九年）
ＭＳ－ＤＯＳについて詳しく勉強されたい場合は、このような百科事典的大著がある。英文原著は入手当初１５７０頁と大冊で驚いたものである。記念碑的書物と言える。
● Wolverton, Van. "*Learning & Running MS-DOS 5*（ＭＳ－ＤＯＳ５を学び走らせる）", Microsoft Press, 1992.
● "Microsoft MS-DOS Programmer's Reference（ＭＳ－ＤＯＳプログラマーズ・リファレンス）", Microsoft Press, 1991.
今から何かの必要でＭＳ－ＤＯＳそのものを勉強したいなら、これらの書物がよいと思う。特に後者はＭＳ－ＤＯＳの構造体定義を明らかにしているので便利である。

● 脇英世 著『IBMのネットワーク戦略』オーム社、一九八六年。
● 脇英世 著『IBMのビジネスネットワーク戦略』オーム社、一九八七年。
● 脇英世 著『(講談社文庫) パソコン新世紀:32ビット・パソコンの時代』講談社、一九八七年。

● Intel. "*MCS-86 Assembly Language Converter Operating Instructions for ISIS-II Users*", 1979.（インテル『ISIS-IIユーザーのためのMCS-86アセンブリ言語コンバータ・オペレーティング・インストラクションズ』）
● Digital Research. "*XLT86 : 8080 to 8086 Assembly Language Translator User's Guide*",1981.（デジタルリサーチ『XLT86 8080から8086アセンブリ言語トランスレータ・ユーザーズ・ガイド』）

■IBM S／1関係マニュアル（主なものに限る）
● IBM "*IBM Series/1. Communications Features Description*", 1977.
● IBM "*IBM Series/1 System Summary*", 1977.
● IBM. "*IBM Series/1 Principles of Operation*", 1981.
● IBM. "*IBM Series/1 PL/I Introduction*", 1977.
● IBM. "*IBM Series/1 Realtime Programming System Introduction and Planning Guide*", 1977.
● IBM. "*IBM Series/1 FORTRAN IV Introd uction*", 1977.
● IBM. "*IBM Series/1 Mathematical and Functional Subroutine Library Introduction*", 1977.
● IBM. "*IBM Series/1 Programming System Summary*", 1977.
● IBM. "*IBM Series/1 Program Preparation Subsystem Macro Assembler User's Guide*", 1977

■CP／M-86
● Digital Research. "*CP/M-86 System Guide*", Digital Research, 1981

■BCC関係
● "*CAL-TSS Internals Manual*", Computer Center University of Californis Berkeley, 1969.
バトラー・ランプソンのCAL-TSSにアラン・ケイは強い印象を受けたらしい。

● Brooks, Frederick Phillips. "*The Mythical Man-Month : Essays on Software Engineering*", Addison-Wesley, 1975.（邦訳：フレデリック・P・ブルックス・Jr.著、滝沢徹、牧野祐子、富澤昇 訳『人月の神話』ピアソン・エデュケーション、二〇〇二年）

■ゼロックスPARC

● Hiltzik, Hiltzik. "*Dealers of Lightning : Xerox PARC and the Dawn of the Computer Age*", *HarperCollins*, 1999.（邦訳：マイケル・ヒルツィック 著、エ・ビスコム・テック・ラボ 監訳、鴨澤眞夫 訳『未来をつくった人々：ゼロックス・パロアルト研究所とコンピュータエイジの黎明』毎日コミュニケーションズ、二〇〇一年）
原著の題名では、ゼロックス・パロアルト研究所について書いた本とは分からないかもしれない。

● Smith, Douglas K., and Alexander, Robert C. "*Fumbling the Future : How Xerox Invented, then ignored, the first Personal Computer*", toWExcel, 1999.（ダグラス・K・スミス／ロバート・C・アレクサンダー『ファンブリング・ザ・フューチャー』）
同じくゼロックス・パロアルト研究所について書いた本。ロバート・テイラーがインタビューに来た人にこの本を読んで来たか？と聞いているのを読んだことがある。

■ロバート・テイラー

● Waldrop, M, Mitchell. "*The Dream Machine : J.C.R.Livklider and the Revolution That Made Computing Personal*", Viking, 2001

● 脇英世 著『インターネットを創った人たち』青土社、二〇〇三年。
ロバート・テイラーについては、必要に応じてこれら2冊も参照されたい。

■ＭＡＸＣ

● Lampason, But1er., Fiala, Ed., McCreight, Ed., and Thacker, Chuck. "*The MAXC Microprocessor MAXC 8.1*", Xerox PARC, 1972.
ＭＡＸＣコンピュータの報告書。ＭＡＸＣ 8・2もある。

■アラン・ケイ

● Sutherland, Ivan Edward, "*Sketchpad : A man-machine graphical communication system*", Technical Report Number 574, University of Cambridge, Computer Laboratory, 2003.
アラン・ケイに影響を与えたアイバン・サザーランドの伝説的な論文。

● Bergin, Thomas, J., and Gibson, Richard G. "*History of Programming Languages -II*", ACM Press, 1996.（トーマス・J・バーギン／リチャード・G・ギブソン『プログラミング言語の歴史―II』）
アラン・ケイのスモールトークについての解説『スモールトークの初期の歴史（The Early History of Smalltalk)』は、色々なところからダウンロードできるが、テキストとしてきちんとしているのは、この本の第11章からである。この本は発注の際「II」を付けないと、一九八一年版の同じ題名の黒表紙の古い版が届くことがあるので注意が必要である。

■ダイナブック

● Goldberg, Adele, "*A History of Personal Workstations*", ACM Press 1988.
この本の２５３頁に所収の論文 "*The Dynabook-Past, Present, and Future*"（原題は "Personal Dynamic Media"）がよいだろう。一九七七年に米国電気電子技術者学会（ＩＥＥＥ）のコンピュータ誌に掲載されたものの再録である。インターネットからもダウンロードできる。

● Alan Curtis Kay 著、鶴岡雄二 訳、浜野保樹 監修『アラン・ケイ』アスキー、一九九二年。
"*Personal Dynamic Media*" などの邦訳を収めた本である。

● Markoff, John. "*What the Dormouse Said How the Sixties Counterculture Shaped the Personal Computer Industry*", Penguin Press, 2005.（邦訳：ジョン・マルコフ 著、服部桂 訳『パソコン創世第3の神話 カウンター・カルチャーが育んだ夢』ＮＴＴ出版、二〇〇五年）

■ＡＬＴＯのマニュアル

● "*ALTO : A Personal Computer System Hardware Manual*", 1976.

● "*ALTO : User's Handbook*", 1979.

● "*ALTO : Operating System Reference Manual*", 1980.
これら3点のマニュアルがダウンロードできる。

● Thacker, Charles P., McCreight, Ed M., Lampson, Butler W., Sproull, Robert F., and Boggs. David R., "*Alto : A personal computer*", CSL-79-11, Xerox PARC, 1979.
体裁の整った資料である。

■ローリング・ストーン誌事件

● Brand, Stewart. "*II Cybernetic Frontiers*", Random House, 1974.（スチュアート・ブランド『II（ツー）サーバネティック・フロンティアーズ』）
スチュワード・ブランドのオリジナルの「スペースウォー：コンピュータ・バムたちの狂信的な生と象徴的な死」はインターネットからダウンロードできるが、この本の方を勧めたい。グレゴリー・ベイトソンとのインタビューを前半に、スペースウォーを後半に収めている。

● G・ベイトソン 著、佐藤良明 訳『精神の生態学』新思索社、二〇〇〇年。
● G・ベイトソン 著、佐藤良明 訳『精神と自然』新思索社、二〇〇六年。
● G・ベイトソン 著、佐藤悦子／R・ボスバーグ 訳『精神のコミュニケーション』新思索社、一九九五年。
スチュアート・ブランドの著作を理解するにはこれらの本が有用だろう。

■スモールトーク

● Goldberg, Adele., and Kay, Alan, "*Smalltalk-72 Instruction Manual*", Xerox PARC,1976.
スモールトーク 72 についてのインストラクション・マニュアル。

● Goldberg, Adele., and Robson, David. "*Smalltalk-80 : The Language and its Implementation*", Addison Wesley, 1983.（アデル・ゴールドバーグ、デイビッド・ロブソン『スモールトーク 80　言語とインプリメンテーション』）
スモールトーク 80 についての解説書。

● Goldberg, Adele. "*The Interactive Programming Environment*", Addison Wesley, 1984.（アデル・ゴールドバーグ『スモールトーク 80　対話型プログラミング環境』）

● Krasner, Glenn. "*Smalltalk-80 : Bits of History, Words of Advice*", Addison Wesley, 1983.（グレン・クレスナー監修『スモールトーク 80　若干の歴史、助言』）

●Goldberg, Adele., and Robson, David. *"Smalltalk-80 : The Language"*, Addison Wesley, 1989.（アデル・ゴールドバーグ、デイビッド・ロブソン『スモールトーク80　言語』）

■ダン・インガルズ

●Peter Seibel. *"Coders at Work : Reflections on the Craft of Programming"*, Apress, 2009.（『コーダーズ・アット・ワーク』）
著名なプログラマーとのインタビュー集。本書に登場する人物ではダン・インガルス、ピーター・ドイッチがいる

■ロバート・メトカルフェ

●Metcalfe, Robert, Melancton. *"Packet Communication"*, 1973.
ロバート・メトカルフェの博士論文。ダウンロードできる。これは博士論文と言いながら、ＭＩＴのＭＡＣプロジェクトの報告書であって、しかも国防総省の先進研究計画局（ＡＲＰＡ）との軍事研究契約の報告書にもなっている。

●Metcalfe, Robert M., and Boggs David R. *"Ethernet : Distributed Packet Switching for Local Computer Networks"*, CSL 75-7 Xerox PARC, 1975.（ロバート・メトカルフェ／ディビッド・ボッグス『ローカル・エリア・ネットワークでの分散パケット交換』）

●Boggs David R., Shoch, John F., Taft, Edward A., and Metcalfe, Robert M. *"Pup: An Internetwork Architecture"*, CSL-79-10, Xerox PARC, 1979.（ディビッド・ボッグス／ジョン・ショホ／エドワード・タフト／ロバート・メトカルフェ『ＰＵＰ:インターネットワークのアーキテクチャ』）
ネットワーク層、トランスポート層のプロトコルにＴＣＰ／ＩＰでなくＰＵＰを選んでしまったことが、ロバート・メトカルフェの失敗である。

●*"A Local Area Network Data Link Layer and Physical Layer Specifications"*, Version 1.0, 1980.（『ローカル・エリア・ネットワークでのデータリンク層と物理層の仕様』第1版）
ＤＥＣ、インテル、ゼロックスのＤＩＸ連合で提案したもっとも有名なイーサネットの規格文書である。

■スタンフォード大学のＡＬＴＯのマニュアル

●Stanford Department of Computer Science and Xerox Corporation, *"Welcome to ALTO Land : Stanford ALTO User's Manual"*, 1980.（スタンフォード大学コンピュータ・サイエンス学科／ゼロックス・コーポレーション『ようこそＡＬＴＯランドへ　スタンフォードＡＬＴＯユーザーズ・マニュアル』）
すでにマニュアルが作られるほど一九八〇年にはＡＬＴＯは相当行き渡っていた。

■ノートテイカー

● Fairbairn, Douglas G. "*NoteTaker System Manual*", Xerox PARC, 1978.
ノートテイカーのシステム・マニュアル。ダウンロードできる。

■ドラド

● Fiala, E. R. "*Dorado Hardware Manual*", Xerox PARC, 1978.
ドラドのハードウェア・マニュアル。

● Pier, Kenneth A. "*A Retrospective on the Dorado, A High-Performance Personal Computer*", ISL-83-1,Xerox PARC, 1983.（ケネス・A・ピアー『ドラドの回想：ハイパフォーマンスのパーソナル・コンピュータ』）
ドラドをパソコンと呼ぶ感覚は、やはり、普通の世界の感覚とは、かけ離れているようだ。

■ドルフィン

● "*DO Hardware Manual*", Xerox PARC, May 16 1979.（『ドルフィン・ハードウェア・マニュアル』）
ドルフィンはＤＯと略すようだ。Ｏ（オー）でなく０（ゼロ）かもしれない。ほかにもドキュメントはある。

■ダンデリオンもしくはゼロックスSTAR

● "*Xerox 8010 Information System Hardware Reference*", 1988.（「ゼロックス８０１０インフォメーション・システム・ハードウェア・マニュアル」）

● "*Xerox Development Environment : Concepts and Principles*", 1985.（「ゼロックス開発環境：概念と原理」）

● "*Xerox Network Systems Architecture General Information Manual*", 1985.（ゼロックス・ネットワーク・システム・アーキテクチャ　ジェネラル・インフォーメーション・マニュアル）
製品となったゼロックスSTARには多数のマニュアルがあるが、これらはそのうちの3点。ダウンロードできる。

● "*Dandelion Microcode Reference*", 1980.（『ダンデリオン・マイクロコード・マニュアル』）

● "*Dandelion Hardware Manual*", 1982.（『ダンデリオン・ハードウェア・マニュアル』）

開発段階でのダンデリオンのマニュアルの中でもおすすめする2点である。

● AMD, "*The Am2900 Family Data Book with related Support Circuits*", 1979.（AMD『Am2900ファミリー・データブックと関連するサポート回路』）
CPUとして使用しているAMDのAm2900のマニュアル。

● AMD, "Ed2900A Introduction to designing with Am2900 Family of Microprogrammable Bipolar Devices", 1985.（AMD『ED2900A：マイクロプログラマブル・バイポーラ・デバイスのAm2900ファミリーによる設計入門』）

● Mitchell, James G., Maybury, William., Sweet, Richard. "*Mesa Language Manual, Version 5.0*", CSL-79-3, Xerox PARC, 1979.（ジェームズ・ミッチェル／ウィリアム・メイベリー／リチャード・スイート『MESA言語マニュアル 5・0』）
ゼロックスSTARではMESA言語が主流であった。MESA言語のマニュアルの1つである。

■アンディ・ハーツフェルド

● Hetzfeld, Andy. "*Revolution in the Valley*", O'Reilly Media, 2005.（邦訳：アンディ・ハーツフェルド 著、柴田文彦 訳『レボリューション・イン・ザ・バレー——開発者が語るMacintosh 誕生の舞台裏』オライリー・ジャパン、二〇〇五年）
アップルのマッキントッシュ開発で有名なアンディ・ハーツフェルドの本。非常に面白い。

■アップル

● Isaacson, Walter. "*Steve Jobs*", Simon & Schuster, 2011.（邦訳：ウォルター・アイザックソン 著、井口耕二 訳『スティーブ・ジョブズI、II』講談社、二〇一一年）

● Moritz, Michael. "*Return to the little kingdom*". Overlook Press, Peter Mayer Publishers, 1984, 2009.（邦訳：マイケル・モーリッツ 著、林信行 監修・解説、青木榮一 訳『スティーブ・ジョブズの王国　アップルはいかにして世界を変えたか？』プレジデント社、二〇一〇年）

● Malone, Michael S. "*Infinite Loop : How the World's Most Insanely great Computer Company went Insane*". Doubleday Business, 1999.（マイケル・マローン）
題名はアップル本社の所在地。アップルとスティーブ・ジョブズに関する浩瀚《こうかん》な面白い本である。翻訳が出なかったのが惜しい。

● Young, Jeffrey S. "*Steve Jobs : The Journey is the Reward.* ", Scott, Foreman and Company,1988.（邦訳：ジェフリー・S・ヤング著、日暮雅通訳『スティーブ・ジョブズ上、下』JTCC出版局、一九八九年）

● Linzmayer, Owen W. "*Apple Confidential : The Real Story of Apple Computer, Inc*". No Starch Press 1999.（邦訳：オーエン・W・リンツメイヤー著、林信行／柴田文彦訳『アップル・コンフィデンシャル』アスキー、二〇〇〇年）

● Linzmayer, Owen W. "*Apple Confidential 2.0 : The Definitive History of the World's Most Colorful Company*". No Starch Press, 2004.（オーエン・W・リンツメイヤー『アップル・コンフィデンシャル』）

● Raskin, Jef. "*The Human Interface New Directions for Designing Interactive Systems*", Addison Wesley, 2000.
アップルのジェフ・ラスキンのヒューマン・インターフェイス哲学を述べた本。

■ＬＩＳＡ

● Lisa Computer：Hardware Manual（「ＬＩＳＡハードウェア・マニュアル」）

● Lisa Pascal Reference Manual for the Lisa（「ＬＩＳＡ用ＰＡＳＣＡＬマニュアル」）

● Lisa Pascal Workshop（「ＬＩＳＡ用ＰＡＳＣＡＬワークショップ・マニュアル」）

● Lisa Applications ToolKit Reference Manual（「ＬＩＳＡアプリケーション・ツールキット・マニュアル」）

● OS Refernce Manual for the Lisa（「ＬＩＳＡ用ＯＳマニュアル」）
ＬＩＳＡはマッキントッシュに影響を与え、マッキントッシュはウィンドウズに影響を与えた。したがって、ＬＩＳＡのマニュアルのいくつかを見ることも参考になると思う。何十本かのマニュアルがダウンロードできる。アップル・コンピュータの名前が入っているものもあるし、コンフィデンシャル（機密）と書いてあるものもある。大別するとこの５種類だと思う。マッキントッシュのInside Macintosh（インサイド・マッキントッシュ）ほど洗練されてはいないが、基本的なアイデアを探すのには向いているかもしれない。

■ウィンドウズ１・０

● Teitelman, Warren. "*The Cedar Programming Environment : A Midterm Report and Examination*", CSL-83-11, Xerox, PARC, 1984.（ウォーレン・ティーテルマン『シーダー・プログラミング環境：中間報告と検討』）
ウィンドウズ１・０の開発責任者だったスコット・マクレガーが開発に従事していたシーダーについての文献。

■ウィンドウズ2・0

●Charles Petzold 著、エー・ピー・ラボ 訳『プログラミング WINDOWS（1、2）』アスキー、一九八九年。
ウィンドウズ2・0のOSとしての機能の何が問題だったのかを手っ取り早く知りたい場合、第8章メモリ管理を読まれるとよい。ただし、理解するには次のマニュアル2点を読んでおく必要があると思う。図がないとセグメント・テーブルなどが、たぶん理解できないと思う（図B参照）。和文マニュアルも存在するが、英文マニュアルは無料でダウンロードできる。

●intel. "*80287 and 80287 Programmer's Reference Manual*", intel, 1987.（インテル『80286プログラマーズ・リファレンス・マニュアル』）

●intel. "*80286 Operating Systems Writer's Guide*", intel, 1986.（インテル『80286オペレーティング・システム・ライターズ・ガイド』）
時期によってi80286、iAPX286、i286など色々な表記がある。また80286と80287を分けたものなど色々ある。

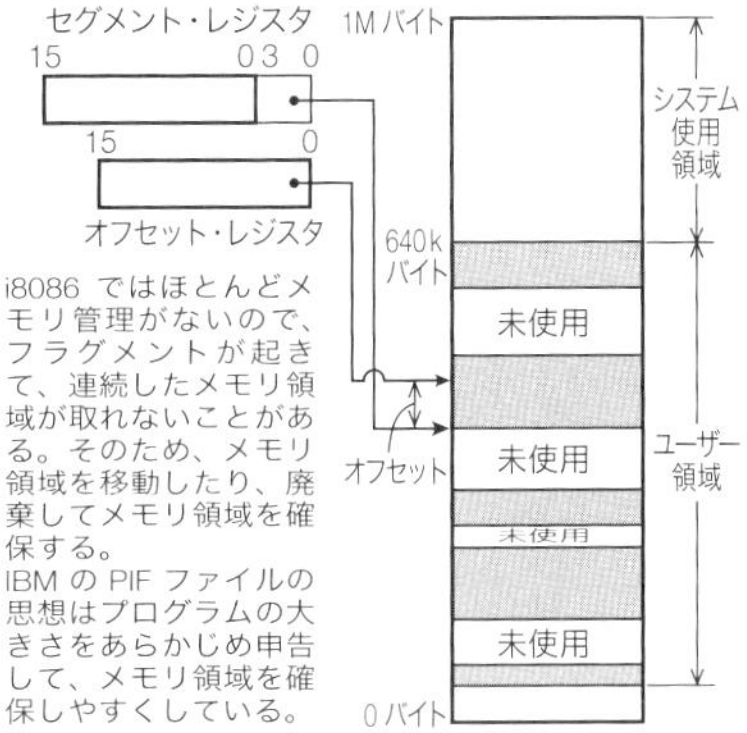

●図A　ウィンドウズ 1.0（i8086）のメモリ管理

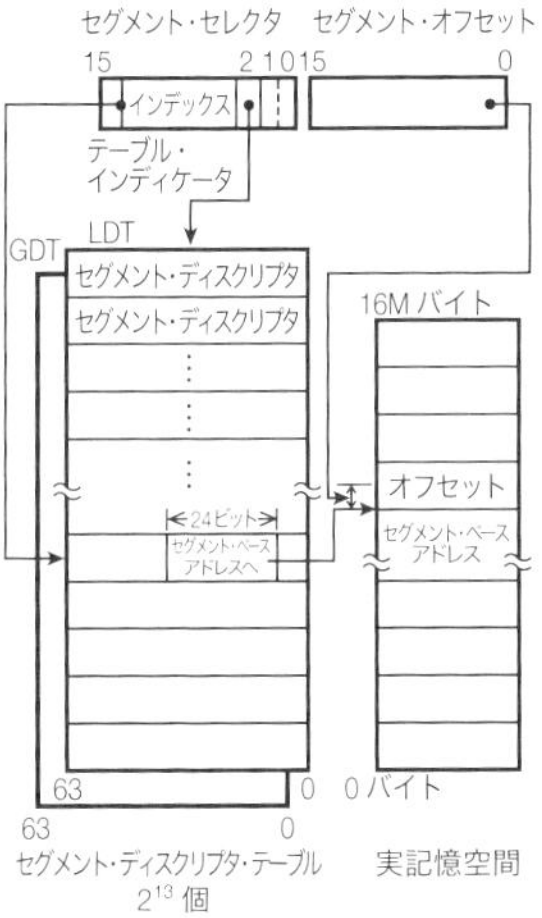

●図B　ウィンドウズ 2.0（i286）のメモリ管理

■ウィンドウズ3・0、3・1、95

●Charles Petzold 著、エーピー・ラボ／長尾高弘 訳『プログラミング WINDOWS 3.1』アスキー、一九九三年の第7章メモリ管理。

●Charles Petzold 著、エーピー・ラボ／長尾高弘 訳『プログラミング WINDOWS 95』アスキー、一九九七年の第13章メモリ管理とファイル I／O。

ウィンドウズ3・0、3・1、95のOSとしての機能について手っ取り早く知りたい場合に参考になる。ただし、どちらもインテル386を前提としているので、次のマニュアルを読んでおく必要がある。英文なら無料でダウンロードできる。

●intel, *"80386 Programmer's Reference Manual"*, intel, 1986.（インテル『80386プログラマーズ・リファレンス・マニュアル』）

●intel, *"i486 Programmer's Reference Manual"*, intel, 1990.（インテル、『i486 マイクロプロセッサ・プログラマーズ・リファレンス・マニュアル』）

英文のマニュアルは無料でダウンロードできる。図がないと、i386の仮想記憶とページングの仕組みが分からないと思う（図C参照）。これも時期によってi80386、iAPX386、i386など色々な表記がある。実質は同じである。商標の問題だけである。ただし、簡単に分かったことは、分かったような気がしただけで、表面的な理解であることを肝に銘じて頂きたい。

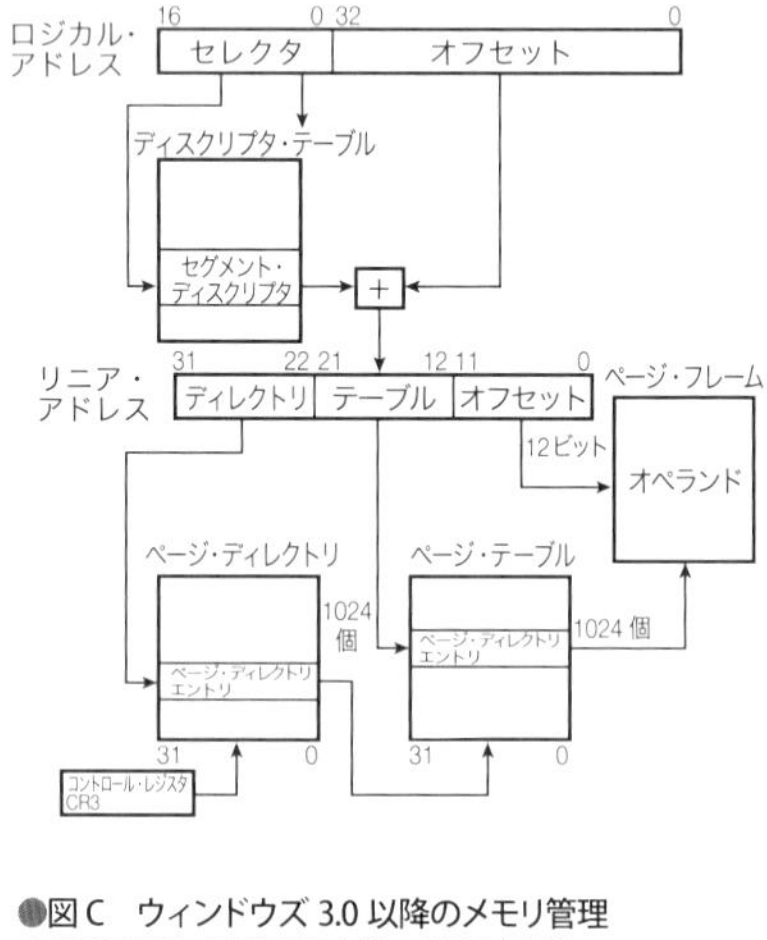

●図C ウィンドウズ3.0以降のメモリ管理
実記憶空間と仮想記憶空間の部分は省略。

■インタビュー、雑誌記事等は多数拝見させて頂いたが、紙面の関係で残念ながら省略させて頂く。参考にさせて頂いた文献には厚く御礼申し上げる。

【著者紹介】

脇　英世（わき・ひでよ）

昭和22年　東京生まれ

昭和52年　早稲田大学大学院博士課程修了，工学博士

平成20年より東京電機大学工学部長，工学部第一部長，工学部第二部長を2期勤める。

現　職　東京電機大学工学部情報通信工学科教授

著書に『Windows入門』『文書作成の技術』(岩波書店)，『ビル・ゲイツの野望』『ビル・ゲイツのインターネット戦略』(講談社)，『LINUXがWindowsを超える日』(日経BP)，『インターネットを創った人たち』(青土社)，『IT業界の開拓者たち』『IT業界の冒険者たち』(ソフトバンク)，『アマゾン・コムの野望』『シリコンバレー―スティーブ・ジョブズの揺りかご』『スティーブ・ジョブズ―青春の光と影』(東京電機大学出版局) ほか。

ビル・ゲイツⅠ　マイクロソフト帝国の誕生

2015年9月20日　第1版1刷発行　ISBN 978-4-501-55360-9 C3004

2017年4月20日　第1版2刷発行

著　者　脇　英世

発行所　学校法人 東京電機大学
東京電機大学出版局

〒120-8551　東京都足立区千住旭町5番

〒101-0047　東京都千代田区内神田1-14-8

Tel. 03-5280-3433(営業)　03-5280-3422(編集)

Fax.03-5280-3563 振替口座 00160-5-71715

http://www.tdupress.jp/

組版：蝉工房　印刷：(株)加藤文明社　製本：誠製本(株)

落丁・乱丁本はお取り替えいたします。　Printed in Japan

索　引

●ア 行

●サ　行

●タ 行

●ナ　行

マ　行

●ヤ　行

●ラ　行

●ワ　行